武汉统计年鉴

2014

（总第26期，NO.26）

中国统计出版社
China Statistics Press

图书在版编目(CIP)数据

武汉统计年鉴. 2014 / 武汉市统计局,国家统计局武汉调查队编. －－ 北京 : 中国统计出版社, 2014.8
ISBN 978－7－5037－7198－9

Ⅰ. ①武… Ⅱ. ①武… ②国… Ⅲ. ①统计资料－武汉市－2014－年鉴 Ⅳ. ①C832.631－54

中国版本图书馆 CIP 数据核字(2014)第 174394 号

武汉统计年鉴—2014

作　　者 / 武汉市统计局　国家统计局武汉调查队
责任编辑 / 陈越月
装帧设计 / 刘忠庆
出版发行 / 中国统计出版社
地　　址 / 北京市丰台区西三环南路甲 6 号　邮政编码/100073
电　　话 / 邮购(010)63376909　书店(010)68783171
网　　址 / http://csp. stats. gov. cn
印　　刷 / 武汉湖印印务有限责任公司
经　　销 / 新华书店
开　　本 / 890mm×1240mm　1/16
字　　数 / 800 千字
印　　张 / 28
版　　别 / 2014 年 8 月第 1 版
版　　次 / 2014 年 8 月第 1 次印刷
定　　价 / 300 元

如有印装差错,由本社发行部调换。

《武汉统计年鉴－2014》编辑部

Editorial Department of Wuhan Statistical Yearbook-2014

编　辑　说　明

一、《武汉统计年鉴-2014》以大量数据，全面、系统地反映了武汉市 2013 年经济、科技和社会发展情况，是一本信息密集的资料性年刊和工具书。

二、全书内容由统计公报等 12 部分组成。包括综合、核算、人口与劳动统计、工业、能源消费、农业、固定资产投资与建筑业、公用事业、公共交通及邮电、贸易、外经、旅游、财政金融和保险、物价指数和人民生活、科技、教育、文化、分区资料等方面的数据和区主要统计资料。为便于读者正确使用统计资料，篇首加注了简要说明，篇末附有主要统计指标解释。

三、本年鉴辑入的统计数据，以 2013 年为主，重点指标还列出了建国以来主要历史年份的统计数据。部分资料来自抽样调查。

四、根据最新掌握的统计资料以及国家新的统计制度之规定，本年鉴对过去发表的一些重要统计资料重新予以核实，对部分历史数据进行了调整。因此，读者在使用历史资料时，凡与本年鉴有出入的，均以本年鉴为准。

五、本年鉴各表中，有关对全表的注解均在该表的上方，对表中部分指标的注解则在该表的下方。

六、资料中所使用的度量衡单位均采用国际标准计量单位。

七、本年鉴表中的使用符号说明："—"表示无数据；"…"表示数据不足本表最小单位；"空格"表示该项统计指标数据不详或无该项数据；"#"表示其中的主要数据；"*"或"①"表示本表下有注解。

八、本年鉴中的部分数据由于单位取舍不同产生的计算误差均未作机械调整。

Editor's Note

Ⅰ. Wuhan Statistical Yearbook-2014 is an annual statistical publication with dense information. It roundly and systematically reflects the achievements of Wuhan's economic, technological and social developments in 2013 making use of a large number of statistic date.

Ⅱ. This annual publication contains 12 parts such as features, including General Survey, Population and Employment, Industry, Agriculture, Investment in Fixed Assets, Public Utilities, Transport、Post and Telecommunication Service, Trade, International Cooperation, Tourism, Public Finance、Banking and Insurance, Science and Technology, Education, Culture, Public Health, and Main Statistical Information on the administrative areas for Wuhan. There are brief introductions at the beginning of each part so that readers are able to use correctly statistical data in it. In addittion, Explanatory Notes on Main Statistical Indicators are provided at the end of each section.

Ⅲ. Most of the statistical data in this yearbook is based on all kinds of 2013's reports. The statistical data of mainly historic years since 1949 for Some key indicators are listed in it. Some of the data is from sample survey.

Ⅳ. According to the up to data statistical information and the state's new stipulation conncerned, some data in this yearbook has benn revised after verifying a number of important statistical data released in the past. Therefore, readers should use data in this yearbook in case that it is not in accord with this yearbook.

Ⅴ. The notes concerning the whole table are placed at the upper part of the book, while the notes concerning the individual indicators are at the bottom of the table.

Ⅵ. The units of measurement used in this book are international standard measurement ones.

Ⅶ. Notations used in this book: "—" indicates no data in the item, "…" indicates that the figures is not large enough to be measured with the smallest unit in the table, the blank indicates that the data isn't available, "#" indicates the major items in the tabel, " * " indicates "see the footnotes below".

Ⅷ. The calculating errors of Some date in this yearbook caused by the unit conversion aren't be adjusted mechanically.

目　录

Content

三、工业、能源消费

INDUSTRY AND CONSUMPTION OF ENERGY

四、农　　业

AGRICULTURE

六、公用事业
URBAN PUBLIC UTILITIES

七、公共交通、邮电
PUBLIC TRANSPORTION POST AND TELECOMMUNICATIONS

九、财政、金融和保险
FINANCE, BANKING ANDINSURANCE

十、物价指数和人民生活
PRICE INDICES AND PEOPLESLIVELIHOOD

十一、科技、教育、文化、卫生及其他
SCIENCE, TECHNOLOGY, EDUCATION, CULTURE, HEALTH AND OTHERS

十二、分区资料

STATISTICS FOR DISTRICTS

特　　载

FEATURE ARTICLES

2013 年武汉市国民经济和社会发展统计公报

STATISTICALCOMMUNIQUEONTHE 2013 NATIONALECONOMIC ANDSOCIALDEVELOPMENTOFWUHAN

（2014 年 3 月 21 日）

武汉市统计局

2013 年，面对国内外错综复杂的发展环境，全市认真贯彻落实党的十八大精神，坚持竞进提质、效速兼取，着力稳增长、调结构、惠民生，深入实施“五大计划”，经济社会发展稳中向好、稳中有进，为建设国家中心城市奠定了坚实基础。

一、综合

初步核算，全年地区生产总值 9051.27 亿元，按可比价格计算，比上年增长 10.0%。其中，第一产业增加值 335.40 亿元，增长 4.5%；第二产业增加值 4396.17 亿元，增长 10.3%；第三产业增加值 4319.70 亿元，增长 10.0%。一、二、三产业比重由上年的 3.8:48.3:47.9 调整为 3.7:48.6:47.7。

表 1:2013 年地区生产总值及其增长速度

单位:亿元

指　　标	绝　对　数	比上年增长（%）
生产总值	**9051.27**	**10**
第一产业	335.4	4.5
第二产业	4396.17	10.3
工　业	3645.32	10.3
建 筑 业	750.85	10.2
第三产业	4319.7	10

年末企业数 21.48 万户，本年新登记 3.21 万户。其中，私营企业数 18.90 万户，新登记 3.13 万户。个体工商户 44 万户，新登记 7.41 万户。

全年公共财政总收入 1730.65 亿元，比上年增长 13.1%。地方公共财政收入 978.52 亿元，增长 18.1%。其中，税收收入 793.49 亿元，增长 19.0%；非税收入 185.03 亿元，增长 14.3%。

表 2:2013 年财政收入及其增长速度

单位:亿元

指　　标	绝　对　数	比上年增长（%）
公共财政总收入	1730.65	13.1
地方公共财政收入	978.52	18.1
#税收收入	793.49	19.0
#增值税	81.20	12.6
营业税	263.46	5.5

指　　标	绝 对 数	比上年增长（%）
企业所得税	124.49	9.8
个人所得税	31.68	18.3
非税收入	185.03	14.3

全年居民消费价格同比上涨2.4%。分类别看，食品上涨2.9%，烟酒及用品上涨0.9%，衣着上涨3.3%，家庭设备用品及维修服务上涨2.6%，医疗保健和个人用品上涨2.1%，娱乐教育文化用品及服务上涨0.3%，居住上涨4.4%，交通和通信下降1.1%。工业生产者出厂价格指数同比上涨2.4%，其中轻工业上涨3.3%，重工业上涨2.2%；生产资料上涨2.3%，生活资料上涨2.6%。工业生产者购进价格同比下降1.6%。

表3:2013年价格指数（上年=100）

指　　标	2013年	2012年
居民消费价格指数	102.4	102.8
1、食　品	102.9	104.7
2、烟酒及用品	100.9	104.3
3、衣　着	103.3	103.2
4、家庭设备用品及维修服务	102.6	103.2
5、医疗保健和个人用品	102.1	102.8
6、交通和通信	98.9	99.3
7、娱乐教育文化用品及服务	100.3	100.1
8、居　住	104.4	102.8
商品零售价格指数	100.9	102.3
工业生产者出厂价格指数	102.4	101.1
工业生产者购进价格指数	98.4	100.0

年末城镇登记失业率为3.52%，比上年末下降0.29个百分点。

二、农业

全年完成农业总产值530.27亿元，比上年增长4.5%。其中，种植业305.10亿元，增长8.5%。林业6.59亿元，增长22.9%。牧业118.67亿元，下降2.4%。渔业83.66亿元，增长0.6%。农林牧渔服务业16.25亿元，增长6.2%。

表4:2013年农业总产值及其增长速度

单位:亿元

指　　标	绝 对 数	比上年增长（%）
农业总产值	**530.27**	**4.5**
种 植 业	305.10	8.5
林　业	6.59	22.9
牧　业	118.67	-2.4

指　　　标	绝　对　数	比上年增长（%）
渔　　业	83.66	0.6
服务业	16.25	6.2

全年粮食种植面积222.45千公顷，比上年减少7千公顷。棉花种植面积26.25千公顷，增加0.02千公顷。油料种植面积89.48千公顷，减少4.12千公顷。蔬菜种植面积169.37千公顷，增加6.29千公顷。

全年粮食产量126.87万吨，比上年增长0.8%。棉花3.32万吨，增长35.1%。油料18.66万吨，增长3.6%。蔬菜688.09万吨，增长4.0%。生猪出栏308.2万头，增长3.3%。家禽出笼5802.05万只，增长4.5%。禽蛋21.49万吨，增长4.5%。牛奶产量7.13万吨，增长6.7%。水产品产量49.01万吨，增长4.6%。

表5：2013年主要农产品产量及其增长速度

产品名称	计量单位	绝　对　数	比上年增长（%）
粮食	万吨	126.87	0.8
棉花	万吨	3.32	35.1
油料	万吨	18.66	3.6
蔬菜	万吨	688.09	4.0
生猪出栏	万头	308.20	3.3
家禽出笼	万只	5802.05	4.5
禽蛋	万吨	21.49	4.5
牛奶产量	万吨	7.13	6.7
水产品	万吨	49.01	4.6

年末农业产业化农户覆盖率67%，比上年提高2.0个百分点。新建4.95千公顷设施蔬菜基地。水产健康养殖基地面积26.55千公顷，增加0.69千公顷。畜禽养殖小区259个，增加5个。全年实现农产品加工产值2005亿元，增长32.8%。249家农业产业化龙头企业实现销售收入710亿元，增长20%。

年末耕地资源面积199.44千公顷，比上年减少2.1千公顷。累计土地流转面积112.11千公顷，增加8.39千公顷。农业机械总动力263.68万千瓦，增加11.28万千瓦。

三、工业和建筑业

全年规模以上工业增加值3113.30亿元，比上年增长11.7%。规模以上工业总产值10394.07亿元，增长18.0%。其中，制造业增长19.4%，电力、热力、燃气及水生产和供应业增长6.4%。

表6：2013年规模以上工业生产及其增长速度

单位：亿元

指　　　标	绝　对　数	比上年增长（%）
工业增加值	3113.30	11.7
工业总产值	10394.07	18.0
#国有经济	1798.00	10.4
集体经济	29.77	18.8

指　　　　标	绝　对　数	比上年增长（%）
股份制企业	5091.68	21.9
外商港澳台经济	3268.69	15.7
#采 矿 业	-	-
制造业	9206.43	19.4
电力、热力、燃气及水生产和供应业	1073.09	6.4

年末规模以上工业企业2164户。产值过100亿元的企业14户，过10亿元的企业105户。在规模以上工业企业中，全年11大工业行业完成工业总产值10192.99亿元，占规模以上工业的98.1%。其中6个行业产值超千亿元，分别是汽车及零部件2069.58亿元，装备制造1480.09亿元，电子信息1418.99亿元，食品烟草1210.22亿元，能源及环保1005.01亿元，钢铁及深加工1003.24亿元。两大开发区工业总产值4167.32亿元，增长21.5%。其中，东湖新技术开发区1806.02亿元，增长20.0%；武汉经济技术开发区2361.30亿元，增长22.7%。

表7:2013年规模以上工业11大行业总产值及其增长速度

单位:亿元

指　　　　标	绝　对　数	比上年增长（%）
汽车及零部件	2069.58	22.2
装备制造	1480.09	16.1
电子信息	1418.99	20.5
食品烟草	1210.22	13.6
能源及环保	1005.01	12.3
钢铁及深加工	1003.24	1.8
石油化工	659.86	44.3
日用轻工	563.11	29.7
建材	387.93	23.2
生物医药	212.16	23.8
纺织服装	182.80	14.9

全年主要工业产品中，生铁产量1680.78万吨，比上年增长3.4%；钢材1812.09万吨，增长2.6%；汽车95.35万辆，增长19.9%；原油加工量641.48万吨，增长48.2%；光缆2877.52万芯千米，增长9.6%；房间空调器1189.37万台，增长43.3%；软饮料305.21万吨，增长23.9%；卷烟279.60万箱，增长2.2%；水泥1073.78万吨，增长10.5%。

全年规模以上工业销售产值10088.62亿元，比上年增长17.4%。规模以上工业产品销售率97.1%，下降0.4个百分点。

全年建筑业增加值750.85亿元，比上年增长8.3%。建筑业产值4791.80亿元，增长18.6%。年末具有资质等级的建筑企业1369户。

四、固定资产投资

全年全社会固定资产投资6001.96亿元，比上年增长19.3%。其中，民间投资3501.97亿元，增长35.6%，占全社会固定资产投资的58.3%。全年施工项目2650个，增长8.7%，新开工项目1711个，增长

1.4%。完工投产项目1370个,增长7.8%。

全年固定资产投资(不含农户,下同)5974.53亿元,比上年增长19.1%。其中,第一产业投资13.31亿元,下降23.5%;第二产业投资2266.73亿元,增长33.0%,其中工业投资2258.07亿元,增长32.7%;第三产业投资3694.48亿元,增长12.2%。

表8:2013年全社会固定资产投资及其增长速度

单位:亿元

指　　标	绝　对　数	比上年增长(%)
全社会固定资产投资	6001.96	19.3
固定资产投资	5974.53	19.1
按行业分:		
第一产业	13.31	-23.5
第二产业	2266.73	33.0
#工　业	2258.07	32.7
第三产业	3694.48	12.2
按构成分:		
建筑工程	3681.78	18.2
安装工程	513.45	17.8
设备购置	846.75	24.5
其他费用	932.53	18.8

在工业投资中,食品烟草业完成投资142.97亿元,比上年增长75.5%;电子信息业完成投资191.69亿元,增长71.1%;汽车及零部件业完成投资480.11亿元,增长57.1%;装备制造业完成投资635.09亿元,增长42.9%;石油化工业完成投资104.81亿元,下降37.0%。

全年完成城市基础设施投资1301.14亿元,比上年增长6.7%。武咸城际铁路,地铁四号线一期顺利建成投入运营;地铁三号线、四号线二期、六号线、七号线、八号线均进入施工阶段;天河机场第三航站楼、天河机场交通中心、天河机场第二通道、长江大道(范湖至中南路)、二环线西段、杨泗港快速通道、武汉四环线高速公路、鹦鹉洲长江大桥、江汉六桥、武深高速公路等计划投资过25亿元的重大城市基础设施项目进展顺利。

五、房地产业

全年房地产开发投资1905.60亿元,比上年增长21.0%。其中,住宅开发投资1250.78亿元,增长26.2%;办公楼投资123.68亿元,下降2.2%;商业营业用房投资274.26亿元,增长36.1%;其他投资256.88亿元,增长0.6%。房屋施工面积8545.13万平方米,增长24.5%,其中,住宅施工面积6225.75万平方米,增长22.8%。房屋竣工面积679.31万平方米,下降35.4%,其中,住宅竣工面积529.70万平方米,下降41.1%。

表9:2013年房地产开发主要指标完成情况及其增长速度

指　　标	计量单位	绝　对　数	比上年增长(%)
房地产开发投资	亿元	1905.60	21.0
#住宅开发投资	亿元	1250.78	26.2
房屋施工面积	万平方米	8545.13	24.5

指　　　标	计量单位	绝　对　数	比上年增长（%）
#住宅施工面积	万平方米	6225.75	22.8
房屋新开工面积	万平方米	2791.80	30.4
#住宅新开工面积	万平方米	2057.15	27.2
房屋竣工面积	万平方米	679.31	-35.4
#住宅竣工面积	万平方米	529.70	-41.1

六、国内贸易、旅游和会展业

全年社会消费品零售总额3878.60亿元，比上年增长13.0%。其中限额以上企业零售额2707.96亿元，增长14.0%。按行业分，批发零售业零售额3514.72亿元，增长13.6%；住宿餐饮业零售额363.88亿元，增长7.9%。

表10:2013年社会消费品零售总额及其增长速度

单位:亿元

指　　　标	绝　对　数	比上年增长（%）
社会消费品零售总额	3878.60	13.0
#限额以上企业零售额	2707.96	14.0
按行业分:		
批发零售业	3514.72	13.6
住宿餐饮业	363.88	7.9
按经营地分:		
城　　镇	3614.50	12.8
乡　　村	264.10	16.5

注:社会消费品零售总额为快报数，实际数以本期年鉴表格中数据为准。

在限额以上企业商品零售额中，粮食、食品、饮料、烟酒类比上年增长14.8%，服装、鞋帽、针纺织品类增长11.6%，化妆品类增长24.0%，金银珠宝类增长38.9%，日用品类增长14.9%，家用电器和音像器材类增长20.9%，中西药品类增长27.1%，文化办公用品类增长5.8%，家具类增长19.5%，通讯器材类增长19.0%，石油及制品类增长3.9%，汽车类增长17.3%，建筑及装潢材料类增长13.2%。

全年接待国内旅游者17022.11万人次，比上年增长21.0%；接待海外旅游者161.37万人次，增长7.0%。实现旅游总收入1690.02亿元，增长21.1%。其中，国内旅游收入1633.40亿元，增长21.7%；国际旅游收入9.14亿美元，增长7.3%。年末旅游景区39个，其中5A级2个，4A级16个，3A级12个。旅游星级以上宾馆97家。其中，五星级14家，四星级31家，三星级40家。

全年举办各类展会节事活动618场，其中展览297场，会议221场。展览总面积251万平方米，比上年增长27%。其中，3万平方米以上的大型展览15场，增长50%；10万平方米以上的特大型展览6场，增长2倍；参展参会客商1102万人次，增长153%。会展业直接收入44.46亿元。

七、对外经济和招商引资

全年外贸进出口总额1350.36亿元，以美元计价为217.52亿美元，比上年增长6.9%。其中，进口608.94亿元，以美元计价为98.09亿美元，增长2.1%；出口741.42亿元，以美元计价为119.43亿美元，增长11.1%。在出口总额中，一般贸易出口60.33亿美元，增长35.6%；加工贸易出口49.59亿美元，下降10.4%。高新技术产品出口44亿美元，增长10.0%。出口国别和地区数189个。口岸货运量761.28万吨，增长16.0%。

表11:2013年对外贸易和招商引资及其增长速度

单位：亿美元

指　　标	绝　对　数	比上年增长（%）
进出口总额	217.52	6.9
进口	98.09	2.1
出口	119.43	11.1
#一般贸易	60.33	35.6
加工贸易	49.59	-10.4
实际利用外资额	52.50	18.1
实际到位内资（亿元）	2434.30	69.5

全年实际利用外资52.50亿美元，比上年增长18.1%。新批总投资1000万美元以上外资项目数46个，比上年增加2个。在汉投资的世界500强企业累计达200家，新增23家。世界500强企业累计在汉投资项目401个，新增45个。

全年对外承包工程业务完成营业额20.75亿美元，比上年增长15.0%；对外劳务合作派出各类劳务人员4361人次，增长11.8%。

全年引进内资项目1169个，实际到位内资2434.30亿元，比上年增长69.5%。

八、交通和邮电

全年交通客货运输换算周转量3342.25亿吨公里，比上年增长11.0%。全社会货运量44528.75万吨，增长4.9%；货物周转量2555.96亿吨公里，增长9.9%。全社会客运量29620.29万人，增长7.7%；旅客周转量1011.82亿人公里，增长12.8%。

表12:2013年各种运输方式完成客货运输量及其增长速度

指　　标	计量单位	绝　对　数	比上年增长（%）
货物运输量	万吨	44528.75	4.9
铁　　路	万吨	9010.40	-1.8
水　　运	万吨	10485.55	17.6
公　　路	万吨	25023.00	2.8
航　　空	万吨	9.80	2.4
货物周转量	亿吨公里	2555.96	9.9
铁　　路	亿吨公里	1198.20	0.3
水　　运	亿吨公里	887.87	23.3
公　　路	亿吨公里	468.35	14.0
航　　空	亿吨公里	1.54	8.1
旅客运输量	万人	29620.29	7.7
铁　　路	万人	12104.00	24.0
公　　路	万人	16521.00	-1.6

指　　　标	计量单位	绝 对 数	比上年增长（%）
航　　空	万人	995.29	6.6
旅客周转量	亿人公里	1011.82	12.8
铁　　路	亿人公里	763.00	15.0
公　　路	亿人公里	124.76	-2.1
航　　空	亿人公里	124.06	16.6

年末民用航线245条，增加41条。其中，国际航线25条，增加5条；国内航线220条，增加36条。通达国内城市和地区85个，通航国家和地区11个。天河机场旅客吞吐量1570.61万人，增长12.3%；货邮吞吐量12.95万吨，增长1.0%。公路通车里程14022.71公里，增长5.1%。其中，等级公路13717.55公里。在等级公路中，高速公路617.40公里。公路路网密度174.65公里/百平方公里，增长5.1%。汽车拥有量132.08万辆，增长19.5%。其中，小型汽车110.65万辆，增长23.7%。在小型汽车中，私人小汽车94.81万辆，增长24.7%。

全年邮电业务总量164.41亿元，比上年增长2.4%。年末移动电话3G用户487万户，增长52.3%。互联网宽带用户369万户，增长16.1%。光纤入户数233.40万户，增长16.5%。

九、金融

年末武汉地区金融机构本外币各项存款余额14915.69亿元，比年初增加1781.01亿元。其中，个人存款5421.80亿元，增加691.38亿元。金融机构本外币各项贷款余额12803.87亿元，增加1336.99亿元。境内贷款中，短期贷款3679.39亿元，增加598.55亿元；中长期贷款8332.94亿元，增加682.47亿元。个人消费贷款1722.56亿元，增加214.79亿元。其中，个人住房贷款1429.58亿元，增加196.89亿元；个人购车贷款93.66亿元，增加37.39亿元。

表13：2013年金融机构本外币存贷款

单位：亿元

指　　　标	绝 对 数	比上年增长（%）
金融机构本外币各项存款余额	14915.69	1781.01
#个人存款	5421.8	691.38
金融机构本外币各项贷款余额	12803.87	1336.99
#短期贷款	3679.39	598.55
中长期贷款	8332.94	682.47
#消费贷款	1722.56	214.79
#个人住房贷款	1429.58	196.89
个人购车贷款	93.66	37.39

年末总部设在武汉的金融机构16家。在汉设立或正筹建后台服务中心的金融机构33家，新增6家。上市公司累计58家，其中，境外13家，境内45家。

十、教育和科技

年末全市幼儿园1024所，增加136所；在园幼儿22.43万人，增加2.08万人。小学590所，减少8所，在校学生42.38万人，增加1.1万人。普通中学369所，减少5所，在校学生31.40万人，减少1.59万人。中等职业技术学校105所，减少6所，在校学生9.86万人，减少2.19万人。普通高校80所，增加1所，在校研究生10.74万人,在校本科及大专生96.64万人。全市学前三年教育入学率84.87%,6－11岁人口入学率100%,12－14岁人口入学率100%,6－14岁盲聋哑弱智人口入学率100%,九年义务教育巩固率99.24%,高中阶段毛入学率94.63%。

表14:2013年各类学校数和在校学生数完成情况

指　　标	单　位	2013年	2012年
学校数			
普通高校	所	80	79
中等职业技术学校校	所	105	111
普通中学	所	369	374
小　学	所	590	598
在校学生数			
研究生	万人	10.74	10.61
普通高校	万人	96.64	94.70
中等职业技术学校校	万人	9.86	12.05
普通中学	万人	31.40	32.99
小学生	万人	42.38	41.28

年末拥有政府部门属科学技术研究机构101所,国家重点实验室23个,国家实验室1个,国家工程实验室3个,国家级工程技术研究中心26个,国家级企业技术中心23个。两院院士62人。全年研究与试验发展(R&D)经费支出255亿元,比上年增加43亿元。承担国家级科技计划项目2500项,实施市级科技计划项目1019项。市级登记科技成果405项,获奖科技成果404项,其中国家奖30项。专利申请25630件,增加1575件。其中,发明专利9735件,增加1664件。专利授权15901件,增加2203件。其中,发明专利授权3171件。每万人发明专利拥有量12.03件。技术市场合同成交额220亿元,增长29.6%。

年末拥有国家级科技企业孵化器18家,国家863计划成果产业化基地10个。高新技术企业900家,新增89家。全年实现高新技术产业产值5604.47亿元,增长23.0%;高新技术产业增加值1700.19亿元,增长25.6%。

十一、文化、卫生和体育

年末市属艺术表演团体机构数8个,全年新排上演剧目22台。专业剧团获国家奖14个,获省级奖28个。市直公共图书馆2个,藏书374万册,接待读者332万人次。全市出版报纸6.65亿份,出版杂志0.10亿册。武汉出版社出版图书19类848种1320万册。市属电视台1座,电视节目11套。市属广播电台1座,广播节目8套,全年制作广播剧8部。

年末卫生事业机构2764个,比上年末减少96个,其中,医院、卫生院242个,社区卫生服务中心126个,卫生防疫、防治机构25个,妇幼保健院、所、站17个。卫生事业床位数66563张,增加4385张。其中,医院病床55076张。卫生技术人员数72164人,增加4152人。其中,医生27386人,护师、护士31136人。平均每千人拥有医生3.3人,拥有医院病床7.12张。法定报告传染病总发病率195人/10万人,儿童免疫接种率99.71%。农村新型合作医疗参合率99.9%。

表 15:2013 年卫生事业主要指标完成情况

指　　　标	单　位	2013 年	2012 年
卫生事业机构数	个	2764	2860
#医院、卫生院	个	263	256
社区卫生服务中心	个	122	119
防疫、防治	个	25	20
妇幼保健院、所、站	个	17	17
卫生事业床位数	张	66563	62178
#医院床位数	张	55076	51721
卫生技术人员数	人	72164	68253
#医　　生	人	27386	25406
护师、护士	人	31136	29686

年末拥有体育场馆 127 个,其中体育馆 13 个,比上年增加 3 个。市属优秀运动员人数 55 人,发展等级运动员 520 人。全年举办市级群众性体育竞赛活动 93 次。武汉地区运动员在国内外重大体育比赛中获 3 枚世界级金牌,5 枚国家级金牌。全年体育彩票销售额 12.5 亿元。

十二、人口、人民生活和社会保障

年末常住人口 1022 万人,比上年增加 10 万人。户籍人口 822.05 万人,增加 0.34 万人。其中,农业人口 266.18 万人,增加 1.18 万人;非农业人口 555.60 万人,增加 0.58 万人;户口待定人口 0.27 万人,减少 1.42 万人。人口自然增长率 6.30‰,其中,人口出生率 11.28‰,人口死亡率 4.98‰。人口净迁移率 -3.06‰。

全年城市居民人均可支配收入 29821.22 元,比上年增长 10.2%。人均消费支出 20157.32 元,增长 7.1%。其中,食品支出 7770.69 元,增长 3.3 %。人均住房建筑面积 34.75 平方米,增加 1 平方米。每百户家庭拥有家用汽车 24.5 辆,计算机 111.0 台,空调器 203.6 台,移动电话 230.3 部。

全年农村居民人均纯收入 12713.46 元,比上年增长 13.6%。人均消费支出 9127.00 元,增长 11.8 %。其中,食品支出 3459.13 元,增长 6.6 %。人均居住面积 47.82 平方米。每百户家庭拥有洗衣机 83.3 台,计算机 36.6 台,空调器 88.5 台,移动电话 228.7 部。

表 16:2013 年城乡居民收入及其增长速度

单位:元

指　　　标	2013 年	2012 年
城市居民人均可支配收入	29821.22	10.2
1、工薪收入	20545.18	11.9
2、经营净收入	2538.53	2.8
3、财产性收入	778.48	26.3
4、转移性收入	9984.89	10.2
农村居民人均纯收入	12713.46	13.6

年末城镇基本养老保险参保职工 368.25 万人,其中在职 249.14 万人,退休 119.11 万人。参加职工医疗保险人数 381.45 万人,参加居民医疗保险人数 203.59 万人。失业保险参保人数 168.16 万人,增长 6.7%。工伤保险参保人数 214.55 万人,增长 7.3%。生育保险参保人数 219.44 万人,增长 1.35%。全年城市居民

享受低保人数 16.31 万人,减少 0.36 万人;发放保障金 7.03 亿元,增长 18.8%。农村居民享受低保人数 11.93万人,增加 1.06 万人;发放保障金 2.12 亿元,增长 48.3%。年末社会福利院 240 家,床位数 36597 张。武汉地区福利彩票销售额 28.93 亿元,增长 28.2%。全年筹集社会福利资金 2.29 亿元,增长 6%。

十三、城市建设和资源环境

年末建成区面积 534.28 平方公里,比上年增加 13.98 平方公里。全年自来水厂日供水能力 467 万吨。全社会用电量 437.23 亿千瓦时,增长 8.4%。供应液化石油气 1.15 亿立方米,供应天然气 14 亿立方米。

年末轨道交通线路总长度 73.38 公里,比上年增加 16.49 公里。全市公交线路 340 条,营运公共汽(电)车 7602 辆,出租汽车 16597 辆。

年末公园 73 个,其中免费开放 66 个。公园绿地面积 6622.29 公顷,增加 395.31 公顷。人均公园绿地面积 10.54 平方米,增加 0.62 平方米。建成区绿化覆盖率 38.85%,提高 0.66 个百分点。森林覆盖率27.41%,提高 0.3 个百分点。

全年城市污水集中处理率 92.5%,城市生活垃圾无害化处理率 95%。化学需氧量排放量 15.46 万吨,下降 2.8%;二氧化硫排放量 10.32 万吨,下降 2.5%;氨氮排放量 1.81 万吨,下降 2.5%;氮氧化物排放量14.93 万吨,下降 4.2%。区域环境噪声平均值 55.1 分贝,交通干线噪声平均值 69 分贝。工业固体废弃物综合利用率 95%。

注释:

1、本公报数据为初步统计数,最终核定数以当年《武汉统计年鉴》为准。

2、本公报中生产总值、各产业增加值绝对额按现价计算,增长速度按可比价格计算。

3、规模以上工业企业是指年主营业务收入 2000 万元以上的全部工业法人企业;限额以上批发零售企业是指年主营业务收入达到 2000 万元以上的批发企业、年主营业务收入达到 500 万元以上的零售企业;限额以上住宿和餐饮企业是指年主营业务收入达到 200 万元以上住宿和餐饮企业。

4、全社会固定资产投资等于城镇投资加农村投资,其中农村投资包括农村企事业组织项目投资和农户投资两部分。固定资产投资包括城镇投资和农村投资中的农村企事业组织项目投资。

5、户口待定人口是指任何地方都没有登记常住户口的人,包括手持户口迁移证、出生证、退伍证、劳改劳教释放证等情况的人。

一、综合、核算

GENERAL SURVEY

资料整理人员： 刘忠庆　钱　露　余　晖　陈全意　胡开锋　秦永荣　杨　丹　刘　洁

STAFF FOR DATA PROCESSING：

Liu Zhongqing　Qian Lu　Yu Hui　Yu Hui　Chen Quanyi　Hu Kaifeng　Qin Yongrong　Yang Dan　Liu Jie

简要说明

本篇资料由武汉市行政区划与自然状况、国民经济综合资料和国民经济核算资料三部分组成。

行政区划与自然状况涵盖了全市版图面积、人口规模、气象情况等。其中行政区划及群众自治组织、版图面积由民政局整理提供；户数、人口数由市公安局按行政区户籍人口变动情况汇总整理提供；人口密度由市统计局人口处根据人口数与土地面积之比计算整理；气象资料由武汉市气象局提供。

国民经济综合资料是抽取全书的精华，是通过对各篇章主要统计指标及其速度、结构、比例和效益等的加工计算，来反映国民经济和社会发展的总体情况。

国民经济核算资料中城市生产总值数据是市统计局核算处根据不同产业部门、不同支出构成的特点和资料来源情况而采用不同方法计算的。本年鉴公布的国民经济核算资料，最后一年数据是初步核实数；如果遇到普查年，在能够获得更详细的基础资料的情况下，生产总值的历史数据也会发生变动。

Brief Introduction

The data in this chapter involve administration division and natural conditions, national economic comprehensive materials, national economic accounting materials in Wuhan city.

Administration division and natural conditions include land area, population size and meteorological data in Wuhan city. Data on administration division and land area are prepared by Wuhan city bureau of civil administration. Households and populations are prepared by Wuhan city bureau of public security according to changes of population of the household register. Population density is prepared and collected by population department of Wuhan city bureau of statistics in line with ratio of population number and land area. Meteorological data are provided by Wuhan City bureau of weather. Data on city size and construction land by Wuhan city committee of builds.

The summary data on the national economy highlight the overall situation of economic and social development by presenting key statistics including growth, structure, ratio and efficiency data derived from other chapters.

The data on GDP are calculated by the department of national economic accounting, Wuhan city bureau of statistics with various approaches in the light of various sectors, various expenditure structures and the data sources. Data on the national accounts of the latest year published in the yearbook are the preliminary and are subject to changes, when it happens to be a census year, the data of GDP of the past years may also be revised.

1－1　土地面积、人口密度、户数、人口数
STATISTICS ON LAND AREA, POPULATION DENSITY, HOUSEHOLDS AND POPULATION

各区 District	土地面积 （平方公里） Land Area （sq. km）	人口密度 （人/平方公里） Population Density （person/sq. km）	2013年户籍人口		2012年户籍人口		2013年常住人口 （万人） Resident Population
			户数（户） Households （household）	年末人数（人） Population （person）	户数（户） Households （household）	年末人数（人） Population （Person）	
总计 Total	8494.41	1203	2863929	8220493	2812946	8217088	1022
江岸区 Jiang'an	64.24	14427	267573	700179	261800	691552	92.68
江汉区 Jianghan	33.43	21331	189206	485618	186019	482606	71.31
硚口区 Qiaokou	46.39	18286	205336	528649	204466	530720	84.83
汉阳区 Hanyang	108.34	5692	223727	567230	218543	560905	61.67
武昌区 Wuchang	87.42	14262	335913	1086411	330832	1102358	124.68
青山区 Qingshan	68.40	7494	151461	442347	150579	446062	51.26
洪山区 Hongshan	480.20	3077	283331	927275	269947	932208	147.74
东西湖区 Dongxihu	439.19	1140	104613	276445	102372	272841	50.06
汉南区 Hannan	287.70	441	41715	111562	41710	110629	12.68
蔡甸区 Caidian	1108.10	599	148031	449084	149122	446015	66.34
江夏区 Jiangxia	2010.00	415	212110	583623	206196	582179	83.40
黄陂区 Huangpi	2261.00	397	385385	1112543	377130	1112656	89.78
新洲区 Xinzhou	1500.00	570	315528	949527	314230	946347	85.57

注：1、人口密度按常住人口计算。

2、行政区户数中：江汉区含水上分局90户，汉阳区含武汉经济技术开发区47655户，洪山区含东湖新技术开发区96319户、东湖生态旅游风景区14197户、武汉化学工业区11710户。
年末户籍人口中：江汉区含水上分局9239人，汉阳区含武汉经济技术开发区141292人，洪山区含东湖新技术开发区318371人、东湖生态旅游风景区33594人、武汉化学工业区32601人。

3、行政区常住人口中：江汉区含水上地区0.42万人，武昌区含东湖生态旅游风景区1.7万人，洪山区含东湖新技术开发区28.59万人、东湖生态旅游风景区6.22万人和武汉化学工业区4.32万人，蔡甸区含武汉经济技术开发区22.92万人，江夏区含东湖新技术开发区16.56万人。

Note: 1. Population density was calculated according to resident population.

2. The households of Jianghan district includes 90 households of Water Bureau. The households of Hanyang district includes 47655 households of Wuhan Economic Technological Development Zone. Hongshan district includes 96319 households of East Lake High－Tech, 14197 households of East Lake Ecotourism Scenic Zone, 11710 households of Wuhan Chemical Industry Park.
The registered population of Jianghan district incldes 9239 peole of Water Bureau. Hanyang district includes 141292 people of Wuhan Economic Technological Development Zone, Hongshan district includes 318371 people of East Lake High－Tech Development Zone, 33594 people of East Lake Ecotourism Scenic Zone, 32601 peole of Wuhan chemical Industrical Park.

3. The resident population of Jianghan district includes 42 thousand peole belonged Water Bureau, Wuchang district includes 17 thousand peole belonged east Lake Ecotourism Scenic Zone, Hongshan district included 285.9 tholusand peole belonged to East Lake High－Tech Development Zone, 62.2 thousand belonged to East Lake Ecotourism Scenic Zone, 43.2 thousand belonged to Wuhan Chemical Industry Park. Caidian district includes 229.2 thousand belonged to Wuhan Economc Technological Development Zone, Jiangxia district includes 165.6 thousand belonged to East Lake High－Tech Development Zone.

1-2 行政区划及群众性自治组织(2013年)
ADMINISTRATIVE DIVISION AND GRASSROOTS UNITS (2013)

单位:个 (Unit)

各区 District	乡政府 Township Governments	镇政府 Town Governments	街办事处 Subdistrict Offices	社区居委会 Community	村民委员会 Villagers′ Committee
总计 Tota	3	5	149	1293	1918
江岸区 Jiang′an			16	136	14
江汉区 Jianghan			13	107	
硚口区 Qiaokou			11	125	11
汉阳区 Hanyang			11	112	6
武昌区 Wuchang			14	179	2
青山区 Qingshan			10	82	12
洪山区 Hongshan	1		9	143	16
东西湖区 Dongxihu			8	80	
汉南区 Hannan			4	19	29
蔡甸区 Caidian	1	2	6	35	283
江夏区 Jiangxia			10	56	268
黄陂区 Huangpi	1		15	67	589
新洲区 Xinzhou		3	10	64	546
武汉经济技术开发区 Wuhan Economic Technological Development Zone			3	27	21
东湖新技术开发区 Eeast Lake High-Tech Development Zone			8	46	100
东湖生态旅游风景区 East Lake Ecotourism Scenic Zone				14	1
武汉化工新区 Wuhan Chemical Indurstry Park			1	1	20

1-3 气　　象　　情　　况
METEOROLOGICAL DATA

指标 Item	2008	2009	2010	2011	2012	2013
年平均气温(℃) Annual Average Temperature(℃)	17.7	17.9	16.6	16.3	16.4	17.1
年平均最低气温(℃) Annual Average Utmost Lowest Temperature(℃)	14.4	14.7	12.9	12.3	12.6	12.8
年平均最高气温(℃) Annual Average Utmost Highest Temperature(℃)	22.1	22.2	21.5	21.4	21.0	22.7
年极端最低气温(℃) Annual Utmost Lowest Temperature (℃)	-5.2	-4.6	-4.0	-7.8	-6.5	-7.2
最低气温日期(日/月) Annual Utmost Lowest Temperature Day	29/1 3/2	13/1	1/12/ 16/12	16/1	25/1 30/12	5/1
年极端最高气温(℃) Annual Utmost Highest Temperature (℃)	37.1	39.1	38.1	37.3	37.5	39.5
最高气温日期(日/月) Annual Utmost Highest Temperature Day	26/7	18/7	4/8	26/7 29/7	31/7	11/8

1-4 分月气象情况(2013年)
METEOROLOGICAL DATA OF MONTH (2013)

月份 Month	当月平均气温 (℃) Average Temperature (℃)	当月日照时数 (小时) Sunshine Hours (hours)	当月降雨天数 (天) Number of Rainings Days (days)	当月降雨量 (毫米) Volume of Precipitation (mm)
一月 January	2.9	128.5	5	22.4
二月 February	5.9	55.8	17	43.9
三月 March	12.9	142.1	14	90.1
四月 April	17.1	174	10	145.7
五月 May	22.1	156	15	153.9
六月 June	26.1	200.5	17	256.6
七月 July	30.6	287.5	9	316.2
八月 August	30.6	281.7	12	136
九月 September	22.9	165.5	14	207.8
十月 October	18.2	192.3	3	5.6
十一月 November	11.4	142.6	9	54.6
十二月 December	4.5	166	3	1.4

1-5 国民经济和社会发展总量指标
PRINCIPAL AGGREGATE INDICATORS ON NATIONAL ECONOMIC AND SOCIAL DEVELOPMENT

指标 Item	总量指标 Aggregate Data						
	2007	2008	2009	2010	2011	2012	2013
人口与就业 Population and Employment							
人口（万人） Population (10 000 persons)							
年末总人口 Population at the Year-end	828.21	833.24	835.55	836.73	827.24	821.71	822.05
非农业人口 Non-Agricultural Population	528.62	537.24	541.01	541.28	546.59	555.02	555.60
农业人口 Agricultural Population	299.59	296.01	292.79	290.13	273.75	265.01	266.18
男性人口 Male	427.16	429.08	429.68	429.76	424.29	420.99	420.69
女性人口 Female	401.05	404.16	405.87	406.98	402.95	400.72	401.36
就业（万人） Employment (10 000 persons)							
从业人员数 Employment	442.2	456	468.6	483	498	506.40	522.24
#城镇非私营单位从业人员数 Staff and Workers	159.58	170.45	175.84	178.46	189.77	191.85	198.54
宏观经济 Macroecnomic Indicator							
国民核算 National Accounting							
生产总值（亿元） Gross Domestic Product (100 million yuan)	3209.47	4115.51	4620.86	5565.93	6762.2	8003.82	9051.27
第一产业 Primary Industry	129.15	144.7	149.06	170.04	198.7	301.21	335.4
第二产业 Secondary Industry	1440	1867.21	2142.14	2532.82	3254.02	3869.56	4396.17
工业 Industry	1197.49	1545.12	1772.14	2079.82	2709.02	3203.66	3645.32
建筑业 Construction	242.51	322.09	370	453	545	665.9	750.85
第三产业 Tertiary Industry	1640.32	2103.6	2329.66	2863.07	3309.48	3843.05	4319.70
物价指数（上年=100） Price Indices (Preceding year=100)							
居民消费价格总指数 General Consumer Price Index	104.1	105.7	99.4	103	105.2	102.8	102.4
商品零售价格总指数 General Retail Price Index	103	105.1	98.4	103.1	104.7	102.3	100.9
能耗 Energy Consumption							
单位GDP能耗（吨标准煤/万元） Unit GDP Energy Consumption (ton SCE/10 000 yuan)	1.26	1.18	1.11	1.06	1.02	0.79	0.76
单位GDP能耗上升或下降（±%） The Reduced Rate of Unit GDP Energy Consumption	-4.13	-6.15	-6.04	-4.36	-4.3	-4.47	-3.51

注：2011年单位GDP能耗及其增减率按2010年不变价格计算，之前年份按2005年不变价格计算。

Note: Unit GDP Energy Consumption and it's reduced rate of 2011 are calculated at 2010's constant price. Before 2011, are calclated at 2005's constant price.

续　表　Continued

指　　　　　　　　标 Item	总量指标　Aggregate Data						
	2007	2008	2009	2010	2011	2012	2013
工　业 **Industry**							
工业总产值（亿元） Gross Industrial Output Value(100 million yuan)	4010.3	6251.79	6317.94	7004.96	8461.21	10195.88	11654.64
主要工业产品产量 Output of Major Inustrial Products							
纱（吨） Yarn (ton)	86198	73773	56758	57966	85735	125570	135076.70
布(万米) Cloth (10 000 metres)	51542	49472	63397	14007	24529	13829	14861.50
原油加工量(万吨) Crude Oil Processed (10 000 tons)	424.67	396.56	451.16	498.23	503.39	432.71	641.48
化学原料药（吨） Chemical Raw Medicine (ton)	5337	5326	5111	5546	6510	11375	12855.50
中 成 药(吨) Traditional Chinese Patent Medicine (ton)	10424	61536	101934	64538	70194	97681	91987
光缆(万芯千米) Cable Optical (10 000 tons km)	522.43	714.71	985.51	971.43	1106.12	2624.72	2915.57
显示器（万台） Monitors (10 000 unit)	997.92	1043.75	1152.94	1427.03	1505.65	1380.57	1372.37
房间空调器（万台） Household Air Conditioner (10 000 units)	440.24	493.74	514.28	729.32	758.14	829.84	1189.35
钢（万吨） Steel (10 000 tons)	1219.2	1427.11	1388.91	1690.93	1885.11	1844.28	1395.23
生　铁（万吨） Pig Iron (10 000 tons)	1165.04	1359.5	1342.88	1579.09	1763.67	1625.05	1680.73
成品钢材（万吨） Steel Products (10 000 tons)	1075.8	1307.13	1265.19	1541.87	1729.9	1766.57	1809.12
汽　　车（辆） Automobile (unit)	338206	338180	492069	669292	687995	795240	953450
年主营业务收入2000万元以上的工业企业财务指标 Insustrial Enterprises with Prime Operating Revenue over 20 million yuan							
固定资产净值年平均余额（亿元） Annual Average Net Value of Fixed Assets (ditto)	1277.71	1821.76	2326.13	2591.15	2882.18	3613.44	3603.90
利润总额（亿元） Pre-tax Profits (100 million yuan)	244.08	285.44	296.44	366.91	431.21	391.17	465.88

续 表 Continued

指 标 Item	总量指标 Aggregate Data						
	2007	2008	2009	2010	2011	2012	2013
农 业 Agriculture							
年末耕地面积（千公顷） Cultivated Areas (1 000 hectares)	210.35	210.23	208.94	207.07	206.52	203.82	199.44
农林牧渔业劳动力(万人) Number of Persons Engaged in Farming, Forestry, Animal Husbandry and Fishery(10 000 persons)	67.27	62.33	56.18	56.45	54.11	49.94	47.05
农林牧渔业总产值(亿元) Gross Output Values of Farming, Forestry, Animal Husbandry and Fishery(100 million yuan)	215.92	244.64	251.79	281.09	329.49	476.04	530.27
主要农产品产量(万吨) Output of Major Farm Products(10 000 tons)							
粮 食 Grain	137.4	129.73	135.89	136.71	120.86	125.89	126.87
棉 花 Cotton	3.44	3.53	3.22	2.01	2.35	2.46	3.32
油 料 Oil-bearing Crops	18.48	18.45	19.05	19.01	17.61	18.02	18.66
茶 叶 Tea	0.16	0.17	0.18	0.20	0.22	0.28	0.24
水 果 Fruits	7.28	7.67	7.23	7.45	7.90	7.68	8.48
蔬 菜 Vegetables	584.01	584.9	583.2	597.07	627.13	661.62	688.09
牲猪出栏(万头) Slaughtered Hogs(10 000 heads)	249.53	241.62	248.77	261.95	278.05	298.40	308.2
家禽出笼(万只) Slaughtered Poultry(10 000 heads)	4397.57	4650.57	4763.04	5033.99	5164.7	5552.20	5802.05
禽 蛋 Eggs	19.74	13.85	14.43	18.01	20.26	20.57	21.49
牛 奶 Milk	11.12	11.76	5.34	5.50	5.95	6.69	7.14
水 产 品 Aquatic Products	41.18	40.79	42.22	43.41	46.01	46.86	49.02
固定资产投资 Investment in Fixed Assets							
全社会固定资产投资总额(亿元) Total Investment in Fixed Assets(100 million yuan)	1732.79	2252.05	3001.1	3753.17	4255.16	5031.25	6001.96
国有单位 State-owned Units	708.74	942.64	1128.76	1474.64	1572.29	1570.17	1573.61
集体单位 Collective-owned Units	32.58	71.21	141.75	158.01	138.53	169.20	169.83
私营个体经济 Private Units	199.21	296.71	365.41	505.88	588.73	694.23	988.90
其他经济 Others	792.26	941.49	1365.18	1614.64	1955.61	2597.65	3269.62
建 筑 业 Construction							
建筑业企业人数(万人) Number of Employed Persons(10 000 persons)	52.92	57.99	63.18	66.01	65.84	70.22	77.24
建筑业总产值(亿元) Gross Output Value(100 million yuan)	1246.02	1611.53	1967.61	2424.54	3180.5	4040.7	4879.24
施工房屋面积(万平方米) Floor Space of Buildings Under Construction(10 000 sq. m)	8802.03	10021.16	11121.06	12902.94	17255.15	20900	2639.90
竣工房屋面积(万平方米) Floor Space of Buildings Completed(10 000 sq. m)	3785.16	4187.75	4659.82	5664.39	8114.17	9223.5	10103.98

续 表 Continued

指标 Item	总量指标 Aggregate Data						
	2007	2008	2009	2010	2011	2012	2013
交通运输 Transportation							
全社会货物运输量(万吨) Freight Traffic in Transportation System(10 000 tons)	22554.93	29142.98	34208.90	40287.93	41804.95	43892.49	44528.75
铁路 Railway	9728.5	10201.8	9839.1	10145.6	10059.40	9177.40	9010.40
公路 Highway	9918.1	10515.5	16679	21120	22442	24354	25023
水运 Waterway	2899.4	8417.83	7884	9013	9292.06	10351.73	10485.55
航空 Civil Aviation	8.89	7.85	7.25	9.33	9.99	9.36	9.80
全社会旅客运输量(万人) Passenger Traffic in Transportation System(10 000 persons)	17338.36	18882.06	21703.97	22896.71	25743.22	27492.40	29620.29
铁路 Railway	5124.9	6026.5	6439.8	7281.30	8511.70	9764.90	12104.00
公路 Highway	11500.9	12082	14532	14730	16317	16794	16521.00
航空 Civil Aviation	712.56	773.56	763.82	885.41	914.52	933.50	995.29
邮电通信业 Postal and Telecommunications Services							
邮电业务总量(亿元) Total Business Revenue(100 million yuan)	180.62	211.11	293.82	109.47	128.94	167.87	164.41
函件(万件) Number of Letters Delivered(10 000 pieces)	5856	5288.82	6191.37	4372	5188	6260.57	5200
包件(万件) Number of Parcels(10 000 pieces)	126	101	85.93	108	50	29.73	39.22
城市电话用户(万户) Resident Telephone Subcribers(10 000 subscribers)	436.51	380	339	316	316	295	294
移动通信用户(万户) Number of Mobile Telephone Subcribers(10 000 subscribers)	624.08	815	1037	1145	1271	1593	1662
本地局用交换机总容量(万户) Capacity of Local Telephone Exchanges(10 000 subscribers)	293.2	316	279	273	255	232	219
国内商业 Domestic Trade							
社会消费品零售总额(亿元) Total Retail Sales of Consumer Goods(100 million yuan)	1518.3	1850.05	2164.09	2570.40	3031.79	3467.37	3916.60

注:邮电业务总量2010年以前按2000年不变价格计算,2010年以后按2010年不变价格计算。

Note:Total Revenue of Postal and Telecommunications Services before 2010 are calculated at 2000's constant price, After 2010, are calculated at 2010's constant price.

续 表 Continued

指 标 Item	总量指标 Aggregate Data						
	2007	2008	2009	2010	2011	2012	2013
对外经济贸易 Foreign Trade							
进出口总额(亿美元) Total Imports and Exports(By Customs Statistics, USD 100 million)	99.62	139.77	114.73	180.55	227.90	203.54	217.52
进口总额(亿美元) Imports(By Customs Statistics, USD 100 million)	52.09	70.73	56.47	93.01	110.57	96.06	98.09
出口总额(亿美元) Exports(By Customs Statistics, USD 100 million)	47.53	69.04	58.25	87.54	117.33	107.48	119.43
利用外资 Utilization of Foreign Capital							
实际利用外资(亿美元) Amount of Foreign Capital Actually Utilized(USD 100 million)	22.5	25.73	29.35	32.93	37.60	44.44	52.50
#外商直接投资(亿美元) Direct Investment by Foreign Entrepreneurs	16.98	19.38	21.73	24.50	27.54	34.22	41.01
国际旅游 International Tourism							
海外旅游者人数合计(万人) Number of Tourists from Abroad(10 000 persons)	52.98	53.4	66.9	92.79	115.91	150.89	161.37
旅游外汇收入(亿美元) Foreign Exchange Earnings From Tourim(USD 10 000)	2.28	2.54	3.29	4.76	6.06	8.52	9.14
财 政 Public Finance							
全口径财政收入(亿元) Government Revenue(100 million yuan)	634.06	791.31	1005.03	1416.14	1795.99	1530.33	1730.65
地方财政收入(亿元) Local Government Revenues(100 million yuan)	296.38	376.91	535.54	814.04	1194.30	1530.33	978.52
地方财政支出(亿元) Local Government Expenditures(100 million yuan)	387.72	479.52	711.91	989.95	1278.36	885.55	1122.88
金融保险 Finance and Insurance							
金融机构各项存款(亿元) Deposits in Financial Institutions(100 million yuan)	5471.38	6680.15	8761.62	10930.77	11519.58	13131.59	14915.69
金融机构各项贷款(亿元) Loans From Financial Instituions(100 million yuan)	4414.84	5632.37	7535.32	9093.71	10157.53	11575.84	12803.87
保险公司保费收入(亿元) Insurance Premium in Chinese-funded Insurance Companies(100 million yuan)	66.04	102.6	122.9	166.23	187.24	175.28	202.23
保险公司赔款及给付(亿元) Amount Reparations in Chinese-funded Insurance Companies(100 million yuan)	25.45	33.17	27.75	30.30	40.75	46.15	60.48

注:2012 年以前为全口径财政收入、地方财政支出;2012 年以后改为公共财政总收入、公共财政总支出。
Note: Before 2012, full caliber financial income, local fistal expenditure; after 2012 to the public revenue, public finance expenditure.

续 表 Continued

指 标 Item	总量指标 Aggregate Data						
	2007	2008	2009	2010	2011	2012	2013
教育、文化 Education and Culture							
教 育 Education							
专任教师数(万人) Full-time Teachers(10 000 persons)							
普通高等学校 Institutions of Higher Education	4.64	4.87	5.03	5.13	5.40	5.50	5.70
普通中学 Regular Secondary Schools	3.34	3.29	3.3	3.28	3.25	3.21	3.15
职业中学 Vocational Secondary Schools	0.2	0.19	0.18	0.18	0.61	0.59	0.85
小 学 Primary Schools	2.89	2.81	2.76	2.72	2.70	2.66	2.67
在校学生数(万人) Students Enrollment(10 000 persons)							
普通高等学校 Institutions of Higher Education	77.84	80.97	84.63	88.14	92.04	94.70	96.60
普通中学 Regular Secondary Schools	48.82	45.34	41.36	38.31	35.21	32.99	31.40
职业中学 Vocational Secondary Schools	6	6.98	5.79	4.21	16.26	12.05	12.43
小 学 Primary Schools	43.89	41.89	41.32	41.13	41.48	41.28	42.38
文 化 Culture							
出版社图书种数(种) Species of Books by Publishing House (species)	6631	6931	8632	10464	11836	14256	13905
#出版新图书(种) New Books Publications (species)	3957	3921	5112	5832	6853	8476	8446
图书总印数(万册) Number of Books Published (10 000 copies)	21237	23169.7	22441	27532	25982	25972	26274
家庭、生活、环境 Family, People's Livelihood and Environment							
家 庭 Family							
家庭总户数(万户) Total Number of Households (10 000 households)	260.46	265	269.9	274.58	276.50	281.29	286.39
城镇居民平均每户家庭人口(人) Average Household Size in Urban Areas(person)	2.88	2.92	2.92	2.90	2.89	2.88	2.71
农村居民平均每户家庭人口(人) Average Household Size in Rural Areas(person)	3.83	3.83	3.8	3.79	3.63	3.66	3.41

续 表 Continued

指 标 Item	总量指标 Aggregate Data						
	2007	2008	2009	2010	2011	2012	2013
婚 姻 **Marriages and Divorces**							
结婚数(对) Number of Marriages(couples)	74798	86377	92851	107723	98164	96517	104760
离婚数(对) Number of Divorces(couples)	15189	16223	17595	20285	20189	28384	31271
居 住 **Housing**							
城市居民人均住宅建筑面积(平方米) Per Capita Net Floor Space of Urban Residents(sq. m)	28.25	29.28	30.88	31.85	32.25	33.50	34.75
农村居民人均居住面积(平方米) Per Capita Net Floor Space of Rural Residents(sq. m)	44.72	45.8	47.7	48.8	51.83	51.40	47.82
生 活 **Livelihood**							
城镇居民人均可支配收入(元) Per Capita Annual Disposable Income of Urban Households(yuan)	14357.64	16712.44	18385.02	20806.32	23738	27061	29821
农村居民人均纯收入(元) Per Capita Annual Net Income of Rural Households(yuan)	5371	6349	7161	8294.81	9814	11190	12713
城镇非私营单位在岗职工平均工资(元) Urban Non – private Units Average Wage of Staff and Workers(yuan)	22999	27213	32429	38428	45643	48942	53745
卫 生 **Health Care**							
医院、卫生院及社区卫生服务中心(个) Number of Hospitals(unit)	330	340	352	357	358	363	368
医 生(人) Doctors(person)	21541	22728	23997	25069	25376	26420	27767
卫生事业床位数(万张) Number of Hospital Beds(10 000 units)	4.07	4.34	4.81	5.12	5.65	6.22	6.66
市政建设 **City Construction**							
水厂综合生产能力(万吨/日) Aggregate Capacity of Waterworks(10 000 tons/day)	418.5	418.5	417.6	440.70	447.0	445.7	453.0
排水管道长度(公里) Length of Sewer Pipelines(km)	6126	6321	6592	7545	7909	8173.15	9010
公共汽(电)车总数(辆) Total Number of Public Buses and Trolley Buses(unit)	6600	6976	7241	7001	7465	7375	7594
铺装道路总长度(公里) Length of Paved Roads(km)	2515	3034	2542	2682.2	2840.1	5245.20	4833.12
园林绿地城区面积(公顷) Coverage of Parks, Gardens and Green Land(hectares)	14442.81	14790.9	15003.93	15575.44	16347.32	17895	

1－6 国民经济和社会发展主要结构指标
STRUCTURAL INDICATORS ON NATIONAL ECONOMIC AND SOCIAL DEVELOPMENT

单位：%

指标	Item	2007	2008	2009	2010	2011	2012	2013
人口与就业	**Population and Employment**							
人　口	**Population**							
城乡结构	Urban and Rural Structure							
非农业	Non-Agricultual Population	63.8	64.5	64.7	64.7	66.1	67.5	67.6
农　业	Agricultural Population	36.2	35.5	35.3	35.3	33.1	32.3	32.4
性别结构	Sex Structure							
男	Male	51.6	51.5	51.4	51.4	51.3	51.2	51.2
女	Female	48.4	48.5	48.6	48.6	48.7	48.8	48.8
就　业	**Employment**							
产业结构	Industrial Structure							
第一产业	Primary Industry	18.7	17.5	13.6	13.2	12.2	12.1	9.7
第二产业	Secondary Industry	33.2	34.2	37.4	36.9	38.1	38.4	38.5
第三产业	Tertiary Industry	48.1	48.3	49.0	49.9	49.7	49.5	51.8
宏观经济	**Macro Economy**							
国民核算	**National Accounting**							
生产总值产业结构	Industrial Structure							
第一产业	Primary Industry	4.1	3.7	3.2	3.1	3.0	3.8	3.7
第二产业	Secondary Industry	45.8	46.1	46.4	45.5	48.1	48.3	48.6
第三产业	Tertiary Industry	50.1	50.2	50.4	51.4	48.9	47.9	47.7
投　资	**Investment**							
全社会固定资产投资结构	Structure of Total Investment in Fixed Assets							
城镇500万元以上项目投资	Investment of Urban Investment of Projects of 5 mil. Yuan and above	70.8	72.5	71.4	70.2	68.2	67.3	67.4
房地产开发投资	Investment of Real Estate Development	26.5	25.3	25.9	27.1	29.9	31.3	31.6
农村投资	Investment of Rural Area	2.7	2.2	2.7	2.7	1.9	1.4	1.0
利用外资	**Utilization of Foreign Capital**							
实际利用外资结构	Structure of Foreign Capital Actually Utilized							
外商直接投资	Direct Investment by Foreign Entrepreneurs	75.4	75.3	74.0	74.4	73.2	77.0	78.1
外商其他投资	Other investment by Foreign Entrepreneurs	24.6	24.7	26.0	25.6	26.8	23.0	21.9

续 表 Continued

指标 Item		2007	2008	2009	2010	2011	2012	2013
产业结构	Industrial Structure							
农业	Agriculture							
农林牧渔业产值结构	Structure of Gross Output Value							
农业	Farming	56.2	54.1	55.1	53.8	53.0	54.3	57.5
林业	Forestry	0.6	0.6	0.6	0.7	1.1	1.0	1.2
牧业	Animal Husbandry	26	28.4	25.7	26.3	27.3	25.5	22.4
渔业	Fishery	16.7	16.4	18.1	18.7	18.0	16.5	15.8
农林牧渔服务业	Farming, Forestry, Animal Husbandry & Fishery	0.5	0.5	0.5	0.5	0.6	2.7	3.1
工业	Industry							
全部工业总产值结构	Structure of Gross Output Value of Industry							
轻工业	Light Industry	24.2	22.9	25.0	29.6	31.1	31.1	23.0
重工业	Heavy Industry	75.8	77.1	75.0	70.4	68.9	68.9	77.0
运输业	Transportation							
货运量结构	Structure of Freight Traffic							
按运输方式分	By means of Transportation							
铁路	Railways	43.1	35.0	28.6	25.2	24.1	20.9	20.2
公路	Highways	44.0	36.1	48.5	52.4	53.7	55.5	56.2
水运	Waterways	12.9	28.9	22.9	22.4	22.2	23.6	23.6
国际旅游	International Tourism							
来汉旅游人数结构	Structure of Tourists							
外国人	Foreigners	84.3	80.1	78.7	75.6	76.5	75.7	79.8
港澳台同胞	Compatriots form Hong Kong, Macao and Taiwan	15.7	19.9	21.3	24.4	23.5	24.3	20.2
教育	Education							
在校学生结构	Structure of Student Enrollment							
普通高等学校	Regular Institutions of Higher Education	42.6	44.6	46.8	49.4	48.0	51.3	52.1
普通中学	Regular Secondary Schools	26.7	25.0	22.9	21.5	18.3	17.9	16.9
中等职业技术学校	Vocational Technical Secondary School	6.5	7.5	7.4	6.0	12.0	8.4	8.0
小学	Primary Schools	24.1	23.0	22.8	23.0	21.6	22.3	22.9
盲、聋、哑学校	Schools for the Blind and the Deaf - mute	0.1	0.1	0.1	0.1	0.1	0.1	0.1
专任教师结构	Full-time Teachers by Type							
普通高等学校	Regular Institutions of Higher Education	40.6	42.2	43.1	44.2	43.9	44.7	45.0
普通中学	Regular Secondary Schools	29.3	28.6	28.3	28.2	26.4	26.1	24.9
中等职业技术学校	Vocational Technical Secondary School	4.6	4.6	4.8	3.9	7.5	7.4	8.9
小学	Primary Schools	25.3	24.4	23.6	23.5	22.0	21.6	21.0
盲、聋、哑学校	Schools for the Blind and the Deaf - mute	0.2	0.2	0.2	0.2	0.2	0.2	0.2

注:运输业货运量结构中,航空运输量相对于其它三种方式运量极低,所占比重可以忽略不计。
Note: Freight traffic by air transportation is very small compared with other three means, it's proportion can be negligible.

1－7 按经济类型分的国民经济比例关系

PROPORTIONS OF AGGREGATE INDICATORS BY TYPE OF OWNERSHIP

单位：%　　　　　　　　　　　　　　　　　　　　　　　　　　　　　　　(%)

指　　标 Item	2007	2008	2009	2010	2011	2012	2013
规模以上工业总产值 **Above scale industrial output value**							
国有经济 State－owned Units	29.1	30.3	26.5	26.4	25.9	30.9	17.3
集体经济 Collective Owned Units	0.9	0.7	0.6	0.5	0.3	0.4	0.3
外商及港澳台经济 Economy of foreign and Hong Kong and Macao	29.7	29.4	31.2	32.9	32.6	27.1	31.4
其他 Others	40.2	39.6	41.8	40.2	41.2	41.5	51.0
全社会从业人员数 **Employment by Ownership**							
国有经济 State-owned Units	18.9	18.5	17.1	16.5	17.1	16.3	16.8
集体经济 Collective Owned Units in Urban Area	1.6	1.7	1.7	1.5	0.9	0.8	0.9
私营个体 Urban Individuals	19	24.6	27.4	29.1	28.9	39.7	40.5
乡村劳动力 Rural Laborers	32.9	31.6	30.6	29.3	29.3	18.9	17.0
其　他 Others	27.6	23.6	23.2	23.6	23.8	24.4	24.7
全社会固定资产投资额 **Investment in Fixed Assets by Ownership**							
国有经济 State-owned Units	40.9	41.9	37.6	39.3	37.0	31.2	26.2
集体经济 Collective Owned Units	1.9	3.2	4.7	4.2	3.2	3.4	2.8
私营个体 Individuals in Urban and Rural Area	11.5	13.2	12.2	13.5	13.8	13.8	16.5
其　他 Others	45.7	41.7	45.5	43.0	46.0	51.6	54.5

1-8 主要指标人均水平

本表价值量指标按当年价格计算。

指标	Item	2002
一、生产总值(元)	Gross Domestic Product (yuan)	17971
二、工农业总产值(元)	Gross Industrial and Agri. Output Value (yuan)	25043
工业总产值	Gross Industrial Output Value	23192
农业总产值	Gross Agricultural Output Value	1851
三、财政收入(元)	Government Revenue (yuan)	2575
四、主要工业产品产量	Output of Main Industrial Products	
纱(公斤)	Yarn (kilogram)	11.83
布(米)	Cloth (meters)	36.29
钢(公斤)	Steel (kg)	997.34
发电量(千瓦小时)	Electricity (kwh)	1509.1
成品钢材(公斤)	Steel Products (kg)	804.46
五、主要农产品产量	Output of Major Farm Produc	
粮食(公斤)	Grain (kg)	159.47
棉花(公斤)	Cotton (kg)	1.89
油料(公斤)	Oil-bearing Crops (kg)	22.96
蔬菜(公斤)	Vegetable (kg)	703.84
六、居民生活	Residents Livelihood	
在岗职工年平均工资(元)	Average Annual Wage of Staff and workers (yuan)	12161
城镇居民月可支配收入(元)	Per Capita Disposable Income of Urban Residents (yuan)	651.69
城镇居民月生活费支出(元)	Per Capita Expenditure for Living Cost of Urban Residents (yuan)	569.45
农村居民年人均纯收入(元)	Per Capita Annual Net Income of Rural Households (yuan)	3295
农村居民年人均生活费支出(元)	Per Capita Annual Expenditure for Living Cost of Rural Households(yuan)	2122.5
人均储蓄余额(元)	Per Capita Savings Deposit of Urban and Rural Residents (yuan)	14185
*市区居民住宅建筑面积(平方米)	Per Capita Living Floor Area of Urban Residents	22.16

注:*2002年以前为人均住宅居住面积。

Note:It is per Capita Living Net Space Area before 2002.

PER CAPITA QUANTITY OF MAJOR INDICATORS

Data in terms of value are calculated at current prices.

2003	2004	2005	2006	2007	2008	2009	2010	2011	2012	2013
19569	23148	26548	30921	36347	46035	51144	58961	68315	79482	89000
27712	32676	35974	41393	51318	78201	78736	87139	88771	105977	121002
25753	30568	33698	39033	48697	75256	75718	83777	101338	101250	115736
1959	2108	2276	2360	2622	2945	3018	3362	3327	4727	5266
2981	3672	4906	6201	7699	9525	12045	16937	21587	15197	17017
12.48	12.26	11.7	11.07	10.5	8.88	6.8	6.9	8.7	12.5	13.3
40.63	42.58	42.37	62.42	62.59	59.55	76	16.75	24.77	13.73	14.61
1097.67	1177.9	1339.28	1389.37	1480.46	1717.91	1664.6	2022.3	1903.63	1831.46	1863.55
1683.67	1704	1844.94	2227.42	3392.84	2121.61	2010.3	2400	2158.7	2022.98	2355.95
903.44	1082.45	1214.56	1247.74	1306.33	1573.5	1516.3	1844	1746.9	1754.29	1778.88
172.83	167.27	173.28	170.95	156.84	156.16	162.9	163.5	122.05	125.02	124.75
2.7	3.27	3.49	3.87	4.18	4.25	3.9	2.4	2.37	2.44	3.26
22.07	24.55	23.99	23.2	22.44	22.21	22.8	22.74	17.78	17.89	18.39
721.91	721.45	726.13	749.15	709.15	704.08	698.9	714.08	633.29	657.02	676.59
13729	15971	18505	21839	25136	28421	33320	39303	45643	48942	53745
710.38	797	904.14	1030	1196.47	1392.7	1532.08	1733.86	1978.17	2255.08	2485.08
604.28	649.39	669.54	765.17	883.33	952.75	1059.19	1207.51	1428.41	1567.76	1679.75
3497	3954	4341	4748	5371	6349	7161	8294.81	9814	11190	12713
2301.9	2667.27	3342.6	3580.2	4218.6	4755.1	4900.8	5630.98	7013	8167	9127
16595	18549.62	21083	23302	23667	27068	33078	38025	40124	46958	53312
23.93	24.25	25.5	26.86	28.25	29.28	30.88	31.85	32.25	33.5	34.75

注:2002 年以前为全口径财政收入人均水平。

Note: Fiscal revenue in 2012 before the full caliber financial income per papita.

1-9 历年生产总值及构成
GROSS DOMESTIC PRODUCT AND ITS COMPOSITION

本表按当年价格计算　　　　Data in this table are calculated at current prices.

年份 Year	生产总值（亿元）Gross Domestic Product (100 mil. yuan)	第一产业 Primary Industry	第二产业 Secondary Industry	第三产业 Tertiary Industry	构成（%）Composition (%)	第一产业 Primary Industry	第二产业 Secondary Industry	第三产业 Tertiary Industry	人均生产总值（元）Per Capita GDP (yuan/person)
1949	3.28	0.84	0.79	1.65	100.0	25.6	24.1	50.3	118
1950	4.07	0.92	1.01	2.14	100.0	22.6	24.8	52.6	141
1951	4.60	0.99	1.17	2.44	100.0	21.5	25.4	53.1	147
1952	5.87	1.10	1.72	3.05	100.0	18.7	29.3	52.0	176
1953	7.25	1.28	2.49	3.48	100.0	17.7	34.3	48.0	205
1954	7.78	1.02	2.76	4.00	100.0	13.1	35.5	51.4	215
1955	8.82	1.27	3.37	4.18	100.0	14.4	38.2	47.4	240
1956	10.98	1.53	5.00	4.45	100.0	13.9	45.5	40.6	281
1957	12.08	1.65	5.91	4.52	100.0	13.7	48.9	37.4	291
1958	15.58	1.65	9.05	4.88	100.0	10.6	58.1	31.3	363
1959	18.95	1.36	11.77	5.82	100.0	7.2	62.1	30.7	431
1960	19.76	1.49	12.65	5.62	100.0	7.5	64.0	28.5	441
1961	12.30	1.47	5.94	4.89	100.0	11.9	48.3	39.8	277
1962	12.40	1.64	6.14	4.62	100.0	13.2	49.5	37.3	284
1963	15.14	2.06	8.30	4.78	100.0	13.6	54.8	31.6	345
1964	16.46	2.07	9.49	4.90	100.0	12.6	57.6	29.8	367
1965	19.87	2.79	11.84	5.24	100.0	14.0	59.6	26.4	436
1966	22.02	3.14	13.37	5.51	100.0	14.3	60.7	25.0	476
1967	19.74	3.06	11.23	5.45	100.0	15.5	56.9	27.6	422
1968	16.19	2.96	7.84	5.39	100.0	18.3	48.4	33.3	342
1969	18.60	2.55	10.42	5.63	100.0	13.7	56.0	30.3	389
1970	24.71	3.12	15.24	6.35	100.0	12.6	61.7	25.7	515
1971	25.81	3.44	15.77	6.6	100.0	13.3	61.1	25.6	531
1972	26.35	3.7	16.07	6.58	100.0	14.0	61.0	25.0	532
1973	28.26	3.83	17.48	6.95	100.0	13.6	61.8	24.6	560
1974	24.47	4.22	13.60	6.65	100.0	17.2	55.6	27.2	480
1975	30.51	4.11	18.90	7.50	100.0	13.5	61.9	24.6	598
1976	27.31	4.16	15.36	7.79	100.0	15.2	56.3	28.5	526
1977	33.28	4.31	20.34	8.63	100.0	13.0	61.1	25.9	623
1978	39.91	4.69	25.24	9.98	100.0	11.7	63.3	25.0	735
1979	46.20	6.62	28.51	11.07	100.0	14.3	61.7	24.0	835
1980	53.44	5.84	34.53	13.07	100.0	10.9	64.6	24.5	950

注：1、按新国民经济核算体系要求，从2002年起第一产业中包括了农林牧渔服务业增加值。
2、2001－2008年地区生产总值按经济普查口径进行了重新修订。
3、从2000年开始人均生产总值按常住平均人口计算。

续　表　Continued

年　份 Year	生产总值（亿元）Gross Domestic Product (100 mil. yuan)	第一产业 Primary Industry	第二产业 Secondary Industry	第三产业 Tertiary Industry	构　成（%）Composition (%)	第一产业 Primary Industry	第二产业 Secondary Industry	第三产业 Tertiary Industry	人均生产总值（元）Per Capita GDP (yuan/person)
1981	56.29	4.59	36.64	15.06	100.0	8.2	65.1	26.7	983
1982	63.31	8.64	38.42	16.25	100.0	13.6	60.7	25.7	1087
1983	68.58	6.61	44.20	17.77	100.0	9.6	64.5	25.9	1161
1984	83.75	11.93	50.74	21.08	100.0	14.2	60.6	25.2	1402
1985	97.32	12.48	59.21	25.63	100.0	12.8	60.8	26.4	1610
1986	106.35	13.82	62.11	30.42	100.0	13.0	58.4	28.6	1732
1987	124.61	16.08	72.81	35.72	100.0	12.9	58.4	28.7	1995
1988	156.44	21.89	87.93	46.62	100.0	14.0	56.2	29.8	2462
1989	168.75	23.67	96.58	48.50	100.0	14.0	57.2	28.8	2606
1990	176.83	27.5	92.04	57.29	100.0	15.6	52.0	32.4	2673
1991	207.95	25.65	99.98	82.32	100.0	12.3	48.1	39.6	3088
1992	255.42	30.44	122.56	102.42	100.0	11.9	48.0	40.1	3752
1993	357.23	35.87	177.46	143.9	100.0	10.0	49.7	40.3	5192
1994	485.76	44.01	242.62	199.13	100.0	9.1	49.9	41.0	5980
1995	606.91	60.74	294.67	251.50	100.0	10.0	48.6	41.4	8609
1996	782.13	71.61	366.19	344.33	100.0	9.2	46.8	44.0	10970
1997	912.33	78.79	422.06	411.48	100.0	8.6	46.3	45.1	12673
1998	1001.89	75.85	449.72	476.32	100.0	7.6	44.9	47.5	13765
1999	1085.68	78.54	478.39	528.75	100.0	7.2	44.1	48.7	14751
2000	1206.84	81.36	533.31	592.17	100.0	6.7	44.2	49.1	15082
2001	1335.40	85.00	582.40	668.00	100.0	6.4	43.6	50.0	16515
2002	1467.80	90.4	635.50	741.90	100.0	6.2	43.3	50.5	17971
2003	1622.18	95.13	701.87	825.18	100.0	5.8	43.3	50.9	19569
2004	1882.24	102.23	825.78	954.23	100.0	5.4	43.9	50.7	23148
2005	2261.17	109.57	1026.27	1125.33	100.0	4.8	45.4	49.8	26548
2006	2679.33	115.91	1205.42	1358.0	100.0	4.3	45.0	50.7	30921
2007	3209.47	129.15	1440.00	1640.32	100.0	4.0	44.9	51.1	36347
2008	4115.51	144.70	1867.21	2103.60	100.0	3.5	45.4	51.1	46035
2009	4620.86	149.06	2142.14	2329.66	100.0	3.2	46.4	50.4	51144
2010	5565.93	170.04	2532.82	2863.07	100.0	3.1	45.5	51.4	58961
2011	6762.20	198.70	3254.02	3309.48	100.0	3.0	48.1	48.9	68315
2012	8003.82	301.21	3859.56	3843.05	100.0	3.8	48.2	48.0	79482
2013	9051.27	335.40	4396.17	4319.70	100.0	3.7	48.6	47.7	89000

Note: 1. According to the new national econiomic accounted system, the primary industry includes the added value of Farming, Forestry, Animal Husbandry and Fishery.
2. From 2001 to 2008, Gross Domestic Product have been adjusted by economic sensus.
3. Since 2000, per capita GDP is calculated according to resident population.

1-10 历年生产总值指数
GROSS DOMESTIC PRODUCT AND ITS INDICES

上年=100

年份 Year	生产总值 Gross Domestic Product	第一产业 Primary Industry	第二产业 Secondary Industry	第三产业 Tertiary Industry	人均生产总值 Per Capita Gross Domestic Product
1949	100	100	100	100	100
1950	121.8	111.6	124.2	130.1	117.3
1951	103.8	114.2	113.8	93.9	96.0
1952	126.4	109.5	149.3	135.6	118.4
1953	114.2	112.5	150.2	104.8	107.7
1954	102.0	77.6	122.0	112.7	99.6
1955	114.4	126.3	121.7	104.7	112.8
1956	121.1	117.8	152.8	106.3	114.0
1957	104.8	107.0	111.9	97.9	98.5
1958	118.0	96.4	147.7	109.1	114.2
1959	111.2	77.6	128.3	114.4	108.4
1960	101.6	107.8	104.9	94.2	99.9
1961	60.1	90.5	43.2	68.6	60.7
1962	104.1	110.1	103.4	100.5	105.9
1963	121.1	126.1	135.7	103.2	120.2
1964	114.5	99.9	126.4	113.6	112.2
1965	122.4	129.4	125.0	113.0	120.4
1966	106.7	98.5	112.4	105.7	105.0
1967	91.4	97.6	83.8	98.2	90.4
1968	85.9	96.6	69.7	99.1	84.8
1969	107.3	83.2	131.5	104.4	106.3
1970	131.6	122.5	150.9	113.9	131.3
1971	111.3	112.8	114.9	104.3	109.9
1972	102.1	105.8	101.9	99.6	100.1
1973	106.5	103.4	108.4	105.5	104.6
1974	89.3	107.2	78.3	95.5	88.4
1975	119.6	97.5	139.0	109.9	119.6
1976	94.4	102.1	85.0	106.5	92.6
1977	119.0	102.4	132.7	110.6	115.8
1978	117.0	106.2	122.3	115.1	115.0
1979	113.8	121.8	113.5	108.9	111.7
1980	115.8	79.8	130.2	112.9	113.9

续 表 Continued

年份 Year	生产总值 Gross Domestic Product	第一产业 Primary Industry	第二产业 Secondary Industry	第三产业 Tertiary Industry	人均生产总值 Per Capita Gross Domestic Product
1981	106.3	119.5	100.5	113.0	104.4
1982	107.7	120.2	104.9	106.5	105.8
1983	104.3	86.5	107.3	109.2	102.9
1984	117.3	126.5	117.1	112.9	115.9
1985	115.0	109.5	115.6	116.5	113.6
1986	103.2	104.4	99.9	109.7	101.6
1987	108.8	102.8	110.0	109.3	106.9
1988	111.1	104.3	111.3	114.0	109.2
1989	101.7	101.9	101.6	101.7	99.3
1990	97.5	110.5	91.3	103.7	95.5
1991	110.8	91.6	102.7	133.6	108.9
1992	113.0	115.5	115.1	109.4	111.8
1993	119.3	107.1	119.7	123.0	118.0
1994	119.8	108.2	120.6	122.1	118.4
1995	116.7	109.5	115.9	119.8	115.2
1996	116.0	108.2	115.1	118.8	114.6
1997	114.6	108.3	114.5	116.2	113.5
1998	111.2	99.0	110.4	114.6	110.0
1999	111.0	103.7	109.7	113.8	109.8
2000	112.0	104.4	112.5	112.6	110.7
2001	112.0	105.3	112.9	112.1	110.7
2002	111.8	103.9	112.3	112.4	110.4
2003	112.1	104.3	112.7	112.5	110.5
2004	114.5	105.2	116.7	113.3	114.5
2005	114.7	104.5	117.9	113.1	113.3
2006	114.8	104.0	118.0	113.0	112.9
2007	115.6	103.1	118.3	114.2	113.5
2008	115.1	103.0	117.6	113.5	113.7
2009	113.7	101.6	116.0	112.2	112.5
2010	114.7	104.5	117.5	112.5	109.8
2011	112.5	104.0	116.4	109.6	107.3
2012	111.4	104.5	112.9	110.4	111.1
2013	110.0	104.5	110.3	110.0	110.0

1-11 分行业生产总值及指数
GROSS DOMESTIC PRODUCT BY SECTOR

项目 Item	生产总值（亿元） Gross Domestic Product (100mil. yuan)		生产总值指数（上年=100） Indices of Gross Dometic Product (preceeding year=100)	
	2013年	2012年	2013年	2012年
生产总值 Gross Domestic Product	9051.27	8003.82	110.0	111.4
第一产业 Primary Industry	335.40	301.21	104.5	104.5
第二产业 Secondary Industry	4396.17	3859.59	110.3	113.2
工业 Industry	3645.32	3203.66	110.3	113.7
建筑业 Construction	750.85	655.90	110.2	110.8
第三产业 Tertiary Industry	4319.70	3833.05	110.0	110.0
#交通运输、仓储和邮政业 Transport, Storage, Post and Telecommunication Services	386.45	353.48	107.8	107.8
信息传输、计算机服务和软件业 Information Transfer, Computer and Software Services	177.33	174.06	107.3	106.1
批发和零售业 Wholesale and Retail Trade	851.08	779.27	107.9	110.1
住宿和餐饮业 Hotel and Catering Services	298.28	277.42	103.3	110.1
金融业 Banking	607.32	530.11	113.0	115.0
房地产业 Real Estate	505.88	408.70	113.1	111.8

主 要 统 计 指 标 解 释

生产总值　根据国家统计局规定,从2003年起,将各地区原来所称的国内生产总值改称为地区生产总值。它是一个地区所有常住单位在一定时期内生产活动的最终成果。生产总值有三种表现形态,即价值形态、收入形态和产品形态。从价值形态看,它是所有常住单位在一定时期内所生产的全部货物和服务价值超过同期投入的全部非固定资产货物和服务价值的差额,即所有常住单位的增加值之和;从收入形态看,它是所有常住单位在一定时期内所创造并分配给常住单位和非常住单位的初次分配收入之和;从产品形态看,它是最终使用的货物和服务减去净出口货物和服务的差额。在实际核算中,三种表现形态表现为三种计算方法,即生产法、收入法和支出法。三种方法分别从不同的方面反映生产总值的形成过程。

不变价格　指用同类产品的年平均价格作为固定价格来计算各年产品价值。按不变价格计算的产品价值消除了价格变动因素,不同时期对比可以反映生产的发展速度。新中国成立后,随着工农业产品价格水平的变化,国家统计局先后五次制定了全国统一的工业产品不变价格和农业产品不变价格,从1949年到1957年使用1952年工(农)业产品不变价格,从1957年到1971年使用1957年不变价格,从1971年到1981年使用1970年不变价格,从1981年到1990年使用1980年不变价格,从1990年开始使用1990年不变价格,从2001年开始使用2000年不变价格。从2006年到2010年起使用2005年不变价格,从2011年开始使用2010年不变价格。

平均每年增长速度　在我国计算平均增长速度有两种方法,一种是习惯上经常使用的"水平法",又称几何平均法,是以间隔期最后一年的水平同基期水平对比来计算平均每年增长(或下降)速度。另一种是"累计法",又称代数平均法或方程法,是以间隔期内各年水平的总和同基期水平对比来计算平均每年增长(或下降)速度。

在一般正常情况下,两种方法计算的平均每年增长速度比较接近,但在经济发展不平衡,出现大起大落时,两种方法计算的结果差别较大。

本书内所列的平均每年增长速度,除固定资产投资是用"累计法"计算以外,其余均用"水平法"计算。从某年到某年平均增长速度的年份,均不包括基期年在内。如"十一五"的平均增长速度是以2005年为基期计算的,则写为2006-2010年平均增长速度,余类推。

国有经济单位　指生产资料归国家所有的各种企业、事业单位,以及各级国家机关、人民团体等单位。

集体经济单位　指生产资料归公民集体所有的各种企业、事业单位。包括农村各种经济组织经营的农、林、牧、渔业,乡、村经营的企业、事业单位;城市、县、镇以及街道兴办的集体经济性质的企业、事业单位。

私营经济单位　指生产资料归公民私人所有的单位。包括私营独资企业、私营合伙企业和私营有限责任公司。

联营经济单位　指不同所有制性质的企业之间或者企业、事业单位之间共同投资组成新的经济实体。包括紧密型联营企业,半紧密型联营企业和松散型联营企业。

股份制经济单位　指全部注册资本由全体股东共同出资,并以股份形式投资举办企业。主要包括股份有限公司和有限责任公司。

外商投资经济单位　指外国投资者根据中华人民共和国有关涉外经济的法律、法规,以合资、合作或独资的形式在中国大陆境内开办企业。包括中外合资经营企业、中外合作经营企业和外资企业。

港、澳、台投资经济单位　指港、澳、台地区投资者参照中华人民共和国有关涉外经济的法律、法规,以合资、合作或独资的形式在大陆兴办企业。包括合资经营企业、合作经营企业和独资企业。

三次产业　根据社会生产活动历史发展的顺序对产业结构的划分,产品直接取自自然界的部门称为第一产业,对初级产品进行再加工的部门称为第二产业。为生产和消费提供各种服务的部门称为第三产业。它是世界上较为通用的产业结构分类,但各国的划分不尽一致。我国的三次产业划分是:

第一产业:农业(包括种植业、林业、牧业、渔业和农林牧渔服务业)。

第二产业:工业(包括采掘工业、制造业、自来水、电力、蒸气、热水、煤气)和建筑业。

第三产业:除第一、第二产业以外的其他各业。

Explanatory Notes on Main Statistical Indicators

Gross Domestic Product Gross Domestic Product Called in every Region has been called Gross Regional Product since 2003 according to the regulation for which China bureau of statistics stipulales. Which is the final products of all resident units in a country (or region) during a certain period of time. Gross domestic product is expressed in three different forms, i. e. value, income, and products respectively. The form of value refers to the total value of all products and services produced by all resident units during a certain period of time minus total value of input of materials and services of the nature of non-fixed assets or the summation of the value added of all resident units; the form of income includes all the income created by all resident units and distributed primarily to all resident and non-resident units, the form of products refers to all final goods and services minus net imports of goods and services. In the practice of national accounting, gross domestic product is calculated with three approaches, i. e. product approach, income approach, and expenditure approach respectively to reflect gross domestic product and its composition from different aspects.

Constant Price refers to the average price of a given product in certain year, which is used for comparison of output value over time. As the output value at constant prices removes the factor of price changes, it reflects the trend of production development over time. Since 1949, with the changes in general price level, the State Statistical Bureau has issued nationally unified constant prices five times: the 1952 constant prices for 1949 -1957; the 1957 constant prices for 1958-1970; the 1970 constant prices for 1971-1981; the 1980 constant prices for 1981-1990: and the 1990 constant prices have been used since 1990; and the 2000 constant prices have been used sine 2001 and the 2005r constant prices will be used from 2006.

Average Annual Growth Rate Two methods for calculating average annual growth rate are applied in China, one is often called "level approach" or the method of calculating geometric average, which is derived by comparing the level of the last year of the interval with that of the beginning year; the other is called "accumulative approach" or algebraic average or equation method, which is derived by the summation of the actual figure of each year in the interval divided by the figure in the base year.

Usually the results calculated by the two methods are fairly close, but they differed sharply when uneven economic development occurred with striking fluctuations in growth .

The average annual growth rates listed in this statistical yearbook are calculated by "level approach" except for the growth rate of investment in fixed assets. The base years are not listed when the years are listed for average annual growth rates. For instance, the average annual growth rate of the period of The Eleventh Five-Year Plan is listed as average annual growth rate of 2006-2010 without listing the base year 2005. And the analogy of this is also for the rest.

State-owned Economic Units refer to various enterprises, institutions, and government administrative organizations at various levels, social organizations and etc. , with state ownership of production means.

Collective-owned Economic Units refer to various enterprises and institutions with collective ownership of production means, including various rural economic organizations engaged in farming, forestry, animal husbandry, and fishery, enterprises and institutions run by townships and villages; collective enterprises and institutions run by cities, counties, towns and subdistrict offices.

Private-owned Economic Units refer to economic units owned by private individuals, including individual owned private enterprises, jointly owned private enterprises, and private owned companies, Ltd.

Joint Owned Units refer to economic entities jointly invested by enterprises of different types of ownership or by enterprises and institutions, and the partnerships among the joint owned units can be close, half close, or loose.

Share Holding Economic Units refer to enterprises invested in the form of share holding with its investment by all the share holders, which mainly include companies limited by shares and companies with limited liabilities.

Foreign Owned Economic Units refer to enterprises established by foreigners in the territory of mainland China according to related economic laws and regulations of the People's Republic of China as joint ventures, cooperative corporations, or ventures exclusively with sole investment, including joint ventures, cooperative enterprises, and foreign enterprises.

Economic Units Funded by Overseas Chinese from Hong Kong, Macao, and Taiwan refer to enterprises established by entrepreneur from Hong Kong, Macao, and Taiwan in the territory of mainland China according to related economic laws and regulations of the People's Republic of China as joint ventures, cooperative corporations and ventures exclusively with sole investment, including joint ventures, cooperative enterprises, and exclusively invested enterprises.

Three Industries Industry Structure has been classified according to the historical sequence of development. Primary industry refers to extraction of natural resources; secondary industry involves processing of primary products; and tertiary industry provides services of various kinds for production and consumption. The above classification is universal although it varies to some extent form country to country. Industry in China comprises:

Primary industry: agriculture (including farming, forestry, animal husbandry and fishery).

Secondary industry: industry (including mining and quarrying, manufacturing, water supply, electricity generation and supply, steam, hot water, gas) and construction.

Tertiary industry: all other industries not included in primary or secondary industry.

二、人口与劳动统计

POPULATION, EMPLOYMENT AND WAGE

资料整理人员: 胡　增　罗厚淳　帅国豪　杨伟成　王保汉　史　瑾　汪　冲

STAFF FOR DATA PROCESSING:

Hu Zeng　Luo Houchun　Shuai Guohao　Yang Weicheng　Wang Baohan　Shi Jin　Wang Chong

简要说明

本篇资料反映我市2013年及历年人口、劳动经济方面的基本情况，包括全市的主要人口统计和劳动经济统计数据。人口的统计范围是全市人口；劳动统计的调查范围是城镇独立核算法人单位。全市人口构成及变动情况、分年龄的人口数等，是根据市公安局提供的“人口及其变动情况统计表”、“人口年龄统计表”计算整理；计划生育情况是根据市人口和计划生育委员会提供的“自然变动情况报表”和“分孩次长效节育及女性初婚、独生子女领证情况报表”整理；历年从业人员人数、分产业从业人员人数、在岗职工年末人数及在岗职工年平均工资由市统计局人口与社会科技处根据有关单位上报的劳动统计基层年报表汇总整理。

Brief Introduction

This chapter shows the basic condition of population、employment statistics in 2013 and in previous years of Wuhan City, including major population, emplyment ststistics of the whole city. The scope of population statistics is the household population of the whole city. The survey scope of employment statistics is the whole independent accounting department. Data on composition and change of population are prepared according to statistics table on population changes and population grouped by age which Wuhan City bureau of public security provides. Data on family planning are prepared according to statistics table of natural changes of population which Wuhan City committee of family planning provides. Data on employment in various years, annual average wage and number of staff and workers at the year end. Number of Employed persons by type of industry, number of full employ staff and workers by sector at the year-end and annual average wage of staff and workers by Sector are prepared by department of population statistics according to historical information and Basic annual table of employment statistics to which the whole city and every district report.

2-1 总户数与总人口数(户籍统计)
NUMBER OF HOUSEHOLDS AND POPULATION

年份 Year	总户数(万户) Number of Households(10 000 household)	总人口数(万人) Total Population (10 000 person)
1979	126.53	558.36
1980	129.53	567.23
1981	135.46	577.90
1982	139.43	586.97
1983	143.16	594.40
1984	146.82	600.59
1985	151.33	608.39
1986	157.00	619.96
1987	161.88	629.34
1988	167.93	641.72
1989	173.62	653.26
1990	178.83	669.75
1991	184.76	677.03
1992	188.23	684.46
1993	190.89	691.69
1994	194.20	700.01
1995	196.34	710.01
1996	199.17	715.94
1997	201.28	723.90
1998	205.43	731.79
1999	208.71	740.20
2000	213.66	749.19
2001	218.66	758.23
2002	224.59	768.10
2003	229.91	781.19
2004	241.58	785.90
2005	249.95	801.36
2006	255.45	818.84
2007	260.46	828.21
2008	265.00	833.24
2009	269.90	835.55
2010	274.58	836.73
2011	276.50	827.24
2012	281.29	821.71
2013	286.39	822.05

2-2 人口构成(户籍统计)
POPULATION COMPOSITION

项目 Item		全市 The Whole City 人口(人) Population (person)	比重(%) Percentage in Total Population(%)
2013年合计	Total in 2013	8220493	100.0
男	Male	4206867	51.2
女	Female	4013626	48.8
农业人口	Agricultural Population	2661831	32.4
非农业人口	Non-agricultural Population	5555992	67.6
户口待定	Others	2670	
2012年合计	Total in 2012	8217088	100.0
男	Male	4209857	51.2
女	Female	4007231	48.8
农业人口	Rural Population	2650051	32.3
非农业人口	Urban Population	5550181	67.5
户口待定	Others	16856	0.2

2-3 人口变动(户籍统计)
POPULATION CHANGES

项目 Item		全市 The Whole City 2013年	2012年
出生人口(人)	Number of Births (person)	92701	88398
死亡人口(人)	Number of Deaths (person)	40941	45654
自然增长人口(人)	Natural Increase In Population(person)	51760	42744
净迁移人口(人)	Net Migrating Population (person)	-25132	-37774
出生率(‰)	Birth Rate (‰)	11.28	10.72
死亡率(‰)	Death Rate (‰)	4.98	5.54
自然增长率(‰)	Natural Growth Rate (‰)	6.30	5.18
净迁移率(‰)	Net Migrating Rate (‰)	-3.06	-4.58

2-4 计划生育（2013年）
STATISTICS ON FAMILY PLANNING (2013)

城区 District		计划生育率(%) Family Planning Rate(%)	一孩率(%) the First Child Rate (%)	二孩率(%) the Second Child Rate (%)	多孩率(%) Rate of The Third Child and above (%)
总计	Total	94.06	79.12	19.55	1.33
江岸区	Jiang'an	94.43	81.14	17.74	1.12
江汉区	Jiang Han	94.12	80.67	18.28	1.05
硚口区	Qiao Kou	93.73	80.84	18.12	1.04
汉阳区	Han Yang	94.33	83.14	15.80	1.06
武昌区	Wu Chang	95.04	84.34	14.66	1.01
青山区	Qing Shan	95.87	85.60	13.27	1.14
洪山区	Hong Shan	94.25	83.80	15.35	0.85
东西湖区	Dong Xihu	93.84	78.64	20.14	1.23
汉南区	Han Nan	94.50	78.57	19.60	1.83
蔡甸区	Cai Dian	94.74	78.18	19.99	1.82
江夏区	Jiang Xia	92.29	73.78	24.83	1.39
黄陂区	Huang Pi	94.16	74.38	23.75	1.87
新洲区	Xin Zhou	91.32	70.74	27.24	2.02
东湖新技术开发区	East Lake High-Tech Development Zone	96.27	79.02	20.00	0.99
武汉经济技术开发区	Wuhan Economic&Technological Development Zone	96.11	85.88	12.76	1.36
东湖生态旅游风景区	East Lake Ecotourism Scenic Area	93.83	81.06	17.84	1.10
武汉化学工业区	Wuhan Chemical Industry Park	92.34	73.92	24.88	1.20

2-5 分年龄的人口数(2013年户籍统计)
POPULATION GROUPED BY AGE (2013)

单位：人 (person)

项目 Item	合计 Total	男 Male	女 Female
总计 Total	8220493	4206867	4013626
0-17岁(years old)	1099564	597130	502434
0	52500	27822	24678
1	79156	42192	36964
2	72874	39380	33494
3	73827	39692	34135
4	67961	36882	31079
5	67781	36228	31553
6	67179	36190	30989
7	59923	32132	27791
8	56277	29955	26322
9	56215	30106	26109
10	50723	27590	23133
11	51951	28753	23198
12	51862	28641	23221
13	55387	30671	24716
14	54195	30114	24081
15	56958	31742	25216
16	56861	31477	25384
17	67934	37563	30371
18-34岁(years old)	2450245	1290409	1159836
18	89880	49257	40623
19	112388	60691	51697
20	131494	70126	61368
21	136795	72503	64292
22	147565	78156	69409
23	165786	87539	78247
24	175488	92002	83486

续 表 1 Continued

单位：人 (person)

项目 Item	合计 Total	男 Male	女 Female
25	172602	90167	82435
26	181205	95135	86070
27	167539	88735	78804
28	152468	80601	71867
29	151545	80281	71264
30	147144	77008	70136
31	152666	79541	73125
32	126745	65687	61058
33	112628	58130	54498
34	126307	64850	61457
35 - 59	3214512	1616724	1597788
35	118493	60644	57849
36	117296	59355	57941
37	115994	58678	57315
38	114392	57476	56915
39	107955	53975	53980
40	113763	57218	56545
41	131222	66456	64766
42	133966	67487	66479
43	154091	76854	77237
44	146305	73035	73270
45	167245	83318	83927
46	110945	55621	55324
47	125970	64008	61962
48	122462	62305	60157
49	144648	73477	71171
50	194733	98722	96011
51	164555	83279	81276

续 表 2 Continued

单位：人 (person)

项 目 Item	合 计 Total	男 Male	女 Female
52	98430	49408	49022
53	78743	38982	39761
54	103791	52907	50884
55	130366	66165	64201
56	142348	71270	71078
57	127457	62949	64508
58	116135	57565	58570
59	133207	65570	67637
60 - 79	1263747	622538	641209
60	112572	55350	57222
61	106683	53261	53422
62	93991	47164	46827
63	92460	46309	46151
64	92890	47534	45356
65	81286	40599	40687
66	81326	41012	40314
67	70382	35512	34870
68	53937	27100	26837
69	53835	27217	26618
70	45860	22496	23364
71	46928	23067	23861
72	53615	26118	27497
73	47028	22596	24432
74	37923	17873	20050
75	43406	20582	22824
76	38693	18180	20513

续 表 3 Continued

单位：人 (person)

项 目 Item	合 计 Total	男 Male	女 Female
77	39920	18610	21310
78	36887	16671	20216
79	34125	15287	18838
80－99	191511	79854	111657
80	35371	15954	19417
81	24611	10816	13795
82	21597	9739	11858
83	20919	9410	11509
84	16183	6874	9309
85	14164	5906	8258
86	12552	5154	7398
87	10040	3906	6134
88	8375	3108	5267
89	7456	2592	4864
90	5489	1765	3724
91	4023	1353	2670
92	3170	1006	2164
93	2219	702	1517
94	1634	512	1122
95	1193	350	843
96	903	271	632
97	692	204	488
98	497	130	367
99	423	102	321
100 岁及以上(100 and Over)	914	212	702

2-6 历年从业人员人数
EMPLOYMENT IN VARIOUS YEARS

单位：万人 (10000 person)

年份 Year	合计 Total	城镇非私营单位合计 Staff And Workers	国有经济单位 State-owned Units	城镇集体经济单位 Urban Collective-owned Units	其他经济类型单位 Units of Other Types of Ownership	个体经济 Urban Individuals	农村经济 Rural Individuals	私营经济 Private Enterprises	其他 Others
1950	97.05	21.29	12.39	8.90		3.61	72.14		
1951	102.73	25.55	15.49	10.06		3.34	73.84		
1952	105.21	26.84	21.59	5.26		3.02	75.35		
1953	114.86	33.93	28.11	5.82		3.32	77.62		
1954	118.28	36.30	31.29	5.01		3.82	78.17		
1955	125.19	38.24	33.55	4.70		3.09	83.86		
1956	150.61	59.70	47.70	12.00		2.88	88.03		
1957	152.70	62.78	48.38	14.40		3.56	86.37		
1958	175.41	91.28	79.78	11.51		0.60	83.53		
1959	170.54	94.14	81.23	12.91		0.11	76.29		
1960	176.85	100.43	84.36	16.07		0.30	76.12		
1961	166.35	83.32	69.61	13.71		0.59	82.43		
1962	159.03	71.42	58.33	13.09		1.82	85.79		
1963	165.49	72.97	59.84	13.13		1.98	90.54		
1964	172.96	78.44	62.79	15.65		1.61	92.92		
1965	178.30	81.86	66.60	15.26		1.29	95.15		
1966	180.13	83.84	68.17	15.67		0.80	95.50		
1967	182.83	86.79	70.68	16.11			96.04		
1968	188.38	88.67	72.12	16.56			99.71		
1969	197.27	93.10	73.90	19.20			104.17		
1970	206.58	99.96	80.03	19.93			106.62		
1971	218.55	111.26	90.53	20.73			107.29		
1972	225.18	117.68	95.02	22.66			107.50		
1973	230.56	120.05	95.05	25.00			110.51		
1974	235.30	121.92	96.21	25.71			113.38		
1975	246.41	132.06	101.46	30.60			114.35		
1976	252.31	139.00	106.51	32.49			113.31		
1977	257.91	145.83	113.08	32.75			112.08		
1978	271.92	158.22	125.04	33.18			113.70		
1979	280.17	166.12	124.58	41.54		0.33	113.72		
1980	293.25	177.90	130.89	47.01		0.55	114.79		
1981	305.64	190.05	138.54	51.51		0.90	114.69		

续 表 Continued

单位：万人 (10000 person)

年份 Year	合计 Total	城镇非私营单位合计 Staff And Workers	国有经济单位 State-owned Units	城镇集体经济单位 Urban Collective-owned Units	其他经济类型单位 Units of Other Types of Ownership	个体经济 Urban Individuals	农村经济 Rural Individuals	私营经济 Private Enterprises	其他 Others
1982	313.18	195.79	142.51	53.28		1.08	116.31		
1983	319.77	201.86	148.27	53.59		1.95	115.96		
1984	325.97	205.03	149.14	55.75	0.15	3.00	117.94		
1985	335.81	212.55	154.41	57.96	0.18	4.04	119.22		
1986	340.90	215.36	155.71	59.41	0.24	3.50	122.05		
1987	348.30	219.50	159.95	59.29	0.27	3.96	124.84		
1988	351.25	223.02	163.42	59.20	0.39	4.95	123.29		
1989	355.15	224.99	165.32	59.07	0.60	5.86	124.31		
1990	357.80	227.12	167.99	58.45	0.68	5.21	125.47		
1991	360.24	230.15	169.78	58.72	1.65	4.62	124.62	0.85	
1992	360.61	230.02	171.08	57.07	1.87	5.22	124.46	0.91	
1993	374.92	233.58	173.23	53.53	6.92	14.89	123.42	2.93	
1994	386.83	226.34	168.39	48.70	9.25	28.12	124.71	7.67	
1995	398.64	222.30	166.71	43.27	12.32	37.48	128.51	10.35	
1996	406.42	218.85	164.50	41.13	13.22	40.48	121.87	25.22	
1997	411.83	216.44	161.91	40.61	13.92	45.76	121.41	28.22	
1998	415.20	210.74	155.43	36.64	18.67	51.49	120.36	32.61	
1999	417.78	206.89	150.49	33.80	22.60	54.15	121.44	35.30	
2000	417.80	199.64	144.04	28.95	26.65	63.61	121.30	33.25	
2001	406.12	192.96	138.52	23.18	31.26	59.67	120.33	33.16	
2002	407.30	183.79	134.65	17.23	31.91	60.79	123.78	38.94	
2003	412.00	176.24	117.49	13.85	44.90	70.04	127.99	36.80	0.93
2004	417.50	148.60	89.66	7.54	51.40	30.57	154.33	22.83	61.17
2005	421.80	148.53	90.05	7.86	50.62	42.77	148.90	29.20	52.40
2006	429.60	153.89	86.10	6.77	61.02	43.62	143.98	34.03	54.08
2007	442.20	159.58	83.61	6.94	69.03	61.14	145.60	22.78	53.10
2008	456.00	170.45	84.56	7.75	78.14	74.60	144.23	37.74	28.98
2009	468.60	175.84	80.36	7.78	87.70	90.11	143.47	38.45	20.73
2010	483.00	178.46	79.85	7.09	91.52	92.54	141.75	47.86	22.39
2011	498.00	189.77	85.15	4.53	100.09	95.69	145.74	48.30	18.50
2012	506.40	191.85	82.74	4.04	105.07	115.41	95.48	85.41	18.25
2013	522.24	198.54	87.85	4.62	106.07	124.96	88.63	87.29	22.82

2-7 分产业从业人员人数
NUMBER OF EMPLOYED PERSONS BY TYPE OF INDUSTRY

单位：万人　　　　(10000 person)

年份 Year	总计 Total	第一产业 Primary Industry	第二产业 Secondary Industry	第三产业 Tertiary Industry
1995	398.64	93.64	150.98	154.02
1996	406.42	91.43	154.60	160.39
1997	411.83	92.97	154.22	164.64
1998	415.20	92.85	152.25	170.10
1999	417.78	92.96	151.87	172.95
2000	417.80	91.43	148.95	177.42
2001	406.12	90.42	141.47	174.23
2002	407.30	86.02	143.41	177.87
2003	412.00	83.08	144.43	184.49
2004	417.50	81.81	141.30	194.39
2005	421.80	80.58	137.66	203.56
2006	429.60	83.36	140.39	205.85
2007	442.20	82.96	146.60	212.64
2008	456.00	79.57	156.00	220.43
2009	468.60	63.84	175.26	229.50
2010	483.00	63.52	178.46	241.02
2011	498.00	61.10	189.50	247.40
2012	506.40	61.34	194.50	250.56
2013	522.24	50.87	200.86	270.51

2－8　历年城镇非私营单位从业人员年平均工资
NUMBER OF STAFF AND WORKERS IN VARIOUS YEARS AT THE YEAR-END

单位：元　　　　(yuan)

年　　份 Year	单位从业人员平均工资 The average wage unit employees	其中：在岗职工 Full Employed Staff and WorKers
1949	548	
1950	464	
1951	485	
1952	533	
1953	546	
1954	548	
1955	569	
1956	621	
1957	637	
1958	597	
1959	549	
1960	559	
1961	555	
1962	595	
1963	630	
1964	651	
1965	648	
1966	639	
1967	637	
1968	637	
1969	681	
1970	581	
1971	498	
1972	567	
1973	568	
1974	583	
1975	589	
1976	570	
1977	568	
1978	620	
1979	679	
1980	780	

续 表 Continued

单位：元 (yuan)

年 份 Year	单位从业人员平均工资 The average wage unit employees	其中:在岗职工 Full Employed Staff and Workers
1981	770	
1982	786	
1983	798	
1984	968	
1985	1107	
1986	1239	
1987	1379	
1988	1630	
1989	1893	
1990	2093	
1991	2332	
1992	2689	
1993	3533	
1994	4580	
1995	5327	
1996	5981	
1997	6406	
1998	6746	8225
1999	7091	8812
2000	7628	9728
2001	9080	11314
2002	10039	12161
2003	11719	13729
2004	13818	15971
2005	16255	18505
2006	19759	21839
2007	22999	25136
2008	27212	28431
2009	32429	33320
2010	38428	39303
2011		45643
2012	46965	48942
2013	52387	53745

注:根据国家统计局劳动工资统计报表制度的变化,本表中“单位从业人员”指标在2012年之前为“全部职工”口径。

Note: According to the change of the labor wage statistics report system of the State Statistics Bureau, This table " unit staff" index in 2012 for " of all employees to" index.

主 要 统 计 指 标 解 释

出生率(又称粗出生率) 指在一定时期内(通常为一年)一定地域范围内出生人数与同期人口平均数之比。一般用千分率表示,计算公式:

$$出生率=\frac{年出生人数}{年平均人数}\times1000‰$$

出生人数 是指活产婴儿,即胎儿脱离母体时(不管怀孕月数),有过呼吸或其他生命现象。

年平均人数 是年初、年底人口数的平均数,也可用年中人口数代替。

死亡率(又称粗死亡率) 指在一定时期内(通常为一年)一定地区的死亡人数与同期平均人数(或期中人数)之比,一般用千分率表示。计算公式:

$$死亡率=\frac{年死亡人数}{年平均人数}\times1000‰$$

人口自然增长率 指在一定时期内(通常为一年)人口自然增加数(出生人数减死亡人数)与该时期内平均人数(或期中人数)之比,一般用千分率表示。计算公式:

$$人口自然增长率=\frac{本年出生人数-本年死亡人数}{年平均人数}\times1000‰$$

$$人口自然增长率=人口出生率-人口死亡率$$

从业人员 指从事一定社会劳动并取得劳动报酬或经营收入的人员。包括:(1)全部在岗职工;(2)再就业的离退休人员;(3)私营业主;(4)个体户主;(5)私营和个体从业人员;(6)乡镇企业从业人员;(7)农村从业人员;(8)其他从业人员。这一指标反映了一定时期内全部劳动力资源的实际利用情况,是研究我国基本国情国力的重要指标。

国有经济单位 指资产归国家所有的经济组织。包括按《中华人民共和国企业法人登记管理条例》规定登记注册的非公司制的经济组织,以及中央、地方各级国家机关、事业单位和社会团体。

集体经济单位 指生产资料归集体所有,并按《中华人民共和国企业法人登记管理条例》规定登记注册的经济组织。

其他经济单位 包括股份合作单位、联营单位、有限责任公司、股份有限公司、港澳台商投资单位以及外商投资单位等其他登记注册类型单位。

在岗职工 指在本单位工作并由单位支付工资的人员,以及有工作岗位,但由于学习、病伤产假等原因暂未工作,仍由单位支付工资的人员。

工资总额 指各单位在一定时期内直接支付给本单位全部单位从业人员的劳动报酬总额。工资总额的计算原则应以直接支付给单位从业人员的全部劳动报酬为根据。各单位支付给职工的劳动报酬以及其他根据有关规定支付的工资,不论是计入成本的还是不计入成本的,不论是按国家规定列入计征奖金税项目的,还是未列入计征奖金税项目的,不论是以货币形式支付的还是以实物形式支付的,均包括在工资总额内。

平均工资 指企业、事业,机关单位的从业人员在一定时期内平均每人所得的货币工资额。它表明一定时期单位从业人员工资收入的高低程度,是反映单位从业人员工资水平的主要指标。计算公式为:

$$平均工资=\frac{报告期实际支付的全部单位从业人员工资总额}{报告期全部单位从业人员平均人数}$$

平均实际工资 指扣除物价变动因素后的单位从业人员平均工资。计算公式为:

$$实际平均工资=\frac{报告期平均工资}{报告期城镇居民消费价格指数}$$

Explanatory Notes on Main Statistical Indicators

Birth Rate (or Crude Birth Rate) refers to the ratio of the number of births to the average population during a certain period of time (usually a year), which is often expressed in ‰. The following formula is used:

$$\text{Number of Births Birth Rate} = \frac{\text{Number of births}}{\text{Average Number of Population}} \times 1000‰$$

Number of Births refers to live births, i. e. the births when babies had showed any vital phenomena regardless of the length of pregnancy Annual Average Number of Population is the average of the number of population at the beginning of the year and that at the end of the year. Sometimes it is substituted for with the mid-year population.

Death Rate (or Crude Death Rate) refers to the ratio of the number of deaths to the average population (or mid-year population) during a certain period of time (usually a year), which is often expressed in ‰. The following formula is used:

$$\text{Death Rate} = \frac{\text{Number of Deaths}}{\text{Average Number of Population}} \times 1000‰$$

Natural Growth Rate of Population refers to the ratio of natural increase in population number of births minus number of deaths) in a certain period of time (usually a year) to the average population (or mid-year population) of the same period. which is often expressed in ‰. The following formulas are applied:

$$\text{Natural Growth Rate Of Population} = \frac{\text{Number of Births - Number of Deaths}}{\text{Average Number of Population}} \times 1000‰$$

Natural Growth Rate of Population = Birth Rate-Death Rate

Employed Persons refers to the persons who are engaged in social labour and receive remuneration payment or earn business income, including: (1) total staff and workers; (2) re - employed retirees; (3) employers of private enterprises; (4) employers of individual economy; (5) employed persons in private enterprises and individual economy; (6) employed persons in the enterprises in the urban areas; (7) employed persons in the rural areas; (8) other employed persons (including teachers in the schools run by the local people, people engaged in religious profession and the servicemen, etc.) .

This indicator reflects the actual utilization of total labour force during a certain period of time and is often used for the research on China's economic affairs and national power.

Persons employed in various units refer to all the persons working in government agencies of various levels, political and party organizations, social organizations, and enterprises and institutions and receiving payment, including staff and workers, reemployed retirees, teachers in schools run by the local people, foreigners, and Chinese compatriots from Hong Kong, Macao, and Taiwan working in various units. This indicator reflects the total number of labourers actually engaged in production or other operations in various units.

Staff and Workers refer to the persons who work in (and receive payment therefrom) enterprises and institutions of state ownership, collective ownership, Joint ownership, share holding, foreign ownership, and ownership by entrepreneurs from Hong Kong, Macao, and Taiwan, and other types of ownership and their affiliated units, excluding the retired persons invited to work in the units again, teachers in the schools run by the local people and foreigners and persons coming from Hong Kong, Macao and Taiwan and working in the state - owned economic units.

Staff and Workers in State-owned Economic Units refer to the persons who work in the state owned economic units or their attached units and are listed in their payrolls.

Staff and Workers of Collective-owned Units in Urban Areas refer to the persons who work in collective owned units in urban areas and their administration departments and receive payment therefrom.

Staff and Workers in Units of Other types of Ownership refer to those who work in (and receive payment therefrom) enterprises and institutions of joint ownership, share holding, foreign ownership, and ownership by entrepreneurs from Hong Kong, Macao, and Taiwan.

Total Wages of Staff and Workers refer to the total remuneration payment to staff and workers in various units during a certain period of time. The calculation of total wages is based on the total remuneration payment to the staff and workers. Therefore, all the wages and salaries and other payments to staff and workers are included in the total wages regardless of their sources, category, and forms (in kind or cash).

Average Wage of Staff and Workers refers to the average wage in money terms per person during a certain period of time for staff and workers in enterprises, institutions, and government agencies, which reflects the general level of wage income during a certain period of time and is calculated as follows:

$$\text{Average Wage of Staff and Workers} = \frac{\text{Total Wages of Staff and Workers in Reference Period}}{\text{Average Number of Staff and Workers in Reference Period}}$$

Average Real Wage of Staff and Workers refers to average wage of staff and workers after removing the effects of price changes, which is calculated as follows:

$$\text{Average Real Wage of Staff and Workers} = \frac{\text{Average Wage of Staff and Workers in Reference Period}}{\text{Consumer Price Index of Urban Residents in Reference Period}}$$

三、工业、能源消费

INDUSTRY AND CONSUMPTION OF ENERGY

资料整理人员：胡　红　张建华　夏洪全　李　晖　孙振华　栾　波　陈　圆　蒋　于
万庆敏　龚勇军　王　立　朱　颖

STAFF FOR DATA PROCESSING：

Hu Hong　Zhang Jianhua　Xia Hongquan　Li Hui　Sun Zhenhua　Luan Bo　Chen Yuan
Jiang Yu　Wan Qingmin　Gong Yongjun　Wang Li　Zhu Ying

简要说明

本篇工业资料内容包括武汉市工业企业单位数、工业总产值、销售产值、主要工业产品产量、规模以上工业企业主要经济指标;能源消费内容包括能源消费量(折标煤)和全社会用电量。

工业统计调查范围为武汉地区全部工业企业。1997 年以前,我国工业的统计范围分为乡及乡以上独立核算工业企业和非独立核算生产单位、村办工业、城镇合作工业、农村合作工业、城镇个体工业、农村个体工业六大部门(1984 年以前村办工业不在工业统计范围内)。1998 年后统计范围修定为按企业规模划分:全部国有及年产品销售收入 500 万元及以上非国有工业企业和年产品销售收入 500 万元以下非国有工业企业两部分。2007 年后统计范围又进行了调整,改为全部年主营业务收入 500 万元及以上工业企业和年主营业务收入 500 万元以下工业企业。2010 年后统计范围再次调整,改为全部年主营业务收入 2000 万元及以上工业企业和年主营业务收入 2000 万元以下工业企业。统计数据是根据工业统计年度报表中有关资料整理汇总的。2003 年起,工业统计执行新的国民经济行业分类和大中小型企业划分标准,有关轻、重工业和行业分组资料与往年比已发生变化。

能源消费统计范围,1999 年以前年份为全社会统计口径,1999 年以后年份(含 1999 年)为规模以上工业企业。全社会用电量资料由武汉供电公司提供。

Brief Introduction

Data in this chapter involve number of industrial enterprises, the gross industrial output value, sales output, output of key industrial products, major indicators of industrial enterprises above designated size in Wuhan City. The content of consumption of energy (the standard coal) involves consumption of energy and electricity.

The scope of industrial statistics includes all industrial enterprises within Wuhan city. before 1997, the scope of industrial statistics based on types of ownership, they were mainly the following six parts: industrial enterprises at and above county level with independent accounting system and products units without independent accounting system, village industrial enterprises, urban joint industrial enterprises, rural joint industrial enterprises, urban individual industrial enterprises, and rural industrial enterprises, (rural industrial enterprises were not included in this part before 1984). Since 1998, the scope of industrial statistics shifted from types of ownership to size of enterprises, they are: all state-owned industrial enterprises and those non-state industrial enterprises with annual sales over 5 million yuan, and non-state industrial enterprises with annual sales below 5 million yuan. Since 2007, the scope shifted, they are: all industrial enterprises with annual sales over 5 million yuan, and enterprises with annual sales below 5 million yuan. Since 2010, the scope shifted again, they are: all industrical enterprises with annual sales over 20 million yuan, and enterprises with annual sales below 20 million yuan. The statistics data are prepared from annual reporting of industrial statistics. Since 2003, industry statistics carry out new national economy classification and the new standard divided with the big, small and medium enterprise. Data on heavy and light industry, trade divide into groups are already changed.

The scope of statistics of consumption of energy was whole social before 1999. since 1999, the scope of statistics of consumption of energy has been industrial enterprises above designated size. Data on total electricity consumption are provided by Wuhan city bureau of power supply administration.

3－1 规模以上工业企业单位数及构成

NUMBER OF INDUSTRIAL ENTERPRISES ABOVE DESIGNATED SIZE AND BY TYPE OF ENTERPRISES

项目	Item	2013		2012	
		单位数(个) Number	构成(%) Type	单位数(个) Number	构成(%) Type
规模以上工业	All State-owned Enterprieses and Non-State-owned Ones With Annual Sales Income Over 20 Mil. yuan	2340	100	2103	100
按登记注册类型分	Grouped by Ownership				
国有企业	State-owned	40	1.71	85	4
集体企业	Collective-owned	40	1.71	41	1.9
私营企业	Private-owned	773	33.03	736	35
联营企业	Joint-owned	1	0.04	5	0.23
股份有限公司	Share Holding	114	4.87	106	5
外商投资企业	Foreign-Funded	241	10.30	220	10.5
港澳台投资企业	Enterprises Funded by Entrepreneurs from Hongkong, Macao & Taiwan	79	3.38	83	3.9
有限责任公司	Companies of Limited Liabilities	1046	44.70	796	37.9
股份合作企业	Cooperative Enterprises of Share Holding	4	0.17	9	0.43
其他企业	Others	2	0.09	22	1
按企业规模分	Grouped by Size				
大型企业	Large Enterprises	85	3.63	83	3.9
中型企业	Medium-Sized Enterprises	313	13.38	289	13.7
小型企业	Small-Sized Enterprises	1879	80.30	1659	78.9
微型企业	Micro-Sized Enterprises	63	2.69	72	3.4

注：规模以上工业指年主营业务收入2000万元及以上法人工业企业(下同)。
Note: Industrial enterprises above designated size refer to all state-owned industrial enterprises and non-state-owned industrial enterprises with prime operating revenue over 20 millions yuan (Similarly in following tables).

3-2 全部工业总产值
TOTAL GROSS INDUSTRIAL OUTPUT VALUE

单位：亿元　　(100 mil. yuan)

项目	Item	按当年价格计算 Current Prices 2013	2012	2013年比2012年±(%) Increase Rate in 2013 over 2012(%)
总计	Total	11654.64	10195.88	14.3
一、规模以上工业	All State-owned Enterprises & Non-state-owned Ones With Annual Sales Income Over 5 Mil. yuan	10394.07	9018.88	18.0
按经济类型分	Grouped by Ownership			
其中：国有企业	State-owned	1798	2723.84	10.4
集体企业	Collective-owned	29.77	23.41	18.8
股份合作企业	Cooperative Enterprises of Share Holding	28.43	20.08	44.1
股份制企业	Joint-stock Enterprises	5091.68	3301.1	21.9
外商及港、澳、台投资企业	Foreign Funded and Enterprises Funded by Entrepreneurs From Hongkong, Macao & Taiwan	3268.69	2804.3	15.7
按轻重工业分	Grouped by Light & Heavy Industry			
轻工业	Light Industry	2393.30	1998.88	17.4
重工业	Heavy Industry	8000.76	7020	18.2
按企业规模分	Grouped by Size of Enterprises			
大型企业	Large Enterprises	6073.35	5348.96	13.5
中型企业	Medium-sized Enterprises	1765.96	1821.2	21.8
小型企业	Small-sized Enterprises	2554.76	1848.72	27.2
二、规模以下工业	Non-state-owned Enterprises With Annual Sales Income below 5 Mil. yuan	1260.57	1177	7.1

注:2013年华中电网不在武汉统计,故统计口径有差异。

Note:2013 Statistical contral power Grid Corp are not in Wuhan, so the statistics difference.

3-3 历年全部工业总产值、增加值及构成

TOTAL GROSS INDUSTRIAL OUTPUT VALUE & ITS COMPOSITION IN VARIOUS YEARS

本表按当年价格计算。 Data in this table are calculated at current prices.

单位：亿元 (100 mil. yuan)

年份 Year	工业总产值 Gross Industrial Output Value	#规模以上工业 Industry above Designated Size	工业增加值 Industrial Added Value	#规模以上工业 Industry above Designated Size	全部工业总产值按轻重工业分 Grouped by Light& Heavy Industry	
					轻工业 Light Industry	重工业 Heavy Industry
1950	3.82				3.59	0.23
1951	4.54				4.14	0.40
1952	5.52				4.95	0.57
1953	7.46				6.65	0.81
1954	8.00				7.10	0.90
1955	9.11				7.88	1.23
1956	12.35				10.06	2.29
1957	14.57				11.70	2.87
1958	22.26				14.78	7.43
1959	33.89				20.58	13.31
1960	38.01				20.08	17.93
1961	19.65				12.00	7.65
1962	19.85				13.14	6.71
1963	22.64				14.62	8.02
1964	25.18				14.94	10.24
1965	31.23				17.21	14.02
1966	38.89				20.85	18.04
1967	32.73				19.81	12.92
1968	23.36				15.58	7.78
1969	32.23				19.74	12.99
1970	49.02				24.84	24.18
1971	50.52				22.90	27.62
1972	52.02				23.74	28.28
1973	57.79				23.89	33.90
1974	43.94				21.88	22.06
1975	60.11				28.30	31.81
1976	44.74				22.66	22.08
1977	56.68				28.28	28.40
1978	70.98				33.64	37.34
1979	88.05				41.04	47.01
1980	101.00				48.76	52.24
1981	105.71				54.81	50.90
1982	111.56				56.72	54.84

续 表 Continued

单位：亿元 (100 mil. yuan)

年 份 Year	工业总产值 Gross Industrial Output Value	#规模以上工业 Industry above Designated Size	工业增加值 Industrial Added Value	#规模以上工业 Industry above Designated Size	全部工业总产值按轻重工业分 Grouped by Light& Heavy Industry 轻 工 业 Light Industry	 重 工 业 Heavy Industry
1983	124.52				59.51	65.01
1984	138.46				61.98	76.48
1985	167.01				74.11	92.91
1986	187.04				80.99	106.05
1987	218.81				96.15	122.66
1988	270.31				120.52	149.79
1989	305.79				130.29	175.50
1990	303.15				126.55	176.60
1991	335.44				137.53	197.91
1992	396.74				146.80	249.94
1993	577.21				170.30	406.91
1994	741.78				258.77	483.01
1995	883.58				330.61	552.97
1995※	777.41				295.40	482.01
1996	1012.66				409.06	603.60
1997	1154.19				465.32	688.87
1998	1228.82				539.81	689.01
1999	1277.66				577.45	700.21
2000	1422.37	908.00	434.33	288.31	612.56	809.81
2001	1611.76	1020.84	485.01	329.80	660.38	951.38
2002	1769.92	1138.98	534.01	365.04	712.19	1057.73
2003	1994.49	1334.49	598.80	427.89	804.98	1189.51
2004	2402.34	1678.34	733.00	538.89	968.14	1434.20
2005	2674.41	2285.41	856.53	734.53	579.30	2095.11
2006	3162.06	2818.59	1000.74	880.53	720.84	2441.22
2007	4010.30	3525.63	1197.49	1055.18	971.27	3039.03
2008	6251.79	5773.76	1515.65	1388.00	1434.67	4817.12
2009	6317.94	5798.88	1828.00	1656.15	1580.00	4737.94
2010	7004.96	6424.59	2123.54	1941.33	2073.66	4931.30
2011	8461.21	7390.66	2709.02	2458.77	2635.12	5826.09
2012	10195.88	9018.88	3203.66	2711.47	3175.88	7020.00
2013	11654.64	10394.07	3645.32	3113.30	2683.56	8971.08

注：1、※指 1995 年按新规定计算的工业总产值，1996 年开始工业总产值均按新规定计算(下同)。
Note: 1、Gross Industrial Output Value of 1995 are calculated in accordance with new stipulation, the same as the years 1996 to 2012 and the following relevant tables. (the same below)

3－4 历年全部工业总产值、增加值指数

TOTAL GROSS INDUSTRIAL OUTPUT VALUE AND ITS DEVELOPMENT INDEX IN VARIOUS YEARS

上年＝100 Preceding year ＝100

年份 Year	工业总产值 Gross Industrial Output Value	#规模以上工业 Industry above Designated Size	工业增加值 Industrial Added Value	#规模以上工业 Industry above Designated Size	全部工业总产值按轻重工业分 Grouped by Light& Heavy Industry	
					轻工业 Light Industry	重工业 Heavy Industry
1950	150.7				151.4	145.7
1951	118.7				115.1	147.1
1952	121.9				119.5	136.0
1953	137.1				136.4	141.2
1954	121.5				120.7	125.7
1955	112.1				109.2	126.0
1956	140.3				131.6	177.2
1957	112.1				111.5	113.9
1958	145.2				120.0	223.3
1959	154.6				141.4	176.5
1960	112.2				97.4	131.8
1961	47.4				54.9	40.1
1962	101.1				109.6	89.6
1963	115.3				112.5	119.9
1964	123.9				112.3	141.7
1965	124.2				115.2	135.2
1966	124.6				121.2	128.2
1967	84.0				95.1	73.0
1968	71.3				78.7	61.7
1969	140.4				126.6	162.9
1970	150.2				125.7	181.3
1971	116.4				112.2	120.1
1972	103.0				97.1	107.9
1973	111.0				100.5	118.9
1974	76.1				91.3	56.2
1975	136.8				129.2	143.4
1976	78.2				82.1	75.2
1977	126.7				124.3	128.4
1978	124.2				116.2	130.9
1979	120.5				120.9	120.3
1980	115.9				123.6	110.2
1981	106.9				115.8	98.7
1982	106.5				103.9	109.0

续 表 Continued

年 份 Year	工业总产值 Gross Industrial Output Value	#规模以上工业 Industry above Designated Size	工业增加值 Industrial Added Value	#规模以上工业 Industry above Designated Size	全部工业总产值按轻重工业分 Grouped by Light& Heavy Industry 轻工业 Light Industry	重工业 Heavy Industry
1983	110.0				105.0	114.8
1984	111.9				107.6	115.6
1985	114.6				113.4	115.4
1986	107.3				106.4	108.0
1987	110.0				109.3	110.5
1988	114.0				115.0	113.2
1989	102.0				98.5	104.8
1990	97.6				95.8	98.9
1991	105.0				106.9	103.7
1992	110.9				105.3	115.0
1993	119.3				109.6	125.8
1994	122.3				134.7	115.0
1995	114.6				117.9	112.3
1995※						
1996	122.4				123.7	121.4
1997	118.9				118.3	119.4
1998	112.7				117.8	108.9
1999	107.1				107.6	106.6
2000	113.6	118.4	113.3		113.0	114.3
2001	114.8	114.8	113.2	111.8	109.8	118.8
2002	111.0	113.3	111.9	112.6	107.3	113.8
2003	113.2	117.5	113.0	114.3	115.2	114.3
2004	120.5	125.8	117.0	121.7	120.3	120.6
2005	111.3	136.2	118.7	123.8	59.8	146.1
2006	118.2	122.7	118.9	124.2	124.4	116.5
2007	126.8	125.5	119.5	122.1	134.7	124.5
2008	155.9	163.8	118.2	120.3	147.7	158.5
2009	110.2	110.2	120.6	118.5	110.1	98.4
2010	126.9	128.7	116.2	121.7	131.2	104.1
2011	120.8	121.8	117.8	116.0	127.1	118.1
2012	114.7	115.3	115.8	115.2	120.5	120.5
2013	114.3	118.0	110.3	111.7	84.5	127.8

注：从2004年开始工业总产值取消了不变价，总产值指数按现价计算，增加值的发展速度用价格指数缩减法计算。
Note: The constant prices was canceled in the process of calculating gross industrial output value of 2004.

3-5 分经济类型的规模以上工业总产值及构成

THE TOTAL ABOVE SCALE INDUSTRIAL OUTPUT VALUE OF ECONOMIC TYPE AND COMPOSITION

本表按当年价格计算　　Data in this table are calculated at current prices.

年份 Year	规模以上工业总产值(亿元) Above scale industrial output value (100 million yuan)				
	总计 Total	国有经济 State-owned Enterprises	集体经济 Colletive-owned Enterprises	外商及港澳台经济 Economy of foreign, Hong Kong, Macao and Taiwan	其他经济 Enterprises of Other Ownership
2007	3525.63	1026.64	32.10	1048.06	1418.83
2008	5773.76	1315.18	29.63	1274.41	3154.54
2009	5798.88	1333.86	28.31	1567.96	2868.75
2010	6424.59	1698.99	32.20	2110.94	2582.46
2011	7390.66	1914.78	22.71	2411.86	3041.31
2012	9018.89	2789.15	39.37	2804.30	3386.07
2013	10394.07	2580.95	29.77	3268.69	4514.66

年份 Year	比重(%) Composition (%)				
	总计 Total	国有经济 State-owned Enterprises	集体经济 Colletive-owned Enterprises	外商及港澳台经济 Economy of foreign, Hong Kong, Macao and Taiwan	其他经济 Enterprises of Other Ownership
2007	100.0	29.1	0.9	29.7	40.2
2008	100.0	22.8	0.5	22.1	54.6
2009	100.0	23.0	0.5	27.0	49.5
2010	100.0	26.4	0.5	32.9	40.2
2011	100.0	25.9	0.3	32.6	41.2
2012	100.0	30.9	0.4	31.1	37.5
2013	100.0	24.8	0.3	31.4	43.4

3－6 分行业规模以上工业企业单位数及工业总产值、销售产值(2013)

GROSS INDUSTRIAL OUTPUT VALUE AND SALES VALUE OF INDUSTRIAL ENTERPRISES WITH SALES INCOME OVER 20 MIL. YUAN(2013)

单位：亿元 (100 million yuan)

项目 Item	企业单位数(个) Number of Enterprises	工业总产值 Gross Industrial Output Value	工业销售产值 Industrial Sales Value	#出口交货值 Delivery Values of Export
总计 Total	2340	10394.07	10088.61	546.59
煤炭开采和洗选业 Ming and Washing of coal	0			
石油和天然气开采业 Petroleum and Natural Gas Mining	0			
黑色金属矿采选业 Ferrous Metal Minerals Mining and Dressing	1	2.76	2.76	0.00
有色金属矿采选业 Non Ferrous Minerals Mining and Dressing	0			
非金属矿采选业 Non-matal ores Mining and Quarrying	3	6.16	6.16	0.00
开采辅助活动 Mining Support Activities	2	50.92	50.92	0.00
其他采矿业 Mining of Others Ores	1	0.62	0.62	0.00
农副食品加工业 Farm and Sideline Product Processing	121	346.86	327.12	3.48
食品制造业 Food Production	55	132.95	129.98	1.68
饮料制造业 Beverage Production	22	217.16	181.96	0.38
烟草制品业 Tobacco Processing	3	513.25	497.66	1.34
纺织业 Textile Industry	62	88.88	79.52	3.27
纺织服装、鞋、帽制造业 Garments and Other Fiber Products	45	82.90	77.68	9.54
皮革、毛皮、羽绒及其制品业 Leather, Furs, Down and Related Products	7	11.02	9.93	0.08
木材加工及竹、藤、棕、草制品业 Timber Processing, Bamboo, Cane, Palm Fiber and Straw Products	24	19.50	18.98	0.00
家具制造业 Furniture Manufacturing	17	13.28	12.40	0.84
造纸及纸制品业 Papermaking and Paper Products	42	77.89	76.07	1.65
印刷业和记录媒介的复制 Printing and Reproduction	44	75.79	72.59	2.18
文教、工美、体育和娱乐用品制造业 Cultural, Educational and Sports Goods	14	31.94	31.23	2.07

续 表 Continued

单位：亿元 (100 million yuan)

项 目 Item	企业单位数（个） Number of Enterprises	工业总产值 Gross Industrial Output Value	工业销售产 值 Industrial Sales Value	#出口交货值 Delivery Values of Export
石油加工、炼焦及核燃料加工业 Petroleum Refining, Coking and Nucless Fuel Processing	16	398.36	393.29	
化学原料及化学制品制造业 Raw Chemical Materials and Chemical Products	118	240.90	230.10	10.01
医药制造业 Medical and Pharmaceutical Products	76	196.10	187.80	8.57
化学纤维制造业 Chemical Fiber Manufacturing	1	5.01	4.98	1.00
橡胶制品业 Rubber Products	109	206.42	202.84	1.00
非金属矿物制品业 Nonmetal Mineral Products	222	268.56	262.35	5.81
黑色金属冶炼及压延加工业 Smelting and Pressing of Ferrous Metals	45	927.60	921.35	35.66
有色金属冶炼及压延加工业 Smelting and Pressing of Nonferroys Metals	30	42.02	40.27	0.41
金属制品业 Metal Products	187	308.41	307.10	3.25
通用设备制造业 Ordinary Machinery	155	376.43	368.16	28.61
专用设备制造业 For Special Purposes Equipment Manufacturing	156	324.91	305.99	2.71
汽车制造业 Automobile IndustryAutomobile Industry	238	2063.54	2020.93	12.14
铁路、船舶、航空航天和其他运输设备制造业 Railway, Ship, Aerospace and Other transportation Equipment	50	325.18	314.67	41.18
电气机械及器材制造业 Electric Equipment and Machinery	213	750.02	704.40	36.77
计算机、通信和其他电子设备制造业 Computer, Telecommunication and Other Ecectronic Devices	128	1261.92	1229.11	330.09
仪器仪表制造业 Instruments and Meters	69	48.78	46.89	2.36
其他制造业 Other Industry	4	4.49	4.42	
废弃资源综合利用业 Utilization of Discard Resource and Material	11	31.35	28.97	
金属制品、机械和设备修理业 Mineral Products, Machinery and Repair of Equipment	12	15.13	12.77	
电力、热力的生产和供应业 Electricity, Thermal and Water Production and Supply	14	864.94	864.89	
燃气生产和供应业 Gas Production and Supply	12	42.32	42.35	
水的生产和供应业 Tap Water Production and Supply	11	19.82	19.43	

3-7 规模以上工业主要产品产量
OUTPUT OF MAJOR INDUSTRIAL PRODUCTS OF ENTERPRISES ABOVE DESIGNATED SIZE

项目	Item	2013	2012
食用植物油(万吨)	Edible Vegetable Oil(10 000 tons)	86.59	59.63
乳 制 品(吨)	Dairy Products(ton)	174673.00	90228.6
饮 料 酒(万吨)	Alcoholic Beverages(10 000 tons)	76.15	76.7
软 饮 料(万吨)	Soft Berverage	307.56	246.26
卷　　烟(万箱)	Cigarettes (10 000 boxes)	279.60	273.47
纱(吨)	Yarn (ton)	135076.70	125570
布 总 计(万米)	Cloth In Total (10 000 M)	14861.50	13829.1
#纯棉布	Pure Cotton Cloth	5407.00	7324.4
棉混纺交织布	Blending Cotton Cloth	6159.60	2596.1
纯化纤布	Pure Chemical Fiber	3294.90	3908.6
印 染 布	Dyeing Cloth	1264.00	2450
服　　装(万件)	Garments (10 000 units)	8487.40	7016.2
人 造 板(万立方米)	Synthetic Board (10 000 cubic meter)	37.06	21.19
家　　具(万件)	Furniture (10 000 units)	54.87	58.05
原油加工量(万吨)	Crude Oil (10 000 tons)	641.48	432.71
汽　　油(万吨)	Gasoline (10 000 tons)	129.70	109.13
柴　　油(万吨)	Diesel Oil (10 000 tons)	256.11	172.86
燃 料 油(万吨)	Fuel Oil	3.59	8.51
焦　　炭(万吨)	Coke (10 000 tons)	672.69	663.71
硫　　酸(折100%)(吨)	Sulfuric Acid(100%,ton)	78582.70	76287
农用化肥(折纯)(万吨)	Chemical Fertilizers (10 000 tons)	96.80	81.72
油　　漆(吨)	Paint (ton)	111338.3	80767.6
化学原料药(吨)	Chemical Raw Medicine (ton)	12855.50	11375
中 成 药(吨)	Traditional Chinese Patent Medicine (ton)	91987.2	97681.1
塑料制品(吨)	Plastic Products(ton)	578428.30	483054
机制纸及纸板(万吨)	Machine Made Papr and Paperboards	43.99	54.64
水　　泥(万吨)	Cement(10 000 tons)	1066.39	971.38
砖(亿块)	Bricks (100 million pcs)	0.50	2.12

续 表 Continued

项目	Item	2013	2012
平板玻璃(万重量箱)	Plate Glass (10 000 Weight-Box)	2528.55	2471.15
显示器(万部)	Display (10 000 unit)	1372.37	1380.57
生铁(万吨)	Pig Iron (10 000 tons)	1680.78	1625.05
钢总计(万吨)	Steel Products (10 000 tons)	1895.23	1844.28
成品钢材总计(万吨)	Steel Products(10 000 tons)	1809.12	1766.57
铝材(万吨)	Ten Kinds of Non-ferrous Metals(10 000 tons)	6.09	5.02
工业锅炉(蒸发量吨)	Industrial Boiler	3979.00	3502.5
金属切削机床总计(台)	Metal-Cutting Machine(unit)	655	550
#数控机床	Numerically Controlled Machine Tool	90	160
小型拖拉机(台)	Mini Tractors (unit)	36873	37605
汽车(辆)	Motor Vehicles (unit)	953450	795240
载货汽车	Trucks	83	361
轿车	Cars	665868	614974
改装汽车(辆)	Refit Automobile (unit)	3757	4960
民用钢质船舶(载重吨)	Loading Capacity of Commerical Steel Ships (ton)	587801.0	641187
发电设备(万千瓦)	Generating Equipment (10 000 Kw)	145.70	233.18
光缆(万芯千米)	Optical Cable (10 000 tons km)	2915.57	2624.72
钢绞线(吨)	Aluminium Twisting Wire With Steel Core (ton)	102422	86112
铅酸蓄电池(万千伏安时)	Storage Battery (10 000 KVAH)	207.54	335.45
电子元件(万只)	Electronic Component (10 000 units)	17759.50	17038
电热水器(万台)	Ecectric Water-Heater	221.48	228.46
冷柜(万台)	Freezers	99.39	35.31
房间空气调节器(万台)	House Air Conditioner (10 000 units)	1189.35	829.84
发电量总计(万千瓦时)	Electricity (10 000 Kwh)	2396048.3	2037138.2
交流电动机(万千瓦)	Alternating Current Motor(10 000 Kw)	131.74	129.24
变压器(万千伏安)	Transformer (10 000 kva)	1216.77	751.9

3－8　规模以上工业企业主要经济指标(2013 年)

单位:亿元

项	目 Item	企业单位数(个) Number of Enterprises (unit)
总　计	Total	2340
一、按登记注册类型分组:	Grouped by Ownership	
内资企业	Domestic Funded Enterprises	2020
国有企业	State-owned	40
集体企业	Collective-owned	40
股份合作企业	Cooperative Enterprises of Share Holding	4
联营企业	Joint-owned	1
有限责任公司	Companies of Limited Liabilities	1046
股份有限公司	Share Holding	114
私营企业	Private-owned	773
其他企业	Others	2
港、澳、台商投资企业	Enterprises Funded by Entrepreneurs from Hongkong, Macao & Taiwan	79
外商投资企业	Foreign Funded	241
二、在总计中:亏损企业	of the Total: Loss-making Enterprises	325
在总计中:国有控股企业	of the Total: State-holding Enterprises	239
在总计中:农村工业	of the Total: Rural Industry	11
在总计中:轻 工 业	Light Industry	689
重 工 业	Heavy Industry	1651
在总计中:大型企业	Large-Scale Enterprises	85
中型企业	Medium-Scale Enterprises	313
小型企业	Small-Scale Enterprises	1879
微型企业	Micro-Scale Enterprises	63

MAIN ECONOMIC INDICATORS ABOVE DESIGNATED SIZE INDUSTRIAL ENTERPRISE (2013)

(1,000,000,000 yuan)

#亏损企业 Loss-making Enterprises	资产合计 Total Intangible and Deferred Assets	流动资产合计 Total Circulating Assets	#应收帐款 Net Receivables	#产成品 Finished Goods
325	10504.92	5127.65	1292.14	493.65
264	8267.63	3897.76	1006.46	400.51
11	3635.99	1075.23	160.26	146.68
8	13.86	9.8	4.32	0.96
1	2.45	1.89	0.94	0.24
0	0.84	0.66	0.43	0.09
155	2729.69	1679.31	487.84	147.38
18	1232.44	747.08	220.24	58.27
71	652.22	383.75	132.41	46.9
0	0.13	0.05	0.02	0.01
16	341.47	208.39	63.63	18.44
45	1895.82	1021.5	222.05	74.7
325	1252.93	655.24	197.78	62.96
51	6858.83	2956	575.46	315.04
0	3.26	2.1	0.81	0.16
81	1788.34	1096.65	219.4	119.26
244	8716.58	4031	1072.74	374.39
15	7175.83	3201	685.48	285.67
61	1734.61	930.26	278.08	119.49
233	1563.55	977.78	323.17	87.18
16	30.93	18.61	5.4	1.31

续 表 1

单位:亿元

项目	Item	固定资产净值 Net Value of Fixed Assets
总　计	**Total**	**3603.9**
一、按登记注册类型分组:	**Grouped by Ownership**	
内资企业	Domestic Funded Enterprises	3005.63
国有企业	State-owned	1936.97
集体企业	Collective-owned	2.39
股份合作企业	Cooperative Enterprises of Share Holding	0.56
联营企业	Joint-owned	0.18
有限责任公司	Companies of Limited Liabilities	691.25
股份有限公司	Share Holding	166.72
私营企业	Private-owned	207.51
其他企业	Others	0.06
港、澳、台商投资企业	Enterprises Funded by Entrepreneurs from Hongkong, Macao & Taiwan	97.28
外商投资企业	Foreign Funded	500.99
二、在总计中:亏损企业	**of the Total: Loss-making Enterprises**	406.15
在总计中:国有控股企业	of the Total: State-holding Enterprises	2711.06
在总计中:农村工业	of the Total: Rural Industry	1.07
在总计中:轻工业	Light Industry	401.79
重工业	Heavy Industry	3202.11
在总计中:大型企业	Large-Scale Enterprises	2828.53
中型企业	Medium-Scale Enterprises	358.96
小型企业	Small-Scale Enterprises	409.91
微型企业	Micro-Scale Enterprises	6.51

Continued 1

(100 million yuan)

负债合计 Total Liabilities	主营业务收入 Mainly Operating Income	主营业务成本 Main Sales Cost	主营业务税金及附加 Mainly Operating Turnover Tax and Additional Tax	管理费用 Management Expenses
6726.1	10927.62	9069.7	467.47	472.6
5293.9	8055.38	6802.55	357.07	354.74
2425.16	3303.23	3082.35	5.12	125.93
9.39	30.95	26.65	0.31	1.82
1.44	3.66	3.31	0.01	0.17
0.6	0.76	0.67	0.01	0.1
1762.62	2897.95	2173.07	338.42	135.88
686.94	750.5	593.9	7.07	52.74
407.66	1067.79	922.08	6.13	33.08
0.09	0.54	0.51	0	0.02
206.53	551.09	482.52	1.8	15.79
1225.66	2321.15	1784.63	108.61	102.07
1002.91	1082.14	990.5	52.75	45.77
4459.21	6550.75	5366.33	440.16	285.45
1.22	6.75	6.01	0.18	0.15
962.61	2192.83	1493.64	293.14	104.22
5763.48	8734.8	7576.06	174.33	363.38
4790.63	7423.89	6125.59	442.35	293.76
1059.76	1453.35	1216.65	12.51	77.96
857.81	2026.77	1707.41	12.51	99.89
17.9	23.61	20.06	0.1	1

续 表 2

单位:亿元

项 目 Item		财务费用 Financial Expenditures
总 计	Total	103.5
一、按登记注册类型分组:	Grouped by Ownership	
内资企业	Domestic Funded Enterprises	101.11
国有企业	State-owned	51.72
集体企业	Collective-owned	0.14
股份合作企业	Cooperative Enterprises of Share Holding	0.01
联营企业	Joint-owned	0
有限责任公司	Companies of Limited Liabilities	28.12
股份有限公司	Share Holding	9.87
私营企业	Private-owned	11.25
其他企业	Others	0
港、澳、台商投资企业	Enterprises Funded by Entrepreneurs from Hongkong, Macao & Taiwan	2.86
外商投资企业	Foreign Funded	-0.46
二、在总计中:亏损企业	of the Total:Loss-making Enterprises	13.49
在总计中:国有控股企业	of the Total:State-holding Enterprises	62.91
在总计中:农村工业	of the Total:Rural Industry	0.04
在总计中:轻 工 业	Light Industry	18.33
重 工 业	Heavy Industry	85.18
在总计中:大型企业	Large-Scale Enterprises	68.33
中型企业	Medium-Scale Enterprises	13.16
小型企业	Small-Scale Enterprises	21.82
微型企业	Micro-Scale Enterprises	0.2

Continued 2

(100 million yuan)

利息支出 Interest paid	利润总额 Total Profits	亏损企业亏损总额 Total Loss of Loss-making Enterprises	利税总额 Total Profit	本年应交增值税 Value-added Tax Payable This Year
126.76	465.88	56.62	1290.59	344.39
111.86	257.05	44.69	859.69	233.17
65.53	19.33	4.29	106.67	75.93
0.13	1.88	0.27	3.6	1.4
0	0.05	0.02	0.12	0.06
0	0	0	0.06	0.05
25.88	137.52	23.46	592.1	110.3
12.32	45.77	12.24	74.6	21.62
8	52.49	4.41	82.53	23.8
0	0.01	0	0.01	0
2.85	24.44	1.36	43.54	17.3
12.04	184.39	10.56	387.36	93.92
13.56	-56.62	56.62	10.22	14.02
89.63	227.15	29.91	910.61	231.14
0.01	0.25	0	0.51	0.08
16.91	155.66	5.27	559.61	104.15
109.85	309.22	51.34	730.98	240.24
95.19	264.6	31.9	973.08	253.69
14.52	83.4	11.84	137.06	41.1
16.92	116.78	12.65	178.49	48.87
0.12	1.1	0.23	1.95	0.74

续 表 3

单位:亿元

项　目	Item	全部从业人员年平均人数(人) Average Staff and Workers (person)
总　计	Total	828287
一、按登记注册类型分组:	Grouped by Ownership	
内资企业	Domestic Funded Enterprises	655410
国有企业	State-owned	214086
集体企业	Collective-owned	9101
股份合作企业	Cooperative Enterprises of Share Holding	429
联营企业	Joint-owned	420
有限责任公司	Companies of Limited Liabilities	258351
股份有限公司	Share Holding	73436
私营企业	Private-owned	99497
其他企业	Others	90
港、澳、台商投资企业	Enterprises Funded by Entrepreneurs from Hongkong, Macao & Taiwan	55666
外商投资企业	Foreign Funded	117211
二、在总计中:亏损企业	of the Total:Loss-making Enterprises	94664
在总计中:国有控股企业	of the Total:State-holding Enterprises	399179
在总计中:农村工业	of the Total:Rural Industry	920
在总计中:轻 工 业	Light Industry	201258
重 工 业	Heavy Industry	627029
在总计中:大型企业	Large-Scale Enterprises	450271
中型企业	Medium-Scale Enterprises	177547
小型企业	Small-Scale Enterprises	198230
微型企业	Micro-Scale Enterprises	2239

Continued 3

(100 million yuan)

总资产贡献率 (%) Ratio of Total Assets to Industrial Output Value (%)	资产负债率 (%) Ratio of Liabilitiesto Assets (%)	流动资产周转率 (次/年) Turnover Ratio of Cirulating Assets (times/year)	成本费用利润率 (%) Ration of Profits to Industrial Cost (%)	产品销售率 (%) Sales Ration of Industrial Products (%)
13.39	64.03	2.21	4.4	97.17
11.61	64.03	2.15	3.23	97.8
4.59	66.7	3.15	0.55	99.64
26.83	67.78	3.17	6.44	97.29
4.94	58.77	1.94	1.36	81.02
7.42	70.97	1.14	0.17	100.21
22.54	64.57	1.86	5.2	96.52
6.84	55.74	1.02	6.31	98.19
13.78	62.5	2.8	5.18	96.31
10.61	70.8	11.56	1.83	100
13.5	60.48	2.69	4.53	95.23
21.1	64.65	2.36	8.84	95.73
1.77	80.05	1.68	-5.13	97.51
14.48	65.01	2.34	3.54	98.33
15.94	37.37	3.21	3.92	95.83
32.09	53.83	2.2	7.9	94.62
9.55	66.12	2.21	3.59	97.88
14.78	66.76	2.42	3.66	97.85
8.59	61.09	1.64	5.83	95.34
12.44	54.86	2.09	6.12	96.08
6.71	57.89	1.36	4.56	94 93

3－9 按行业分的规模以上工业企业主要经济指标(2013 年)

单位:亿元

项	目 Item	企业单位数(个) Number of Enterprises (unit)
总 计	**Total**	**2340**
煤炭开采和洗选业	Ming and Washing of cocl	0
石油和天然气开采业	Petroleum and Natureal Gas	0
黑色金属矿采选业	Ferrous Metal Minerals Mining and Dressing	1
有色金属矿采选业	Non-Ferrous Minerals Mining and Dressing	0
非金属矿采选业	Nonmetal Ores Mining and Quarrying	3
开采辅助活动	Mining Auxiliary Activities	2
其他采矿业	Other Mining Industry	1
农副食品加工业	Farm and Sideline Product Processing	121
食品制造业	Food Production	55
饮料制造业	Beverage Production	22
烟草制品业	Tobacco Processing	3
纺 织 业	Textile Industry	62
纺织服装、鞋、帽制造业	Garments and Other Fiber Products	45
皮革、毛皮、羽绒及其制品业	Leather,Furs,Down and Related Products	7
木材加工及竹、藤、棕、草制品业	Timber Processing, Bamboo,Cane,Palm Fiber and Straw Products	24
家具制造业	Furniture Manufacturing	17
造纸及纸制品业	Papermaking and Paper Products	42
印刷业和记录媒介的复制	Printing Reproduction	44
文教体育用品制造业	Cultural,Educational and Sports Goods	14
石油加工、炼焦及核燃料加工业	Petroleum Refining, Coking and Nucless Fuel processing	16
化学原料及化学制品制造业	Raw Chemical Materials and Chemical Products	118
医药制造业	Medical and Pharmaceutical Products	76
化学纤维制造业	Chemical Fiber Manuafacturing	1
橡胶和塑料制品业	Rubber and Plastic Products	109
非金属矿物制品业	Nonmetal Mineral Products	222
黑色金属冶炼及压延加工业	Smelting and Pressing of Ferrous Metals	45
有色金属冶炼及压延加工业	Smelting and Pressing of Non-ferrous Metals	30
金属制品业	Metal Products	187
通用设备制造业	General Purpose Machinery Manufacturing	155
专用设备制造业	For Special Purposes Equipment Manufacturing	156
汽车制造业	Automobile Industry	238
铁路、船舶、航空航天和其他运输设备制造业	Railway, Ship, Aerospace and Other transportation Equipment	50
电气机械及器材制造业	Electric Equipment and Machinery	213
计算机、通信和其他电子设备制造业	Computer, Telecommunication and Other Ecectronic Devices	128
仪器仪表制造业	Instruments and Meters	69
其他制造业	Other Industry	4
废弃资源综合利用业	Utilization of Discard Resource and Material	11
金属制品、机械和设备修理业	Mineral Products, Machinery and Repair of Equipment	12
电力、热力的生产和供应业	Electric Power Production and Supply	14
燃气生产和供应业	Gas Production and Supply	12
水的生产和供应业	Tap Water Production and Supply	11

MAIN ECONOMIC INDICATORS OF ABOVE DESIGNATED SIZE INDUSTRIAL ENTERPRISES (2013)

(1,000,000,000 yuan)

#亏损企业 Loss-making Enterprises	资产合计 Total Intangible and Deferred Assets	流动资产合计 Total Circulating Funds	#应收帐款 Net Receivables	#产成品 Finished Goods
325	10504.92	5127.65	1292.14	493.65
0	0	0	0	0
0	0	0	0	0
0	0.4	0.34	0.17	0.03
0	0	0	0	0
0	0.39	0.28	0.15	0.03
1	13.55	1.56	0.04	0
0	0.69	0.52	0.52	0
11	153.03	87.39	15.81	14.5
8	74.76	31.29	7.19	3.43
3	120.36	55.63	6.58	3.83
0	408.15	323.56	30.33	25.01
4	57.83	30.36	4.64	6.2
5	71.7	46.22	10.6	11.67
0	2.25	1.25	0.34	0.3
1	7.04	3.87	1.02	0.74
3	11.51	6.86	1.82	0.41
11	65.89	33.95	8.96	1.43
6	69.76	38.47	11.91	3.62
2	31.65	23.73	2.52	3.94
2	100.55	39.72	7.09	4.91
13	329.51	114.04	35.06	12.73
9	275.58	148.69	37.34	14.27
0	3	1.03	0.34	0.13
11	107.56	62.59	17.27	6.92
26	243.76	132.77	44.12	8.6
9	2535.07	778.42	96.77	94.95
4	15.94	8.87	3.29	0.51
21	262.63	170.97	46.54	41.66
26	628.43	332.4	112.7	13.9
27	488.47	314.44	103.53	29.5
40	1368.53	853.47	171.66	63.89
2	145.61	85.73	29.3	3.67
34	546.34	372.05	146.78	39.44
26	1126.48	824.77	295.62	74.98
6	63.08	47.7	17.5	3.34
1	4.5	2.69	0.19	0.18
2	11.4	8.76	2.02	4.01
3	12.95	10.26	3.5	0.3
4	930.21	46.76	9.22	0.39
1	67	20.38	3.51	0.12
3	149.36	65.84	6.17	0.1

续 表 1

单位:亿元

项目	Item	固定资产净值 Net Value of Fixed assets
总计	Total	3603.9
煤炭开采和洗选业	Ming and Washing of cocl	0
石油和天然气开采业	Petroleum and Natureal Gas	0
黑色金属矿采选业	Ferrous Metal Minerals Mining and Dressing	0.06
有色金属矿采选业	Non-Ferrous Minerals Mining and Dressing	0
非金属矿采选业	Nonmetal Ores Mining and Quarrying	0.1
开采辅助活动	Mining Auxiliary Activities	2.48
其他采矿业	Other Mining Industry	0.17
农副食品加工业	Farm and Sideline Product Processing	46.61
食品制造业	Food Production	22.75
饮料制造业	Beverage Production	48.32
烟草制品业	Tobacco Processing	29.27
纺 织 业	Textile Industry	20.3
纺织服装、鞋、帽制造业	Garments and Other Fiber Products	13.77
皮革、毛皮、羽绒及其制品业	Leather, Furs, Down and Related Products	0.74
木材加工及竹、藤、棕、草制品业	Timber Processing, Bamboo, Cane, Palm Fiber and Straw Products	2.36
家具制造业	Furniture Manufacturing	2.37
造纸及纸制品业	Papermaking and Paper Products	13.83
印刷业和记录媒介的复制	Printing Reproduction	18.52
文教体育用品制造业	Cultural, Educational and Sports Goods	4.68
石油加工、炼焦及核燃料加工业	Petroleum Refining, Coking and Nucless Fuel processing	55.56
化学原料及化学制品制造业	Raw Chemical Materials and Chemical Products	30.39
医药制造业	Medical and Pharmaceutical Products	67.07
化学纤维制造业	Chemical Fiber Manuafacturing	1.96
橡胶和塑料制品业	Rubber and Plastic Products	30.59
非金属矿物制品业	Nonmetal Mineral Products	82.44
黑色金属冶炼及压延加工业	Smelting and Pressing of Ferrous Metals	1110.68
有色金属冶炼及压延加工业	Smelting and Pressing of Non-ferrous Metals	5.35
金属制品业	Metal Products	69.04
通用设备制造业	General Purpose Machinery Manufacturing	92.93
专用设备制造业	For Special Purposes Equipment Manufacturing	150.76
汽车制造业	Automobile Industry	342.7
铁路、船舶、航空航天和其他运输设备制造业	Railway, Ship, Aerospace and Other transportation Equipment	45.79
电气机械及器材制造业	Electric Equipment and Machinery	134.8
计算机、通信和其他电子设备制造业	Computer, Telecommunication and Other Ecectronic Devices	217.37
仪器仪表制造业	Instruments and Meters	9.54
其他制造业	Other Industry	1.31
废弃资源综合利用业	Utilization of Discard Resource and Material	1.32
金属制品、机械和设备修理业	Mineral Products, Machinery and Repair of Equipment	1.74
电力、热力的生产和供应业	Electric Power Production and Supply	849.95
燃气生产和供应业	Gas Production and Supply	36.34
水的生产和供应业	Tap Water Production and Supply	39.99

Continued 1

(1,000,000,000 yuan)

负债合计 Total Liabilities	主营业务收入 Mainly Operating Income	主营业务成本 Main Sales Cost	主营业务税金及附加 Mainly Operating Turnover Tax and Additional Tax	管理费用 Management Expenses
6726.1	10927.62	9069.7	467.47	472.6
0	0	0	0	0
0	0	0	0	0
0.13	2.76	2.53	0.04	0.02
0	0	0	0	0
0.03	6	5.08	0.02	0.12
9.04	3.75	3.69	0	0.11
0.53	0.48	0.39	0	0.07
82.39	346.7	305.87	1.27	8.77
38.11	114.88	93.99	0.5	4.56
57.32	178.24	130.57	6.31	7.14
200.6	484.64	104.77	279.19	23.86
35.46	79.05	69.66	0.46	3.24
43.76	77.62	61.12	0.45	4.02
0.8	9.94	9.43	0.03	0.19
3.64	17.87	14.47	0.16	0.62
6.72	12.36	10.12	0.08	0.78
51.12	72.84	65.7	0.18	2.75
36.53	66.23	52.51	0.38	5.88
20.33	40.53	34.28	0.31	1.86
47.25	397.4	342.84	47.18	6.12
218.2	226.29	191.94	0.81	9.4
135.55	200.36	127.1	1.51	17.49
1.07	4.98	4.73	0.01	0.06
56.55	199.53	167.93	1.06	7.72
131.25	253.51	211.05	1.78	10.96
1717.18	2378.59	2220.49	0.62	101.95
11.46	39.62	37.21	0.16	1.03
180.33	301.66	259.35	2.55	13.69
461.54	320.3	268.5	2.03	16.99
356.35	291.73	249.94	1.91	16.12
888.03	1883.23	1418.28	104.76	89.58
98.29	154.17	138.85	1.01	8.6
349.22	662.1	569.74	2.93	34.49
701.44	1057.99	927.89	4.29	61.26
34.55	50.89	36.87	0.43	5.38
2.03	5.38	4.51	0.01	0.36
8.46	29.37	28.43	0.1	0.77
9.68	13.18	10.95	0.15	1.42
619.02	868.66	826.86	4.13	1.63
44.4	53.93	43.83	0.43	1.9
67.7	20.85	18.24	0.21	1.67

续 表 2

单位:亿元

项	目 Item	财务费用 Financial Expenditures
总 计	Total	103.5
煤炭开采和洗选业	Ming and Washing of cocl	0
石油和天然气开采业	Petroleum and Natureal Gas	0
黑色金属矿采选业	Ferrous Metal Minerals Mining and Dressing	0
有色金属矿采选业	Non-Ferrous Minerals Mining and Dressing	0
非金属矿采选业	Nonmetal Ores Mining and Quarrying	0.02
开采辅助活动	Mining Auxiliary Activities	0.09
其他采矿业	Other Mining Industry	0
农副食品加工业	Farm and Sideline Product Processing	2.4
食品制造业	Food Production	0.64
饮料制造业	Beverage Production	-0.07
烟草制品业	Tobacco Processing	3.19
纺 织 业	Textile Industry	1.07
纺织服装、鞋、帽制造业	Garments and Other Fiber Products	1.28
皮革、毛皮、羽绒及其制品业	Leather, Furs, Down and Related Products	0.06
木材加工及竹、藤、棕、草制品业	Timber Processing, Bamboo, Cane, Palm Fiber and Straw Products	0.3
家具制造业	Furniture Manufacturing	0.17
造纸及纸制品业	Papermaking and Paper Products	1.29
印刷业和记录媒介的复制	Printing Reproduction	0.67
文教体育用品制造业	Cultural, Educational and Sports Goods	0.71
石油加工、炼焦及核燃料加工业	Petroleum Refining, Coking and Nucless Fuel processing	0.67
化学原料及化学制品制造业	Raw Chemical Materials and Chemical Products	3.29
医药制造业	Medical and Pharmaceutical Products	3.07
化学纤维制造业	Chemical Fiber Manuafacturing	0
橡胶和塑料制品业	Rubber and Plastic Products	2.16
非金属矿物制品业	Nonmetal Mineral Products	2.3
黑色金属冶炼及压延加工业	Smelting and Pressing of Ferrous Metals	38.43
有色金属冶炼及压延加工业	Smelting and Pressing of Non-ferrous Metals	0.29
金属制品业	Metal Products	2.74
通用设备制造业	General Purpose Machinery Manufacturing	7.69
专用设备制造业	For Special Purposes Equipment Manufacturing	5.33
汽车制造业	Automobile Industry	-4.59
铁路、船舶、航空航天和其他运输设备制造业	Railway, Ship, Aerospace and Other transportation Equipment	1.17
电气机械及器材制造业	Electric Equipment and Machinery	3.1
计算机、通信和其他电子设备制造业	Computer, Telecommunication and Other Ecectronic Devices	5.69
仪器仪表制造业	Instruments and Meters	0.58
其他制造业	Other Industry	0.06
废弃资源综合利用业	Utilization of Discard Resource and Material	0.28
金属制品、机械和设备修理业	Mineral Products, Machinery and Repair of Equipment	0.03
电力、热力的生产和供应业	Electric Power Production and Supply	17.57
燃气生产和供应业	Gas Production and Supply	0.61
水的生产和供应业	Tap Water Production and Supply	1.21

Continued 2

(100 million yuan)

利息支出 Interest Paid	利润总额 Total Profits	亏损企业亏损总额 Total Loss of Loss-making Enterprises	利税总额 Total Profit	本年应交增值税 Value-added Tax Payable This Year
126.76	465.88	56.62	1290.59	344.39
0	0	0	0	0
0	0	0	0	0
0	0.05	0	0.13	0.04
0	0	0	0	0
0.02	0.36	0	0.81	0.44
0.11	-0.17	0.17	-0.17	0
0	0.02	0	0.02	0
1.85	17.59	0.53	22.36	3.5
0.6	4.35	0.45	8.21	3.36
0.42	10.18	0.14	22.85	6.24
3.51	55.15	0	400.3	60.08
0.75	3.34	0.19	5.25	1.43
0.95	4.59	0.4	7.19	2.15
0.06	0.12	0	0.24	0.09
0.2	1.76	0	2.14	0.22
0.16	0.29	0.05	0.64	0.27
1.27	1.67	1.08	3.01	1.15
0.59	5.36	0.57	7.7	1.94
0.69	1.42	0.63	2.45	0.71
0.78	-0.66	1.47	51.69	5.17
3.45	10.29	0.41	15.17	4.04
3.14	23.4	0.29	35.44	10.54
0	0	0	0.08	0.07
1.37	16.58	0.26	23.56	5.91
2.26	17.39	1.56	27.99	8.72
51.79	7.79	0.44	52.78	38.18
0.2	0.63	0.06	1.5	0.69
2.76	11.62	1.83	20.95	6.76
7.21	21.36	4.28	29.49	6.03
4.7	9.2	5.1	17.34	6.2
5.77	150.34	14.32	342.67	87.46
1.2	1.56	3.74	6.48	3.91
3.67	34.2	2	48.72	11.68
6.78	24.69	13.63	52.99	23.81
0.62	5.78	0.08	8.26	2.04
0.05	0.59	0.02	0.74	0.14
0.29	-0.14	0.46	0.4	0.44
0.08	0.27	0.16	0.74	0.32
17.49	17.73	2.06	60.44	38.48
0.74	6.32	0.05	8.12	1.36
1.22	0.89	0.17	1.93	0.82

续 表 3

项目	Item	全部从业人员年平均人数（人）Average Staff and Workers (person)
总　　计	**Total**	**828287**
煤炭开采和洗选业	Ming and Washing of cocl	0
石油和天然气开采业	Petroleum and Natureal Gas	0
黑色金属矿采选业	Ferrous Metal Minerals Mining and Dressing	64
有色金属矿采选业	Non-Ferrous Minerals Mining and Dressing	0
非金属矿采选业	Nonmetal Ores Mining and Quarrying	229
开采辅助活动	Mining Auxiliary Activities	1023
其他采矿业	Other Mining Industry	140
农副食品加工业	Farm and Sideline Product Processing	20070
食品制造业	Food Production	17058
饮料制造业	Beverage Production	15400
烟草制品业	Tobacco Processing	7391
纺 织 业	Textile Industry	13747
纺织服装、鞋、帽制造业	Garments and Other Fiber Products	19003
皮革、毛皮、羽绒及其制品业	Leather, Furs, Down and Related Products	670
木材加工及竹、藤、棕、草制品业	Timber Processing, Bamboo, Cane, Palm Fiber and Straw Products	2406
家具制造业	Furniture Manufacturing	2216
造纸及纸制品业	Papermaking and Paper Products	6363
印刷业和记录媒介的复制	Printing Reproduction	9811
文教体育用品制造业	Cultural, Educational and Sports Goods	3162
石油加工、炼焦及核燃料加工业	Petroleum Refining, Coking and Nucless Fuel processing	4552
化学原料及化学制品制造业	Raw Chemical Materials and Chemical Products	16426
医药制造业	Medical and Pharmaceutical Products	29244
化学纤维制造业	Chemical Fiber Manuafacturing	175
橡胶和塑料制品业	Rubber and Plastic Products	19019
非金属矿物制品业	Nonmetal Mineral Products	28943
黑色金属冶炼及压延加工业	Smelting and Pressing of Ferrous Metals	114137
有色金属冶炼及压延加工业	Smelting and Pressing of Non-ferrous Metals	3297
金属制品业	Metal Products	31091
通用设备制造业	General Purpose Machinery Manufacturing	34940
专用设备制造业	For Special Purposes Equipment Manufacturing	38230
汽车制造业	Automobile Industry	89460
铁路、船舶、航空航天和其他运输设备制造业	Railway, Ship, Aerospace and Other transportation Equipment	22186
电气机械及器材制造业	Electric Equipment and Machinery	62837
计算机、通信和其他电子设备制造业	Computer, Telecommunication and Other Ecectronic Devices	102997
仪器仪表制造业	Instruments and Meters	11452
其他制造业	Other Industry	789
废弃资源综合利用业	Utilization of Discard Resource and Material	2844
金属制品、机械和设备修理业	Mineral Products, Machinery and Repair of Equipment	5682
电力、热力的生产和供应业	Electric Power Production and Supply	77301
燃气生产和供应业	Gas Production and Supply	4798
水的生产和供应业	Tap Water Production and Supply	9134

Continued 3

总资产贡献率 (%) Ratio of Total Assets to Industrial Output Value (%)	资产负债率 (%) Ratio of Liabilitiesto Assets (%)	流动资产周转率 (次/年) Turnover Ratio of Cirulating Assets (times/year)	成本费用利润率 (%) Ration of Profits to Industrial Cost (%)	产品销售率 (%) Sales Ration of Industrial Products (%)
13.39	64.03	2.21	4.4	97.17
0	0	0	0	0
0	0	0	0	0
33.87	31.45	8.04	1.96	100
0	0	0	0	0
211.41	8.46	21.68	6.62	100
-0.6	66.69	2.43	-4.34	100
2.62	77.43	0.91	4.08	100
15.69	53.84	3.99	5.33	94.04
11.55	50.98	3.72	3.92	97.76
18.96	47.62	3.31	5.9	83.65
98.86	49.15	2.05	16.9	96.96
10.03	61.32	2.61	4.38	89.6
11.31	61.04	1.76	6.06	94.74
13.21	35.52	7.92	1.25	89.25
33.15	51.74	4.62	11.05	97.08
6.87	58.38	1.82	2.36	95.16
6	77.58	2.15	2.32	97.9
11.8	52.36	1.74	8.7	91.97
9.89	64.22	1.71	3.65	97.74
52.05	46.99	10	-0.19	98.76
5.58	66.22	2.01	4.76	96.2
13.83	49.19	1.36	13.04	95.98
2.56	35.78	4.86	0.01	98.07
23.04	52.57	3.25	8.9	97.03
12.29	53.85	1.91	7.38	97.34
3.93	67.74	3.1	0.3	99.75
10.57	71.91	4.47	1.61	95.12
8.9	68.66	2.07	3.39	92.5
5.79	73.44	0.97	7.02	97.42
4.4	72.95	0.94	3.24	94.5
25.54	64.89	2.29	9.06	97.68
5.24	67.5	1.82	1.01	99.28
9.45	63.92	1.85	5.18	94.17
5.18	62.27	1.3	2.35	98.21
13.98	54.78	1.08	12.43	96.44
17.21	45.04	2.04	11.71	98.77
5.85	74.26	3.4	-0.47	92.31
6.29	74.8	1.29	2.14	84.23
8.34	65.55	18.81	2.07	99.97
13.1	65.28	2.7	12.88	99.94
2.11	45.33	0.33	3.32	97.74

3－10 规模以上工业能源消费量(折标煤)
CONSUMPTION OF ENERGY BY ENTERPRISES ABOVE DESIGNATED SIZE(coverted into SCE)

单位：万吨 (10 000 tons)

年份 Year	总计 Total	#用于转换 for Coverting into Other Type of Energy	煤炭 Coal	#洗精煤 Pure Coal	焦炭 Coke	原油 Crude Oil	燃料油 Fuel Oil
1998	2285.71	1175.4	962.44	415.6	307.78	333.81	35.39
1999	2189.45	1133.91	917.01	415.39	309.28	390.49	24.58
2000	2485.33	1191.4	926.39	413.95	333.58	430.29	25.16
2001	2265.24	1087.32	863.67	414.91	320.59	365.58	25.62
2002	2356.15	822.71	950.27	432.16	331.34	412.45	21.97
2003	2615.67	1522.64	1084.49	460.09	379.43	435.27	25.47
2004	3274.48	1501.02	1435.12	496.14	368.92	530.24	29.21
2005	3255.39	1330.78	1742.06	589.56	411.12	584.18	38.96
2006	3828.17	1592.27	1891.64	584.12	441.93	580.95	29.58
2007	3884.03	1654.59	1863.85	705.64	422.65	611.07	26.5
2008	3914.27	1652.12	1793.92	699.84	506.28	569.31	27.29
2009	3741.91	1719.81	1672.25	761.05	485.07	646.93	11.68
2010	4071.71	1874.52	1768.01	823.63	644.22	713.41	8.14
2011	4396.63	2010.75	1977.36	912.65	668.84	720.11	8.29
2012	4230.66	1829.82	1824.80	847.81	627.09	619.07	4.61
2013	4872.01	2256.35	1928.65	869.08	637.33	917.30	2.74

年份 Year	汽油 Gasoline	柴油 Kerosene	煤油 Diesel Oil	炼厂干气 Refinery Net Gas	液化石油气 Liquefied Gas	焦炉煤气 Coke Gas	外购热力 Heat Bought Beyond the City	电力 Electricity
1998	17.12	31.27	15.67	8.64	1.52	84.18	45.33	431.03
1999	2.73	6.39	0.12	14.96	0.61	88.27	45.68	375.89
2000	5.38	6.4	0.24	11.66	0.48	90.59	49.68	403.96
2001	2.22	6.49	0.32	11.65	0.58	74.82	42.55	442.3
2002	7.61	2.77	0.25	13.58	0.12	89.68	57.42	325.54
2003	5.34	15.53	0.21	17.39	3.53	97.13	49.62	395.33
2004	4.92	9.82	0.61	22.69	2.74	90.54	53.37	710.32
2005	21.68	21.14	0.92	24.97	0.48	112.01	33.09	223.26
2006	44.24	42.21	2.27	26.36	0.45	129.05	103.87	178.24
2007	9.13	20.63	0.31	29.89	0.63	122.79	108.73	215.37
2008	8.26	14.48	0.4	28.48	0.66	140.38	100.04	221.32
2009	7.15	10.6	0.54	28.2	0.71	176.5	105.17	229.67
2010	9.86	11.32	0.68	25.01	1.16	171.15	89.07	259.98
2011	4.11	8.29	0.36	24.91	0.83	184.74	94.12	296.52
2012	4.28	9.02	0.37	21.4	0.58	170.86	88.18	375.71
2013	3.96	8.41	0.43	30.20	11.01	176.69	82.56	391.61

注:从1999年开始为规模以上工业企业能源消费量。2004年为经济普查数据,2005年电力折算系数由4.04改为1.229。

Note: Data since 1999 is energy consumption of industry enterprises. It is economic above designated size census data in 2004. the coefficient for conversion of electric power is changed into 1.299 from 4.04

3-11 平均每万元工业总产值能源消费量

PER 10000 YUAN GROSS INDUSTRIAL OUTPUT VALUE CONSUMPTION OF ENERGY

年份 Year	能源总量（折标煤） Total Energy (SCE)	煤炭（吨） Coal (ton)	焦炭（吨） Coke (ton)	原油（吨） Crude Oil (ton)	燃料油（吨） Fuel Oil (ton)	电力（千瓦时） Electricity (KWH)
1996	2.42	2.63	0.69	0.57	0.1	1631
1997	2.43	2.28	0.6	0.55	0.06	1806
1998	2.09	1.98	0.52	0.38	0.04	1486
1999	2.1	1.55	0.42	0.36	0.02	1131
2000	1.43	1.5	0.44	0.39	0.02	1204.37
2001	1.15	1.18	0.32	0.25	0.02	1016.49
2002	1.35	0.84	0.34	0.28	0.02	794.75
2003	0.82	1.13	0.29	0.23	0.02	733.27
2004	0.94	0.89	0.23	0.22	0.01	1006.47
2005	0.81	0.99	0.19	0.18	0.01	974.88
2006	0.79	0.88	0.16	0.14	0.01	514.54
2007	0.63	0.74	0.12	0.12	0.01	497.04
2008	0.45	0.58	0.12	0.09	0.004	415.09
2009	0.34	0.33	0.1	0.13	0.002	456.41
2010	0.29	0.28	0.1	0.11	0.001	404.67
2011	0.27	0.33	0.09	0.1	0.001	400
2012	0.23	0.26	0.07	0.07	0.001	417
2013	0.47	0.24	0.06	0.06	0.002	307

注：从2000年开始，万元工业产值能源消费量数据调整为万元工业产值综合能源消费量。

Note: Data on energy consumption per 10000 gross industrial output have been adjusted into synthesized energy consumption per 10000 gross industrial output since 2000.

3-12 全社会用电量
CONSUMPTION OF ELECTRICITY

单位：万千瓦小时 (10 000 Kwh)

项 目	Item	2013	2012
全社会用电总计	**Total Electricity Consumption**	**4372338**	**4032605**
A、全行业用电合计	Total Electricity Consumption of Industries	3542215	3259914
第一产业	Primary Industry	34253	29583
第二产业	Secondary Industry	2513819	2350189
第三产业	Tertiary Industry	994143	880142
B、城乡居民生活用电合计	Residential Electricity Consumption	830123	772691
城镇居民	In Urban Areas	733135	685331
乡村居民	In Rural Areas	96988	87360
全行业用电分类	**Classification by Sector**	**3542215**	**3259914**
一、农、林、牧、渔业	Farming, Forestry, Animal Husbandry, Fishery and Water Conservancy	34253	29583
二、工 业	Industry	2451760	2301294
1. 轻 工 业	Light Industry	294991	298424
2. 重 工 业	Heavy Industry	2156769	2002869
(一)采 矿 业	Mining and Quarrying	9092	10238
(二)制 造 业	Manufacturing	1599168	1497091
(三)电力、燃气及水的生产和供应业	Electricity, Gas and Tap Water Production and Supply	843500	793965
三、建 筑 业	Construction	62058	48895
四、交通运输、仓储和邮政业	Transportation, Storage, Postal and Telecommunications Services	116171	90911
五、信息传输、计算机服务和软件业	Information transfer, Computer and Software Services	22361	19858
六、商业、住宿和餐饮业	Commerce, Hotel and Catering Services	334489	317772
七、金融、房地产、商务及居民服务业	Baking, Real Estate, Commerce and Residential Services	217990	173877
八、公共事业及管理组织	Public Enterprise and Management Organization	303134	277724
1. 科学研究、技术服务和地质勘查业	Scientific Reserch, Polytechnical Services and Geological Prospecting	38281	32646
2. 水利、环境和公共设施管理业	Water Conservancy, Environment and Public Facilities	50301	47773
3. 教育、文化、体育和娱乐业	Education, Culture, Sports and Recreation Services	108112	98165
4. 卫生、社会保障和社会福利业	Health Care, Social Security and Welfare	44479	39505
5. 公共管理和社会组织、国际组织	Public Management, Social Organization and International Organization	61962	59635

主 要 统 计 指 标 解 释

工业 指从事自然资源的开采，对采掘品和农产品进行加工和再加工的物质生产部门。具体包括(1)对自然资源的开采，如采矿、晒盐、森林采伐等(但不包括禽兽捕猎和水产捕捞)；(2)对农副产品的加工、再加工。如粮油加工、食品加工、轧花、缫丝、纺织、制革等；(3)对采掘品的加工、再加工，如炼铁、炼钢、化工生产、石油加工、机器制造、木材加工等，以及电力、自来水、煤气的生产和供应等；(4)对工业品的修理、翻新，如机器设备的修理、交通运输工具(包括小卧车)的修理等。1984年以前农村的村及村以下办工业归属农业，1984年以后划归工业。

工业统计调查单位 工业统计调查单位分为两类：独立核算法人工业企业和工业活动单位。

(1)独立核算法人工业企业 指从事工业生产经营活动的单位。独立核算法人工业企业应同时具备以下条件：①依法成立，有自己的名称、组织机构和场所，能够承担民事责任；②独立拥有和使用资产，承担负债，有权与其他单位签订合同；③独立核算盈亏，并能够编制资产负债表。

(2)工业活动单位 是指在一个场所从事一种或主要从事一种工业生产活动的经济单位。它包括独立核算工业企业按主营业务活动(即工业生产活动)划分的主营业务活动单位和非工业企业所属的工业生产活动单位(即原非独立核算工业生产单位)。工业活动单位，一般应同时具备以下三个条件：①具有一个场所，从事一种或主要从事一种工业活动；②单独组织工业生产经营或业务活动；③单独核算收入和支出。

国有经济工业 (即过去的全民所有制工业或国营工业)指生产资料归国家所有的一种经济类型。包括中央和地方各级国家机关、部队、科研机构、学校、人民团体和国有经济企事业单位等举办的国有经济工业。1957年以前的公私合营和私营工业，后均改造为国营工业，1992年改为国有工业，这部分工业的资料不单独分列时，均包括在国有工业内。

集体经济工业 指生产资料归公民集体所有的一种经济类型，是社会主义公有制经济的组成部分。包括城乡所有使用集体投资举办的企业，以及部分个人通过集资自愿放弃所有权并依法经工商行政管理机关认定为集体所有制的企业。

其他经济类型工业 指除国有经济、集体经济、城乡个体经济以外的其他经济类型工业企业(单位)。包括私营经济、联营经济、股份制经济(股份有限公司，有限责任公司)；外商投资经济(中外合资经营、中外合作经营、外资企业)；港、澳、台投资经济(与大陆合资经营、与大陆合作经营、港、澳、台独资企业)及其他经济类型的工业。

轻工业 指主要提供生活消费品和制作手工工具的工业。按其所使用的原料不同，可分为两大类(1)以农产品为原料的轻工业，是指直接或间接以农产品为基本原料的轻工业。主要包括食品制造、饮料制造、烟草加工、纺织、缝纫、皮革和毛皮制作、造纸以及印刷等工业；(2)以非农产品为原料的轻工业，是指以工业品为原料的轻工业。主要包括文教体育用品、化学药品制造、合成纤维制造、日用化学制品、日用玻璃制品、日用金属制品、手工工具制造、医疗器械制造、文化和办公用机械制造等工业。

重工业 是指为国民经济各部门提供物质技术基础的主要生产资料的工业。按其生产性质和产品用途，可以分为下列三类(1)采掘(伐)工业，是指对自然资源的开采，包括石油开采、煤炭开采、金属矿开采、非金属矿开采和木材采伐等工业；(2)原材料工业，指向国民经济各部门提供基本材料、动力和燃料的工业。包括金属冶炼及加工、炼焦及焦炭化学、化工原料、水泥、人造板以及电力、石油和煤炭加工等工业；(3)加工工业，是指对工业原材料进行再加工制造的工业。包括装备国民经济各部门的机械设备制造工业、金属结构、水泥制品等工业，以及为农业提供的生产资料如化肥、农药等工业。

根据上述划分原则，修理业中以重工业产品为修理作业对象的划为重工业，反之划为轻工业。工业总产值是以货币表现的工业企业在一定时期内生产的已出售或可供出售工业产品总量，它反映一定时间内工业生产的总规模和总水平。它包括：在本企业内不再进行加工，经检验、包装入库(规定不需包装的产品除外)的成品价值，工业性作业价值，自制半成品、在产品期末初差额价值。工业总产值采用"工厂法"计算，即以工业企业作为一个整体，按企业工业生产活动的最终成果来计算，企业内部不允许重复计算，不能把企业内部各个车间(分厂)生产的成果相加。但在企业之间、行业之间、地区之间存在着重复计算。

轻重工业总产值的划分也是按"工厂法"计算的，即一个工业企业在正常情况下生产的主要产品的性质属于轻工业，则该企业的全部总产值作为轻工业总产值；一个工业企业生产的主要产品的性质属于重工业，则该企业的全部总产值作为重工业总产值。

工业增加值 是指工业行业在报告期内以货币表现的工业生产活动的最终成果。

固定资产原价 指企业在建造、购置、安装、改建、扩建、技术改造某项固定资产时所支出的全部货币总额。它一般包括买价、包装费、运杂费和安装费等。

固定资产净值 是指固定资产原价减去历年已提折旧额后的净额。

流动资产 是指可以在一年或者超过一年的一个营业周期内变现或者耗用的资产，包括现金及各种存款、短期投资、应收及预付货款、存货等。

利税总额 指企业利润总额、产品销售税金及附加和应交增值税之和。

工业企业能源消费量 指工业企业在工业生产活动和非工业生产活动中消费的能源，包括工业生产活动中作为燃料、动力、原料、辅助材料使用的能源，生产工业中使用的能源，用于能源加工转换的能源；非工业生产活动中使用的能源。

Explanatory Notes on Main Statistical Indicators

Industry refers to the material production sector which is engaged in extraction of natural resources and processing and reprocessing of minerals and agricultural products, including (1) extraction of natural resources, such as mining, salt production, logging (but not including hunting and fishing); (2) processing and reprocessing of farm and sideline produces such as rice husking, flour milling, wine making, oil pressing, cotton ginning, silk reeling, spinning and weaving, andleather making; (3) manufacture of industrial products, such as steel making, iron smelting, chemicals manufacturing, petroleum processing, machine building, timber processing water and gas production and electricity generation and supply; (4) repairing of industrial products such as the repairing of machinery and means of transport (including cars).

Prior to 1984, the rural industry run by villages and cooperative organizations under village was classified into agriculture. Since 1984, it has been grouped into industry.

Units of industrial Statistics and inquiry: They are classified into two categories (1) corporate industrial enterprises with independent accounting system (2) industrial establishments.

(1) Corporate industrial enterprises with independent accounting system refer to enterprises engaging in industrial production activities, which meet the following requirements: 1. They are established legally, having their own names organizations, location, able to take civil liability 2. They possess and use their assets independently, assume liabilities, and are entitled to sign contracts with other units 3. They are financially independent and compile their own balance sheets.

(2) Industrial establishments refer to economic units which located in one single place and engaged entirely or primarily in one kind of industrial activity, including financially independent industrial enterprises and units engaged in industrial activities under the non-industrial enterprises (or financially dependent). Industrial establishments generally meet the following requirements: < a > They have each one location and are engaged in one kind of industrial activity each < b > They operate and manage their industrial production activities separately < c > They have accounts of income and expenditures separately.

State-owned Industry refers to industrial enterprises where the means of production or income are owned by the state. Joint state-private industries and private industries which existed before 1957 have been transformed into state industries. Statistics on these enterprises has been included in the state-owned industries since 1957 when separation of data was no longer necessary.

Collective Owned industry refers to industrial enterprises where the means of production are owned collectively, including urban and rural enterprises invested by collectives and some enterprises which were formerly owned privately but have been registered in industrial and commercial administration agency as collective units through raising fund from the public.

Industry of Other Type of Ownerships refers to industrial enterprises (units) of the ownerships other than the state-owned economy, collective economy, individual economy. They include the enterprises of private economy, joint owned economy, share - holding economy (companies limited by shares and companies limited with liabilities.), foreign-funded economy (Sino - foreign joint ventures, Sino- foreign cooperative enterprises and foreign ventures exclusively with their own investment), economy funded by the entrepreneurs from Hong Kong, Macao and Taiwan (joint ventures and cooperative enterprises with the mainland as well as ventures exclusively with their own investment) and other types of ownership.

Light industry refers to the industry which produces consumer goods and hand tools. It consists of two categories, depending on the materials used:

(1) Industries using farm products as raw materials. These are branches of light industry which directly or indirectly use farm products as basic raw materials, including the manufacture of food and beverages, tobacco processing, textile, clothing, fur and leather manufacturing, paper making, printing, etc.

(2) Industries using non-farm products as raw materials. These are branches of light industry which use manufactured goods as raw materials, including the manufacture of cultural, educational articles and sports goods, chemicals, synthetic fiber, chemical products for daily use, glass products for daily use, metal products for daily use, hand tools, medical apparatus and instruments, and the manufacture of cultural and clerical machinery.

Heavy industry refers to the industry which produces capital goods, and provides various sectors of the national economy with necessary material and technical basis. It consists of the following three branches according to the purpose of production or the use of products:

(1) Mining, quarrying and logging industry refers to the industry that extracts natural resources, including extraction of petroleum, coal, metal and non-metal ores and logging.

(2) Raw materials industry refers to the industry that provides various sectors of the national economy with raw materials, fuels and power. It includes smelting and processing of metals, coking and coke chemistry, chemical materials and building materials such as cement, plywood, and power, petroleum refining and coal dressing.

(3) Manufacturing industry refers to the industry that processes raw materials. It includes machine-building industry which equips sectors of the national economy, industries of metal structure and cement products, industries producing means of agricultural production, such as chemical fertilizers and pesticides.

According to the above principle of classification, the repairing trades which are engaged primarity in repairing products of heavy industry are classified into heavy industry while these engaged in repairing products of light industry are classified into light industry.

Gross industrial Output Value is the total volume of industrial products sold or available for sale in value terms which reflects the total achievements and overall scale of industrial production during a given period. It includes the value of the finished products, which are not to be further processed in the enterprises and have been inspected, packed and put in storage, the value of industrial services rendered to other units and the changes in the value of the semi finished products and products in process between the beginning and closing of the period (only the enterprises with long production cycle are required to calculate the changes). The gross industrial output value is calculated with "factory method". No double calculations are to be made within the same enterprise. However, double counting does occur among different enterprises.

Output value of light and heavy industries is also classified with the "factory" method. Under normal conditions, if the major products of an industrial enterprise belong to light industry products, the gross output value of that enterprise is classified wholly into light industry; the same principle applies to heavy industry.

Value Added of industry refers to the final results of industrial production of the industrial trade in money terms during the reference period.

Original Value of Fixed Assets refers to the original value of all fixed assets owned by industrial enterprises, calculated at the cost paid at the time of purchase, installation, reconstruction, expansion, and technical innovation and transformation of the said assets, which includes expenses on purchase, package, transportation, and installation, etc.

Net Value of Fixed Assets is obtained by deducting depreciation over years from the original value of fixed assets.

Working Capital (Circulating Assets) refers to assets which can be cashed in or spent or consumed in an operating cycle of one year or over one year, which includes cash, various deposits, short term investment, and receivable payments, and advance payments, stock, etc.

Total Value of Profit and Tax (Pre - tax Profits) refers to the sum of the total profits, products sales tax and surcharges and the value added tax payable of industrial enterprises. It is also called pretax profits.

Total Domestic Energy Consumption Consumption of industral enterprises in the industrial production and non industrial production activities in the energy. Including industrial production activities the used energy As fuel, power, raw materials, auxiliary materials, The used energy of manufacturing industry, the energy for processing and conversion, The used energy of non industrial production activities

四、农　　　业

AGRICULTURE

资料整理人员：桂永超　张菊萍　王　忠　王　莹　陈业林

STAFF FOR DATA PROCESSING:

Gui Yongchao　Zhang Jupin　Wang Zhong　Wang Ying　Chen Yeling

简要说明

本篇资料反映我市农业生产和农村经济的基本情况，内容主要包括乡村从业人员、耕地、农业机械拥有量、农林牧渔业产值、主要农产品产量、国营农场基本情况等方面的统计资料。

有关资料根据《农林牧渔业统计报表制度》和《农业产值统计报表制度》整理。《农林牧渔业统计报表制度》由各级统计部门根据所在地实际情况，采取抽样调查、重点调查或全面调查的办法搜集资料并层层上报；或利用同级业务部门统计资料。

Brief Introduction

The data in this chapter show the basic conditions of agricultural production and rural economy, including mainly rural laborer, cultivated land, quantity of agricultural machinery, output of farming, forestry, animal husbandry and fishery, output of major agricultural products, and basic conditions of the state-owned farms, and basic conditions of township enterprises.

Data related are provided using data from the comprehensive statistical reporting on farming, forestry, animal husbandry and fishery, the comprehensive statistical reporting on agricultural output. the comprehensive statistical reporting on farming, forestry, animal husbandry and fishery is collected by statistical offices at all levels by means of sample surveys, surveys of key units or full enumeration depending on the local circumstances, or estimated by using information from other government agencies at the same level.

4-1 农村基层组织、户数、人口、从业人员
RURAL GRASSROOTS UNITS, HOUSEHOLDS, POPULATION, LABOR FORCES

项目 Item	2008	2009	2010	2011	2012	2013
一、农村基层组织(个) Rural Grassroots Units (unit)						
乡政府 Township Governments	9	9	8	5	5	3
镇政府 Town Governments	15	14	11	8	7	5
办事处 Agency	52	53	57	63	64	68
村委会 Villagers Committees	2086	2010	2011	2002	2031	1988
村民小组 Villagers Subcommittees	18396	18031	17997	18017	18175	17777
二、户数、人口 Rural Households, Population						
乡村户数(万户) Households (10 000 units)	75.11	74.65	76.13	74.97	77.29	77.2
乡村人口(万人) Population (10 000 persons)	265.7	263.24	266.28	262.97	269.97	264.64
三、乡村从业人员(万人) Number of Rural Laborers By Sector (10 000 persons)	**137.78**	**136.74**	**138.42**	**138.41**	**141.32**	**145.32**
1. 农林牧渔业 Farming, Forestry, Animal Husbandry & Fishery	62.33	56.18	56.45	54.11	49.94	47.05
2. 工　　业 Industry	17.1	19.98	20.94	22.22	25.39	28.36
3. 建筑业 Construction	21.82	24.4	24.93	27.12	28.76	30.66
4. 交通运输业 Transportation	6.49	6.58	6.73	6.75	7.24	7.56
5. 仓储及邮电通讯业 Storage, Postal and Telecommunication Services	0.41	0.47	0.49	0.62	1.24	1.15
6. 信息传输、计算机服务和软件业 Information transfer, Computer and Software Services	0.41	0.41	0.47	0.47	0.96	0.96
7. 批发与零售业 Wholesale, Retail Sale and Catering Trades	7.96	7.77	8.22	8.08	8.19	9.02
8. 住宿和餐饮业 Hotel and Catering Services	4.48	4.96	5.3	5.22	5.75	7.14
9. 其他非农行业从业人员 Other Non-agricultural Trades	16.7	15.99	14.89	13.82	13.85	13.38
四、国营农林牧渔场从业人员(万人) Number of Laborers in State-owned Farms (10 000 persons)	**6.45**	**6.73**	**6.77**	**7.33**	**6.66**	**6.34**
1. 农业从业人员 Agriculture Laborers	3.71	3.36	3.14	3.01	2.81	2.82
2. 非农业从业人员 Non-agriculture Laborers	2.74	3.37	3.63	4.32	3.85	4.03

4-2 耕 地 面 积
AREA UNDER CULTIVATION

单位：千公顷 (1 000 hectares)

项目 Item		2008	2009	2010	2011	2012	2013
年末耕地资源	Cultivated Area (year-end)	210.23	208.94	207.07	206.52	203.82	199.44
#水　田	Paddy Fields	124.55	124.58	122.38	121.77	121.33	119.44
旱　地	Dry Fileds	83.28	81.62	82.41	83.17	80.79	78.2
年内减少的耕地面积	Decrease in Cultivated Area in the Year	1.58	2.15	2.64	2.08	3.51	4.49
#国家基建占地	Capital Construction of Government	1.03	1.33	2.1	0.91	2.23	1.99
其他基建占地	Other Capital Construction	0.26	0.44	0.43	0.49	0.9	2.36

4-3 农村社会基础设施
RURAL SOCIAL INFRASTRUCTURE

项目 Item		2013	2012
自来水受益村数(个)	Number of Villages with Access to Tap Water (unit)	1957	1957
占全部村民委员会比重(%)	Proportion in All Villages (%)	98.44	96.4
通汽车村数(个)	Number of Villages Open to Motor Vehicles (unit)	1988	2031
占全部村民委员会比重(%)	Proportion in All Villages (%)	100	100
通电村数(个)	Number of Villages with Access to Electricity (unit)	1988	2031
占全部村民委员会比重(%)	Proportion in All Villages (%)	100	100
通电话村数(个)	Number of Villages with Access to Telephone (unit)	1988	2031
占全部村民委员会比重(%)	Proportion in All Villages(%)	100	100

4-4 乡 村 从 业 人 员
STATISTICS ON RURAL LABOR FORCES BY SECTOR

单位：万人 (10 000 persons)

项目 Item		2008	2009	2010	2011	2012	2013
1.农林牧渔业	Farming, Forestry, Animal Husbandry, Fishery	62.33	56.18	56.45	54.11	49.94	47.05
2.工　业	Industry	17.18	19.98	20.94	22.22	25.39	28.36
3.建 筑 业	Construction	21.82	24.4	24.93	27.12	28.76	30.66
4.交通运输业	Transportation, Warehouse, Postal & Telecommunications Services	6.49	6.58	6.73	6.75	7.24	7.56
5.仓储及邮电通讯业	Warehouse, Postal & Telecommunications Services	0.41	0.47	0.49	0.62	1.24	1.15
6.信息传输、计算机服务和软件业	Information transfer, Computer and Software Services	0.41	0.41	0.47	0.47	0.96	0.96
7.批发与零售业	Wholesale, Retail Sale and Catering Trades	7.96	7.77	8.22	8.08	8.19	9.02
8.住宿和餐饮业	Hotel and Catering Services	4.48	4.96	5.3	5.22	5.75	7.14
9.其他非农行业从业人员	Other Non-agricultural Trades	16.7	15.99	14.89	13.82	13.85	13.38

4-5 农业生产条件和农业投入
STATISTICS ON PRODUCTIVE CONDITIONS OF AGRICULTURE AND CONSUMPTION OF AGRICULTURAL PRODUCER GOODS

项目	Item	2013	2012
一、农田水利建设情况	**Irrigation and Water Conservancy**		
有效灌溉面积(千公顷)	Available Irrigated Area (1 000 hectares)	162.1	162.01
旱涝保收面积(千公顷)	Flood-Free and Drought-Free Area (1 000 hectares)	130.43	130.86
机电排灌面积(千公顷)	Motor-pumped Irrigation Area (1 000 hectares)	122.41	126.06
二、主要能源及物质消耗	**Consumption of Main Energy and Materials**		
农村用电量(万千瓦小时)	Consumption of Electricity in Rural Area (10 000 kwh)	120729	121145
农用化肥施用量(折纯量,吨)	Consumption of Chemical Fertilizers (100% ,ton)	148704	154951
1.氮　　肥	Nitrogenous Fertilizer	56975	59287
2.磷　　肥	Phosphate Fertilizer	22513	23538
3.钾　　肥	Potash Fertilizer	16264	16822
4.复 合 肥	Compound Fertilizer	52952	55304
农用塑料薄膜使用量(吨)	Consumption of Plastic Film for Farm Use(ton)	6152	6786
#地　　膜(吨)	Plastic Sheeting Consumed (ton)	3831	4443
#地膜覆盖面积(千公顷)	Sown Areas Applied with Plastic Sheeting (1 000 hectares)	32.49	35.29
农用柴油(吨)	Diesel Oil Consumed for Farm Use (ton)	29948	31453
农药使用量(吨)	Consumption of Pesticide (ton)	6407	7871

4-6 农业机械化情况
BASIC CONDITIONS OF FARM MECHANIZATION

项目	Item	2013	2012
农业机械总动力(万千瓦)	Total Power of Agricultural Machinery (10 000 kw)	263.68	252.4
1.柴油发动机动力	Diesel Engines	174.79	168.03
2.汽油发动机动力	Gasoline Engines	5.38	4.81
一、耕作机械	Machines for Cultivation		
大中型拖拉机(台)	Large & Medium Tractors (unit)	8900	8506
动　力(万千瓦)	Power (10 000 kw)	27.01	25017
小型及手扶拖拉机(台)	Mini-tractors (unit)	19790	19077
动　力(万千瓦)	Power (10 000 kw)	17.33	16.7
大中型拖拉机配套农具(部)	Number of Machinery Farm Tools Matching With Large & Medium Tractors (unit)	14393	13710
小型拖拉机配套农具(部)	Number of Machinery Farm Tools Matching With Mini-Tractors (unit)	28455	27713
二、排灌机械	Irrigation Machinery		
柴油机(台)	Diesels (Unit)	16931	16336
动　力(万千瓦)	Power (10 000 kw)	15.52	15.28
电动机(台)	Electric Motors (unit)	34074	29294
动　力(万千瓦)	Power (10 000 kw)	49.66	47.21
农用水泵(台)	Pumps (10 000 kw)	43694	42223
喷灌机械(套)	Spray Irrigation Machine (unit)	20696	8283
三、收割机械	Harvest Machinery		
联合收割机(台)	Combine (unit)	1430	1255
动　力(千瓦)	Power (kw)	64547.79	56137
机动脱粒机(台)	Motorized Thresher (unit)	13645	12607
四、植保机械	Equipment for Plant Protection		
机动喷粉(雾)器(部)	Motorized Sprayer (unit)	29103	28553
动　力(千瓦)	Power (kw)	35403.53	34739
五、农产品加工动力机械(万千瓦)	Machinery for Processing of Farm Products (1 0000 kw)	27.57	26.76
轧花机(部)	Cotton Rolling Mill (unit)	690	690
榨油机(部)	Oil Press (unit)	1569	1605
六、推土机(台)	Bulldozer (unit)	2150	2041
动　力(万千瓦)	Power (10 000 kw)	11.16	10.67

4-7 历年农林牧渔业总产值

GROSS OUTPUT VALUE OF AGRICULTURE

（按当年价格计算）　　　　Data in this table are calculated at current prices.

单位：万元　　　　(10 000 yuan)

年份 Year	产值 Output Value	年份 Year	产值 Output Value
1952	11134	1983	94353
1953	13934	1984	133116
1954	10565	1985	161919
1955	14089	1986	178272
1956	17254	1987	216576
1957	19424	1988	294433
1958	20250	1989	326277
1959	16722	1990	368637
1960	19239	1991	352689
1961	20144	1992	411035
1962	22901	1993	485043
1963	29824	1994	723819
1964	29568	1995	943381
1965	40569	1996	1098393
1966	46023	1997	1213162
1967	44789	1998	1176359
1968	44403	1999	1211291
1969	36686	2000	1269443
1970	43815	2001	1337788
1971	50414	2002	1412480
1972	53667	2003	1517909
1973	56244	2004	1656507
1974	62128	2005	1805957
1975	59702	2006	1912103
1976	61725	2007	2159177
1977	61436	2008	2446364
1978	65218	2009	2517873
1979	87748	2010	2810947
1980	69502	2011	3294880
1981	81558	2012	4760365
1982	99678	2013	5302657

4－8 历年农林牧渔业总产值指数(上年＝100)

INDEX OF GROSS OUTPUT VALUE OF FARMING, FORESTRY, ANIMAIL HUSBANDRY AND FISHER IN VARIOUS YEARS(preceding year＝100)

年份 Year	农林牧渔业总计 Total	农业 Farming	林业 Forestry	牧业 Animal Husbandry	渔业 Fishery
1951	111.4	111.9	137.9	109.6	106.2
1952	110.0	109.3	116.1	115.0	108.5
1953	113.9	114.6	111.8	113.4	105.9
1954	76.3	61.0	125.6	125.1	173.8
1955	129.2	158.1	95.2	79.3	71.5
1956	116.3	117.9	135.6	107.6	111.3
1957	109.8	106.8	103.8	129.2	111.7
1958	100.6	103.5	108.8	85.3	99.1
1959	78.2	76.9	110.3	76.0	91.0
1960	111.2	115.6	97.9	94.3	96.2
1961	89.8	91.6	83.1	95.4	61.5
1962	112.7	111.5	77.2	119.7	128.9
1963	129.9	128.2	168.7	142.7	121.7
1964	100.6	101.0	122.9	92.9	107.0
1965	130.5	134.2	118.1	121.5	97.1
1966	98.1	93.3	139.7	122.4	119.5
1967	97.3	99.4	86.6	92.2	81.9
1968	99.3	100.2	66.7	93.0	115.2
1969	79.8	75.6	101.5	95.2	109.0
1970	119.3	124.2	144.6	102.8	90.4
1971	117.5	118.9	112.9	127.4	72.7
1972	104.3	104.8	92.0	104.6	96.4
1973	104.7	105.5	121.3	95.5	115.9
1974	106.9	109.2	99.1	95.4	94.5
1975	96.1	95.2	108.2	100.7	97.1
1976	104.5	103.8	106.4	109.5	106.0
1977	98.2	98.5	94.2	93.6	111.3
1978	103.3	102.5	89.1	111.0	102.8
1979	114.8	112.9	92.6	133.2	106.0
1980	81.4	80.1	87.8	79.2	122.8
1981	110.2	109.3	122.7	116.4	101.8
1982	121.0	122.4	101.2	113.9	124.3

续 表 Continued

年份 Year	农林牧渔业总计 Total	农业 Farming	林业 Forestry	牧业 Animal Husbandry	渔业 Fishery
1983	91.0	87.9	93.4	106.6	100.5
1984	125.8	127.1	103.1	119.5	132.9
1985	107.5	102.0	104.4	131.2	124.9
1986	104.1	102.3	99.8	106.1	122.1
1987	106.6	103.2	105.8	114.1	122.0
1988	104.1	100.0	107.3	114.7	114.3
1989	103.8	102.4	96.7	106.3	109.8
1990	106.3	96.5	99.5	115.8	157.8
1991	94.4	88.9	104.3	104.4	100.3
1992	113.3	115.8	78.0	110.4	111.0
1993	107.9	105.8	114.6	107.1	118.2
1994	109.4	104.6	101.9	111.4	124.1
1995	112.0	109.3	122.6	110.0	123.5
1996	108.7	106.7	103.4	113.0	108.7
1997	108.4	108.7	99.1	107.0	109.9
1998	99.7	97.8	110.3	93.4	113.5
1999	106.9	106.6	118.9	107.1	107.1
2000	105.3	104.5	108.0	105.9	105.2
2001	105.6	104.6	88.7	105.1	108.1
2002	105.2	104.7	124.9	104.7	106.2
2003	106.5	103.0	139.5	103.5	103.0
2004	106.2	107.9	91.1	102.3	107.9
2005	105.5	105.8	100.8	105.3	105.0
2006	105.1	105.6	85.8	102.8	107.9
2007	104.0	102.2	99.3	106.6	106.8
2008	103.5	101.3	97.1	110.9	99.5
2009	102.9	100.8	84.9	104.9	107.1
2010	104.5	102.8	125.4	106.5	106.4
2011	104.0	102.4	160.4	105.1	104.7
2012	105.7	106.2	127.7	106.3	102.0
2013	104.5	108.5	122.9	97.6	100.6

注:2005 年后为价格缩减法计算的可比价格速度,2005 年前为 1990 年不变价格速度。
Note:The comparable price speed was calculated by price flop-out method in 2005, but it was calculated according to the fixed price of 1990 before 2005.

4-9 农林牧渔业产值及构成
GROSS OUTPUT VALUE OF FARMING, FORESTRY, ANIMAL HUSBANDRY, FISHERY AND ITS COMPOSITION

项目 Item	农林牧渔业总计 Total	农业 Farming	林业 Forestry	牧业 Animal Husbandry	渔业 Fishery	农林牧渔服务业 Farming, Forestry, Animal Husbandry & Fishery Service
产值(万元) Gross Value(10 000 yuan)						
1999	1211291	757552	7905	263655	182179	
2000	1269443	782006	8473	291210	187754	
2001	1337788	794920	7284	325084	210500	
2002	1412480	842941	8658	338440	222441	
2003	1517909	881895	15520	368760	233701	
2004	1656507	959760	13744	409578	260177	13248
2005	1805957	1033226	14974	458194	289117	10446
2006	1912103	1122949	13214	447692	317139	11109
2007	2159177	1212819	13738	561204	359839	11577
2008	2446364	1322469	14598	695589	401135	12573
2009	2517873	1388083	13867	647831	455231	12861
2010	2810947	1512017	19902	739386	525628	14014
2011	3294880	1746823	34861	900221	594045	18930
2012	4760365	2585872	48708	1213014	784105	128666
2013	5302657	3051002	65857	1186703	836617	162478
比重(%) Composition (%)						
1999	100.0	62.5	0.7	21.8	15.0	
2000	100.0	61.6	0.7	22.9	14.8	
2001	100.0	59.4	0.5	24.3	15.8	
2002	100.0	59.7	0.6	24.0	15.7	
2003	100.0	58.1	1.0	24.3	15.4	
2004	100.0	58.0	0.8	24.7	15.7	0.8
2005	100.0	57.2	0.8	25.4	16.0	0.6
2006	100.0	58.7	0.7	23.4	16.6	0.6
2007	100.0	56.2	0.6	26.0	16.7	0.5
2008	100.0	54.1	0.6	28.4	16.4	0.5
2009	100.0	55.1	0.6	25.7	18.1	0.5
2010	100.0	53.8	0.7	26.3	18.7	0.5
2011	100.0	53.0	1.1	27.3	18.0	0.6
2012	100.0	54.3	1.0	25.5	16.5	2.7
2013	100.0	57.5	1.2	22.4	15.8	3.1

4-10 农林牧渔业分类产值
GROSS OUTPUT VALUE OF FFAF BY CATEGORY OF FARM PRODUCTS

单位：万元　　　　(10 000 yuan)

项目	Item	按当年价格计算 at current prices 2013	2012
农林牧渔业产值	**Total of Farming、Forestry、Animal Husbandry and Fishery**	**5302657**	**4760365**
一、农业产值	Farming	3051002	2585872
1. 谷　物	Cereal	336556	343389
2. 豆　类	Beans	23397	24140
3. 棉　花	Cotton	78148	59573
4. 油　料	Oil-bearing Crops	110439	103008
5. 麻　类	Fiber Crops	1232	1389
6. 糖　料	Sugar Crops	4441	4947
7. 烟　叶	Tobacco		
8. 药　材	Herb Crops	7324	3075
9. 薯　类	Tuber Crops	18388	12642
10. 蔬菜(含菜用瓜)	Vegetables & Melons	1938423	1795939
11. 茶、桑、果	Tea, Mulberry & Fruit	110755	119091
12. 花卉园艺	Flower and Hoticulture	340143	98185
13. 其他农作物	Other Crops	16876	20494
14. 采集野生植物	Gathering of Wild Plants		
二、林业产值	Forestry	65857	48708
三、牧业产值	Animal Husbandry	1186703	1213014
四、渔业产值	Fishery	836617	784105
五、农林牧渔服务业产值	Output Value of Service Industry of Farming、Forestry、Aminal Husbandry and Fishery	162478	128666

4-11 主要农产品产量
OUTPUT OF MAJOR FARM PRODUCTS

项目	Item	2008	2009	2010	2011	2012	2013
粮食(吨)	Grains (ton)	1297283	1358926	1367057	1208573	1258942	1268700
棉花(吨)	Cotton (ton)	35269	32232	20148	23477	24557	33168
油料(吨)	Oil-bearing Crops (ton)	184545	190534	190087	176145	180191	186620
蔬菜(吨)	Vegetables (ton)	5849145	5831992	5970728	6271282	6616203	6880851
水果(吨)	Fruit (ton)	76707	72305	74531	78960	76848	84824
牲猪出栏(万头)	Slaughtered Hogs (10 000 heads)	241.62	248.77	261.95	278.05	298.4	308.2
家禽出笼(万只)	Slaughtered Poultry (10 000 heads)	4650.57	4763.04	5033.99	5164.87	5552.2	5802.05
禽蛋产量(吨)	Eggs (ton)	138534	144250	180121	202636	205676	214931
牛奶(吨)	Milk (ton)	117611	53442	54951	59453	66897	71350
水产品(吨)	Aquatic Products (ton)	407867	422248	434092	460138	468605	490161

4-12 农作物播种面积
SOWN AREAS OF FARM CROPS

单位：千公顷 (1 000 hectares)

项目 Item		2008	2009	2010	2011	2012	2013
总计	Total Sown Areas	554.76	548.74	541.51	533.02	547.98	545.72
一、粮食作物	Sown Areas of Grain Crops	234.73	238	238.16	221.02	229.45	222.45
1. 夏收粮食	Summer Grain Crops	32.65	33.8	33.72	29.54	32.72	33.91
#小麦	Wheat	21.49	22.6	22.34	22.07	26.06	25.12
蚕豌豆	Broad Bean & Pea	6.49	6.54	6.23	6.05	4.23	6.39
薯类	Tuber Crops (Potato, etc)	1.46	1.62	2.58	1.21	0.65	0.52
其他杂粮	Coarse Cereals	3.21	3.04	2.57	0.31	1.78	1.88
2. 秋收粮食	Autumn Grain Crops	202.08	204.2	204.44	191.38	196.73	188.54
稻谷	Paddy Rice	166.41	166.95	165.29	160.92	161.42	152.97
#早稻	Early Season Rice	56.92	56.7	57.43	54.6	56.49	52.66
中稻(含一季晚)	Mid-season Rice (Including Single Rotation Late Season Rice)	48.3	47.28	45.62	46.06	44.09	43.41
双季晚稻	Double Rotation Late Rice	61.19	62.97	62.24	60.26	60.84	56.9
玉米	Corn	14.76	15.73	18.28	16.04	19.15	17.91
大豆	Soybean	11.41	11.44	11.06	9.83	9.45	9.57
薯类	Tuber Crops	6.73	7.21	6.76	2.5	4.36	5.05
其他杂粮	Other Coarse Cereals	2.77	2.87	3.05	2.09	2.35	
二、棉花	Sown Areas of Cotton	27.54	24.42	15.33	19.23	26.23	26.25
三、油料	Sown Areas of Oil-bearing Crops	99.44	97.97	96.63	94.28	93.6	89.48
#油菜籽	Rape Seeds	70.52	69.26	67.72	65.7	64.6	63.22
花生	Peanuts	13.21	13.01	13.38	13.58	13.67	14.33
芝麻	Sesame	15.71	15.7	15.44	14.93	15.33	11.82
四、麻类	Fiber Crops (Incl. Jute and Ambary Hemp, etc)	1.6	1.62	1.49	1.25	1.28	1
五、糖料	Sugar Crops	1.5	1.51	1.45	1.39	1.23	1.17
六、烟叶	Tobacco	0.05					
七、药材	Herb Crops	0.27	0.27	0.27	0.42	0.84	1.18
八、蔬菜、瓜类	Sown Areas of Vegetables & Melons	176.98	170.99	173.17	180.83	181.51	187.02
蔬菜	Vegetables	160.66	153.42	154.93	161.81	163.08	169.37
瓜类	Melons	16.32	17.57	18.24	19.02	18.43	17.65
九、青饲料	Green Fodder	5.73	5.8	6.38	6.37	6.22	6.96
十、绿肥	Green Fertilizer Crops	5.56	7.12	6.6	6.4	6.24	5.87
十一、其他作物	Other Crops	1.36	1.04	2.03	1.83	1.37	4.34

4－13 农 作 物 总 产 量
YIELD OF FARM CROPS

单位：吨 （ton）

项 目 Item		2008	2009	2010	2011	2012	2013
总 计	Total Sown Areas						
一、粮食作物	Sown Areas of Grain Crops	1297283	1358926	1367057	1208573	1258942	1268700
1. 夏收粮食	Summer Grain Crops	94230	97455	96129	78274	77107	87476
#小 麦	Wheat	61180	64479	63636	57198	60787	70462
蚕豌豆	Broad Bean & Pea	14838	14852	12724	11865	8162	8860
薯 类	Tuber Crops (Potato,etc)	7626	8805	12532	4735	2831	2829
其他杂粮	Coarse Cereals	10586	9319	7237	4476	5327	5325
2. 秋收粮食	Autumn Grain Crops	1203053	1261471	1270928	1130299	1181835	1181224
稻 谷	Paddy Rice	1018465	1058219	1062555	983237	1047768	1020491
#早 稻	Early Season Rice	304862	315389	325676	293398	312824	309682
中稻(含一季晚)	Mid-season Rice (Including Single Rotation Late Season Rice)	370287	369750	348416	324761	350566	338459
双季晚稻	Double Rotation Late Rice	343316	373080	388463	365078	384378	372350
玉 米	Corn	114489	123909	131755	97749	70501	94176
大 豆	Soybean	26244	28717	27837	25054	31352	23241
薯 类	Tuber Crops	38715	45118	42893	20633	28799	38161
其他杂粮	Other Coarse Cereals	5240	5508	5888	3626	3415	
二、棉 花	Sown Areas of Cotton	35269	32232	20148	23477	24557	33168
三、油 料	Sown Areas of Oil-bearing Crops	184545	190534	190087	176145	180191	186620
#油菜籽	Rape Seeds	120625	124272	121600	107804	112049	123389
花 生	Peanuts	40045	39096	42477	42274	41355	42335
芝 麻	Sesame	23867	27166	25664	26037	26787	20832
四、麻 类	Fiber Crops (Incl. Jute and Ambary Hemp,etc)	4134	4193	4174	2935	2808	2652
五、糖 料	Sugar Crops	71734	76929	69414	70246	2808	47455
六、烟 叶	Tobacco	228					
七、药 材	Herb Crops						
八、蔬菜、瓜类	Sown Areas of Vegetables & Melons						
蔬 菜	Vegetables	5849145	5831992	5970728	6271282	6616203	6880851
瓜 类	Melons	493130	524361	553658	520703	545749	520840

4-14 农作物单位面积产量
PER HECTARE FIELD OF FARM CROPS

单位：公斤/公顷 (kilogram/hectare)

项目 Item		2008	2009	2010	2011	2012	2013
总计	Total Sown Areas						
一、粮食作物	Sown Areas of Grain Crops	5527	5710	5740	5468	5487	5703
1. 夏收粮食	Summer Grain Crops	2886	2883	2851	2641	2357	2580
#小麦	Wheat	2847	2853	2849	2592	2333	2805
蚕豌豆	Broad Bean & Pea	2286	2271	2042	1961	1929	1387
薯类	Tuber Crops (Potato, etc)	5223	5435	4857	3913	4363	5440
其他杂粮	Coarse Cereals	3298	3065	2816	2449	2999	2832
2. 秋收粮食	Autumn Grain Crops	5953	6178	6217	5905	6007	6265
稻谷	Paddy Rice	6120	6339	6428	6110	6491	6671
#早稻	Early Season Rice	5356	5562	5671	5374	5538	5880
中稻(含一季晚)	Mid-season Rice (Including Single Rotation Late Season Rice)	7666	7820	7637	7051	7951	7797
双季晚稻	Double Rotation Late Rice	5611	5925	6241	6053	6317	6544
玉米	Corn	7757	7877	7208	6094	3681	5258
大豆	Soybean	2300	2510	2517	2549	3318	2429
薯类	Tuber Crops	5753	6258	6345	8253	6509	7557
其他杂粮	Other Coarse Cereals	1892	1919	1930	1735	1453	
二、棉花	Sown Areas of Cotton	1281	1320	1314	1221	936	1264
三、油料	Sown Areas of Oil-bearing Crops	1856	1945	1967	1868	1925	2086
#油菜籽	Rape Seeds	1711	1794	1796	1641	1735	1952
花生	Peanuts	3031	3005	3175	3113	3025	2954
芝麻	Sesame	1519	1730	1662	1744	1747	1762
四、麻类	Fiber Crops (Incl. Jute and Ambary Hemp, etc)	2584	2588	2801	2348	2199	2652
五、糖料	Sugar Crops	47823	50946	47872	50537	47205	40560
六、烟叶	Tobacco	4560					
七、药材	Herb Crops						
八、蔬菜、瓜类	Sown Areas of Vegetables & Melons						
蔬菜	Vegetables	35785	38013	38538	38757	40570	40626
瓜类	Melons	30216	29844	30354	27377	29612	29509

4-15 林业生产情况
STATISTICS ON FORESTRY PRODUCTION

项目	Item	2013	2012
一、荒山(沙)地造林面积(公顷)	Barren Mountain(sand) Afforestation (hectare)	4605	4938
按造林方式分	By Way of Afforestation		
1、人工造林	Artificial Afforestation	4432	4938
2、飞机造林	Areial Afforestation		
3. 无林地和疏林地新封	No Forest and Wood and New Sealed		
按经济成份分	By Ownership		
1、公有经济造林	State-owned	589	385
2、非公有经济造林	Non-state-owned	4016	4553
按林种用途分:	By Function of Afforestation		
(1)用材林	Timber Forest	1477	1652
(2)经济林	Economic Forest	2171	2404
(3)防护林	Shelter-forest	957	882
(4)薪炭林	Fuel Forest		
(5)特种用途林	Special Purpose Forest		
二、有林地造林面积	Forest Afforestation Area	127	226
1、林冠下造林	Under the Canopy of Afforestation	54	34
2、飞播造林	Afforestation by Aerial Seeding		
3、有林地和灌木林地新封	Forest and Woodland New Sealed	73	192
三、更新造林面积	Reforestation Area	11	484
四、低产低效林改造面积	Low Efficiency Forest Improvement Area	3052	58282
五、零星(四旁)植树(万株)	Scattered(Four-side) Tree planging (10 000 plants)	598	591
六、年末实有封山(沙)育林面积(公顷)	year-end Area of Hillsides closed for Afforestation (hectare)	10633	9062
七、幼林抚育作业面积(公顷)	Working Area for Young Stands (hectare)	3217	5312
八、幼林抚育实际面积(公顷)	Actural Tending Area for Young Stands (hectare)	2800	5639
九、成林抚育面积(公顷)	Tending Area for Mature Plantation (hectare)	9343	8788
十,抚育改造出材量(立方米)	Production from Reforestation Area (cubic metre)	54868	112471
十一、林木种子采集量(吨)	Forest Tree Seed Collection (tons)		
十二、当年苗木产量(万株)	Seeding Production (10 000 plants)	6507	4410.17
十三、育苗面积(公顷)	Areas of Raising Seedlings (hectare)	7351	4650
十四,年末实有母树林面积(公顷)	Parent Forest Area (hectare)	456	194
十五、年末实有种子园面积(公顷)	Seed Orchard Area (hectare)	398	22
十六、木材采伐量(立方米)	Quantity of Timber Cut (cubic meter)	71312	69956

4-16 主要林产品产量
OUTPUT OF MAIN FORESTRY PRODUCTS

单位:吨 (ton)

项目	Item	2013	2012
油桐籽	Seeds of Tung Oil Tree	117	92
油茶籽	Oil-tea Camellia Seed	5079	3283
乌桕籽	Chinese Tallow Tree Seed		
五倍子	Gallnut seed		
板栗	Chinese Chesnut	7245	7392
香菇	Mushroom		41
白木耳	Tremella		
黑木耳	Edible Fungus		8

4-17 牧业生产情况
STATISTICS ON ANIMAL HUSBANDRY PRODUCTION

项目	Item	2013	2012
年末大牲畜存栏(头)	Large Animals In Stock(year-end, heads)	213091	207644
#能劳役的(头)	Draught Animals (heads)		137470
(1)耕牛	Farm Cattle	171736	179507
(2)良种及改良种乳牛	Cows of Fine Breed & Improved Variety	11633	11571
(3)菜牛	Beef Cattle	29462	16323
(4)马	Horses		6
(5)驴	Donkeys	260	237
(6)骡	Mutes		
年末羊只数(只)	Sheep And Goats in Stock (year-end, heads)	48743	40396
年末牲猪存栏(万头)	Hogs in stock (year-end, 10 000 heads)	216.19	220.64
#能繁母猪(万头)	Female Hogs of Reprductive Ability(10 000 heads)	18.1	17.24
全年肉猪出栏(万头/吨)	Slaughtered Fattened Hogs (10 000 heads/ton)	308.2/233043	298.40/225920
全年出售和自宰肉用牛(头/吨)	Slaughtered Cattle (heads/ton)	61057/9401	61166/9175
全年出售和自宰肉用羊(只/吨)	Slaughtered Sheep and Goats (heads/ton)	47691/11051	46986/1017
全年出售和自宰家禽(万只/吨)	Slaghtered Poultry (10 000 heads/ton)	5802.05/91645	5552.20/88286
牛奶产量(吨)	Milk (ton)	71350	66897
蜂蜜产量(吨)	Honey (ton)	1932	1398
禽蛋产量(吨)	Eggs(ton)	214931	205676

4-18 茶叶、水果生产情况
STATISTICS ON PRODUCTION OF TEA & FRUIT

项目	Item	2013	2012
茶叶产量(吨)	Output of Tea (ton)	2448	2843
#绿　茶	Green Tea	2332	2329
青　茶	Wulong Tea	86	478
白　茶	White Tea	17	13
其它茶	Other Tea	13	23
年末茶园面积(公顷)	Tea Plantation Area (hectare)	8574	7325
#本年采摘面积	Picked Area This Year	5631	4414
水果产量(吨)	Output of Fruit (ton)	84824	76848
#桃　子	Peaches	25018	20310
苹　果	Apples		18
柑　桔	Citrus	30560	30662
梨　子	Pears	14347	16695
葡　萄	Grapes	8910	4650
柿　子	Persimmons	2231	2093
年末果园面积(公顷)	Orchard Area (year-end, hectare)	8503	9446
#苹果园面积	Apples	13	18
柑桔园面积	Citrus	4148	4667
梨园面积	Pears	1183	1562
葡萄园面积	Grapes	774	696
桃园面积	Peachs	1776	1790

4-19 渔业生产情况
STATISTICS ON FISHERY PRODUCTION

项目	Item	2013	2012
水产品总产量(吨)	Total Aquatic Products (ton)	490161	468605
淡水捕捞产量	Fish Caught in Fresh Water	28548	29463
淡水养殖产量	Fish Artificially Cultured	461613	439142
按水产品种分类(吨)	By Category of Aquatic Products (ton)		
鱼　类	Fish	438090	439696
虾蟹类	Shrimps, Prawns & Crabs	22149	27151
贝　类	Shellfish	435	435
其他类	Others	1374	1323
养殖面积(公顷)	Artificially Cultured Area (hectares)	104785	108584
池塘养殖	Ponds	43541	44747
湖泊养殖	Lakes	52556	56174
河沟养殖	Rivers, Brooks	1100	1186
水库养殖	Reservoirs	4965	5011
其他养殖	Others	2624	1466
稻田养鱼面积(公顷)	Artificially Cultured in Paddy Fields (hectares)	8814	8959

主要统计指标解释

农林牧渔业总产值　是以货币表现的农、林、牧、渔业全部产品的总量,它反映一定时期内农业生产总规模和总成果。

农、林、牧、渔业的统计范围包括国有经济的各种专业农(农、林、牧、渔)场的农业生产活动;国家各级机关、团体、学校、部队进行的农业生产活动;集体所有制的乡、镇,村办农场的农业生产活动;工矿企业经营的农、林、牧、渔业生产活动;以及农村各种经济组织和农户经营的农林牧渔业生产活动和农民家庭兼营的商品性工业生产活动等。

(1)农业包括种植业和其他农业。

种植业包括谷物、豆类、薯类、棉、油料、糖料、麻类、烟叶、蔬菜、药材、瓜类和其他农作物的种植,以及茶园、桑园、果园的生产经营。

其他农业包括采集野生植物的果实、纤维、树胶、树脂、油料以及柴草、野生药材、菌类等及农民家庭兼营的商品性工业。

(2)林业包括林木的栽培(不包括茶园、桑园和果园的栽培,管理和收获等活动),林产品的采集和村及村以下合作经济组织和农户的竹木采伐。

(3)牧业包括牲畜饲养和放牧、家禽饲养以及野生动物的捕猎和饲养。

(4)渔业包括水生动物和海藻类植物的养殖和捕捞。

农业总产值的计算方法通常是按农林牧渔业产品及其副产品的产量分别乘以各自单位产品价格求得,少数生产周期较长,当年没有产品或产品产量不易统计的,则采用间接方法匡算其产值,然后将四业产品产值相加即为农业总产值。

粮食产量　指全社会的产量。包括国有经济经营的、集体统一经营的和农民家庭经营的粮食产量,还包括工矿企业办的农场和其他生产单位的产量。粮食除包括稻谷、小麦、玉米、高粱、谷子及其他杂粮外,还包括薯类和豆类,其产量计算方法,豆类按去豆荚后的干豆计算;薯类(包括甘薯和马铃薯,不包括芋头和木薯)1963年以前按每4公斤鲜薯折1公斤粮食计算,从1964年开始及以后改为按5公斤鲜薯折1公斤粮食计算。

油料产量　指全部油料作物的生产量。包括花生、油菜籽、芝麻、向日葵籽、胡麻籽(亚麻籽)和其他油料。不包括大豆,也不包括木本油料和野生油料。花生以带壳干花生计算。

水产品产量　指人工养殖的水产品和天然生长的水产品的捕捞量。包括海水的鱼类、虾蟹类、贝类和藻类以及内陆水域的鱼类、虾蟹类和贝类,不包括淡水生植物。

猪、牛、羊肉产量　指当年出栏并已屠宰后除去头蹄下水后带骨肉(即胴体重)的重量。

耕地面积　指年初可以用来种植农作物、经常进行耕锄的田地,除包括熟地、当年新开荒地、连续撂荒未满三年的耕地和当年的休闲地(轮歇地)外,还包括以种植农作物为主并附带种植桑树、茶树、果树和其他林木的土地,以及沿海、沿湖地区已围垦利用的"海涂"、"湖田"等面积。但不包括属于专业性的桑园、茶园、果园、果木苗圃、林地、芦苇地、天然或人工草地面积。

农作物播种面积　指实际播种或移植有农作物的面积。凡是实际种植有农作物的面积,不论种植在耕地上还是种植在非耕地上,均包括在农作物播种面积中。在播种季节基本结束后,因遭灾而重新改种和补种的农作物面积,也包括在内。

有效灌溉面积　指具有一定的水源,地块比较平整,灌溉工程或设备已经配套,在一般年景下当年能够进行正常灌溉的耕地面积。

农用化肥施用量　指本年内实际用于农业生产的化肥数量,包括氮肥、磷肥、钾肥和复合肥。化肥施用量要求按折纯量计算数量,折纯法化肥施用量是把氮肥、磷肥和钾肥分别按含氮、含五氧化二磷、含氧化钾的百分之一百成分折算后的数量。复合肥按其所含主要成分折算。

农业机械总动力　指主要用于农、林、牧、渔业的各种动力机械的动力总和。包括耕作机械、排灌机械、收获机械、农用运输机械、植物保护机械、牧业机械、林业机械、渔业机械和其他农业机械(内燃机按引擎马力折成瓦(特)计算,电动机按功率折成瓦(特)计算)。不包括专门用于乡、镇、村、组办工业、基本建设。非农业运输、科学试验和教学等非农业生产方面用的动力机械与作业机械。

农林牧渔业从业人员　指直接参加农林牧渔业生产劳动的从业人员。

谷物　指籽实主要供作粮食的作物。这类作物包括稻谷、小麦、玉米、谷子、高粱和其他谷物,不包括豆类和薯类作物。

Explanatory Notes on Main Statistical Indicators

Gross Output Value of Farming, Forestry, Animal Husbandry and Fishery refers to the total volume of products of farming, forestry, animal husbandry and fishery in value terms, which reflects the total scale and total result of agricultural production during a given period of time.

The statistical coverage of farming, forestry, animal husbandry and fishery are as follows:

In terms of ownership, China's agriculture includes specialized state farms (farming, forestry, animal husbandry, fishery), farms managed by various government agencies, organizations, schools, research institutions, and army; farms managed by rural collective organizations at levels of township, town, and village; farming, forestry, animal husbandry, fishery run by mining and industrial enterprises, various rural collective organizations and individual farmers, and some additional commodity industries of individual farmers.

(1) Farming includes cultivation of farm crops and other agricultural activities. Cultivation includes the cultivation of grain crops, beans, tubers, cotton, oil-bearing crops, sugar crops, fiber crops, tobacco, vegetables, medicinal herbs, melons and gourds, and cultivation and management of tea plantations, mulberry fields and orchards. Other agricultural activities includes gathering fruits, fiber, gum and resin of wild plants, oil-bearing plants, grass wild medicinal herbs, fungus plants, and commodity industries of the rural house holds.

(2) Forestry refers to planting trees of various kinds (excluding tea plantations, mulberry fields and orchards), gathering of forest products, and cutting and felling of bamboo and trees by villages and other cooperative organizations under villages.

(3) Animal husbandry refers to raising and grazing of livestock, raising poultries, and hunting and raising of wild animals .

(4) Fishery refers to cultivation and catching of fish and other aquatic animals and cultivation and collection of sea weed and other aquatic plants.

Gross output value of agriculture is obtained by first multiplying the output of each product or by-product by its price, resulting in the output value of each single item. For a small number of products, annual output of which is not available Or difficult to get due to the long production/growing process involved, the output value is estimated through an indirect approach. The sum of output value of all products of farming, forestry, animal husbandry, and fishery is then equal to the gross output value of agriculture.

Grain Yield refers to the yield in the whole country or region including grains produced by state farms, collective units, industrial enterprises and mines. Grain includes rice, wheat, corn, sorghum, millet and other miscellaneous grains as well as tubers and beans. Output of beans refers to dry beans without pods. The output of tubers (sweet potatoes and potatoes, not including taros and cassava) was converted into that of grain at the ratio 4 : 1, i. e. four kilograms of fresh tubers was equivalent to one kilogram of grain up to 1963 . Since 1964 the ratio for conversion has been 5 : 1.

Yield of Oil-bearing Crops refers to the total yield of oil-bearing crops of various kinds, including peanuts, (dry, in shell) rape seeds, sesame, sunflower seeds, flax seeds, and other oil-bearing crops. Soybeans, oil-bearing woody plants, and wild oil - bearing crops are not included.

Output of Aquatic Products refers to catches of both artificially cultured and naturally grown aquatic products, including fish, shrimps, crabs and shellfish in sea and inland water as well as seaweed. Freshwater plants are not included.

Output of Pork, Beef, and Mutton refers to the meat of slaughtered hogs, cattle, sheep and goats with head, feet, and offal taken away.

Cultivated Area (Area under cultivation) refers to farmland which is plowed constantly for growing crops, including cultivated land, newly cultivated land in the current year, farmland left without cultivation for less than three years and fallow land in the current year, rotation land, rotation land of grass and crops, farmland with some fruit trees, mulberry trees and other trees and cultivated seashore land, lake land, and etc. The land of mulberry fields, tea plantations, orchards, nurseries of young plants, forest land, reed land, natural and man - made grassland and other land are not included in cultivated land.

Sown Area of Crops refers to area of land sown or transplanted with crops regardless of being in cultivated area or non-cultivated area. Area of land resown due to natural disasters is also included.

Irrigated Area refers to areas that are effectively irrigated, i. e. level land which has water source and complete sets of irrigation facilities to lift and move adequate water for irrigation purpose under normal conditions.

Consumption of Chemical Fertilizers in agriculture refers to the quantity of chemical fertilizers applied in agriculture in the year, including nitrogenous fertilizer, phosphate fertilizer, potash fertilizer, and compound fertilizer. The consumption of chemical fertilizers is required in calculation to convert the gross weight into weight containing 100 % effective component (eg. 100% nitrogen content in nitrogenous fertilizer, 100% phosphorous pentoxide content in phosphate fertilizer, 100 % potasium oxide content in potash fertilizer) . Compound fertilizer is converted with its major component.

Total Power of Farm Machinery refers to total mechanical power of machinery used in farming, forestry, animal husbandry, and fishery, including ploughing, irrigation and drainage, harvesting, transport, plant protection, stock breeding, forestry and fishery.

The power of internal combustion engines is required to convert horsepower into watts and the power of electric motors is required to be converted into watts. Machinery employed for non-agricultural purposes, such as the machines used in township-run and village - run industry, construction, non-agricultural transport, scientific experiments and teaching, is excluded.

Laborers Engaged in Farming, Forestry, Animal Husbandry and Fishery refers to the total laborers who are directly engaged in production of farming, forestry, animal husbandry and fishery.

Cereals refer to seeds of various kinds of crops that are used mainly for grain. Cereals include paddy, wheat, maize, millet, Chinese sorghum, etc. , except beans and tubers.

五、固定资产投资与建筑业

INVESTMENT IN FIXED ASSETS, CONSTRUCTION

资料整理人员:王　青　余芙蓉　吴　麒　胡　海　肖从新　王志斌

STAFF FOR DATA PROCESSING:

Wang Qing　Yu Furong　Wu Qi　Hu Hai　Xiao Congxin　Wang Zhibing

简要说明

本篇资料通过对一定时期全社会建造和购置固定资产活动的数量方面的描述，反映报告期内武汉市固定资产投资的规模和速度、固定资产投资的结构和比例关系、固定资产投资的资金来源及新增固定资产以及建设项目的新增生产或效益等。

全社会固定资产投资统计的范围包括：城镇项目投资、房地产开发投资、农村非农户项目投资、农村私人（农户）固定资产投资。城镇和农村非农户项目投资统计范围包括：城乡各种登记注册类型的企业、事业、行政单位及个体户进行的计划总投资（或实际需要总投资）500 万元及以上的建设项目或固定资产购置。

Brief Introduction

The Data in this chapter show the size and pace, structural and proportional relations, funded sources, newly increased fixed assets, newly increased production capacity of construction projects, or effiency the investment in fixed assets in reported period by describing the volume of construction and purchase of fixed assets.

The investment in fixed assets in the whole country includes the investment in captial construction projects in urban, construction projects of non-individuals in rural, the investment by individuals in rural areas. Statistics on the investment in capital construction projects in urabn and non-individuals in rural areas cover construction projects of 5 million yuan and above which are invested by enterprises, institutions, of administrative units and individuals registed in urban and rural areas.

5-1 全社会固定资产投资
TOTAL INVESTMENT IN FIXED ASSETS

单位：万元　　　　(10 000 yuan)

项目 Item	2013	2012
全社会固定资产投资 Total Investment in Fixed Assets	60019555	50312488
#国有经济及国有控股 State-owned and State Holding	21960002	21330941
一、按登记注册类型分 Grouped by Ownership		
(一)内　资 Domestic Funded Enterprises	55598597	46289830
国　有 State-owned Units	15736084	15701709
集　体 Collective-owned Units	1698275	1691977
股份合作 Share Holding Cooperative	594458	267749
联　营 Joint owned Economic Units	344647	262677
#国有联营 Joint State-owned Units	150020	36802
#集体联营 Joint Collective-owned Unit	4865	
有限责任公司 Limited Liability Companies	17905862	12634034
#国有独资公司 Companies State - owned Exclusive Investment	1290101	1022469
股份有限公司 Share Holding Corporations LTD.	5111185	5132292
私营企业 Private Units	9603628	6764363
其他内资公司 Other Companies	4604458	3835029
(二)外商投资企业 Foreign-Funded Enterprises	2718065	2152047
中外合资经营 Sino-Foreign Joint Economic Units	1593815	927926
中外合作经营 Sino-Foreign Cooperative Economic Units	80035	66992
外商独资 Foreign Enterprises	708775	872834
股份有限 Companies of Share Holding with Limited Liabilities	273843	72200

续 表 Continued

单位：万元 (10 000 yuan)

项 目 Item	2013	2012
（三）港澳台投资企业 Economic Units Funded from Hong Kong, Macao and Taiwan	1417570	1692630
与大陆合资经营 Mainland-Hong Kong or Mainland-Macao or Mainland-Tai wan Joint Economic Units	302027	578752
与大陆合作经营 Mainland-Hong Kong or Mainland-Maca o or Mainland-Taiwan Cooperative Economic Units	0	9100
港澳台独资企业 Economic Units Funded by Entrepreneurs from Hong Kong, Macao and Taiwan	1014458	912600
股份有限 Companies of Share Holding with Limited Liabilities	85275	164411
（四）个体经营 Individual Business	285323	177981
二、按构成分 Grouped by Use of Funds		
建筑工程 Construction	37002567	31268076
安装工程 Installation	5134549	4357665
设备工器具购置 Purchase of Equipment and Instruments	8557092	6839538
其它费用 Others	9325347	7847209
三、按三次产业分 Grouped by Industry		
第一产业 Primary Industry	222688	268842
第二产业 Secondary Industry	22667308	17204575
工 业 Industry	22580742	17010440
制 造 业 Manufacturing	21640482	16182775
电力、燃气及水的生产和供应业 Production and Supply of Electricity, Gas and Water	907613	795828
第三产业 Tertiary Industry	37129559	32839071
#交通运输、仓储、邮电通信业 Transportation, Storage, Postal and Telecommunications Services	4190317	3816137
信息传输、计算机服务和软件业 Information transfer, Computer and Software Services	632864	683698
#电信和其它信息传输服务业 Telecom and other Information Transfer	380733	229435
水利、环境和公共设施管理业 Water Conservancy, Environment and Pulic Facilities	6451840	5711924

5－2 历年全社会固定资产投资
TOTAL INVESTMENT IN FIXED ASSETS IN VARIOUS YEARS

单位：万元　　　　(10 000 yuan)

年份 Year	全社会固定资产投资 Total Investment in Fixed Assets	一、城镇投资 Urban investment	1.城镇项目投资 Project Investment of 500 Thousands and above in Urban Area	2.房地产开发投资 Real Estate Development	二、农村投资 Rural Investment	1.农村非农户项目投资 Project Investment over 500 Thousands in Non Farming Household of Rural Areas	2.农村农户(私人)投资 Investment of Farming Household in Rural Areas
1950	1170	1170	1170				
1951	3180	3180	3180				
1952	6741	6741	6741				
1953	15656	15656	15656				
1954	20901	20901	20901				
1955	28200	28200	28200				
1956	42740	42740	42740				
1957	45184	45184	45184				
1958	68222	68222	68222				
1959	84323	84323	84323				
1960	72920	72920	72920				
1961	15651	15651	15651				
1962	7034	7034	7034				
1963	9576	9576	9576				
1964	17283	17283	17283				
1965	23474	23474	23474				
1966	32646	32646	32646				
1967	21013	21013	21013				
1968	13381	13381	13381				
1969	20035	20035	20035				
1970	41436	41436	41436				
1971	45621	45621	45621				
1972	43245	43245	43245				
1973	34687	34687	34687				
1974	40909	40909	40909				
1975	70842	70842	70842				
1976	146559	146559	145873				
1977	228047	228047	227232				
1978	117384	117384	116592				
1979	88384	88384	87258				
1980	100751	100751	97404				
1981	95404	95404	89561				

续 表 Continued

单位：万元 （10 000 yuan）

年 份 Year	全社会固定资产投资 Total Investment in Fixed Assets	一、城镇投资 Urban investment	1.城镇项目投资 Project Investment of 500 Thousands and above in Urban Area	2.房地产开发投资 Real Estate Development	二、农村投资 Rural Investment	1.农村非农户项目投资 Project Investment over 500 Thousands in Non Farming Household of Rural Areas	2.农村农户（私人）投资 Investment of Farming Household in Rural Areas
1982	112112	107431	97459		4681	2556	2125
1983	115984	115984	107380				
1984	179294	156366	140820		22928	7421	15507
1985	234020	199495	183811		34525	15487	19038
1986	271164	231184	205936		39980	11798	28182
1987	327384	291865	258060		35483	12802	22681
1988	363111	326301	298986		36810	16434	20376
1989	320134	286329	263932		33805	10221	23584
1990	389728	351369	304036	33452	38359	10285	28074
1991	437967	397207	347233	34190	40760	11314	29446
1992	683566	637783	558184	55821	45783	19750	26033
1993	1189811	1138689	874988	246322	51122	22535	28587
1994	2060165	1969526	1378053	570618	90639	47974	42665
1995	3222274	3035549	1963484	916194	186725	94461	92264
1996	3870259	3630725	2456817	972609	239534	116981	122553
1997	4081797	3774020	2414385	1065729	307777	141097	166680
1998	4204250	3888663	2489886	1067997	315587	152384	163203
1999	4312456	3974560	2686567	967130	337896	167024	170872
2000	4619265	4360454	3284340	1013105	268811	164641	104170
2001	5084427	4855038	3619987	1153357	229389	117474	111915
2002	5704258	5493295	4075535	1325012	210963	134551	76412
2003	6450642	6228215	4449322	1695468	222427	142819	79608
2004	8222009	7966538	5547750	2333006	255471	160338	95133
2005	10551808	10239525	7259606	2979919	269815	205304	64511
2006	13252872	12970563	9309047	3661516	282309	206668	75641
2007	17327895	16871463	12273965	4597498	456432	337569	118863
2008	22520524	22024452	16320847	5703605	496072	377191	118881
2009	30011045	29217564	21431618	7785946	793481	596593	196888
2010	37531682	36514462	26340475	10173987	1017220	710496	306724
2011	42551621	41776290	29034544	12741746	775331	547558	227773
2012	50312488	49627630	33879025	15748605	684858	533136	151722
2013	60019555	59503162	40447162	19056000	516393	242110	274283

5-3 全社会住宅投资
TOTAL INVESTMENT IN RESIDENTIAL BUILDINGS

单位：万元 (10 000 yuan)

项目 Item	2007	2008	2009	2010	2011	2012	2013
总计 Total	3461766	4440778	5355413	6581086	7675433	10288318	12806301
一、城镇投资 Urban Investment	3349685	4321495	5237422	6377566	7534967	10177388	12621575
(一)城镇500万元以上项目 Number of Urban Construction Pojects over 500 Thousand Yuan	54299	71808	257008	424316	161829	263336	113736
(二)房地产开发 Real Estate Development	3295386	4249687	4980414	5953250	7373138	9914052	12507339
二、农村投资 Rural Investment	112081	119283	117991	203520	140456	110930	184726
(一)、农村非农户投资 Non-Farming Household in Rural Areas	40832	63407	7901	48260	16102	980	0
(二)、农村农户投资 Farming Household Investment in Rual Areas	71249	55876	110090	155260	124354	109950	184726

5-4 全社会竣工房屋建筑面积
TOTAL FLOOR SPACE OF BUILDINGS COMPLETED

单位：万平方米 (10 000 sq. m)

项　目 Item	2007	2008	2009	2010	2011	2012	2013
总　计 Total	1679.99	1574.25	2123.73	2172.26	2182.98	2776.48	2416.17
一、城镇投资 Urban Investment	1484.4	1443.2	1817.91	1937.13	1998.501	2603.77	2250.98
(一)城镇500万元以上项目 Number of Urban Construction Projects over 500 Thousands Yuan	496.48	573.37	872.86	1017.73	934.441	1551.64	1571.67
(二)房地产开发 Real Estate Development	987.92	869.83	945.05	919.4	1064.06	1052.13	679.31
二、农村投资 Rural Investment	195.59	131.05	305.82	235.13	184.48	172.71	165.19
(一)农村非农户投资 Non-Farming Household in Rural Areas	48.05	28.57	155.24	32.93	37.67	34.38	7.98
(二)农村农户投资 Farming Household Investment in Rual Areas	147.54	102.48	150.58	202.2	146.81	138.33	157.22

5-5 全社会住宅竣工面积
TOTAL FLOOR SPACE OF RESIDENTIAL BUILDINGS COMPLETED

单位：万平方米 (10 000 sq. m)

项目 Item	2007	2008	2009	2010	2011	2012	2013
总计 Total	999.97	905.91	1051.32	1068.77	1128.32	1085.84	690.20
一、城镇投资 Urban Investment	852.65	808.55	906.86	867.66	976.2	948.96	542.22
(一)城镇500万元以上项目投资 Number of Urban Construction Projects over 500 Thousands Yuan	41.03	40.32	82.28	134.18	54.22	50.38	12.53
(二)房地产开发 Real Estate Development	811.62	768.23	824.58	733.48	921.98	898.57	529.70
二、农村投资 Rural Investment	147.32	97.36	144.46	201.11	152.12	136.89	147.98
(一)农村非农户投资 Non-Farming Household in Rural Areas	18	5.92	5.32	14	12.14	0.63	0.00
(二)农村农户投资 Farming Household Investment in Rual Areas	129.32	91.44	139.14	187.11	139.98	136.26	147.98

5-6 全社会新增固定资产
NEWLY INCREASED FIXED ASSETS

单位：万元 (10 000 yuan)

项目 Item	2013	2012
总计 **Total**	**20485909**	**21693616**
一、城镇投资 Urcbn Investment	20086418	21113302
(一)城镇500万元以上项目投资 Number of Urban construction Projects over 500 Thousands Yuan	15808277	15087020
(二)房地产开发 Real Estate Development	4278141	6026282
二、农村投资 Rural Investment	399491	580314
(一)农村非农户投资 Non-Farming Household in Rural Areas	125208	428592
(二)农村农户投资 Farming Household Investment in Rual Areas	274283	151722

5-7 固定资产投资
TOTAL INVESTMENT IN FIXED ASSETS

单位：万元 (10 000 yuan)

项目 Item	2013	2012	增幅(%) Increase Rate in 2013 over 2012 (%)
计划总投资 **Tota Planned Investment**	210446903	178404843	18
#本年新开工 Started this year	38704056	31684313	22.2
自开始建设累计完成投资 Total Invesment from Started	137528603	113760007	20.9
本年完成投资 **Total Investment**	59745272	50160765	19.1
#国有经济及国有控股 State-owned and State-holding Units	21960002	21330941	2.9
#住宅投资 Investment in Residential Buildings	12621575	10178363	24
一、按登记注册类型分 **Grouped by Ownership**			
(一)内资企业 Domestic Funded Enterprises	55598597	46289830	20.1
国有 State-owned Units	15736084	15701709	0.2
集体 Collective-owned Units	1698275	1691977	0.4
股份合作 Share-holding Cooperative	594458	267749	122
联营 Joint-owned Economic Units	344647	262677	31.2
#国有联营 Joint State-owned	150020	36802	307.6
集体联营 Joint Collective-owned	4865		* * *
有限责任公司 Limited Liability Companies	17905862	12634034	41.7
#国有独资公司 Companies State - owned Exclusive Investment	1290101	1022469	26.2
股份有限公司 Share-holding Corporations LTD.	5111185	5132292	-0.4
私营企业 Private Units	9603628	6764363	42
其他内资公司 Other Companies	4604458	3835029	20.1
个体经营 Individual Business	11040	26259	-58
(二)外商投资企业 Foreign-Funded Enterprises	2718065	2152047	26.3
中外合资经营 Sino-Foreign Joint Economic Units	1593815	927926	71.8
中外合作经营 Sino-Foreign Cooperative Economic Units	80035	66992	19.5
外商独资 Foreign Enterprises	708775	872884	-18.8
股份有限 Companies of Share-holding With Limited Liabilities	273843	72200	279.3
其他外商投资 Other Foreign Funded Enterprises	61597	212045	-71

续 表 Continued

项 目 Item	2013	2012	增 幅 (%) Increase Rate in 2013 over 2012 (%)
(三)港澳台投资企业 Economic Units Funded from Hong Kong, Macao and T aiwan	1417570	1692630	-16.3
与大陆合资经营 Mainland-Hong Kong or Mainland-Macao or Mainland-Taiwan Joint Economic Units	302027	578752	-47.8
与大陆合作经营 Mainland-Hong Kong or Mainland-Macao or Mainland-Taiwan Cooperative Economic Units		9100	-100
港澳台独资企业 Economic Units Funded by Entrepreneurs from Hong Kong, Macao and Taiwan	1014458	912600	11.2
股份有限 Companies of Share Holding With Limited Liabilities	85275	164411	-48.1
其他港、澳、台商投资 Other Investment in Hongkong、Macro and Taiwan	15810	27767	-43.1
二、按构成分 **Grouped by Use of Funds**			
建筑工程 Construction	36817841	31155180	18.2
安装工程 Installation	5134549	4357665	17.8
设备工器具购置 Purchase of Equipment and Instruments	8467535	6800712	24.5
其它费用 Others	9325347	7847209	18.8
三、按三次产业分 **Grouped by Industry**			
第一产业 Primary Industry	133131	174119	-23.5
第二产业 Secondary Industry	22667308	17045693	33
第三产业 Tertiary Industry	36944833	32940954	12.2
四、按建设性质分 **Grouped by Type of consturction**			
#新 建 New construction	31014090	25414355	22
扩 建 Expansion	3172149	2233267	42
改 建 Reconsturcion	4733677	4844928	-2.3

5-8 城镇项目投资
PROJECTS INVESTMENT OVER HALF A MIL. YUAN IN URBAN AREA

单位：万元　　　　(10 000 yuan)

项目 Item	计量单位	2013	2012
计划总投资 Total Planned Investment	万元	122786331	106269285
#本年新开工 Started this year	万元	38561238	31225047
自开始建设累计完成投资 Total Invesment from started	万元	80479734	66598940
本年完成投资 Total Investment completed this year	万元	40447162	33879025
#国有经济及国有控股 State-Owned and State-holding	万元	17770561	17513854
#住宅投资 UInvestment in Residential Buildings	万元	113736	263336
一、按登记注册类型分 Grouped by Ownership			
(一)内资企业 Domestic funded Enter prises	万元	37796986	31654015
国　有 State-owned Units	万元	14205022	13881427
集　体 Collective-owned Units	万元	1579649	1512787
股份合作 Cooperative of Share Holding	万元	531282	249134
联　营 Joint-owned Economic Units	万元	336265	256435
#国有联营 Joint State-owned	万元	150020	36802
集体联营 Joint Collective-owned	万元	4865	
有限责任公司 Limited Liability Companies	万元	9104425	6472603
#国有独资公司 Companies State-owned Excluasive Investment	万元	709895	973422
股份有限公司 Share-holding Corporations LTD.	万元	2940501	3225107
私营 Private Units	万元	4933647	2933827
其他内资公司 Other Companies	万元	4166195	3117695
(二)外商投资企业 Foreign-Funded Enterprises	万元	2266034	1473871
中外合资经营 Sino-Foreign Joint Economic Units	万元	1466257	807047
中外合作经营 Sino-Foreign Cooperative Economic Units	万元	23905	4903
外商独资 Foreign Enterprises	万元	450381	569548
股份有限 Companies of Share Holding With Limited Liabilities	万元	263944	67878

续 表 Continued

项 目 Item	计量单位	2013	2012
(三)港澳台投资企业 Economic Units Funded from Hong Kong,Macao and Taiwan	万元	373052	719880
与大陆合资经营 Mainland-Hong Kong or Mainland-Macao or Mainland-Tai wan Joint Economic Units	万元	143429	179427
与大陆合作经营 Mainland-Hong Kong or Mainland-Macao or Mainland-Taiwan Cooperative Economic Units	万元		9100
港澳台独资企业 Economic Units Funded by Entrepreneurs from Hong Kong,Macao and Taiwan	万元	146782	381723
股份有限 Companies of Share Holding With Limited Liabilities	万元	67031	123850
(四)个体经营 Individual Businsses	万元	11040	26259
个体户 Individual Household	万元	6820	26059
个人合伙 Individual Partnership	万元	4220	200
二、按构成分 Grouped by Use of Funds	万元		
建筑工程 Construction	万元	24828688	20999235
安装工程 Installation	万元	3538361	2898880
设备工器具购置 Purchase of Equipment and Instruments	万元	7900123	6320324
其它费用 Others	万元	4179990	3660586
三、按建设性质分 Grouped by Type of Construction	万元		
#新 建 New Construction	万元	30826759	25001945
扩 建 Expansion	万元	3163182	2172899
改 建 Reconstruction	万元	4688911	4785070
本年新增固定资产 Newly Increased Fixed Assets this year	万元	15808277	15087020
本年施工项目个数 Number of Projects under Construction this year	个	2607	2343
#本年新开工项目 Projects Started this year	个	1678	1607
本年投产项目个数 Number of Projects Put into Use	个	1336	1193
本年施工房屋面积 Floorspace of Householding this year	万平方米	34576305	32095908
#住 宅 Residential	万平方米	1249403	1267030
本年竣工房屋面积 Floor Space of Completed Householding this year	万平方米	15716707	15516427
#住 宅 Residential	万平方米	125267	503825

5－9 城镇500万元以上项目投资效率
EFFICIENCY OF INVESTMENT OF PROJECTS OVER 5 MILLION YUAN IN URBAN AREAS

项目 Item	2013	2012
一、建设项目投产率(%) Rate of Projects Completed and Put into Use (%)	51.2	50.9
全部投产项目(个) Number of Projects Fully Completed and Put into Use (unit)	1336	1193
施工项目(个) Number of Projects under Construction (unit)	2607	2343
二、固定资产交付使用率(%) Rate of Fixed Assets Put into Use (%)	39.1	44.5
新增固定资产(万元) Newly Increased Fixed Assets (10 000 yuan)	15808277	15087020
投资额(万元) Investment (10 000 yuan)	40447162	33879025
三、房屋建筑面积竣工率(%) Completion Rate of Floor Space of Buildings (%)	45.5	48.3
房屋竣工面积(万平方米) Floor Space of Buildings Completed (sq. m)	1571.67	1551.64
房屋施工面积(万平方米) Floor Space of Buildings Under Construction (sq. m)	3457.63	3209.59
#住宅建筑面积竣工率(%) Completion Rate of Floor Space of Residential Buildings (%)	10	39.8
住宅竣工面积(万平方米) Floor Space of Residential Buildings Completed (sq. m)	12.53	50.38
住宅施工面积(万平方米) Floor Space of Residential Buildings Under Construction (sq. m)	124.94	126.7
四、建设周期(年) Cycle of Construction (Year)	3.0	3.1
计划总投资(万元) Total Planned Investment (10 000 yuan)	122786331	106269285
投 资 额(万元) Investment (10 000 yuan)	40447162	33879025

5－10　城镇500万元以上项目分行业投资
INVESTMENT OF PROJECTS OVER 5 MILLION YUAN IN URBAN AREAS

单位：万元　　　　(10 000 yuan)

项　目 Item	2013	2012
总　计 Total	40447162	33879025
农、林、牧、渔业 Farming, Forestry, Animal Husbandry and Fishery	192728	123465
采 矿 业 Mining and quarrying	32647	30606
制 造 业 Manufacturing	21580866	16025181
电力、燃气及水的生产和供应业 Electric Power, Gas and Water Production and Supply	902674	749796
建 筑 业 Construction	161171	194135
批发和零售业 Wholesale and Retail Trade	852958	1121294
交通运输、仓储及邮政业 Transportation, Storage, Postal and Telecommunications Services	4188363	3771517
住宿和餐饮业 Accomodation and Catering services	368791	320967
信息传输、计算机服务和软件业 Information Transfer, Computer and Software Services	632864	683698
金 融 业 Banking	465113	234942
房地产业 Real Estate Development	2044941	1758022
租赁和商务服务业 Leasing Services and Commercial Services	596166	463861
科学研究、技术服务和地质勘查业 Scientific Research, Polytechnic Services and Geological Prospecting	316998	240041
水利、环境和公共设施管理业 Water Conservancy, Envrionment and Pulic Facilities	6428734	5671387
居民服务和其他服务业 Resident Services and other Services	233956	69867
教　育 Education	416234	540771
卫生和社会工作	358234	479072
文化、体育和娱乐业 Culture, Sports and Recreational Sevices	275847	609658
公共管理、社会保障和社会组织	397877	790745
国际组织 International Organization		

5－11 城镇500万元以上项目制造业投资
MANUFACTURING OVER 5 MILLION YUAN IN URBAN AREA INVESTMENT

单位：万元 (10 000 yuan)

项目 Item	2013	2012
制造业合计 **Total**	21580866	16025181
农副食品加工业 Food and Sideline Product Processing	795073	425785
食品制造业 Food Production	335972	163460
酒、饮料和精制茶制造业 Wine, Drinks and Refined Tea Processing	189103	137798
烟草制品业 Tobacco Processing	76158	62555
纺 织 业 Textile Industry	177175	100487
纺织服装、服饰业业 Garments and	190649	173892
皮革、毛皮、羽绒及其制品业和制鞋业 Leather, Furs, Down and Related Products(制鞋业)	47052	27324
木材加工及竹、藤、棕、草制品业 Timber Processing, Bamboo, Camboo, Cane, Palm Fiber and Straw Products	92269	113711
家具制造业 Furniture Products	283562	230592
造纸及纸制品业 Papemaking and Paper Products	434348	114488
印刷业和记录媒介的复制 Printing	255287	163100
文教、工美、体育和娱乐用品制造业 Culture Education, Industrial Arts Sporting and Entertainment	225014	10912
石油加工、炼焦及核燃料加工业 Petroleum Refining	320043	969399
化学原料及化学制品制造业 Raw Chemical Materials and Chemical Products	728089	578678
医药制造业 Medical and Phamaceutical Products	615022	589624
化学纤维制造业 Chemicial Fiber	8294	65170
橡胶和塑料制品业 Rubber and Plattic Products	602367	416070
非金属矿物制品业 Nonmetal Mineral Products	906725	723221
黑色金属冶炼及压延加工业 Smelting and Pressing of Ferrous Metals	796719	320139
有色金属冶炼及压延加工业 Smelting and Pressing of Nonferroys Metals	203686	97613
金属制品业 Metal Products	626956	576603
通用设备制造业 Ordinary Machinery	1230160	1021570
专用设备制造业 Equipment for Special Purposes	1952130	1609021
汽车制造业 Automobile Industry	4797041	3056841
铁路、船舶、航空航天和其他运输设备制造业 Railway, Ship, Aerospace and Other transportation Equipment	670594	315977
电气机械及器材制造业 Electric Equipment and Machinery	1833216	1163210
计算机、通信和其他电子设备制造业 Computer, Telecommunication and Other Electronic Devices	1916909	1120197
仪器仪表制造业 Instruments and Meters	664780	300854
其他制造业 Other Industry	324149	471373
废弃资源综合利用业 Utilization of Discard Resource and Material	207719	46580
金属制品、机械和设备修理业 Mineral Products, Machinery and Repair of Equipment	74605	158882

5－12 城镇500万元以上项目分行业新增固定资产

NEWLY INCREASED FIXED ASSETS OF PROJECTS OVER 5 MILLION YUAN IN URBAN AREA BY SECTOR

单位：万元　　(10 000 yuan)

项　目 Item	2013	2012
总　计 Total	15808277	15087020
农、林、牧、渔业 Farming, Forestry, Animal Husbandry and Fishery	56662	78581
采 矿 业 Mining and quarrying	13057	15199
制 造 业 Manufacturing	8829090	6986627
电力、燃气及水的生产和供应业 Electric Power, Gas and Water Production and Supply	266986	237781
建 筑 业 Construction	75110	155717
批发和零售业 Wholesale and Retail Trade	730763	936209
交通运输、仓储及邮政业 Transportation, Storage, Postal and Telecommunications Services	1308393	1008692
住宿和餐饮业 Accomodation and Catering services	204624	163331
信息传输、计算机服务和软件业 Information Transfer, Computer and Software Services	190738	317809
金 融 业 Banking	258781	33281
房地产业 Real Estate Development	1097508	1129341
租赁和商务服务业 Leasing Services and Commercial Services	195748	113582
科学研究、技术服务和地质勘查业 Scientific Research, Polytechnic Services and Geological Prospecting	189874	151251
水利、环境和公共设施管理业 Water Conservancy, Envrionment and Pulic Facilities	1330719	2449549
居民服务和其他服务业 Resident Services and other Services	12095	37498
教　育 Education	295402	292965
卫生和社会工作 Health and Social Work	171485	283316
文化、体育和娱乐业 Culture, Sports and Recreational Sevices	286388	205629
公共管理、社会保障和社会组织 Public management, Social Security and Social Organization	294854	490662
国际组织 International Organization		

5－13 城镇500万元以上项目制造业新增固定资产
NEWLY INCREASED MANUFACTURING FIXED ASSETS OF PROJECTS OVER 5 MILLION YUAN IN URBAN AREA

单位：万元　　(10 000 yuan)

项目 Item	2013	2012
制造业合计 Total	**8829090**	**6986627**
农副食品加工业 Food and Sideline Product Processing	378831	245380
食品制造业 Food Production	146707	115051
酒、饮料和精制茶制造业 Wine, Drinks and Refined Tea Processing	131406	69370
烟草制品业 Tobacco Processing	57541	12464
纺织业 Textile Industry	70435	25954
纺织服装、服饰业业 Garments and	194993	72517
皮革、毛皮、羽绒及其制品业和制鞋业 Leather, Furs, Down and Related Products(制鞋业)	14107	5837
木材加工及竹、藤、棕、草制品业 Timber Processing, Bamboo, Camboo, Cane, Palm Fiber and Straw Products	54739	73245
家具制造业 Furniture Products	138339	72390
造纸及纸制品业 Papemaking and Paper Products	342086	110583
印刷业和记录媒介的复制 Printing	148856	109959
文教、工美、体育和娱乐用品制造业 Culture Education, Industrial Arts Sporting and Entertainment	151050	2685
石油加工、炼焦及核燃料加工业 Petroleum Refining	310112	111964
化学原料及化学制品制造业 Raw Chemical Materials and Chemical Products	160704	216080
医药制造业 Medical and Phamaceutical Products	214980	533867
化学纤维制造业 Chemicial Fiber	8294	52500
橡胶和塑料制品业 Rubber and Plattic Products	318873	348612
非金属矿物制品业 Nonmetal Mineral Products	623229	452620
黑色金属冶炼及压延加工业 Smelting and Pressing of Ferrous Metals	311847	481841
有色金属冶炼及压延加工业 Smelting and Pressing of Nonferroys Metals	189605	44510
金属制品业 Metal Products	314562	244586
通用设备制造业 Ordinary Machinery	665396	397715
专用设备制造业 Equipment for Special Purposes	684823	724694
汽车制造业 Automobile Industry	1431226	1134783
铁路、船舶、航空航天和其他运输设备制造业 Railway, Ship, Aerospace and Other transportation Equipment	172391	169909
电气机械及器材制造业 Electric Equipment and Machinery	758827	334770
计算机、通信和其他电子设备制造业 Computer, Telecommunication and Other Ecectronic Devices	490391	337568
仪器仪表制造业 Instruments and Meters	107360	85407
其他制造业 Other Industry	42944	192869
废弃资源综合利用业 Utilization of Discard Resource and Material	123613	68060
金属制品、机械和设备修理业 Mineral Products, Machinery and Repair of Equipment	70823	138837

5-14 城镇500万元以上项目投资资金来源情况
SOURCE OF INVESTMENT FUNDS OF PROJECTS OVER 5 MILLION YUAN IN URBAN AREA

单位：万元 (10 000 yuan)

项目	Item	2013	2012
一、本年资金来源合计	**Total Sources of Funds this year**	**41184597**	**35475532**
1、上年末结余资金	Residual Funds last year	1133710	118028
2、本年资金来源小计	Subtotal Sources of Funds this year	40050887	35357504
(1)国家预算内资金	State Budgetary Appropriation	1350816	1816924
(2)国内贷款	Domestic Loans	6062020	4911437
(3)债　券	Bonds	67290	0
(4)利用境外资金	Foreign Investment	303427	657391
其中:境外直接投资	Direct Foreign Investment	121171	279935
(5)自筹资金	Fund Raising	30419450	26930260
#企事业单位自有资金	Funds Owned by Enterprises	3406686	6581385
(6)其他资金来源	Others	1847884	1041492
二、本年各项应付款合计	**All Account Payable this year**	**2858058**	**3309154**
其中:工 程 款	Funds of Projects	215871	350381

5－15　农村500万元以上项目固定资产投资情况

单位：万元　　　　　　　　　　　　　　　　　　　　　　　　　　　　　　　(10 000 yuan)

项　　目 Item	计量单位	2013	2012
计划总投资 Total Planned Investment	万元 (10 000 yuan)	308375	1098716
#本年新开工 Started this year	万元 (10 000 yuan)	142818	459266
自开始建设累计完成投资 Total Invesment from started	万元 (10 000 yuan)	289311	898922
本年完成投资 Total Investment completed this year	**万元 (10 000 yuan)**	**242110**	**533136**
#住宅投资 Investment in Residential Buildings	万元 (10 000 yuan)	0	980
(一)按登记注册类型分 Grouped by Ownership	万元 (10 000 yuan)		
1、内资企业 Domestic funded Enter prises	万元 (10 000 yuan)	242110	531149
国　　有 State-owned Units	万元 (10 000 yuan)	59209	170381
集　　体 Collective-owned Units	万元 (10 000 yuan)	5208	5560
股份合作 Cooperative of Share Holding	万元 (10 000 yuan)	5971	3170
联　　营 Joint-owned Economic Units	万元 (10 000 yuan)		
有限责任公司 Limited Liability Companies	万元 (10 000 yuan)	56406	218448
股份有限公司 Share-holding Corporations LTD.	万元 (10 000 yuan)	32950	38161
私营、个体 Private Units	万元 (10 000 yuan)	52651	60326
其他内资公司 Other Companies	万元 (10 000 yuan)	9715	34603
2、外商投资企业 Foreign-Funded Enterprises	万元 (10 000 yuan)		
3、港澳台投资企业 Economic Units Funded from Hong Kong, Macao and Taiwan	万元 (10 000 yuan)		1987

NON-FARMER HOUSEHOLD INVESTEMNT IN RURAL AREAS

项　　目 Item	计量单位	2013	2012
(二)按构成分 Grouped by Use of Funds			
建筑工程 Construction	万元 (10 000 yuan)	123796	306024
安装工程 Installation	万元 (10 000 yuan)	54473	88376
设备工器具购置 Purchase of Equipment and Instruments	万元 (10 000 yuan)	44615	64692
其它费用 Others	万元 (10 000 yuan)	19226	74044
(三)按建设性质分 Grouped by Type of Construction			
#新　　建 New construction	万元 (10 000 yuan)	187331	412410
扩　　建 Expansion	万元 (10 000 yuan)	8967	60368
改　　建 Reconsturcion	万元 (10 000 yuan)	44766	59858
本年新增固定资产 Newly Increased Fixed Assets this year	万元 (10 000 yuan)	125208	428592
本年施工项目个数 Number of Projects under Construction this year	个 (unit)	43	96
#本年新开工项目 Projects Started this year	个 (unit)	33	80
本年投产项目个数 Number of Projects Put into Use	个 (unit)	34	78
本年施工房屋面积 Floor Space of Householding this year	万平方米 (10 000 sq. m)	55.63	45.88
#住　　宅 Residential	万平方米 (10 000 sq. m)	0	0.63
本年竣工房屋面积 Floor Space of Completed Householding this year	万平方米 (10 000 sq. m)	7.98	34.38
#住　　宅 Residential	万平方米 (10 000 sq. m)	0	0.63

5－16 农村500万元以上项目固定资产投资情况
NON-FARMER HOUSEHOLD INVESTMENT IN RURAL AREAS

单位：万元 (10 000 yuan)

项目 Item	2013	2012
按国民经济行业分 Grouped by Sectors		
农、林、牧、渔业 Farming, Forestry, Animal Husbandry and Fishery	48524	106551
采矿业 Mining and quarrying		1231
制造业 Manufacturing	59616	157594
电力煤气及水的生产和供应业 Production and Supply of Electricity, Gas and Water	4939	46032
建筑业 Construction		
批发和零售业 Wholesale and Retail Trade		
交通运输、仓储及邮政业 Transportation, Storage, Postal and Telecommunication Services	1954	44620
住宿和餐饮业 Accomodation and Catering Services		
信息传输、软件和信息技术服务业 Information Transmission, Software and Services Industry		
金融业 Banking		
房地产业 Real Estate		105795
租赁和商务服务业 Leasing Services and Commercial Services		
科学研究、技术服务和地质勘查业 Scientific Research, Ploytechnic Services and Geological Prospecting	6399	11082
水利、环境和公共设施管理业 Water Conservancy, Environment and Public Facilities Management	23106	40537
居民服务和其他服务业 Resident Services and other Services	61058	3740
教育 Education		997
卫生、社会保障和社会福利业 Health Care, Social Security and Social welfare	30583	6027
文化、体育和娱乐业 Culture, Sports and Recreational Services		1597
公共管理和社会组织 Public Management and Social Organization	5431	7333
国际组织 International Organization		

5－17 农村农户(私人)固定资产投资
INDIVIDUAL INVESTMENT IN RURAL AREAS

项目 Item	2007	2008	2009	2010	2011	2012	2013
投资总计 Total	118863	118881	196888	306724	227773	151722	274283
一、私人建房 Building Construction by Individuals							
竣工房屋间数(间) Number of Buildings Completed (unit)	43955	32496	42236	58720	51058	45957	58408
#住宅 Residential Buildings	38999	29736	39377	54968	49102	45280	57031
竣工房屋面积(平方米) Floor Space of Buildings Completed(sq. m)	1475410	1024803	1505772	2021999	1468095	1383301	1572179
#住宅 Residential Buildings	1293190	914403	1391410	1871111	1399774	1362554	1479784
竣工房屋价值(万元) Value of Buildings Completed (10 000yuan)	80125	61396	119239	169280	130883	112896	184726
#住宅 Residential Buildings	71249	55876	110090	155260	124364	109950	181192
二、购买生产性固定资产投资(万元) Investment in Purchase of Productive Fixed Assets	38738	57485	77649	137444	96890	38826	89557

5-18 房 地 产 开 发 投 资
INVESTMENT IN REAL ESTATE DEVELOPMENT

单位：万元　　　　　　　　　　　　　　　　　　　　　　　　　　　　　(10 000 yuan)

项目	Item	2013	2012
房地产开发投资总额	**Total Investment**	**19056000**	**15748605**
一、按企业登记注册类型分	**Grouped by Type of Company Registration**		
(一)内　资	Domestic-Funded Enterprises	17559501	14104666
国　有	State-owned	1471853	1649901
集　体	Collective-owned	113418	173630
联　营	Joint-owned Companies	8382	6242
有限责任公司	Companies of Limited Liabilities	8735031	5942983
股份有限公司	Companies of Share Holding With Limited Liabilities	2137734	1869024
私营个体	Private Owned Enterprises	4607330	3764710
其他内资	Other Type of Enterprises	428548	682731
(二)港、澳、台商投资	Enterprises Funded by Enterpreneurs from Hongkong, Macao & Taiwan	1044518	970763
(三)外商投资	Foreign-Funded Enterprises	451981	673176
二、按构成分	**Grouped by Use of Funds**		
建筑工程	Construction	11865357	9849921
安装工程	Installation	1541715	1370409
设备工器具购置	Purchase of Equipment and Instruments	522797	415696
其他费用	Others	5126131	4112579
其中：土地购置费	Purchase of Land	2759840	2473957
三、按工程用途分	**Grouped by Function**		
住　宅	Residential Buildings	12507839	9914052
其中：别墅、高档公寓	Villas, High-Grade Flats	427777	501177
办 公 楼	Offices Buildings	1236820	1264736
商业营业用房	Buildings for Commercial or Business Purposes	2742557	2015252
其　他	Others	2568784	2554565
本年新增固定资产	Newly Increased Investment in Fixed Assets	4278141	6026282
待开发土地面积(平方米)	Land Space to be Developed (sq. m)	5606600	6540540
本年购置土地面积(平方米)	Land Space Purchased in this Year (sq. m)	5028212	4569526
本年土地成交价款	Turnover of land this year	1954520	1951731

5-19 房地产开发投资效率
EFFICIENCY OF INVESTMENT IN REAL ESTATE DEVELOPMENT

项目	Item	2013	2012
一、固定资产交付使用率(%)	Rate of Fixed Assets Put into Use(%)	22.5	38.3
新增固定资产(万元)	Newly Increased Fixed Assets(10 000 yuan)	4278141	6026282
投 资 额(万元)	Investment(10 000 yuan)	19056000	15748605
二、房屋建筑面积竣工率(%)	Completion Rate of Floor Space of Buildings (%)	7.9	15.3
房屋竣工面积(平方米)	Floor Space of Buildings Completed (sq. m)	6793066	10521281
房屋施工面积(平方米)	Floor Space of Buildings under Construction(sq. m)	85451294	68629675
#住宅建筑面积竣工率(%)	Completion Rate of Floor Space of Residential Buildings (%)	8.5	17.7
住宅竣工面积(平方米)	Floor Space of Residential Buildings Completed(sq. m)	5296953	8985746
住宅施工面积(平方米)	Floor Space of Residential Buildings under Construction (sq. m)	62257480	50689697
三、建设周期(年)	Cycle of Construction (year)	4.6	4.5
计划总投资(万元)	Total Planned Investment(10 000 yuan)	87352197	71036845
投 资 额(万元)	Investment(10 000 yuan)	19056000	15748605

5－20　房地产开发房屋面积和竣工房屋价值(2013)
FLOOR SPACE OF BUILDINGS UNDER CONSTRUCTION AND COMPLETED (2013)

项目 Item	房屋施工面积合计(平方米) Floor Space of Building under Construction total(sq. m)	本年新开工(平方米) Starting this year (sq. m)	房屋竣工面积(平方米) Floor Space of Buildings Completed (sq. m)	竣工房屋价值(万元) Value of Buildings Completed (10 000 yuan)
合计 Total	85451294	27917972	6793066	2279855
1. 住宅 Residential Buildings	62257480	20571528	5296953	1810497
#别墅高档公寓 Villas, High-Grade Flats	2075150	456789	181373	181677
2. 办公楼 Offices Buildings	3960551	1355849	334178	88634
3. 商业营业用房 Buildings for Commercial Purposes	9267945	2709063	637725	249526
4. 其他 Others	9965318	3281532	524210	131198

5-21 商品房屋销售、出租与待售情况(2013)
SALING, LEASING AND UNSOLD OF COMMERCIAL HOUSES (2013)

项 目 Item	商品房销售面积（平方米）Actually Sold (sq. m)			商品房销售额（万元）Actually Sold			待售面积（平方米）Vacant	
	合 计 Total	现房销售 Sold to Individuls	期房销售 Advance Booking	合 计 Total	现房销售 Sold to Individuls	期房销售 Advance Booking	合 计 Total	1-3 年 1-3 year
合 计 Total	19953562	5685702	14267860	15398990	4258825	11140165	6766087	4790553
住 宅 Residential Buildings	17504293	4559975	12944318	12669473	3087146	9582327	4591142	3273510
#别墅、高档公寓 Aillas, High-Grade Flats	514655	169798	344857	635042	185001	450041	687473	389613
办公楼 Offices Buildings	714357	428560	285797	669513	297467	372046	723338	662857
商业营业用房 Buildings for Commercial or Business Purposes	1239986	571314	668672	1724004	814591	909413	696791	356206
其 他 Others	494926	125853	369073	336000	59621	276379	754816	497980

5-22 按资质等级分房地产开发投资情况(2013)

BASIC STATUS OF INVESTMENT IN REAL ESTATE DEVELOPMENT GROUPED BY ENTERPRISE GRADE (2013)

项目 Item	总计 Total	一级 First Grade	二级 Secondary Grade	三级 Third Grade
计划总投资(万元) **Total Planning Investment (10 000 yuan)**	87352197	11997838	24112678	11739846
自开始建设至本年底累计完成投资 Accumulative Investment Actually Made Since Starting of Construction Up to the End of this year	56759558	8379479	16280003	8610632
本年完成投资(万元) **Investment Made in this year (10 000 yuan)**	19056000	2162380	4798990	2816149
按构成分: Grouped by use of Funds				
建筑工程 Construction	11865357	1486335	3283015	1515066
安装工程 Installation	1541715	150996	387566	420518
设备工器具购置 Purchase of Equipment and Instruments	522797	49296	72681	131604
其他费用 Others	5126131	475753	1055728	748961
其中:旧建筑物购置费 Purchase of Old Construction	273538	3965	22249	108690
土地购置费 Purchase of Land	2759840	283987	629921	328195
按工程用途分: Grouped by Use of Project				
住宅 Residential Buildings	12507839	1377676	3227573	1544614
其中:90 平方米以下住房 Residential Building Below $90m^2$	3909061	834347	707082	452843
别墅、高档公寓 Villas, High-Grade Flats	427777	24314	225922	57910
办公楼 Offices Buildings	1236820	99526	310631	190194
商业营业用房 Buildings for Commercial or Business Purposes	2742557	376039	636916	629275
其他 Other	2568784	309139	623870	452066
本年新增固定资产 New Increased Fixed Assets in this year	4278141	459210	766407	1497234
待开发土地面积(平方米) Land Space Undeveloped (sq. m)	5606600	301327	572659	438903
本年购置土地面积(平方米) Land Space Purchased in this year (sq. m)	5028212	299322	288262	326979
房屋施工面积(平方米) **Floor Space of Building Under Construction (sq. m)**	85451294	9477865	21934720	14873606
1. 住宅施工面积 Residential Space Under Construction	62257480	7688373	15532487	10400599
90 平方米以下住房施工面积 Residential Space Below $90m^2$ Under Construction	18776705	3761908	4310131	2124848
别墅、高档公寓施工面积	2075150	140210	564705	508112

续 表 1 Continued 1

项 目 Item	总 计 Total	一 级 First Grade	二 级 Secondary Grade	三 级 Third Grade
2. 办公楼面积 Floor Space of Office Building under Construction	3960551	392383	1189497	495726
3. 商业营业用房施工面积 Floor Space of Houses for Business Use under Construction	9267945	811973	2809606	2835764
4. 其他房屋施工面积 Floor Space of other Building under Construction	9965318	585136	2403130	1141517
本年新开工面积(平方米) New space started this year (sq. m)	**27917972**	**1651168**	**6094151**	**4344002**
1. 本年新开工住宅面积 New Residential Space Started this year	20571528	1280497	4599281	3108381
本年新开工90平方米以下住房面积 New Commom Resdidential Space Started this year	4589609	246788	574939	653623
本年新开工别墅、高档公寓面积 New Villa, Luxury Housing Space Started	456789	6621	140150	24275
2. 本年新开工办公楼面积 New Office Building Space Started	1355849	187406	324565	218421
3. 本年新开工商业营业用房面积 New Space of House for Business Use Started	2709063	30625	699752	576451
4. 本年新开工其他房屋面积 New Space of Other Building Started	3281532	152640	470553	440749
房屋竣工面积(平方米) Floor Space Completed (sq. m)	**6793066**	**891565**	**1745985**	**1146188**
1. 住宅竣工面积 Floor Space of Residental Completed	5296953	518704	1352570	896904
90平方米以下住房竣工面积 Floor Space of Common Residential Completed	1208268	270482	433825	135410
别墅、高档公寓竣工面积 Floor Space of Villa, Luxury Housing Completed	181373	0	128228	53145
2. 办公楼竣工面积 Floor Space of Office Building Completed	334178	124977	103003	41371
3. 商业营业用房竣工面积 Floor Space of House for Business Use Completed	637725	161201	202707	112395
4. 其他房屋竣工面积 Floor Space of Other Building Completed	524210	86683	87705	95518
商品房销售面积(平方米) Floor Space of Buildings Sold (sq. m)	**19953562**	**1780424**	**5990553**	**3433411**
1. 住宅销售面积 Floor Space of Residential Sold	17504293	1548817	5008784	2949062
90平方米以下住房销售面积 Floor Space of Common Residential Sold	4951575	551074	1047709	725782
别墅、高档公寓销售面积 Floor Space of Villa, Luxury Houses Sold	514655	27660	144339	151803

续 表 2 Continued 2

项 目 Item	总 计 Total	一 级 First Grade	二 级 Secondary Grade	三 级 Third Grade
2. 办公楼销售面积 Floor Space of Office Buildings Sold	714357	129315	257805	100441
3. 商业营业用房销售面积 Floor Space of Houses for Business Use Sold	1239986	99621	522014	339782
4. 其他房屋销售面积 Floor Space of other Houses Sold	494926	2671	201950	44126
商品房销售额(万元) Sales Value of Buildings (10 000 yuan)	**15398990**	**1413141**	**4699055**	**2591873**
1. 住宅销售额 Sales Value of Residential Buildings	12669473	1203979	3674554	2008402
90 平方米以下住房销售额 Sales Value of Common Residential Buildings	3194624	311440	764635	490692
别墅、高档公寓销售额 Sales Value of Villa, Luxury Buildings	635042	24140	244284	133053
2. 办公楼销售额 Sales Value of Office Building	669513	75008	170110	105934
3. 商业营业用房销售额 Sales Value of Houses for Business Use	1724004	132922	771764	453577
4. 其他房屋销售额 Sales Value of Other Buildings	336000	1232	82627	23960
现房销售面积(平方米) Floor Space of Present Buildings Sold (sq. m)	**5685702**	**497861**	**2023893**	**1787436**
1. 住宅现房销售面积 Sales Space of Present Buildings Sold	4559975	351398	1497541	1466955
90 平方米以下住房销售面积 Sales Space of Residential Buildings Below 90m^2	1536859	108981	314589	366594
别墅、高档公寓现房销售面积 Floor Space of Villa, Luxury Houses Sold	169798	13326	27447	126140
2. 办公楼现房销售面积 Floor Space of Present Office Buildings Sold	428560	129315	185039	86198
3. 商业营业用房现房销售面积 Floor Space of Present Houses for Business Use Sold	571314	14827	314401	201903
4. 其他房屋现房销售面积 Floor Space of Present other Buildings Sold	125853	2321	26912	32410
现房销售额(万元) Sales Value of Present Buildings(10 000 yuan)	**4258825**	**433808**	**1769356**	**1348457**
1. 住宅现房销售额 Sales Value of Present residential Buildings	3087146	338515	1124456	999130
90 平方米以下住房现房销售额 Sales Value of Present Commion Residential Buildings	939998	95914	236574	276079
别墅、高档公寓现房销售额 Sales Value of Present Villa, Luxury Houses	185001	13887	46193	118718
2. 办公楼现房销售额 Sales Value of Present Office Buildings	297467	75008	115921	91542
3. 商业营业用房现房销售额 Sales Value of Present Houses for Business Use	814591	19470	513649	242072
4. 其他房屋现房销售额 Sales Value of Present other Houses	59621	815	15330	15723

续 表 3 Continued 3

项目 Item	总计 Total	一级 First Grade	二级 Secondary Grade	三级 Third Grade
期房销售面积(平方米) Floor Space of Future Buildings Sold (sq. m)	14267860	1282563	3966660	1645945
1. 住宅期房销售面积 Floor Space of Future Residential Buildings Sold	12944318	1197419	3511243	1482107
90 平方米以下住房期房销售面积 Floor Space of Future Common Residential Buildings Sold	3414716	442093	733120	359188
别墅、高档公寓期房销售面积 Floor Space of Future Villa, Luxury Houses Sold	344857	14334	116892	25663
2. 办公楼期房销售面积 Floor Space of Future Office Buildings Sold	285797	0	72766	14243
3. 商业营业用房期房销售面积 Floor Space of Future Houses for Business Use Sold	668672	84794	207613	137879
4. 其他房屋期房销售面积 Floor Space of Future other Houses Sold	369073	350	175038	11716
期房销售额(万元) Sales Value of Future Buildings(10 000 yuan)	11140165	979333	2929699	1243406
1. 住宅期房销售额 Sales Value of Future Residential Houses	9582327	865464	2550098	1009272
90 平方米以下住房期房销售额 Sales Value of Future Common Residential Houses	2254626	215526	528061	214613
别墅、高档公寓期房销售额 Sales Value of Future Villa, Luxury Houses	450041	10253	198091	14335
2. 办公楼期房销售额 Sales Value of Future Office Buildings	372046	0	54189	14392
3. 商业营业用房期房销售额 Sales Value of Future Houses for Business Use	909413	113452	258115	211505
4. 其他房屋期房销售额 Sales Value of Future other Houses	276379	417	67297	8237
待售面积(平方米) Unsold Floor Space (sq. m)	6766087	352694	2326882	1825382
1. 住宅待售面积 Unsold Floor Space of Residential Buildings	4591142	220574	1649184	1030109
90 平方米以下住房待售面积 Unsold Floor Space of Residential Buildings	810464	58303	124275	204832
别墅、高档公寓待售面积 Unsold Floor Space of Villa, Luxury Houses	687473	62794	377956	82257
2. 办公楼待售面积 Unsold Floor Space of Office Buildings	723338	42811	77692	537567
3. 商业营业用房待售面积 Unsold Floor Space of Houses for Business Use	696791	60005	238270	169043
4. 其他房屋待售面积 Unsold Floor Space of other Houses	754816	29304	361736	88663

5-23 房地产开发资金来源情况
SOURCES OF FUNDS OF BUILDINGS DEVELOPED

单位:万元　　　　(10 000 yuan)

项目	Item	2013	2012
一、本年实际到位资金合计		29453148	26823803
1、上年末结余资金	Residual Funds last year	5164568	4838634
2、本年实际到位资金小计		24288580	21985169
(1)国内贷款	State Budgetary Appropriation	5480295	3664550
其中：银行贷款	Loans of Bank	4836832	3305366
(2)利用外资	Foreign Investment	0	12700
其中：外商直接投资	Direct Foreign Investment	0	12200
(3)自筹资金	Fund Raising	8792803	8572350
其中:自有资金	Funds Owned by Enterprises	4073790	3331015
(4)其他资金来源	Other Resoureces of Funds	10015482	9735569
二、本年各项应付款合计	All Account Payable this year	4223732	2748508
其中:工 程 款	Funds of Projects	2004224	1500315

5－24 建筑企业生产情况(2013 年)

单位:千元

项目 Item	企业个数 Number of Enterprises 建筑业企业个数(个) Number of Construction Enterprises (unit)	合同情况 About Contracts 签订的合同额 Value of Signed Contracts
总计 Tota	1274	958320521
其中:国有及国有控股企业 of the Total:State-holding Enterprises	124	645629129
一、按登记注册类型分组 Grouped by Ownership		
内资企业 Domestic Funded Enterprises	1261	957751143
国有企业 State-owned	45	20948054
集体企业 Collective-owned	21	1641726
股份合作企业 Cooperative Enterprises of Share Holding	2	147440
联营企业 Joint-owned	1	93060
有限责任公司 Companies of Limited Liabilities	535	798240694
股份有限公司 Share-holding	41	34962428
私营企业 Private-owned	615	101717051
其他企业 Others	1	690
港、澳、台商投资企业 Enterprises Funded by Entrepreneurs from Hongkong, Macao & Taiwan	11	563205
外商投资企业 Foreign Funded	2	6173
二、按国民经济行业分组 Grouped by Sector		
房屋建筑业 Buildings	455	486377074
土木工程建筑业 Civil Engineering Construction	163	407191978
建筑安装业 Equipment Installation	315	43398284
建筑装饰业和其他建筑业 Construction Decoration and Other Construction	340	21335065

PRODUCTION OF CONSTRUCTION ENTERPRISE (2013)

(1 000 yuan)

建筑业总产值 Gross Output Value				竣工产值 Output Value of Completed Construction
建筑业总产值 Gross Ouput Value	建筑工程产值 Value of Construction	安装工程产值 Value of Installation	其他产值 Others	
487923623	425292627	46385955	16245041	224574680
281899521	252320210	20239109	9340202	82675863
487395083	424845529	46338284	16211270	224228389
12065088	7107885	1945040	3012163	7557263
1340634	926383	410636	3615	1067304
116448	26793	89655	0	35784
96000	96000	0	0	0
391355860	348884516	34927043	7544301	161771738
16535795	13179313	947230	2409252	8335593
65884568	54623949	8018680	3241939	45460017
690	690	0	0	690
522367	441101	47671	33595	440118
6173	5997	0	176	6173
262556997	227735237	29008204	5813556	163250310
180636770	173167748	3416951	4052071	30741700
27051682	15387594	8552924	3111164	17918615
17655074	9002048	5384776	3268250	12764055

续 表

单位:千元

项目 Item	房屋建筑施工面积(平方米) Floor Space of Buildings under Construction (sq. m)		施工机械设备 Machinery and Equipment
	房屋建筑施工面积 Floor Space of Buildings under Consturction	其中:本年新开工面积 New Space Started this year	年末自有施工机械设备(净值)(千元) Net Value of Machinery and Equipment Self-owned (1 000 yuan)
总计 **Tota**	**263690350**	**121510911**	**18763688**
其中:国有及国有控股企业 of the Total:State-holding Enterprises	121222680	35810473	12431795
一、按登记注册类型分组 **Grouped by Ownership**			
内资企业 Domestic Funded Enterprises	263690350	121510911	18757142
国有企业 State-owned	743711	45773	439839
集体企业 Collective-owned	975289	668519	57549
股份合作企业 Cooperative Enterprises of Share Holding	2200	0	902
联营企业 Joint-owned	0	0	0
有限责任公司 Companies of Limited Liabilities	214164208	98857242	15471626
股份有限公司 Share-holding	7943914	3539351	413631
私营企业 Private-owned	39861028	18400026	2369540
其他企业 Others	0	0	4055
港、澳、台商投资企业 Enterprises Funded by Entrepreneurs from Hongkong, Macao & Taiwan	0	0	6406
外商投资企业 Foreign Funded	0	0	140
二、按国民经济行业分组 **Grouped by Sector**			
房屋建筑业 Buildings	246556759	111597937	5287579
土木工程建筑业 Civil Engineering Construction	9000115	4361035	12140382
建筑安装业 Equipment Installation	7964927	5499709	900959
建筑装饰业和其他建筑业 Construction Decoration and Other Construction	168549	52230	434768

Continute

(1 000 yuan)

施工机械设备 Machinery and Equipment		从业人员情况 Employees		房屋建筑竣工面积(平方米) Floor Space Completed (sq. m)	
年末自有施工机械设备(总台数)(台) Number of Machinery and Equipment Self-owned (set)	年末自有施工机械设备(总功率)(千瓦) Total Power of Machinery and Equipment Self-owned (kw)	直接从事生产经营活动的平均人数(人) of Employees (person)	年末从业人数(人) Number of Employees at Year-end (person)	合计 Total	住宅房屋 Residential Houses
234650	6226609	707153	772434	101039301	65850958
99215	4073497	218562	244423	17221343	10369847
233466	6223397	704778	769949	101039801	65350958
10146	225295	25321	24526	299504	133723
3537	45605	5114	5763	715125	586840
338	183	113	390	0	0
0	0	44	88	0	0
159931	4916128	497165	546697	78042477	49371839
7348	252167	18100	16869	2249922	1232246
52142	780506	158895	175568	19732773	14526320
24	3513	26	48	0	0
1054	2792	2355	2460	0	0
130	420	20	25	0	0
119086	1611419	485724	534167	95544276	61211648
85117	4043119	130598	145090	601662	415655
18880	389566	56894	57773	4844043	4132599
11567	182505	33843	35307	49820	41065

5-25 建筑企业财务情况(2013 年)

单位:千元

项目 Item	一、年末资产负债 Assets and Liabilities and Year-end		
	流动资产合计 Liquied Assets	固定资产合计 Fixed Assets	累计折旧 Accumulated Depreciation
总计 Tota	**338409261**	**65430549**	**26590669**
其中:国有及国有控股企业 of the Total:State-holding Enterprises	244562342	49274147	19909418
一、按登记注册类型分组 Grouped by Ownership			
内资企业 Domestic Funded Enterprises	337195230	65412769	26564507
国有企业 State-owned	10412390	1119229	746934
集体企业 Collective-owned	756165	124612	57744
股份合作企业 Cooperative Enterprises of Share Holding	82103	11080	5826
联营企业 Joint-owned	198646	27355	10161
有限责任公司 Companies of Limited Liabilities	267667939	55537609	22149530
股份有限公司 Share-holding	20179640	1338025	776544
私营企业 Private-owned	37893816	7250804	2813313
其他企业 Others	4531	4055	4455
港、澳、台商投资企业 Enterprises Funded by Entrepreneurs from Hongkong, Macao & Taiwan	1208252	16788	24492
外商投资企业 Foreign Funded	5779	992	1670
二、按国民经济行业分组 Grouped by Sector			
房屋建筑业 Buildings	130500291	14109586	5902409
土木工程建筑业 Civil Engineering Construction	173204986	46514677	17487089
建筑安装业 Equipment Installation	24737936	3232329	2372881
建筑装饰业和其他建筑业 Construction Decoration and Other Construction	9947956	1569352	827488

THE FINANCIAL SITUATION IN CONSTRUCTION ENTERPRISES (2013)

(1 000 yuan)

一、年末资产负债 Assets and Liabilities and Year-end			二、损益及分配 Profits Loss and Distribution	
资产合计 Total Assets	负债合计 Total Liabilities	所有者权益合计 Creditor's Equity	营业收入 Operational Imcome	主营业务收入 Sales Income of Products
441951845	**336004587**	**105936989**	**503177850**	**499849710**
323398769	272755341	50643428	308239916	305302950
440203709	335115916	105077524	502601784	499276652
12062622	9043852	3018770	14174010	13692600
895642	547073	348569	1230277	1230277
98122	28943	69179	114163	114163
226001	184681	41320	120444	120444
355638456	279957040	75671147	404698343	402611681
22503916	19651079	2852837	19042517	18432804
48767864	25702731	23065133	63221375	63074028
11086	517	10569	655	655
1740843	887255	853588	570722	567714
7293	1416	5877	5344	5344
161223351	113414875	47808476	254923728	254164378
237880833	196674993	41205840	199146482	197803403
30594336	19484799	11109537	32179385	31045216
12228361	6420070	5798022	16907255	16815713

续 表

单位:千元

项　　目 Item	二、损益及分配 Profits Loss and Distribution		
	营业成本 Sales Cost	主营业务成本 Main Sales Cost	营业税金及附加 Main Business Taxes and Extras
总　计 Tota	**445643302**	**442020535**	**17908711**
其中:国有及国有控股企业 of the Total:State-holding Enterprises	276967535	274676793	9881425
一、按登记注册类型分组 Grouped by Ownership			
内资企业 Domestic Funded Enterprises	445160258	441539491	17890741
国有企业 State-owned	12481271	12424200	431813
集体企业 Collective-owned	1072870	1056178	43910
股份合作企业 Cooperative Enterprises of Share Holding	89884	89884	3503
联营企业 Joint-owned	111081	99413	4070
有限责任公司 Companies of Limited Liabilities	360039344	357427240	14363970
股份有限公司 Share-holding	17037954	16406197	590461
私营企业 Private-owned	54327372	54035897	2452992
其他企业 Others	482	482	22
港、澳、台商投资企业 Enterprises Funded by Entrepreneurs from Hongkong,Macao & Taiwan	478660	476660	17789
外商投资企业 Foreign Funded	4384	4384	181
二、按国民经济行业分组 Grouped by Sector			
房屋建筑业 Buildings	228236041	226926475	9803879
土木工程建筑业 Civil Engineering Construction	175812498	174702704	6674525
建筑安装业 Equipment Installation	27326441	26568446	887957
建筑装饰业和其他建筑业 Construction Decoration and Other Construction	14250612	13805200	541453

Continute

(1 000 yuan)

二、损益及分配 Profits Loss and Distribution				
主营业务税金及附加 Main Business Taxes and Extras	营业利润 Operating Profits	利润总额 Total Profits	应交所得税 Income Tax Payable	应付职工薪酬（本年贷方累计发生额） Employee Compensation
17727601	**17004541**	**17472127**	**4306335**	**41563516**
9731633	7080561	7424808	1452462	21029201
17709738	16972947	17453462	4297419	41466740
338692	546176	547932	101721	1503246
43910	61666	59594	20322	203150
3503	8916	9666	1088	4152
4070	9362	9847	2470	10563
14293777	12527803	12868937	3136392	31303899
589295	423943	468606	88941	398738
2436469	3395195	3488994	946485	7042502
22	-114	-114	0	440
17682	31894	18965	8915	96116
181	-300	-300	1	660
9788484	9250512	9295535	2558973	24889342
6621101	5318599	5624068	1174980	12153983
783182	1707817	1726087	366422	2969651
533937	726594	825418	205540	1547553

5-26 建筑业主要经济效益指标(2013年)
MAIN ECONOMIC INDICATOR OF CONSTRUCTION (2013)

项目 Item	全员劳动生产率(按建筑业总产值计算)(元/人) Overall Labor Productivity (yuan/person)	资产负债率(%) Ratio of Liabilitiesto Assets (%)	产值利润率(%) Output Value-Profit Ratio(%)
总计 Tota	689983	76.03	3.6
一、按登记注册类型分组 Grouped by Ownership			
国有企业 State-owned	476485	74.97	4.5
集体企业 Collective-owned	262150	61.08	4.4
股份合作企业 Cooperative Enterprises of Share Holding	1030513	29.50	8.3
联营企业 Joint-owned	2181818	81.72	10.3
有限责任公司 Companies of Limited Liabilities	787175	78.72	3.3
股份有限公司 Share-holding	913580	87.32	2.8
私营企业 Private-owned	414642	52.70	5.3
其他企业 Others	26538	4.66	-16.5
港、澳、台商投资企业 Enterprises Funded by Entrepreneurs from Hongkong, Macao & Taiwan	221812	50.97	3.6
外商投资企业 Foreign Funded	308650	19.42	-4.9

主 要 统 计 指 标 解 释

全社会固定资产投资 固定资产投资是社会固定资产再生产的主要手段。通过建造和购置固定资产的活动，国民经济不断采用先进技术装备，建立新兴部门，进一步调整经济结构和生产力的地区分布，增强经济实力，为改善人民物质文化生活创造物质条件。这对我国的社会主义现代化建设具有重要意义。

固定资产投资额是以货币表现的建造和购置固定资产活动的工作量，它是反映固定资产投资规模、速度、比例关系和使用方向的综合性指标。全社会固定资产投资包括城镇建设项目投资、房地产开发投资、农村非住户建设项目投资、农村私人（农户）固定资产投资。城镇和农村非农户建设项目投资统计范围包括：城乡各种登记注册类型的企业、事业、行政单位及个体户进行的计划总投资（或实际需要总投资）500万元及以上的建设项目。

固定资产投资按国民经济行业分 建设项目归哪个行业，按其建成投产后的主要产品或主要用途及社会经济活动性质来确定。基本建设按建设项目划分国民经济行业，更新改造、国有经济单位其他固定资产投资及城镇集体投资根据整个企业、事业单位所属的行业来划分。一般情况下，一个建设项目或一个企业、事业单位只能属于一种国民经济行业。为了更准确地反映国民经济各行业之间的比例关系，联合企业（总厂）所属分厂属于不同行业的，原则上按分厂划分行业。

施工和竣工房屋建筑面积 房屋建筑面积是从房屋外墙线算起的各层平面面积的总和，包括房屋结构（如柱、墙）占用的面积和地下室面积。多层建筑按各自然层面积总和计算，包括房屋内的楼隔层，突出墙面的眺望间、门斗、有柱雨罩的面积。不包括突出墙面结构的构件、艺术装饰等所占的面积，如台阶等。凹阳台、挑阳台按其水平投影面积一半计算建筑面积。

住宅建筑面积 指施工和竣工房屋建筑面积中供居住用的施工和竣工房屋建筑面积。

竣工面积 指在报告期内房屋建筑按照设计要求已全部完工，达到住人和使用条件，经验收鉴定合格，正式移交使用单位的建筑面积。

建筑业总产值 指建筑业企业或附营建筑施工单位自行完成的按工程进度计算的建筑安装生产总值。建筑业产值包括：①建筑工程产值：指列入建筑工程预算内的各种工程价值。②设备安装工程产值：指设备安装工程价值。③房屋、构筑物修理产值：指房屋、构筑物修理所完成的价值，但不包括被修理房屋、构筑物本身的价值和生产设备的修理价值。④非标准设备制造产值：指加工制造没有定型的，非标准的生产设备的加工费和原材料价值，不论是现场还是附属加工厂为本单位承建工程制造的非标准设备的价值，都应计算产值。

房屋建筑施工面积 指在报告期内施工的全部房屋建筑面积，包括本期内新开工的，上期施工跨入本期继续施工、上期停建本期复工的房屋建筑面积；不包括工期开工后又停工，本期未施工的房屋建筑面积。

房屋建筑峻工面积 指在报告期内，按照设计所规定的内容全部完成，达到了设计规定的交工条件，经有关部门检查验收鉴定合格的房屋建筑面积。

工程结算收入 指企业（或单位）按工程的分部分项自行完成的建筑产品价值并已与甲方在报告期内办理结算手续的工程价款收入，以及向甲方收取的除工程价款以外的按规定列作营业收入的各种款项，如临时设施费、劳动保险费、施工机械调迁费等以及向甲方收取的各种索赔款。

工程结算利润 指结算工程实现的利润。如为亏损以“—”号表示。其计算公式为：

工程结算利润 = 工程结算收入—工程结算成本—工程结算税金及附加

企业总收入 指与企业生产经营直接有关的各项收入，包括工程结算收入和其他业务收入，即：

企业总收入 = 工程结算收入 + 其他业务收入

Explanatory Notes on Main Statistical Indicators

Total investment in Fixed Assets Investment in fixed assets is the essential means for social reproduction of fixed assets. By means of construction and purchase of fixed assets, more advanced technologies and equipment are adopted in the national economy, and new sectors are established, which promote the adjustment of economic structure and the regional distribution of productive forces and enhance the economic strengths so as to provide the material condition for improving the people's livelihood. This is significant for speeding up the drive of socialist modernization in city.

Amount of investment in fixed assets refers to the volume of activities in construction and purchases of fixed assets in monetary terms. It is a comprehensive indicator which shows the size, pace, proportional relations and use orientation of the investment in fixed assets. The investment in fixed assets in the whole country. includes the investment in captial construction projects in urban, construction projects of non individuals in rural, the investment by individuals in rural areas. Statistics on the investment in capital construction projects in urabn and non individuals in rural areas cover construction projects of 50 000 yuan and above which are invested by enterprises, institutions, of administrative units and individuals registed in urban and rural areas.

Investment in Fixed Assets by Sector The classification of construction projects by sector is determined by the major products or the purpose of the projects when they are put into production or use, and by the nature of their social economic activities. The investment in capital construction is classified by construction projects, while investment in innovation, other investment by state owned units and urban collective units are classified according to the sector which the whole enterprise or institution belongs to. In general, one project or one enterprise or institution can only belong to one sector. In order to reflect more accurately the proportions among various sectors, the branch factories of integrated complex are classified into different sectors according to their economic activities.

Floor Space of Buildings Under Construction and Completed refers to total floor space in each story of buildings calculated from the outside line of building walls, including the space occupied by constructions like pillars or walls and basements. The floor space of multi-story building includes the total floor space of each story, including area occupied by separating walls, watching rooms, doorways, and pillars, but excluding protruding wall structures, artistic decoration, etc.

(for example, flight of steps) . The space of recessed verand and tantilevered balcony is counted by half of the projection area.

Floor Space of Residential Buildings refers to the floor space of the residential buildings under construction and completed among the total space of buildings under construction and completed.

Floor Space of Building Completed refers to the floor space of buildings completed in the reference period, which have come up to the designed standards and have been put into use.

Gross Output Value of Construction refers to the gross output value of construction and installation projects that are undertaken by construction enterprises or affiliated constructing units, calculated in line with the planned schedule. It includes: .

(1) Output value of construction projects, that is the value of projects covered by the project budgets;

(2) Output value of installation projects, that is the value of the installation of equipment;

(3) Output value of repair of buildings and structures, that is the value created through the repairs of buildings or structures being repaired and the value of the repair of production equipment;

(4) Output value of manufactured nonstandard equipment, that is the value of nonstandard production equipment (including raw materials and manufacturing cost) made for the construction project, irrespective of whether the equipment is manufactured on the construction site or by subsidiary workshops.

Floor Space of Buildings Under Construction refers to floor space of buildings under construction during the reference period, including newly started buildings, buildings started earlier and continued during the reference period, and buildings suspended earlier but restarted during the reference period. Excluded are buildings started and then suspended earlier that have not been restarted during the reference time.

Floor Space of Buildings Completed refers to the floor space of buildings that are completed in the reference period in accordance with the requirements of the design, up to the standard for putting them into use, and have been checked and accepted by concerned departments as qualified ones.

Income from Settlement of Projects refers to the income received by the construction enterprise/unit from the completed portion of the project through settlement procedures with the contractee during the reference period, and othercharges to the contractee as operational costs, such as facility fee, labor insurance premium, moving cost of construction unit, as well as various types of claims to the contractee.

Profit from Settlement of Projects refers to profit realized through settled projects. It is calculated with the following formula:

Profit from Settlement = Income from Settlement - Settled Cost -Settled cost of Projects and Other Cost

Total Revenue of Enterprises refers to the sum of income from production and operation of enterprises, including income from settlement of projects and other operational income, namely:

Total Revenue = Income from Settlement + Other Operational Income of Enterprises of Projects

六、公用事业

URBAN PUBLIC UTILITIES

资料整理人员:胡　海

STAFF FOR DATA PROCESSING: Hu Hai

简要说明

本篇资料反映武汉城市建设面貌，其内容根据市建委、市交委提供的2012年《城市、县城建设统计报表制度》汇总整理而成。

Brief Introduction

The data in this chapter reflect the feature of urban construction and public utilities. Data are collected, prepared and provided by committee of Housing and Urban-Rural Development of Wuhan.

6－1 道路、下水道、堤防、绿化情况
ROADS, DRAINPIPES, DIKES AND VIRESCENCE

项 目 Item	2013	2012
道路长度(公里) Length of Roads (km)	4833	5245
道路面积(万平方米) Area of Roads (10 000 sq. m)	8384	9027
#人行道面积(万平方米) Area of Pavenment(10 000 sq. m)	2333	2231
人均拥有道路面积(平方米) Per Capital Area of Roads(sq. m)	13.3	14.4
污水年排放量(万吨) Annual Discharge Volume of Sewage (10 000 tons)	71643	66420
污水处理厂(座) Daily Plant of Sewage(seat)	19	14
#二、三级处理(座) The Second,Third Disposal Plants of Sewage(seat)	15	12
污水处理能力(万立方米/日) Daily Disposal Capacity of Sewage (10 000 tons/day)	215.5	194.3
#二、三级处理(万立方米/日) The Second,Third Disposal Plants of Sewage(10 000 cu. m/day)	168.5	180.8
其他污水处理设施处理能力(万立方米/日) Other Daily Disposal Capacity of Sewage(10 000 tons/day)	4.9	4.9
污水处理总量(万立方米) Total Capacity of Sewage(10 000 tons/day)	66557	58970
排水管道长度(公里) Length of Drain Pipes (km)	9010	8173
建成区排水管道密度(公里/平方公里) Length of Drain Pipes (km)	16.6	15.7
城市生活污水集中处理率(%) Percentage of Collective Disposal of Sewage(%)	95.4	88.8
污水处理厂集中处理率(%) Percentage of Collective Disposal of Sewage(%)	92.9	86.1
防洪堤长度(公里) Length of Anti-Flood Dikes (km)	808	808
人均公园绿地面积(平方米) Park green area per capita(sq. m)	10.5	10.5
建城区绿地率(%) Greenbelt rate of built－up area (%)	32.9	32.9
建城区绿化覆盖率(%) Coverage Rate of Green Area in Developed Area (%)	38.2	38.2

注:2012 年道路长度、道路面积、人行道面积和人均道路面积为全口径普查数,2013 年道路长度、道路面积和人均道路面积不含公路数。

Note: Length of roads, area of roads, area of pavenment and percapital area of roads are consistent with overall survey.

6-2 自来水情况
BASIC STATISTICS ON TAP WATER SUPPLY

项目 Item	2013	2012
水厂综合生产能力(万吨/日) General Productive Capacity (10 000 tons/day)	453	446
供水管网长度(公里) Length of Water Supply Pipelines (km)	11293	10536
供水总量(万吨) Total Volume of Water Supply (10 000 tons)	115473	110785
售水总量(万吨) Sales Volume of Tap Water (10 000 tons)	90571.6	87199
居民家庭用水(万立方米) For Residential Use(10 000 cu. m)	48212	47385
行政事业用水量(万立方米) Water Use of Administrative Institutions(10 000 cu. m)	12680	12080
工业用水量(万立方米) Water Use of Industry(10 000 cu. m)	17136	18173
经营服务用水量(万立方米) Water Use of Businesss Services(10 000 cu. m)	12249	9288
特种行业用水量(万立方米) Water use of Special Industry(10 000 cu. m)	294	273
免费供水量(万立方米) Supply of Water for Free (10 000 cu. m)	9329	8392
自备水取水量(万立方米) Withdrawals of Owned Water(10 000 cu. m)	10784	10767
* 工业取水量(万立方米) * Withdrawals of Industry(10 000 cu. m)	9661	9380
其他取水量(万立方米) Withdrasals of Other(10 000 cu. m)	1124	1387
万元 GDP 用水量(立方米/万元)(含一产业) Water Consumption of Annual ten Thousands GDP(include Primary Industry)	44	49
万元 GDP 用水量(立方米/万元)(不含一产业) Water Consumption of Annual ten Thousands GDP(Not include Primary Industry)	32	35
万元工业增加值用水量(立方米/万元) Water consumption of Per Unit of Indutry Added Value ($1m^3$/10 000 yuan)	51	63
城市居民生活用水量(L/人.日) Living Water Comsumption of Urban Individuals(L/person. day)	173.4	173.8
工业用水量重复利用率(%) Peuse Rati of Water Use by Industry(%)	88.5	88.4

注:资料由市水务局提供。* 自备水工业取水量不含火力发电直流冷却用水量。

Note: The data above was provided by Wuhan Bureau of Water Service.

6-3 公共交通情况
PUBLIC TRAFFIC

项目 Item	2013	2012
营运公共车辆(辆) Operating Public Vehicles (unit)	7594	7375

#公共汽车(辆)
Buses(unit)
	7383	7168

无轨电车(辆) Trolley Buses (unit)	211	207
标准营运车数(标台) Number of Operating Public Vehicles (converted into standard unit)	10084	9823
客运总量(万人次) Passenter Traffic(10 000 persons)	149713	158478
每万人拥有公共交通车辆(标台)(按城区人口计算) Per 10 000 Capital Public Vehicles (converted into standard unit)	13.9	14.2
营运出租汽车(辆) Operating Taxes (unit)	16597	16597
营运渡江客轮(艘) Operating Ferries (unit)	37	37
渡江客轮客运总数(万人次) Number of Passengers Carried by Ferries (10 000 persons-times)	978	1111
轨道交通运营车数(辆) Number of Operating Light Rail Vehicles (unit)	402	132
轨道交通客运总量(万人次) Number of Passagers Carried by Light Rail (10 000 persons)	27343	8288

注:轨道交通运营车数和客运总量2012年为轻轨的数据。

Note: In 2012 the rail transit vehicle number and total passenger traffic are the data of Light rail.

6-4 城市天燃气情况
BASIC STATISTICS ON SUPPLY OF GAS

项目 Item	2013	2012
储气能力(万立方米) Gross Productive Quantity (10 000 cu. m)	80	80
供气管道长度(公里) Length of Pipeline (km)	7244	6981
销售气量(万立方米) Volume of Sale (10 000 cu. m)	140000	120031
#居民家庭(万立方米) Residential Household (10,000 cu. m)	25060	21513
用气户数(户) Number of Consumers (houshold)	1633757	1576433
#家庭用户 Household Consumers	1617081	1568543
用气人口(万人) Population with Access to Gas (10 000 Persons)	513	495
汽车加气站座数(座) Gas Supply Seat (seat)	59	46

6-5 市区清洁卫生情况
ENVIRONMENT AND SANITATION IN THE CITY PROPER

项目	Item	2013	2012
生活垃圾无害化处理率(%)	Percentage of Harmless Treatment for Living Carbage (%)	100	95.11
实际清扫面积(万平方米)	Actual Area Cleaned (10 000 sq. m)	10040	8857
清运生活垃圾量(万吨)	Volume of Garbage Disposal (10 000 tons)	264	225
生活垃圾无害化处理厂(场)(座)	Treatment Farms for Making Garbage Harmless(unit)	7	5
无害化垃圾处理能力(吨/日)	Treatment Capacity (ton/day)	10600	7722
生活垃圾处理量(万吨)	Treatment Capacity of Living Garbage(10 000 tons)	264	225
生活垃圾无害化处理量(万吨)	Treatment Capacity of Non-harm Living Garbage(10 000 tons)	264	214
公共厕所(座)	Number of Public Lavatories (set)	834	864

七、公共交通 邮电

PUBLIC TRANSPORTION POST AND TELECOMMUNICATIONS

资料整理人员： 陈至勇　方　青　周　炜

STAFF FOR DATA PROCESSING：

Chen Zhiyong　Fang Qing　Zhou Wei

简要说明

本篇交通、邮电资料内容包括交通运输全行业(水路、铁路、公路、航空)运行情况和邮政电信业务基本情况。交通部分内容由武汉市交委提供,邮电部分内容由武汉市电信局提供。

Brief Introduction

Data in this chapter present the development of transportation (railway、highways、waterways、aviation), post and telecommunications in Wuhan. DEata on transportation are from transportation Commission of Wuhan. Data on postal and telecommunication services are from Bureau of Telecom of Wuhan.

7-1 全社会交通运输量
TOTAL PASSENGER AND FREIGHT TRAFFIC

项目	Items	2013	2012
换算周转量(亿吨公里)	Total Ton-Kilometers (Including Freight-ton-KM and converted passenger-KM)	3342.25	3012.12
铁路	Railway	1961.20	1857.70
水运	Water Way	887.87	719.99
航空	Civil Aviation	12.36	10.88
公路	High Way	480.82	423.55
客运量(万人)	Passenger Traffic (10 000 persons)	29620.29	27492.4
铁路	Railway	12104.00	9764.9
航空	Civil Aviation	995.29	933.5
公路	High Way	16521.00	16794
旅客周转量(亿人公里)	Passenger-Km (100 mil. passenger-Km)	1011.82	897.34
铁路	Railway	763.00	663.6
航空	Civil Aviation	124.06	106.36
公路	High Way	124.76	127.38
货运量(万吨)	Freight Traffic (10 000 tons)	44528.75	42460.31
铁路	Railway	9010.40	9177.40
水运	Water Way	10485.55	8919.34
航空	Civil Aviation	9.80	9.57
公路	High Way	25023.00	24354.00
货物周转量(亿吨公里)	Freight Ton-KM (100 mil. ton-KM)	2555.96	2326.33
铁路	Railway	1198.20	1194.10
水运	Water Way	887.87	719.99
航空	Civil Aviation	1.54	1.42
公路	High Way	468.35	410.82
旅客吞吐量(万人)	Passenger throughtput (10 000 persons)	1570.61	1398.06
机场(天河)	Airport (Tian He)	1570.61	1398.06
货物吞吐量(万吨)	Cargo throughtput (10 000 tons)	7714.95	7642.82
机场(天河)	Airport (Tian He)	12.95	12.82
港口	Pore	7702.00	7630
其中:集装箱(万 TEU)	#Container (10 000 TEU)	85.3	76

7-2 客　　运　　量
PASSENGER TRAFFIC

单位:万人　　　　(10000 persons)

年　份 Year	总　计 Total	铁　路 Railway	公　路 Highway	水　运 Waterway	民用航空 Civil Aviation
1978	4337.60	2138.50	833.20	1361.70	4.20
1980	5482.30	2337.40	1521.90	1615.70	7.30
1985	6518.90	2119.90	2636.30	1754.00	8.70
1986	6389.90	1841.90	2963.80	1573.80	10.40
1987	7480.20	2851.10	3096.40	1514.50	18.20
1988	7688.30	3177.50	2860.70	1634.60	16.00
1989	7263.10	2781.60	2951.00	1517.40	13.10
1990	6266.80	2088.00	2996.20	1166.40	16.30
1991	6700.20	1959.00	3466.20	1241.00	34.00
1992	7146.00	2035.00	3595.00	1396.00	120.00
1993	7294.00	2231.00	3695.00	1254.00	114.00
1994	7455.60	2311.60	4086.00	886.00	162.00
1995	7250.00	2242.00	4166.90	624.60	216.00
1996	7088.90	1994.10	4339.80	514.00	241.00
1997	7416.55	1974.10	4669.50	555.50	217.48
1998	8585.36	2105.60	5813.60	443.20	222.96
1999	9034.64	2256.70	6208.70	332.10	237.14
2000	8362.40	2498.60	5342.00	261.40	260.40
2001	8124.00	2654.20	4994.10	198.40	277.30
2002	11933.30	2774.30	8851.00		308.00
2003	11882.00	2611.60	8936.00		334.40
2004	12885.70	2956.90	9480.00		448.80
2005	15413.40	4626.40	10293.30		493.70
2006	16193.70	4849.00	10771.00		573.70
2007	17338.36	5124.90	11500.90		712.56
2008	18882.06	6026.50	12082.00		773.56
2009	21735.62	6439.80	14532.00		763.82
2010	22896.71	7281.30	14730.00		885.41
2011	25743.22	8511.70	16317.00		914.52
2012	27492.40	9764.90	16794.00		933.50
2013	29620.29	12104.00	16521.00		995.29

7-3 旅 客 周 转 量
TURNOVER VOLUME OF PASSENGER TRAFFIC

单位:亿人公里 (100 million person - kms)

年 份 Year	总 计 Total	铁 路 Railway	公 路 Highway	水 运 Waterway	民用航空 Civil Aviation
1978	52.00	21.69	4.97	25.16	0.17
1980	55.84	23.91	7.37	24.18	0.37
1985	80.65	43.96	11.91	33.26	0.52
1986	91.07	45.21	12.79	32.37	0.69
1987	142.89	94.58	13.78	33.29	1.24
1988	161.41	109.59	14.26	36.48	1.08
1989	147.03	97.94	14.88	33.31	0.91
1990	127.25	85.00	14.81	26.35	1.09
1991	141.37	94.10	17.34	27.23	2.70
1992	167.10	105.30	18.60	32.10	2.70
1993	168.90	111.60	15.30	31.06	11.00
1994	179.70	117.00	21.10	25.90	15.70
1995	181.00	119.60	20.62	19.60	21.20
1996	171.09	107.50	21.15	18.13	24.32
1997	181.26	115.56	23.00	20.80	21.91
1998	185.81	122.39	25.21	16.40	21.81
1999	206.89	141.01	29.54	12.23	24.12
2000	220.02	158.58	25.89	10.06	25.49
2001	231.53	171.60	25.78	7.27	26.88
2002	266.00	182.80	54.30		28.90
2003	266.40	175.50	57.20		33.70
2004	317.60	213.00	60.40		44.20
2005	507.80	388.00	68.60		51.20
2006	543.14	410.00	71.08		62.06
2007	596.70	440.80	78.20		77.79
2008	634.51	474.01	81.70		78.80
2009	654.94	466.70	109.53		78.72
2010	747.45	528.90	119.49		99.06
2011	873.84	646.30	124.58		102.96
2012	897.34	663.60	127.38		106.36
2013	1011.82	763.00	124.76		124.06

7-4 货　运　量
GREIGHT TRAFFICGREIGHT TRAFFIC

单位:万吨　　　　(10000 tons)

年　份 Year	总　计 Total	铁　路 Railway	公　路 Highway	水　运 Waterway	民用航空 Civil Aviation
1978	6620.10	2499.40	1791.60	2329.00	0.08
1980	5926.60	2238.20	1672.90	2015.30	0.17
1985	6830.90	2312.90	1782.40	2735.30	0.29
1986	7001.80	2423.00	1719.30	2859.20	0.19
1987	9034.30	4631.40	1566.00	2836.60	0.30
1988	9078.10	4728.00	1435.20	2914.60	0.29
1989	8866.60	4831.30	1299.70	2735.40	0.17
1990	8378.50	4758.50	1134.30	2485.60	0.10
1991	8545.40	4809.00	1132.00	2604.00	0.38
1992	8700.00	4903.00	1054.00	2741.00	2.00
1993	8820.00	5046.00	1077.00	2695.00	2.00
1994	8227.10	5012.10	1020.00	2193.00	2.00
1995	8311.90	5055.00	934.60	2319.30	3.00
1996	8202.89	5030.80	935.80	2233.00	3.29
1997	7989.83	5004.00	789.71	2193.00	3.12
1998	9441.92	4854.60	1226.70	3357.00	3.62
1999	9612.14	4748.80	1202.60	3655.90	4.84
2000	9464.30	4921.10	874.00	3664.00	5.20
2001	9713.13	5253.20	898.20	3557.60	4.13
2002	15942.60	5472.20	7369.00	3096.90	4.50
2003	16609.80	5823.60	7786.30	2994.60	5.30
2004	17044.80	5860.80	7811.60	3366.30	6.10
2005	19611.70	8491.50	8485.00	2629.10	6.20
2006	20817.75	8990.00	8972.00	2848.97	6.78
2007	22554.93	9728.50	9918.10	2899.40	8.89
2008	29142.98	10201.80	10515.50	8417.83	7.85
2009	34409.19	9839.10	16679.00	7884.00	7.09
2010	40287.93	10145.60	21120.00	9013.00	9.33
2011	41804.45	10059.40	22442.00	9293.06	9.99
2012	43892.49	9177.40	24354.00	10351.73	9.36
2013	44528.75	9010.4	25023	10485.55	9.8

7-5 货 物 周 转 量
TURNOVER VOLUME OF FREIGHT TRAFFIC

单位:亿吨公里 (100 million ton-kms)

年份 Year	总计 Total	铁路 Railway	公路 Highway	水运 Waterway	民用航空 Civil Aviation
1978	261.92	134.64	3.06	124.22	
1980	258.00	140.54	2.57	114.89	0.01
1985	386.81	185.33	4.59	196.86	0.03
1986	408.40	194.44	4.80	209.15	0.02
1987	616.45	399.11	4.82	212.50	0.02
1988	643.09	415.41	5.13	222.54	0.02
1989	671.29	443.03	4.55	223.70	0.01
1990	645.75	455.60	3.67	196.47	0.01
1991	679.82	470.80	3.66	205.53	0.03
1992	713.36	502.80	3.60	207.10	0.16
1993	724.90	514.40	3.70	206.60	0.20
1994	723.40	547.10	3.90	172.20	0.20
1995	751.60	563.70	2.81	184.80	0.27
1996	739.82	560.42	2.81	176.23	0.36
1997	673.70	488.83	2.45	182.07	0.35
1998	643.38	440.84	3.87	198.28	0.39
1999	636.11	420.25	4.02	211.29	0.54
2000	638.61	421.28	4.00	212.77	0.56
2001	655.02	432.60	2.59	219.39	0.44
2002	737.70	466.90	54.40	215.90	0.50
2003	764.00	488.50	56.50	218.50	0.60
2004	835.20	538.00	58.50	238.00	0.70
2005	1277.70	987.00	66.40	223.60	0.70
2006	1312.73	1017.00	69.45	225.53	0.76
2007	1418.00	1138.20	74.80	203.96	1.05
2008	1750.01	1096.91	78.90	573.26	0.94
2009	1900.05	1032.40	282.19	584.63	0.83
2010	2263.60	1144.60	307.61	810.28	1.11
2011	2644.18	1226.60	343.26	1072.86	1.46
2012	2910.22	1194.10	410.82	1303.94	1.36
2013	2555.96	1198.20	468.35	887.87	1.54

注:从2013年5月开始长航凤凰远洋业务划转上海,本年调整水运上报口径。
Note: From the beginning of 2013 May, CSC Phoenix ocean business transfer to Shanghai, This year adjustment shipping report caliber.

7－6 民用车辆拥有量(2013年)
NUMBER OF CIVIL VEHICLES(2013)

单位:辆 (unit)

项目 Item	合计 Total	总计中: in total 营运 For Earning Income and Profit	非营运 Not for Earning Income and Profit	校车	其中:进口 Import	其中:个人 Individuals	其中:新注册 New Registered
总计 Total	1544096	168955	1374714	427	74270	1198973	242763
一、汽车 Cars	1320771	160317	1160027	427	73811	995973	237379
1、载客汽车 Buses & Cars	1153403	39949	1113027	427	73513	968870	220447
其中:大型 Larg-sized Automobiles	17963	11062	6668	233	160	145	2767
中型 Medium-sized Automobiles	15648	1067	14387	194	449	7936	784
小型 Small-sized Automobiles	1106478	27812	1078666		72435	948051	216281
微型 Mini-sized Automobiles	13314	8	13306		469	12738	615
其中:轿车 Cars	753771	27720	726051		32094	649052	141393
2、载货汽车 Trucks	146060	117137	28923		182	18502	14810
其中:重型 Larg-sized Trucks	43395	38040	5355		104	4186	6850
中型 Medium-sized Trucks	15964	13151	2813		0	2238	956
轻型 Small-sized Trucks	86112	65514	20598		78	11950	7004
微型 Mini-sized Trucks	589	432	157		0	128	0
3、其他汽车 Others	21308	3231	18077		116	8601	2122
二、电车 Trolleys	213	183	30		0	0	29
三、摩托车 Motorcycles	203736	422	203314		36	202804	4561
四、拖拉机 Tractors	10672		10672		417	0	0
五、挂车 Trilers	8351	7849	502		1	193	764
六、其它类型车 Others	353	184	169		5	3	30

7-7 邮电业务基本情况
BASIC CONDITIONS OF POST AND TELECOMMUNICATIONS SERVICES

项目 Item		2013	2012
一、邮政主要指标	**Main Items of Post**		
邮政业务总量(2010年价格)(万元)	Business Volume of Post(Price in 2010)(10 000 yuan)	83300	78545.11
邮政业务收入(万元)	Income of Post Services (10 000 yuan)	99619	88181
函　件(万件)	Number of Letters (10 000 pcs)	5200	6260.57
包　件(万件)	Number of Parcels (10 000 pcs)	39.22	29.73
报纸累计份数(万份)	Number of Newspaper and Magazines (10 000 copies)	14369.57	11744
杂志累计份数(万份)	Number of Newspaper and Magazines (10 000 copies)	650.69	1295
邮电局、所(处)	Number of Post & Telecommuniucation Offices (station)	268	267
信筒信箱(个)	Number of Post Boxes (unit)	519	519
邮路总长度(单程)　(公里)	Length of Postal Routes (Km)	27163	24401
二、电信主要指标	**Main Items of Telecommunication**		
电信业务总量(2010年价格)(万元)	Business Volume of Telecommunication(Price in 2010)(10 000 yuan)	1560814	1526622
电信业务收入(万元)	Income of Telecommunication Services(10 000 yuan)	1414885	1328796
固定电话用户数(万户)	Number of Subscribers of Telephone(Subscribers)	294	298
公用电话(万户)	Number of Public Telephone Subscribers(subscribers)	48	50
移动电话用户数(万户)	Number of Mobile Telephone Subscribers (subscribers)	1662	1593
局用交换机容量(万门)	Capacity of Office Telephone Exchanges(10 000 lines)	219	234
移动交换机容量(万门)	Capacity of Mobile Telephone Exchanges (10 000 subscribers)	2267	2002
互联网用户(万户)	Internet Users (10 000 subscribers)	388	336
电话普及率(部/百人)	Coverage Rate of Telephones(unit/100 persons)	237.9	230
固定电话普及率(部/百人)	Coverage Rate of House Telephones(unit/100 person)	35.8	36.2
移动电话普及率(部/百人)	Coverage Rate of Mobile Telephones(unit/100 persons)	202.2	193.7

主 要 统 计 指 标 解 释

货(客)运量 指在一定时期内,各种运输工具实际运送的货物(旅客)数量。该指标是反映运输业为国民经济和人民生活服务的数量指标,也是制定和检查运输生产计划、研究运输发展规模和速度的重要指标。货运按吨计算,客运按人计算。货物不论运输距离长短、货物类别,均按实际重量统计。旅客不论行程远近或票价多少,均按一人次客运量统计,半价票、小孩票也按人统计。

货物(旅客)周转量 指在一定时期内,由各种运输工具运送的货物(旅客)数量与其相应运输距离的乘积之总和。该指标可以反映运输业生产的总成果,也是编制和检查运输生产计划,计算运输效率、劳动生产率以及核算运输单位成本的主要基础资料。计算货物周转量通常按发出站与到达站之间的最短距离,也就是计费距离计算。计算公式为

货物(旅客)周转量 = ∑[货物(旅客)运输量 × 运输距离]

港口货物吞吐量(又称港口吞吐量) 指经由水路运进、出港区范围,并经过装卸的货物数量。按货物流向分为进港吞吐量和出港吞吐量:按货物的贸易性质分为内贸和外贸吞吐量,按货物的类别分,可根据现行的交通行业标准《运输货物分类和代码》分类。

邮电业务总量 指以价值量形式表现的邮电通信企业为社会提供各类邮电通信服务的总数量。邮电业务量按专业分类包括函件、包件、汇票、报刊发行、邮政快件、特快专递、邮政储蓄、集邮、公众电报、用户电报、传真、长途电话、出租电路、无线寻呼、移动电话、分组交换数据通信、出租代维等。计算方法为各类产品乘以相应的平均单价(不变价)之和,再加上出租电路和设备、代用户维护电话交换机和线路等的服务收入。该指标综合反映了一定时期邮电业务发展的总成果,是研究邮电业务量构成和发展趋势的重要指标。计算公式为:

邮电业务总量 = ∑(各类邮电业务量 × 不变单价) + 出租代维及其他业务收入 = 邮政业务总量 + 电信业务总量

民用汽车拥有量 指报告期末,在公安交通管理部门按照《机动车注册登记工作规范》,已注册登记领有民用车辆牌照的全部汽车数量。汽车拥有量统计的主要分类:根据汽车结构分为载客汽车、载货汽车及其他汽车,根据汽车所有者不同分为个人(私人)汽车、单位汽车. 根据汽车的使用性质分为营运汽车、非营运汽车和特种汽车,根据汽车大小规格不同载客汽车分为大型、中型、小型和微型,载货汽车分为重型、中型、轻型和微型。

局用电话交换机容量 指安装在电信运营企业内用于接续本地固定电话的电话交换机容量,包括现用和备用的人工或自动交换机的全部容量。不包括用户交换机容量。

移动电话交换机容量 指移动电话交换机根据一定话务模型和交换机处理能力计算出来的最大同时服务用户的数量。

Explanatory Notes on Main Statistical Indicators

Freight (Passenger) Traffc refers to the volume of freight (passenger) transported with various means within a specific period of time This indicatar reflectsthe service of the transport industry towards the national economy and people's living conditions, as well as an important indicator used in formulating and monitoring transport production plans and research into the scale and pace of transport development Freight transport is calculated in tons and passenger traffic cis calculated in terms of number of persons. Freighttransportis calculated in terms of the actualweight of the goods and takes no account of the type of fireight and distance of travel Passenger traffic is calculated by the principle that one person can be counted only once in one trip and takes no account ofthe travelling distance and ticket price. The passengers who travel with a half price ticket or a child's ticket is also calculated as one person

Turnover Volume of Freight (Passenger) Traffic refers to the sum of the product ofthe volume of transported cargo (passengers) multiplied by the transport distance It is an important indicator to reflect the achievement of the transportation industry. Thisis an important indicator to show the total results of the transport industry; to prepare and examine the transport plan; and to serve as the main basic data for calculating the emfficiency labour productivity and unit COSt of transport Normally, the shortest distance between the departure station and the destination station (i. e. ,the payable distance) is the basis in calculating the freightton—kilometres. The formula is as foflows:

Turnover Volume of Freight (Passenger) Trafficc =$\sum$ Freighr(Passenger) = $\sum$ Freight (Passenger) Disrance of Transportation

Ports Cargo Handled Capacity refers to the volume of cargo passingin and Out the harbor area and having been loaded and unloaded. The volume of freight handled may be classified as in – port & out – port. It can also be classified as national trade and international trade by the attribute of trade or be classified by the classification of cargo accordingtothe standardoftrafficin use "The Classification and Code of Transported Cargo".

Business Vaue of Post and Telecommunlcation Services refers to the total amount of post andt elecommunication services, expressed in value terms, provided by the post andtelecommunications departments for the society. Post and telecommunication services can be classified as Ietters, parcels, remittance issue of newspapers and magazines, fastmail service, expressmail service, savings deposits, stamps for collection, public and individual telegraph service, facsimiles, long – distance telephone service, leasing of telephone lines, urban paging service, mobile telephone service, data transfer and transmission etc The accounting approach is to multiply the service products of all types with their average unit price (constant price) to get sum of business value, plus income from other services such as leasing of telephone lines and equipment, maintenance of telephone switchboards and lines on behalf of customers This indicator reflects the overall results of post and telecommunications service during a givenperiod, and is important to study the composion of business service and the development of post and telecommunications service. The formubis as follows:

Business Volue of Post and Telecommunication Services =$\sum$ (Transaction of Post and Telecommunication Servicex ConstantPrice) + Income from leasing, Maintenance and Other Services = Business Volume of Post + Business Volume of Telecommunlcation.

Possession of Civil Motor Vehicles refers to the taral number of vehicles that are registered and received vehicles license taos according to the Work Standard for Motor Vehicles Registration formulated bytransport management office under department of public security at the end of reference period. They are divided into following categories according to the structure of motor vehicles; passenger vehicles, trucks and others; and private vehicles andvehicles for units use according to ownerships; working vehicles, non – working vehicles and spedal motor vehicles according to kind of usage; large passenger vehicles, medium passenger vehicles, small passenger vehicles and mini passenger vehicle, heavy trucks, light – heavy trucks, lighttrucks and minitrucks according to sizes of vehicles.

Capacity ofOffice Telephone Exchanges refersto the capacity (measured in gate) oftelephone exchanges installed in the offices of telecommunication service providers for communication between fixed telephones. It in cludes the capacity of both manual and automatic exchanges in use and for stand – by purpose, excluding the capacity of subscribers' exchanges.

Capacity of Mobile Telephone Exchanges refers to the capacity of the maximum services provided to subscribers at one time basing on a certain model and transacting capacityofthe mobile telephone exchanges.

八、贸易、外经、旅游业

DOMESTIC TRADE, FOREIGN TRADE, ECONOMIC COOPERATION AND TOURISM

资料整理人员:陈　燕　曾德辉　张晓勇　涂孝斌　钟　玲　陈弥灵　张　瑾　李　晶

STAFF FOR DATA PROCESSING:

Chen Yan　Zeng Dehui　Zhang Xiaoyong　Tu XiaoBing　Zhong Ling　Chen Miling　Zhang Jin　Li Jing

简要说明

本篇资料反映武汉市国内贸易、对外经济及旅游情况。国内贸易资料内容包括社会消费品零售总额、批发和零售业商品流转情况、住宿和餐饮业经营情况、限额以上批发和零售业财务状况、限额以上住宿和餐饮业财务状况、连锁企业经营情况、商品交易市场基本情况等。国内贸易数据取得方式：对限额以上企业及大个体户采用全面调查的方法，从2011年年报起，由企业在国家统计局统计数据联网直报平台上报送企业一套表；对限额以下企业及个体户采用抽样调查方法；商品交易市场、连锁企业实行全面调查。对外经济资料包括进出口贸易、实际利用外资等。其中进出口贸易资料由武汉海关提供；利用外资资料由武汉市商务局提供。旅游资料包括接待旅游者人数、旅游总收入以及星级饭店个数、客房数、床位数等，由武汉市旅游局提供。

Brief Introduction

The data in this chapter reflect the development of domestic-trade, foreign trade, economic cooperation and tourism. Data on domestic trade includes the circulation of goods of enterprises above designated size in wholesale and retail sales of consumer good, and total city transactions of consumption goods. Data on basic conditions for all corporate enterprises of wholesale, retail and catering trades that avove the designated size are collected by city statistics bureau and area statistic bureau through comprehensive reporting systems and data are reported level by level. Data on hotel, catering trade enterprises and individual enterprises below the designated size are collected through survey of statistic bureau and regions at different levels and relevant methods of calculation. Data on whole city transactions of consumption goods are provided by the 2004's Economic General Investigation of Wuhan. Data on foreign trade and economic coorperation involve foreign capital actually used and investment of foreign country, HongKong, Macao and Taiwan. The information of imports and exports of foreign trade comes from wuhan customs. The infromation of utilization of foreign capital comes from wuhan office of Foreign Economic Relation and Trade through comprehensive reporting systems and data are reported level by level. Data on tourism are provided by Wuhan city bureau of Tourism Administration, including number of tourists abroad. Number of tourists by day, nbumber of foreign tourists spent pub up in hotels for night by country and earnings from international tourism.

8－1 历年社会消费品零售总额及指数

TOTAL RETAIL SALES OF CONSUMER GOODS AND INDICES IN VARIOUS YEARS

年份 Year	消费品零售总额（万元） Total Retail Sales of Consumer Goods (10 000 yuan)	指数（上年＝100） Index (preceding year＝100)	年份 Year	消费品零售总额（万元） Total Retail Sales of Consumer Goods (10 000 yuan)	指数（上年＝100） Index (preceding year＝100)
1952	41082	—	1983	296380	111.2
1953	54166	131.8	1984	362100	122.2
1954	51675	95.4	1985	486210	134.3
1955	52224	101.1	1986	534462	109.9
1956	72538	138.9	1987	636885	119.2
1957	77584	107.0	1988	833627	130.9
1958	83757	108.0	1989	932510	111.9
1959	92593	110.5	1990	957229	102.7
1960	98845	106.8	1991	1091230	114.0
1961	88515	89.5	1992	1235498	113.2
1962	87404	98.7	1993	1705498	138.0
1963	80004	91.5	1994	2345541	137.5
1964	80766	101.0	1995	2989002	127.4
1965	80921	100.2	1996	3741103	125.2
1966	86446	106.8	1997	4380226	117.1
1967	94690	109.5	1998	4918926	112.3
1968	96140	101.5	1999	5395504	109.7
1969	95908	99.8	2000	6285694	112.3
1970	95631	99.7	2001	7112263	113.2
1971	96836	101.3	2002	7986360	112.3
1972	104620	108.0	2003	8856873	110.9
1973	114218	109.2	2004	9962211	112.5
1974	117409	102.8	2005	11286436	113.3
1975	127036	108.2	2006	12933276	114.6
1976	132784	104.5	2007	15183023	117.4
1977	139750	105.2	2008	18500452	121.8
1978	157086	112.4	2009	21640873	117.0
1979	179840	114.5	2010	25704037	118.8
1980	219490	122.0	2011	30317900	118.0
1981	244985	111.6	2012	34673700	114.4
1982	266412	108.7	2013	39166042	113.0

注：指数根据省局正式核定的年度数据计算，2001 年－2005 年社会消费品零售额为第一次经济普查口径。

Note: Index is calculated by annual data checked by Statistics Bureau of Hubei, total retail sales of consumer goods are region of the first economic census for 2001-2005.

8-2 社会消费品零售总额
TOTAL RETAIL SALES OF CONSUMER GOODS

单位：万元 (10 000 yuan)

项目 Item	2008年	2009年	2010年	2011年	2012年	2013年
社会消费品零售总额 Total Retail Sales of Consumer Goods	18500452	21640873	25704037	30317900	34673700	39166042
(一)按行业分: Grouped by Sector						
批发和零售业 Wholesale and Retail Trade	15470170	18246260	22655913	26640522	30952154	35147254
住宿和餐饮业 Hotel and Catering Services	2470310	2775952	2576124	2949863	3372191	3638788
其　它 Others	559972	618661	472000	727515	349355	380000
社会消费品零售总额构成(%) Composition(%)	100.0	100.0	100.0	100.0	100.0	100.0
(一)按行业分: Grouped by Sector						
批发和零售业 Wholesale and Retail Trade	83.6	84.3	88.1	87.9	89.3	89.7
住宿和餐饮业 Hotel Catering Services	13.4	12.8	10.0	9.7	9.7	9.3
其　它 Others	3.0	2.9	1.9	2.4	1.0	1.0

8-3 批发和零售业商品销售情况
TOTAL SALES OF COMMODITIES IN WHOLESALE AND RETAIL TRADE

单位:万元 (10 000 yuan)

	销售合计 Total		批发额 Wholesale		零售额 Retail	
	2013年	2012年	2013年	2012年	2013年	2012年
合计 Total	141827868.6	123054659.0	106680614.6	92102504.9	35147254.0	30952154.1
一、批发业 Wholesale Trade	99587286.8	87227193.5	96197654.5	84038592.3	3389632.3	3188601.2
限额以上企业和大个体 Enterprises Above Designated Size and Big Individuals	68966775.3	64810409.8	67523934.3	63335394.1	1442841.0	1475015.7
限额以下企业和个体户 Enterprises Below Designated Size And Individuals	30620511.5	22416783.7	28673720.2	20703198.2	1946791.3	1713585.5
二、零售业 Retail Trade	42240581.8	35827465.5	10482960.1	8063912.6	31757621.7	27763552.9
限额以上企业和大个体 Enterprises Above Designated Size and Big Individuals	25282788.8	21740344.5	2295412.7	2043465.8	22987376.1	19696878.7
限额以下企业和个体户 Enterprises Below Designated Size And Individuals	16957793.0	14087121.0	8187547.4	6020446.8	8770245.6	8066674.2

注:本表为行业口径,仅含法人和个体,不含非同业附属产业活动单位。
Note: This table is showed by industry caliber, containing corporate and individual.

8-4 限额以上批发和零售业商品销售类值(2013 年)
TOTAL SALES OF ENTERPRISES ABOVE DESIGNATED SIZE IN WHOLE SALE AND RETAIL TRADE BY CATEGORY OF COMMODITIES(2013)

单位:万元 (10 000 yuan)

项目	Item	商品销售总额 Total	批发额 Wholesale	零售额 Retail
总计	**Total**	**96686069.7**	**71040682.2**	**25645387.5**
粮油、食品、饮料、烟酒类	Food、Beverage and Tabacco	11429351.2	5908247.0	5521104.2
服装、鞋帽、针纺织品类	Garments、Shoes Hats and Textile Products	3878105.4	771974.1	3106131.3
化妆品类	Cosmetics	1168889.2	117207.5	1051681.7
金银珠宝类	Jewelry	1131424.3	349078.3	782346.0
日用品类	Articles for Daily Use	1487889.3	303177.7	1184711.6
五金、电料类	Hardware and Electrical Tools	111243.8	45208.9	66034.9
体育、娱乐用品类	Sports and Recreation Articles	110232.7	11726.6	98506.1
书报杂志类	Books and Newspapers	629902.8	318223.7	311679.1
电子出版物及音像制品类	Electronic Publications and Audio Video Products	5611.6	1778.0	3833.6
家用电器和音像器材类	Household Appliances and Audio and Video Apparatus	2320347.9	948859.7	1371488.2
中西药品类	Medicines	5497540.1	3251686.4	2245853.7
文化办公用品类	Culture and Office Articles	1816614.2	1157137.3	659476.9
家具类	Furniture	717484.9	264361.5	453123.4
通讯器材类	Telecommunication Equipments	424181.7	123435.0	300746.7
煤炭及制品类	Coal Products	3148184.7	3148184.7	
木材及制品类	Timber and Products	4330.7	4330.7	
石油及制品类	Petroleum Products	34217478.5	31624985.9	2592492.6
化工材料及制品类	Chemical Materials and Products	1367922.4	1367922.4	
金属材料类	Metal Materials	15910246.6	15910246.6	
建筑及装潢材料类	Building Materials	668337.7	395690.6	272647.1
机电产品及设备类	Mechanical and Electric Products	1958653.4	1945572.2	13081.2
汽车类	Automobile	7067289.7	1637577.6	5429712.1
种子饲料类	Seed and Forage	44166.4	44166.4	
棉麻类	Cotton and Fiber	1015540.6	1015540.6	
其他类	Others	555099.9	374362.8	180737.1

8-5 限额以上批发和零售业重要商品销售量(2013年)
TOTAL SALES OF ENTERPRISES ABOVE DESIGNATED SIZE IN WHOLESALE AND RETAIL TRADES BY COMMODITY(2013)

项　　　目	Item	计量单位 Unit	销售量
大　米(稻米)	Rice	千克(kg)	220505423
面　粉(小麦面)	Flour	千克(kg)	11040613
杂　粮	Grains	千克(kg)	11633540
食用植物油	Edible Vegetable Oil	千克(kg)	352340383
猪　肉	Pork	千克(kg)	238349490
牛　肉	Beef	千克(kg)	137076974
羊　肉	Mutton	千克(kg)	19478110
禽　肉	Poultry	千克(kg)	269451096
鲜　蛋	Eggs	千克(kg)	37739053
彩色电视机	Television Set	台(set)	979797
家用电冰箱	Refrigerator	台(set)	828046
房间空调器	Air Conditioner	台(set)	2810150
电脑(微型计算机)	Computer	台(set)	1479319
汽　车	Motor Vehicles	辆(unit)	845537
其中:轿　车	Automobile	辆(unit)	416102
煤　炭	Coal	吨(ton)	25752392
汽　油	Gasline	吨(ton)	12858678
柴　油	Kerosense	吨(ton)	23552911
钢　材	Rolled - Steel	吨(ton)	31233019
铜	Copper	吨(ton)	85296
铝	Alluminium	吨(ton)	61914
水　泥	Cement	吨(ton)	1925998
化学肥料	Chemical Fertilizer	吨(ton)	3627517
化学农药	Chemical Pesticide	吨(ton)	8313

8－6 限额以上批发业法人企业商品购销存(2013 年)

单位:万元

项　　目 Item	法人企业数(个) Number of Enterprises	年末从业人员数(人) Average Staff and Workers	商品购进额 Total Amount of Purchasing Goods	进口 Imports
总计 Total	1132	106135	72802020.7	966290.4
其中:国有控股 State Owned and State holding	77	24709	36346399.3	335042.5
1.按批发行业小类分 According to the classification of the wholesale industry				
农、林、牧产品批发 Wholesale of Farm Products and Livestock Products	30	2379	1202308.1	17304.7
谷物、豆及薯类批发 Wholesale of Grain, Beaus and Potato	9	746	44854.4	7995.2
种子批发 Seed Wholesale	5	281	49284.5	
饲料批发 Food Wholesale	3	53	23397.5	
棉、麻批发 Cotton&hamp Wholesale	11	1254	1071025.1	9309.5
牲畜批发 Livestock Wholesale	2	45	13746.6	
食品、饮料及烟草制品批发 Wholeasle Trade of Food、Beverage Tobacco and Atricles for Family	98	18953	5077468.2	22003.9
米、面制品及食用油批发 Wholesale of Rice, Noodle and Edible Oil	7	655	169096.8	
糕点、糖果及糖批发 Wholesale of Cakes, Candy and Sugar	7	471	117301.9	
果品、蔬菜批发 Wholesale of Fruit and Vegetables	18	1312	98013.5	
肉、禽、蛋、奶及水产品批发 Wholesale of Meat, Bird, Eggs, Milk and Aquatic products	13	2380	1696799.6	1017.3
盐及调味品批发 Wholesale of Salt and Seasoning	6	3194	175784.5	
营养和保健品批发 Wholesale of Health Care products	2	71	8695.9	
酒、饮料及茶叶批发 Wholesale of Alcohol, Drinks and Tea	25	6689	1354041.4	9320.4
烟草制品批发 Wholesale of Tobaccos	2	1723	979899.6	11666.2
其他食品批发 The Other foods Wholesale	18	2458	477835.0	
纺织、服装及家庭用品批发 Wholesale of Textile, Clothing and Household Goods	118	8448	1979646.6	10745.8
纺织品、针织品及原料批发 Wholesale of Textiles, Knitwear and Bow Material	15	271	85622.7	3608.6
服装批发 Wholesale of Gamments	46	2501	411257.2	3513.4

PURCHASE, SALES AND STOCK OF ENTERPRISES ABOVE DESIGNATED SIZE IN WHOLESALE(2013)

(10 000 yuan)

商品销售额 Total Sales	批发额 Wholesale	出口 Exports	零售额 Retail	年末商品库存额 Stocks at Year-end	年末零售营业面积(平方米) Business Area for retail at Year-end
75954650.7	73885967.1	1202416.6	2068683.6	3648916.7	280123
37776350.2	37656615.2	765477.0	119735.0	1021972.9	12300
1252227.8	1247399.3	13485.9	4828.5	118682.8	238
43917.8	39489.3		4428.5	18923.5	238
55982.9	55982.9	2277.3		25299.7	
23862.3	23862.3			1074.5	
1113387.8	1113387.8	1531.6		73360.1	
15077.0	14677.0	9677.0	400.0	25.0	
5994821.1	5362567.3	43201.9	632253.8	295395.4	50131
201320.8	199100.0		2220.8	8810.3	
114405.9	112561.9		1844.0	11837.5	350
108769.1	77691.0		31078.1	2184.9	7512
1740760.0	1250199.2	6410.8	490560.8	7607.9	25434
188368.1	185285.2		3082.9	17178.0	8500
10371.7	10371.7			2083.9	
1784257.0	1755335.7		28921.3	79681.7	1980
1317256.6	1315575.0	36791.1	1681.6	87541.3	140
529311.9	456447.6		72864.3	78469.9	6215
2098510.4	1964854.0	234599.4	133656.4	328984.6	66671
89013.1	89013.1	64952.6		4938.6	
481908.8	423317.3	131913.9	58591.5	45805.3	63091

续 表 1

单位:万元

项　　目 Item	法人企业数(个) Number of Enterprises	年末从业人员数(人) Average Staff and Workers	商品购进总额 Total Amount of Purchasing Goods	进口 Imports
鞋帽批发 Wholesale of Shoes and Hats	3	186	32564.8	
化妆品及卫生用品批发 Wholesale of Conmetics and Hygiene	15	1397	168046.7	3623.8
厨房、卫生间用具及日用杂货批发 Wholesale of Kitchen Supplits, Toilet Artides amd Daily Neiessities	4	650	36155.8	
灯具、装饰物品批发 Wholesale of Lampsand Ornament	2	27	9206.5	
家用电器批发 Wholesale of Household Eecctrical Appliances	22	2622	1132924.3	
其他家庭用品批发 Wholesale of Other household products	11	794	103868.6	
文化、体育用品及器材批发 Wholesale of Cultural and Sports Goods	34	7004	1028140.4	3305.2
文具用品批发 Wholesale of Stationery	16	415	194471.9	1940.7
图书批发 Wholesale of Books	6	3670	373695.6	
音像制品及电子出版物批发 Wholesale of Audio and Video products, Electronic publication	1	6	12199.1	
首饰、工艺品及收藏品批发 Wholesale of Jewely, Handicraft and Collection	7	2817	432631.0	
其他文化用品批发 Wholesale of the Other Cultural activities	4	96	15142.8	1364.5
医药及医疗器材批发 Wholesale of Medicines and Medical Appliances	164	23069	6373185.6	20104.7
西药批发 Western Medicine Wholesale	114	21096	5859732.4	681.0
中药批发 Traditional Chinese Medicine Wholesale	29	1267	345409.4	
医疗用品及器材批发 Medical Supplies and Apparatus Wholesale	21	706	168043.8	19423.7
矿产品、建材及化工产品批发 Wholesale of Mineral Products, Building Material and Chemical Products	459	34946	44885055.5	690227.7
煤炭及制品批发 Wholesale of Coal and Related Products	40	952	2112227.2	19380.2
石油及制品批发 Wholesale of Petroleum and related Products	33	26040	29471292.4	199629.7
非金属矿及制品批发 Wholesale of Non Metallic Minerals and Products	4	74	167162.7	
金属及金属矿批发 Wholesale of Metals and Metal Minerals	263	4863	11419032.5	460020.0

Continued 1

(10 000 yuan)

商品销售总额 Total Sales	批发额 Wholesale	出口 Exports	零售额 Retail	年末商品库存总额 Stocks at Year-end	年末零售营业面积（平方米） Business Area for Retail at Year-end
39593.2	39593.2			2657.0	
180041.9	149601.2		30440.7	136539.1	1150
41796.0	41758.9	5430.1	37.1	1276.7	
9997.7	9855.9		141.8	672.3	108
1152105.9	1125574.3	8524.1	26531.6	123608.8	2086
104053.8	86140.1	23778.7	17913.7	13486.8	236
1140464.8	1050273.3		90191.5	184676.8	25690
198980.1	195372.9		3607.2	19504.2	200
410796.0	349192.2		61603.8	43857.6	10600
12223.7	12223.7			0.1	
502898.2	478655.0		24243.2	117855.6	14490
15566.8	14829.5		737.3	3459.3	400
6300210.6	5377238.4	37382.4	922972.2	755555.7	88602
5700571.1	4848234.1	11837.1	852337.0	712101.8	87649
385851.1	329105.9		56745.2	26556.1	333
213788.4	199898.4	25545.3	13890.0	16897.8	620
46608152.0	46495139.8	288007.4	113012.2	1394860.8	10435
2222766.9	2215299.4		7467.5	50360.1	40
30707396.8	30659593.6	209869.4	47803.2	516160.1	2060
169316.0	169316.0			9471.0	
11762753.9	11723411.6	8272.1	39342.3	566445.5	4645

续 表 2

单位:万元

项 目 Item	法人企业数（个） Number of Enterprises	年末从业人员数（人） Average Staff and Workers	商品购进总额 Total Amount of Purchasing Goods	进 口 Imports
建材批发 Wholesale of Building Materials	28	723	170576.3	
化肥批发 Wholesale of Fertilizers	14	651	738557.2	
其他化工产品批发 The Other Chemical Products Wholesale	77	1643	806207.2	11197.8
机械设备、五金产品及电子产品批发 Wholesale Trade of Mechanical and Electrical Products	211	9106	3761305.4	154651.8
农业机械批发 Agricaltural Machinery Wholesale	1	49	6027.8	
汽车批发 Wholesale of Automobiles	26	1862	915015.6	
汽车零配件批发 Wholesale of Auto Parts	27	1041	691736.6	78068.7
摩托车及零配件批发 Wholesale of Motorcycles and Parts	3	61	45139.4	
五金产品批发 Hardware Products Wholesale	14	238	115299.2	
电气设备批发 Ecectrical Equipment Wholesale	17	326	56460.2	1645.6
计算机、软件及辅助设备批发 Wholesale of Computer, Software and Related Appliances	26	1031	1079314.7	1397.1
通讯及广播电视设备批发 Communication, Softeware and Auriliary Equipment Wholesale	15	1396	233161.6	
其他机械设备及电子产品批发 The Other mechanical Equipment and Ecectronic Products	82	3102	619150.3	73540.4
贸易经纪与代理 Trade Brokerage and Agents	8	1783	8414241.3	43300.6
贸易代理 Trade Agent	8	1783	8414241.3	43300.6
其他批发业 Other Wholesale Trade	10	447	80669.6	4646.0
再生物资回收与批发 Wholesale of Recyded Matorials	7	410	70650.3	
其他未列明批发 Other Mtlisted Wholesale	3	37	10019.3	4646.0
2. 按登记注册类型分 Grouped by Registration				
内资企业 Domestic Investment	1106	94632	70300660.4	910128.0
国有企业 State-owned	15	3964	6763724.5	50260.3

Continued 2

(10 000 yuan)

商品销售总额 Total Sales	批发额 Wholesale	出口 Exports	零售额 Retail	年末商品库存总额 Stocks at Year-end	年末零售营业面积（平方米） Business Area for Retail at Year-end
179541.5	168796.3	29323.5	10745.2	10578.5	3460
652995.3	652995.3			191448.3	
913381.6	905727.6	40542.4	7654.0	50397.3	230
4069947.0	3898178.0	149010.1	171769.0	322865.6	38356
6341.7	6341.7			1114.0	
963129.6	954562.6	13200.3	8567.0	148892.6	15620
806065.1	789521.2	19017.8	16543.9	59537.5	2100
53021.0	51450.7		1570.3	3049.0	250
122523.4	119028.8		3494.6	9113.2	4560
61269.9	58351.9		2918.0	4620.1	683
1091767.4	986785.6	3.6	104981.8	24303.2	2930
256560.3	229056.0		27504.3	7383.9	3393
709268.6	703079.5	116788.4	6189.1	64852.1	8820
8399108.6	8399108.6	436729.5		244187.1	
8399108.6	8399108.6	436729.5		244187.1	
91208.4	91208.4			3707.9	
80822.4	80822.4			2562.9	
10386.0	10386.0			1145.0	
72827838.8	70820005.9	1199605.3	2007832.9	3422982.7	264664
7144056.5	7142755.7	432084.2	1300.8	127403.8	

续 表 3

单位:万元

项 目 Item	法人企业数(个) Number of Enterprises	年末从业人员数(人) Average Staff and Workers	商品购进总额 Total Amount of Purchasing Goods	进 口 Imports
集体企业 Collective-owned	3	261	74627.9	
股份合作企业 Cooperative of Share Holding	2	66	11140.6	
联营企业 Joint-owned	1	18	1459.4	
其他联营企业 Other Joint	1	18	1459.4	
有限责任公司 Companies of Limited Liabilities	511	35252	37596093.3	782705.5
国有独资公司 Companies State-owned Excluasive Investment	17	7134	21165851.5	193361.6
其他有限责任公司 Other Companies of Limited Liabilities	494	28118	16430241.8	589343.9
股份有限公司 Share Holding	31	35953	15271815.2	9935.9
私营企业 Private-owned	536	18806	10404610.0	67226.3
私营独资企业 Private Exclusive Investment	1	25	4328.0	
私营有限责任公司 Private Companies of Limited Liabilities	523	18533	10270936.0	33496.3
私营股份有限公司 Private Companies of Limited Liabilities with Share Holding	12	248	129346.0	33730.0
其他企业 Others	7	312	177189.5	
港、澳、台商投资企业 Enterprises Funded by Entepreneurs from HongKong, Macao & Taiwan	11	3377	423092.3	3061.0
与港澳台商合资经营企业	4	381	132242.5	1002.1
港、澳、台商独资经营企业 Manage with HongKong, Macao and Taiwan Jointly	7	2996	290849.8	2058.9
外商投资企业 Foreign Funded	15	8126	2078268.0	53101.4
中外合资经营企业 Joint Venture Enterprises	6	644	670444.5	43609.0
外资企业 Enterprises with Sole Foreign Investment	7	6276	1377999.1	9492.4
外商投资股份有限公司 Companies Limited by Shares with Foreign Investment	1	13	6578.0	
其他外商投资企业 Other Foreign Investment Enterprises	1	1193	23246.4	

Continued 3

(10 000 yuan)

商品销售总额 Total Sales	批发额 Wholesale	出口 Exports	零售额 Retail	年末商品库存总额 Stocks at Year-end	年末零售营业面积（平方米） Business Area for Retail at Year-end
100000.8	100000.8			5734.4	
12013.9	11970.5		43.4	407.8	60
1544.9	1544.9			0.1	
1544.9	1544.9			0.1	
39156740.5	38604819.8	494944.4	551920.7	1560867.9	101908
22034278.8	22030464.2	212246.5	3814.6	409887.2	3000
17122461.7	16574355.6	282697.9	548106.1	1150980.7	98908
15367499.4	14685361.2	24897.2	682138.2	1003955.7	30663
10866769.1	10099375.3	247679.5	767393.8	720001.5	123795
4331.0	4330.0		1.0	145.0	150
10714605.7	9947335.2	246335.9	767270.5	709015.3	123245
147832.4	147710.1	1343.6	122.3	10841.3	400
179213.7	174177.7		5036.0	4611.4	8238
505973.0	460649.4	192.4	45323.6	115370.0	15059
137919.9	108119.9	168.8	29800.0	18415.1	640
368053.1	352529.5	23.6	15523.6	96954.9	14419
2620838.9	2605311.8	2618.9	15527.1	110564.0	400
765892.1	756286.9	2618.9	9605.2	59324.8	400
1802920.5	1796998.6		5921.9	50646.0	
8626.2	8626.2				
43400.1	43400.1			593.2	

8-7 限额以上零售业法人企业商品购销存(2013年)

单位:万元

项目 Item	法人企业数(个) Number of Enterprises	从业人员期末人数(人) Average Staff and Workers	商品购进额 Total Amount of Purchasing Goods	进口 Imports
总计 Total	**840**	**156541**	**23969264.0**	**829232.1**
其中:国有控股 State-owned and State Holding	53	55133	10334954.3	
1.按零售行业小类分 According to the Classfication of Retail Industry				
综合零售 Comprehensire	69	62218	8855321.5	
百货零售 Department Store	35	26791	5689073.8	
超级市场零售 Super Market	24	33923	2993801.6	
其他综合零售 Other Comprehensire	10	1504	172446.1	
食品、饮料及烟草制品专门零售 Wholeasle Trade of Food、Beverage Tobacco and Atricles for Family	72	8999	684907.2	22.3
粮油零售 Grain and Oil	2	46	84613.2	
糕点、面包零售 Cake and Bread	7	1843	47288.2	
果品、蔬菜零售 Fruits and Vegetables	10	260	54003.7	
肉、禽、蛋、奶及水产品零售 Wholesale of Meat, Bird, Eggs, Milk and Aquatic products	16	1190	118659.8	
营养和保健品零售 Wholesale of Health Care products	4	191	7464.7	
酒、饮料及茶叶零售 Wholesale of Alcohol, Drinks and Tea	17	840	65875.4	
烟草制品零售 Wholesale of Tobaccos	4	602	52879.0	
其他食品零售 The Other foods Wholesale	12	4027	254123.2	22.3
纺织、服装及日用品专门零售 Textile Garment and Daily necessities	105	12274	599996.9	3916.9
纺织品及针织品零售 Textiles and Knitwear	7	323	12093.4	
服装零售 Clothing	58	7814	296225.8	744.6
鞋帽零售 Shoes and Hats	12	2596	120307.7	
化妆品及卫生用品零售 Cosmetics and Hygiene	4	150	63364.2	
钟表、眼镜零售 Clocks, Watch and Glasses	5	677	25463.7	768.6
厨房用具及日用杂品零售 Kitchen Utensils and Daily Sundries	9	105	10855.5	
其他日用品零售 Other Daily Necessities	10	609	71686.6	2403.7
文化、体育用品及器材专门零售 Culturd and Sports Goodls	39	3205	261186.6	
文具用品零售 Stationery	3	44	2630.7	
体育用品及器材零售 Soprts Goods	1	201	5485.4	
图书、报刊零售 Books and Newspapers	10	1769	105726.9	

PURCHASE, SALES AND STOCK OF ENTERPRISES ABOVE DESIGNATED SIZE IN RETAIL TRADE (2013)

(10 000 yuan)

商品销售额 Total Sales	批发额 Wholesale	出口 Expert	零售额 Retail	年末商品库存额 Stocks at Year-end	年末零售营业面积(平方米) Business Area for Retail at Year-end
26323070.6	2369564.6	5232.5	23953506.0	2133502.9	7602519
11764179.1	1246003.8		10518175.3	705840.8	4208846
9946946.8	619382.9		9327563.9	670044.7	5064472
6277250.8	386739.0		5890511.8	484694.4	3570819
3501734.4	221309.0		3280425.4	173255.1	1459485
167961.6	11334.9		156626.7	12095.2	34168
756599.3	24493.9		732105.4	50718.2	110792
83533.9			83533.9	1364.8	1580
55657.2			55657.2	1091.1	13168
55658.3	10682.7		44975.6	1423.2	7157
129413.9	276.7		129137.2	7197.7	17200
7629.4	95.9		7533.5	954.1	1449
68257.3	4289.6		63967.7	5688.7	36377
70636.1			70636.1	21296.6	7306
285813.2	9149.0		276664.2	11702.0	26555
776285.1	36117.8		740167.3	149990.7	286836
13808.5	638.6		13169.9	16482.5	5399
412795.3	34530.1		378265.2	64463.3	215246
145593.4			145593.4	46490.4	20223
80481.4			80481.4	1733.3	5194
36554.2	791.4		35762.8	15888.3	1820
11377.2			11377.2	1105.7	3890
75675.1	157.7		75517.4	3827.2	35064
292701.4	491.4		292210.0	71464.7	69651
2879.1			2879.1	298.5	740
15190.5			15190.5	28.4	11163
98634.6			98634.6	44125.5	48651

续 表 1

单位:万元

项 目 Item	法人企业数（个） Number of Enterprises	从业人员期末人数（人） Average Staff and Workers	商品购进额 Total Amount of Purchasing Goods	进 口 Imports
珠宝首饰零售 Bijoutere	12	871	109219.9	
工艺美术品及收藏品零售 Arts and Crafts and Collectibles	3	99	23131.1	
乐器零售 Musical Instruments	4	92	8004.5	
照相器材零售 Photographic Equipment	1	16	883.0	
其他文化用品零售 Other Cultural Activities	5	113	6105.1	
医药及医疗器材专门零售 Medicine and Medical Equipment	117	11687	2279313.4	1068.6
药品零售 Medicine	93	11098	2237876.0	
医疗用品及器材零售 Medical Supplies and Equipment	24	589	41437.4	1068.6
汽车、摩托车、燃料及零配件专门零售 Automobile, Motorcycle, Fule and Spare Parts	253	44864	8103255.8	823972.9
汽车零售 The Car	200	39754	5978849.9	823972.9
汽车零配件零售 Atuo Parts	12	259	57782.3	
摩托车及零配件零售 Motocycle and Spare Parts	3	38	13003.8	
机动车燃料零售 Motor Fuel	38	4813	2053619.8	
家用电器及电子产品专门零售 Houshold Appliances	101	7815	1628524.1	
家用视听设备零售 Home Auto - visual and Electronic Products Equipment	5	68	12220.1	
日用家电设备零售 Household Appliances	30	4730	1134329.4	
计算机、软件及辅助设备零售 Computer, Software and Auxliary Equipment	49	1911	349012.9	
通信设备零售 Communication Equipment	10	845	76542.1	
其他电子产品零售 Other Electronic Products	7	261	56419.6	
五金、家具及室内装饰材料专门零售 Hardware, Furniture and Interiov Decoration Materials	69	2157	426044.1	251.4
五金零售 Hardware	17	298	38104.2	
灯具零售 Lamps and Lanterns	2	47	2547.8	
家具零售 Furniture	16	852	153266.8	
涂料零售 Paint	1	5	683.3	
卫生洁具零售 Sanitary ware	3	72	6593.6	251.4
木质装饰材料零售 Wood Decoration	4	88	17365.0	
陶瓷、石材装饰材料零售 Ceramic and Stone	6	171	16192.8	
其他室内装饰材料零售 Other interior Decoration Materials	20	624	191290.6	

Continued 1

(10 000 yuan)

商品销售总额 Total Sales	批发额 Wholesale	出口 Expert	零售额 Retail	年末商品库存总额 Stocks at Year-end	年末零售营业面积(平方米) Business Area for Retail at Year-end
127495.5			127495.5	20114.5	5427
31908.2			31908.2	2051.5	330
9381.4			9381.4	3742.4	1880
926.1			926.1	317.5	160
6286.0	491.4		5794.6	786.4	1300
2373682.2	646435.5		1727246.7	168232.8	221698
2321973.0	643460.5		1678512.5	163586.1	215979
51709.2	2975.0		48734.2	4646.7	5719
8444936.5	533504.3	5232.5	7911432.2	835870.7	817172
6224454.7	253172.2	5232.5	5971282.5	803944.9	536767
57183.9	469.2		56714.7	5323.3	4721
12848.5			12848.5	805.9	3097
2150449.4	279862.9		1870586.5	25796.6	272587
1711076.3	188393.8		1522682.5	113099.7	653367
12694.9			12694.9	438.7	2120
1180014.2	111064.4		1068949.8	73970.0	622022
380679.8	34151.2		346528.6	27868.6	17829
76124.8	43178.2		32946.6	7439.6	8980
61562.6			61562.6	3382.8	2416
472966.5	17359.9		455606.6	18908.0	346297
37332.0	3021.8		34310.2	1883.7	174029
2781.3			2781.3	277.3	446
161635.4	940.0		160695.4	5189.6	87735
667.9			667.9	15.4	50
7388.6			7388.6	3563.9	1680
24271.4	11006.5		13264.9	2456.5	1050
18756.8	1026.0		17730.8	1173.1	8081
220133.1	1365.6		218767.5	4348.5	73226

续 表 2

单位:万元

项 目 Item	法人企业数(个) Number of Enterprises	从业人员期末人数(人) Average Staff and Workers	商品购进额 Total Amount of Purchasing Goods	进 口 Imports
货摊、无店铺及其他零售 Stalls, No - shop and Others	15	3322	1130714.4	
货摊纺织、服装及鞋零售 Textile, Clothing and Footwwear Stalls	1	179	23838.3	
互联网零售 Internet	6	1398	546657.0	
邮购及电视、电话零售 Mail Order and TV, Telephone	1	60	6842.3	
生活用燃料零售 Domestic Fule	5	1619	543257.9	
其他未列明零售 Other not Listed	2	66	10118.9	
2. 按登记注册类型分 **Grouped by Registration**				
内资企业 Domestic Investment	808	137915	21409869.5	730834.3
国有企业 State-owned	12	1418	811953.3	
集体企业 Collective-owned	11	1038	87312.1	
股份合作企业 Cooperative of Share Holding	5	193	26897.2	
有限责任公司 Compaines of Limited Liabilities	401	62343	9541736.1	256989.7
国有独资公司 State Owned	5	4343	1703798.8	
其他有限责任公司 Other Companies of Limited Liabilities	396	58000	7837937.3	256989.7
股份有限公司 Share Holding	15	47095	6943106.9	
私营企业 Private-owned	360	25731	3988267.4	473844.6
私营独资企业 Private Exclusive Investment	15	525	111442.7	
私营合伙企业 Private Partnership	2	58	4394.5	
私营有限责任公司 Private Companies of Limited Liabilities	330	24084	3525915.6	457327.7
私营股份有限公司 Private Companies of Limited Liabilities with Share Holding	13	1064	346514.6	16516.9
其他企业 Others	4	97	10596.5	
港、澳、台商投资企业 Enterprises funded by Entepreneurs from HongKong, Macao & Taiwan	16	8867	1285626.8	98397.8
与港澳台商合资经营企业 Joint Venture with Hongkong, Macro & Taiwan	2	846	34476.6	
港澳台商独资企业 Hongkong and Marcro, Taiwan Owned	14	8021	1251150.2	98397.8
外商投资企业 Foreign Investment	16	9759	1273767.7	
中外合资经营企业 Chinese Foreign Equity Joint Ventures	3	403	25816.9	
外资企业 Foreign Enterprise	13	9356	1247950.8	

Continued 2

(10 000 yuan)

商品销售总额 Total Sales	批发额 Wholesale	出口 Expert	零售额 Retail	年末商品库存总额 Stocks at Year-end	年末零售营业面积（平方米） Business Area for Retail at Year-end
1547876.5	303385.1		1244491.4	55173.4	32234
23744.1			23744.1	94.3	
545488.2	572.5		544915.7	46562.3	
7774.6			7774.6	0.1	
961081.4	302812.6		658268.8	7868.5	31524
9788.2			9788.2	648.2	710
23525995.9	2340038.7	5232.5	21185957.2	1852061.6	6983548
814618.1	996.3		813621.8	45576.9	12378
86983.7	6483.6		80500.1	2237.6	83045
26538.1			26538.1	757.9	22343
10451583.8	1402903.1	5232.5	9048680.7	640131.8	2245678
2172368.0	575575.9		1596792.1	25705.5	229704
8279215.8	827327.2	5232.5	7451888.6	614426.3	2015974
7820693.2	639549.7		7181143.5	587233.6	3814752
4312739.0	288989.8		4023749.2	575854.8	797615
111833.2	1414.8		110418.4	5017.0	15008
4401.8			4401.8	249.1	6223
3831359.0	263366.4		3567992.6	495790.5	745910
365145.0	24208.6		340936.4	74798.2	30474
12840.0	1116.2		11723.8	269.0	7737
1347354.1	27802.5		1319551.6	178654.0	229696
53227.2			53227.2	13635.0	10274
1294126.9	27802.5		1266324.4	165019.0	219422
1449720.6	1723.4		1447997.2	102787.3	339275
36701.4			36701.4	2177.9	6180
1413019.2	1723.4		1411295.8	100609.4	383095

8－8 住宿和餐饮业经营情况
OPERATION OF ENTERPRISES IN ACCOMMODATION AND CATERING TRADE

单位:万元　　　　　　　　　　　　　　　　　　　　　　　　　　(10 000 yuan)

项　目 Item	住宿业 Accommodation	
	2013 年	2012 年
营业额总计 Total Business Revenue	864094.5	791802.9
(一)限额以上营业额 Revenue of Enterprises Above designated Size	414231.2	428934.5
1. 客房收入 Revenue From Hotel Rooms	250973.9	259631.4
2. 餐费收入 Revenue From Meals	123049.9	127366.4
3. 商品销售额 Revenue From Commodities	8993.3	9770.8
4. 其他收入 Other Revenue	31214.1	32165.9
(二)限额以下营业额 Below Designated Size	449863.3	362868.4
其中:餐费收入和商品销售额 Revenue From Meals and Commodities	65832.3	56858.4

注:本表为行业口径,仅含法人和个体,不含非同业附属产业活动单位。

Note: This table is showed by industry caliber, containing corporate and individual.

Continued

项目 Item	餐饮业 Catering	
	2013 年	2012 年
营业额总计 Total Business Revenue	5144194.4	4528340.1
(一)限额以上营业额 Revenue of Enterprises Above designated Size	1105812.8	1100675.0
1. 客房收入 Revenue From Hotel Rooms	29191.7	24175.5
2. 餐费收入 Revenue From Meals	1041193.2	1041066.3
3. 商品销售额 Revenue From Commodities	28989.8	27153.8
4. 其他收入 Other Revenue	6438.1	8279.4
(二)限额以下营业额 Below Designated Size	4038381.6	3427665.1
其中:餐费收入和商品销售额 Revenue From Meals and Commodities	2370729.5	2109975.3

8－9　限额以上住宿业法人企业经营情况(2013 年)

单位:万元

项　　目 Item	法人企业数(个) Number of Enterprises	从业人员期末人数(人) Employed Person	营业额 Total Revenue	客房收入 Revenue From Hotel
总　计 Total	233	26032	475901.6	293899.6
其中:国有控股 State Holding	50	7246	128312.0	82269.9
1.按住宿行业小类分 Grouped by Small Class				
旅游饭店 Traveling Hotel	139	20755	390609.2	234172.4
一般旅馆 Generel Hotel	90	5020	81828.0	57047.5
其他住宿服务 Other Accomodation Service	4	257	3464.4	2679.7
2.按登记注册类型分 Grouped by registration				
内资企业 Domestic Investment	218	22040	392218.2	249449.3
国有企业 State-owned	26	3738	66406.7	49315.1
集体企业 Collective-owned	2	533	11383.1	5494.2
股份合作企业 Cooperative of Share Holding	1	81	417.8	141.5
有限责任公司 Companies of Limited Liabilities	103	12271	229357.1	135170.9
国有独资公司 Companies State-owned Excluasive Investment	8	820	18698.0	7604.8
其他有限责任公司 Other Companies of Limited Liabilities	95	11451	210659.1	127566.1
股份有限公司 Share Holding	5	699	9975.2	7780.1
私营企业 Private-owned	79	4671	73065.8	50682.2
私营合伙企业 Private Partnership	2	41	479.1	478.4
私营有限责任公司 Private Companies of Limited Liabilities	73	4472	69726.7	47867.2
私营股份有限公司 Private Companies of Limited Liabilities with Share Holding	4	158	2860.0	2336.6
其他企业 Others	2	47	1612.5	865.3
港澳台商投资企业 Enterprises funded by Entepreneurs from HongKong, Macao & Taiwan	14	3967	83146.8	43945.7
与港澳台商合资经营企业 Joint Venture Companies	4	1356	34196.5	15729.8
与港澳台商合作经营企业 Co-operation Companies	2	816	14184.8	7968.3
港澳台商独资企业 Manage with HongKong, Macao and Taiwan jointly	6	1407	23727.2	12377.9
港、澳、台商投资股份有限公司 Exclusive investment of HongKong, Macao, and Taiwan	2	388	11038.3	7869.7
外商投资企业 Foreign funded	1	25	536.6	504.6
外资企业 Enterprises with Sole Foreign Investment	1	25	536.6	504.6

OPERATION OF HOTELS ABOVE DESIGNATED SIZE (2013)

(10 000 yuan)

餐费收入 Revenue From Meals	商品销售收入 Revenue From Commodities	其他收入 Others	客房数（间） Rooms	床位数（个） Beds	餐位数（位） Tables of Catering	年末餐饮营业面积（平方米） Operational Area for Catering
134796.2	10446.6	36759.2	39034.0	61389.0	49040.0	228363
30090.6	3146.6	12804.9	8363.0	14374.0	14007.0	67255
118584.9	6677.6	31174.3	27086.0	43410.0	38977.0	180279
15426.6	3769.0	5584.9	11389.0	17105.0	9368.0	43844
784.7			559.0	874.0	695.0	4240
104731.1	9397.8	28640.0	35313.0	56090.0	43255.0	203803
12905.8	2334.3	1851.5	4319.0	8104.0	7899.0	38580
4808.8	64.3	1015.8	376.0	579.0	1922.0	4740
1.5		274.8	62.0	100.0	150.0	280
70121.9	3762.2	20302.1	19944.0	30549.0	23414.0	113424
6163.8	634.2	4295.2	1193.0	1858.0	1525.0	9097
63958.1	3128.0	16006.9	18751.0	28691.0	21889.0	104327
1927.1	30.7	237.3	883.0	1188.0	1100.0	5140
14224.8	3200.3	4958.5	9557.0	15296.0	8670.0	40139
0.7			192.0	218.0	100.0	120
13758.1	3184.7	4916.7	8863.0	14184.0	8240.0	38719
466.0	15.6	41.8	502.0	894.0	330.0	1300
741.2	6.0		172.0	274.0	100.0	1500
30065.1	1048.8	8087.2	3567.0	5076.0	5785.0	24560
14688.0	615.1	3163.6	1231.0	1851.0	2171.0	9000
5582.2	12.0	622.3	527.0	746.0	1845.0	3150
6817.8	420.6	4110.9	1353.0	1936.0	1491.0	11251
2977.1	1.1	190.4	456.0	543.0	273.0	1159
		32.0	154.0	223.0		
		32.0	154.0	223.0		

8－10 限额以上餐饮业法人企业经营情况(2013 年)

单位:万元

项 目 Item	法人企业数(个) Number of Enterprises	从业人员期末人数(人) Employed Person	营业额 Total Revenue	客房收入 Revenue From Hotel
总 计 Total	552	65712	1149826.1	37934.4
其中:国有控股 State Holding	10	762	15046.3	2585.8
1.按餐饮行业小类分 **Gropued by Small Class**				
正餐服务 Dinner Service	530	42115	776035.2	37862.5
快餐服务 Fast Food Service	16	21731	307830.6	
饮料及冷饮服务 Beverage and Related Services	3	1234	30247.4	71.9
咖啡馆服务 Cafe Service	2	1204	29298.2	
其他饮料及冷饮服务 Other Catering Trade	1	30	949.2	71.9
其他餐饮业 Other Catering Trade	3	632	35712.9	
小吃服务 Snack Service	1	88	24228.6	
餐饮配送服务 Food Distribution Service	1	477	10552.8	
其他未列明餐饮业 Other Not－listed Catering	1	67	931.5	
2.按登记注册类型分 **Grouped by registration**				
内资企业 Domestic Investment	529	40924	780541.4	35091.2
国有企业 State-owned	6	414	5219.0	2280.2
股份合作企业 Cooperative of Share Holding	1	30	209.9	
联营企业 Joint Venture	1	262	46840.3	
集体联营企业 Collective Joint	1	262	46840.3	

OPERATION OF ENTERPRISES IN CATERING SERVICES ABOVE DESIGNATED(2013)

(10 000 yuan)

餐费收入 Revenue From Meals	商品销售收入 Revenue From Commodities	其他收入 Others	客房数（间） Rooms	床位数（个） Beds	餐位数（位） Tables of Catering	年末餐饮营业面积（平方米） Operational Area for Catering
1069931.4	30844.8	11115.5	8519	13488	308513	1234737
10341.2		2119.3	519	931	3324	8540
696674.7	30395.5	11102.5	8504	13468	256376	1083997
307817.6		13.0			44850	134066
29726.2	449.3		15	20	5648	8560
29298.2					5448	8330
428.0	449.3		15	20	200	230
35712.9					1639	8114
24228.6					896	5340
10552.8					504	2000
931.5					239	774
707150.8	30117.9	8181.5	7954	12702	255540	1054411
2269.4		669.4	392	703	1024	3530
209.9					350	360
29224.7	17615.6				4000	5000
29224.7	17615.6				4000	5000

续 表

单位:万元

项目 Item	法人企业数(个) Number of Enterprises	从业人员期末人数(人) Employed Person	营业额 Total Revenue	客房收入 Revenue From Hotel
有限责任公司 Companies of Limited Liabilities	230	22885	405089.0	20554.2
国有独资公司 Companies State-owned Excluasive Investment	1	90	1907.4	
其他有限责任公司 Other Companies of Limited Liabilities	229	22795	403181.6	20554.2
股份有限公司 Share Holding	3	160	2867.3	492.8
私营企业 Private-owned	287	17158	319999.3	11764.0
私营独资企业 Privately Owned	15	623	16787.9	394.0
私营合伙企业 Private Partnership	3	143	2820.9	52.2
私营有限责任公司 Private Companies of Limited Liabilities	261	15434	288107.0	10788.7
私营股份有限公司 Private Companies of Limited Liabilities with Share Holding	8	958	12283.5	529.1
其他企业 Others	1	15	316.6	
港澳台商投资企业 Enterprises funded by Entepreneurs from HongKong, Macao & Taiwan	14	2840	61533.6	1399.1
与港澳台商合资经营企业 Joint Venture Companies	4	381	7249.0	1127.5
港澳台商独资企业 Manage with HongKong, Macao and Taiwan jointly	9	2404	53620.6	271.6
港、澳、台商投资股份有限公司 Exclusive investment of HongKong, Macao, and Taiwan	1	55	664.0	
外商投资企业 Foreign funded	9	21948	307751.1	1444.1
中外合资经营企业 Chinese Foreign Equity Joint Ventures	1	540	6674.3	
外资企业 Enterprises with Sole Foreign Investment	6	21278	299300.3	1444.1
其他外商投资企业 Other Foreign Investment	2	130	1776.5	

Continued

(10 000 yuan)

餐费收入 Revenue From Meals	商品销售收入 Revenue From Commodities	其他收入 Others	客房数（间）Rooms	床位数（个）Beds	餐位数（位）Tables of Catering	年末餐饮营业面积（平方米）Operational Area for Catering
374824.1	4380.4	5330.3	5030	7864	150693	589334
1907.4					900	1200
372916.7	4380.4	5330.3	5030	7864	149793	588134
2253.9	114.4	6.2	116	203	1080	3100
298052.2	8007.5	2175.6	2416	3932	98243	452887
16257.5	108.1	28.3	160	294	4301	17577
2768.7			23	35	1600	6700
267744.9	7426.1	2147.3	2118	3453	87236	412737
11281.1	473.3		115	150	5106	15873
316.6					150	200
56846.2	726.9	2561.4	234	314	12102	41749
3818.4		2303.1	220	300	1100	11633
52363.8	726.9	258.3	14	14	10842	28616
664.0					160	1500
305934.4		372.6	331	472	40871	138577
6674.3					2000	6000
297483.6		372.6	331	472	38115	127652
1776.5					756	4925

8－11 批发和零售业连锁经营情况(2013 年)

项目 Item	连锁总店数(个) Number of Headquarters in Chain Stores (unit)	连锁门店数(个) Number of Branches in Chain Stores	直营店 Direct Management
总计 Total	81	4362	3813
#外商及港、澳、台投资 Foreign Funded Economic Units and Economic Units with Funds from HongKong, Macao and Taiwan	10	312	310
按业态分 Grouped by Shape of Retail			
便利店 CVS	1	35	35
超市 Supermarkets	5	1120	1093
大型超市 Large Scale Supermarket	5	79	79
百货店 Bazaar	2	153	153
专业店 Special Shop	47	2240	1718
专卖店 Monopolistic Shop	21	735	735

WHOLESALE AND RETAIL CHAIN BUSINESS(2013)

加盟店 Joining – in Stores	年末零售营业面积（万平方米） Space of Management (10 000m^2)	从业人数（人） Number of Employees (person)	销售总额（亿元） Total Sales Revenue (100 million yuan)	零售额（亿元） Retail
549	537.77	107918	1405.18	1230.32
2	37.11	11690	128.15	125.58
	0.21	300	0.59	0.54
27	120.40	41029	296.78	274.18
	105.56	12218	171.07	163.28
	179.59	17040	383.22	353.20
522	118.74	29834	511.06	396.82
	13.28	7497	42.46	42.30

8－12　住宿和餐饮业连锁经营情况(2013年)

项　目 Item	连锁总店数(个) Number of Headquarters in Chain Stores (unit)	连锁门店数(个) Number of Branches in Chain Stores	直营店 Direct Management	加盟店 Joining-in Stores
总计 Total	27	566	564	2
#外商及港、澳、台投资 Foreign Funded Economic Units and Economic Units with Funds from HongKong, Macao and Taiwan	6	427	427	
按行业分 Grouped by Sector				
一般旅馆 General Hotel	2	20	19	1
其他住宿服务 Other Accommodation Services	2	26	26	
正餐服务 Dinner	19	99	98	1
快餐服务 Short Order	3	349	349	
咖啡馆服务 Coffee Services	1	72	72	

年末餐饮营业面积（万平方米）Space of Management（10 000m²）	从业人数（人）Number of Employees（person）	客房数（间）Rooms	床位数（个）Beds	餐位数（位）Tables of Catering	营业收入（亿元）Total Sales Revenue（100 million yuan）	零售额（亿元）Retail
43.06	33045	6850	9024	143911	49.96	48.08
14.78	22609			44011	33.33	33.33
	384	1213	1902		0.62	1
0.02	470	2866	3160	223	1.19	7
28.96	10094	2771	3962	102228	15.82	15.69
13.28	20906			36060	29.41	29.41
0.80	1191			5400	2.91	2.91

8－13 限额以上批发业法人财务指标(2013年)

单位:万元

项　目 Item	法人企业数(个) Number of Enterprises	执行《2006年企业会计准则》企业数(个) Implementation of "Accounting Standards for Business Enterprises in 2006"
总　计 Total	1132	941
其中:国有控股 State Owned and State holding	77	72
1.按批发行业小类分 According to the classification of the wholesale industry		
农、林、牧产品批发 Wholesale of Farm Products and Livestock Products	30	27
谷物、豆及薯类批发 Wholesale of Grain, Beaus and Potato	9	9
种子批发 Seed Wholesale	5	4
饲料批发 Food Wholesale	3	3
棉、麻批发 Cotton&hamp Wholesale	11	9
牲畜批发 Livestock Wholesale	2	2
食品、饮料及烟草制品批发 Wholeasle Trade of Food、Beverage Tobacco and Atricles for Family	98	85
米、面制品及食用油批发 Wholesale of Rice, Noodle and Edible Oil	7	7
糕点、糖果及糖批发 Wholesale of Cakes, Candy and Sugar	7	7
果品、蔬菜批发 Wholesale of Fruit and Vegetables	18	16
肉、禽、蛋、奶及水产品批发 Wholesale of Meat, Bird, Eggs, Milk and Aquatic products	13	13
盐及调味品批发 Wholesale of Salt and Seasoning	6	6
营养和保健品批发 Wholesale of Health Care products	2	2
酒、饮料及茶叶批发 Wholesale of Alcohol, Drinks and Tea	25	19
烟草制品批发 Wholesale of Tobaccos	2	2
其他食品批发 The Other foods Wholesale	18	13
纺织、服装及家庭用品批发 Wholesale of Textile, Clothing and Household Goods	118	94
纺织品、针织品及原料批发 Wholesale of Textiles, Knitwear and Bow Material	15	9
服装批发 Wholesale of Gamments	46	36
鞋帽批发 Wholesale of Shoes and Hats	3	3
化妆品及卫生用品批发 Wholesale of Conmetics and Hygiene	15	12
厨房、卫生间用具及日用杂货批发 Wholesale of Kitchen Supplits, Toilet Artides amd Daily Neiessities	4	2
灯具、装饰物品批发 Wholesale of Lampsand Ornament	2	2
家用电器批发 Wholesale of Household Ecectrical Appliances	22	22
其他家庭用品批发 Wholesale of Other household products	11	8

FINANCIAL INDICATORS OF ENTERPRISES ABOVE DESIGNATED SIZE IN WHOLE SALE(2013)

(10 000 yuan)

一、年初存货 The Beginning Inventory	二、期末资产负债 Late Assets and Liabilities			
	流动资产合计 Total Liquid Assets	应收账款 Accounts Receivable	存　货 Stock	固定资产合计 Fixed Assets Price
3068069.9	17117346.4	3793342.8	3372796.3	1892658.7
945523.5	5376454.8	876442.1	1048508.7	806962.2
84793.3	538027.0	45470.9	122551.9	59865.8
10284.3	38346.2	1756.1	20287.4	2743.7
22968.1	56625.4	16490.5	25299.7	12018.5
582.3	14165.3	814.1	478.9	697.0
50581.9	399523.7	26209.0	76475.7	43002.7
376.7	29366.4	201.2	10.2	1403.9
246290.2	1470089.2	99630.3	272094.0	220078.4
6740.0	32856.3	2541.9	9602.2	3599.4
8327.0	29366.1	5632.1	11361.6	384.8
3140.2	11737.1	4491.2	1394.7	4823.8
3639.7	91003.9	7268.5	3493.6	72587.0
26002.5	82361.1	8373.0	17179.7	38493.4
1632.4	4867.4	2144.6	2044.9	291.6
59618.3	627712.2	25116.4	71315.0	8616.0
73769.9	429522.0	444.4	80014.3	80270.3
63420.2	160663.1	43618.2	75688.0	11012.1
214475.3	1028386.7	337263.1	230273.1	38366.3
3888.3	27321.0	6753.0	4581.8	433.1
53869.1	250862.3	110979.6	43092.0	19553.6
5028.4	9084.9	3987.6	2416.7	391.1
33801.4	83278.7	14619.0	40289.6	672.1
1250.5	14020.8	7608.7	1234.3	1718.2
593.7	4141.3	2626.8	567.3	13.7
102108.4	606393.7	184057.9	121165.5	5395.4
13935.5	33284.0	6630.5	16925.9	10189.1

续　表　1

单位：万元

项　　　目 Item	法人企业数（个） Number of Enterprises	执行《2006 年企业会计准则》企业数（个） Implementation of " Accounting Standards for Business Enterprises in 2006"
文化、体育用品及器材批发 Wholesale of Cultural and Sports Goods	34	28
文具用品批发 Wholesale of Stationery	16	15
图书批发 Wholesale of Books	6	6
音像制品及电子出版物批发 Wholesale of Audio and Video products, Electronic publication	1	1
首饰、工艺品及收藏品批发 Wholesale of Jewely, Handicraft and Collection	7	4
其他文化用品批发 Wholesale of the Other Cultural activities	4	2
医药及医疗器材批发 Wholesale of Medicines and Medical Appliances	164	144
西药批发 Western Medicine Wholesale	114	102
中药批发 Traditional Chinese Medicine Wholesale	29	23
医疗用品及器材批发 Medical Supplies and Apparatus Wholesale	21	19
矿产品、建材及化工产品批发 Wholesale of Mineral Products, Building Material and Chemical Products	459	361
煤炭及制品批发 Wholesale of Coal and Related Products	40	31
石油及制品批发 Wholesale of Petroleum and related Products	33	26
非金属矿及制品批发 Wholesale of Non Metallic Minerals and Products	4	4
金属及金属矿批发 Wholesale of Metals and Metal Minerals	263	205
建材批发 Wholesale of Building Materials	28	21
化肥批发 Wholesale of Fertilizers	14	12
其他化工产品批发 The Other Chemical Products Wholesale	77	62
机械设备、五金产品及电子产品批发 Wholesale Trade of Mechanical and Electrical Products	211	186
农业机械批发 Agricaltural Machinery Wholesale	1	1
汽车批发 Wholesale of Automobiles	26	24
汽车零配件批发 Wholesale of Auto Parts	27	26
摩托车及零配件批发 Wholesale of Motorcycles and Parts	3	
五金产品批发 Hardware Products Wholesale	14	13
电气设备批发 Ecectrical Equipment Wholesale	17	15
计算机、软件及辅助设备批发 Wholesale of Computer, Software and Related Appliances	26	25
通讯及广播电视设备批发 Communication, Softeware and Auriliary Equipment Wholesale	15	14
其他机械设备及电子产品批发 The Other mechanical Equipment and Ecectronic Products	82	68

Continued 1

(10 000 yuan)

一、年初存货 The Beginning Inventory	二、期末资产负债 Late Assets and Liabilities			
	流动资产合计 Total Liquid Assets	应收账款 Accounts Receivable	存　货 Stock	固定资产合计 Fixed Assets Price
201427.7	474695.4	93677.3	184364.8	94770.4
16831.9	70618.3	21546.7	17213.3	1669.2
69825.3	268358.5	60762.5	61199.0	89415.6
0.1	906.2		0.1	
111508.3	126767.3	8888.7	102855.1	3395.5
3262.1	8045.1	2479.4	3097.3	290.1
544287.2	2448414.3	735344.8	658160.0	184436.5
513346.9	2170215.7	593958.5	616067.4	180030.4
18938.0	185134.0	94665.2	26156.7	2446.6
12002.3	93064.6	46721.1	15935.9	1959.5
1225858.5	7227908.6	1804042.6	1275766.7	1221481.0
41410.8	722620.7	194839.2	50226.6	16932.9
523607.2	1213928.3	369115.3	521982.4	1075202.9
7495.7	89178.4	19840.9	10712.9	357.3
410379.5	4662612.8	1137387.5	463310.5	102682.7
8113.3	64752.7	24915.1	9359.8	6973.7
209347.1	288861.0	3527.0	191674.2	9708.7
25504.9	185954.7	54417.6	28500.3	9622.8
279985.5	1419791.1	467250.2	268958.6	51714.6
1116.0	4495.0	1015.0	1113.0	60.8
56387.3	332001.1	132988.0	62031.2	14246.8
69540.1	393564.2	102405.8	52406.7	13869.3
6405.9	6001.6	657.2	2625.8	65.0
6981.2	51645.0	29852.9	8575.3	760.4
2792.9	25710.4	13848.4	4334.1	2568.7
55933.7	153855.7	30321.1	60650.2	962.4
4462.2	54350.4	29047.9	12378.9	1351.2
76366.2	398167.7	127113.9	64843.4	17830.0

续　表 2

单位:万元

项　目 Item	法人企业数(个) Number of Enterprises	执行《2006 年企业会计准则》企业数(个) Implementation of "Accounting Standards for Business Enterprises in 2006"
贸易经纪与代理 Trade Brokerage and Agents	8	7
贸易代理 Trade Agent	8	7
其他批发 Other Wholesale Trade	10	9
再生物资回收与批发 Wholesale of Recyded Matorials	7	6
其他未列明批发 Other Mtlisted Wholesale	3	3
2. 按登记注册类型分 Grouped by Registration		
内资企业 Domestic Investment	1106	921
国有企业 State-owned	15	14
集体企业 Collective-owned	3	2
股份合作企业 Cooperative of Share Holding	2	
联营企业 Joint-owned	1	1
其他联营企业 Other Joint	1	1
有限责任公司 Companies of Limited Liabilities	511	430
国有独资公司 Companies State-owned Excluasive Investment	17	16
其他有限责任公司 Other Companies of Limited Liabilities	494	414
股份有限公司 Share Holding	31	27
私营企业 Private-owned	536	440
私营独资企业 Private Exclusive Investment	1	1
私营有限责任公司 Private Companies of Limited Liabilities	523	432
私营股份有限公司 Private Companies of Limited Liabilities with Share Holding	12	7
其他企业 Others	7	7
港、澳、台商投资企业 Enterprises Funded by Entepreneurs from HongKong, Macao & Taiwan	11	7
与港澳台商合资经营企业 Joint Venture with Hongkong, Macro & Taiwan	4	2
港、澳、台商独资经营企业 Manage with HongKong, Macao and Taiwan Jointly	7	5
外商投资企业 Foreign Funded	15	13
中外合资经营企业 Joint Venture Enterprises	6	5
外资企业 Enterprises with Sole Foreign Investment	7	6
外商投资股份有限公司 Companies Limited by Shares with Foreign Investment	1	1
其他外商投资企业 Other Foreign Investment Enterprises	1	1

Continued 2

(10 000 yuan)

一、年初存货 The Beginning Inventory	二、期末资产负债 Late Assets and Liabilities			
	流动资产合计 Total Liquid Assets	应收账款 Accounts Receivable	存　货 Stock	固定资产合计 Fixed Assets Price
267440.8	2480217.4	192571.7	357309.3	19657.4
267440.8	2480217.4	192571.7	357309.3	19657.4
3511.4	29816.7	18091.9	3317.4	2288.3
2321.9	26575.1	17832.6	2452.4	1977.5
1189.5	3241.6	259.3	865.0	310.8
2851954.9	16155658.4	3606907.0	3172964.3	1835890.6
210928.9	2553356.0	171022.1	267937.2	105479.9
4917.0	81403.3	6398.0	4966.8	6130.4
321.2	1543.8	815.7	376.8	13.5
108.7	1342.8	922.5	104.6	38.9
108.7	1342.8	922.5	104.6	38.9
1247444.5	7063904.1	2010726.3	1397003.6	543001.5
274532.0	1229882.4	419091.5	360995.5	260795.9
972912.5	5834021.7	1591634.8	1036008.1	282205.6
836314.8	2247598.8	322012.0	892465.4	1005493.6
547804.1	4134004.0	1082744.7	605801.3	172668.7
	185.4	75.4	36.5	183.4
533248.1	4092271.2	1073615.1	596170.9	168034.3
14556.0	41547.4	9054.2	9593.9	4451.0
4115.7	72505.6	12265.7	4308.6	3064.1
126853.3	186154.1	39469.6	100913.7	42414.9
15308.3	68835.6	32173.8	18415.2	1382.0
111545.0	117318.5	7295.8	82498.5	41032.9
89261.7	775533.9	146966.2	98918.3	14353.2
67745.3	240209.7	118565.1	53651.5	10524.2
21184.4	518679.5	19880.5	44673.6	3209.3
	2815.6	1548.6		22.0
332.0	13829.1	6972.0	593.2	597.7

续 表 3

项 目 Item	二、期末资产负债 Late Assets and Liabilities		
	固定资产原价 Fixed Asset Price	累计折旧 Accumulated Depreciation	本年折旧 Depreciation of this year
总 计 Total	**2679963.6**	**786198.0**	**167927.1**
其中:国有控股 State Owned and State holding	1127620.8	318153.7	64848.2
1.按批发行业小类分 According to the classification of the wholesale industry			
农、林、牧产品批发 Wholesale of Farm Products and Livestock Products	89018.3	29152.7	2949.8
谷物、豆及薯类批发 Wholesale of Grain, Beaus and Potato	7411.0	4667.3	61.5
种子批发 Seed Wholesale	14109.4	2091.1	300.8
饲料批发 Food Wholesale	748.3	51.3	30.8
棉、麻批发 Cotton&hamp Wholesale	65039.1	22036.4	2439.6
牲畜批发 Livestock Wholesale	1710.5	306.6	117.1
食品、饮料及烟草制品批发 Wholeasle Trade of Food、Beverage Tobacco and Atricles for Family	311800.8	91629.3	18826.3
米、面制品及食用油批发 Wholesale of Rice, Noodle and Edible Oil	5695.5	2096.1	493.2
糕点、糖果及糖批发 Wholesale of Cakes, Candy and Sugar	899.7	514.9	109.0
果品、蔬菜批发 Wholesale of Fruit and Vegetables	5453.1	633.2	315.4
肉、禽、蛋、奶及水产品批发 Wholesale of Meat, Bird, Eggs, Milk and Aquatic products	80871.6	8284.6	6746.4
盐及调味品批发 Wholesale of Salt and Seasoning	67673.6	29071.3	2815.7
营养和保健品批发 Wholesale of Health Care products	329.7	38.1	3.3
酒、饮料及茶叶批发 Wholesale of Alcohol, Drinks and Tea	14091.6	5487.5	1316.8
烟草制品批发 Wholesale of Tobaccos	122494.3	42224.0	6121.4
其他食品批发 The Other foods Wholesale	14291.7	3279.6	905.1
纺织、服装及家庭用品批发 Wholesale of Textile, Clothing and Household Goods	52979.1	14647.8	3581.2
纺织品、针织品及原料批发 Wholesale of Textiles, Knitwear and Bow Material	1078.0	644.9	73.2
服装批发 Wholesale of Gamments	26398.9	6872.3	1538.3
鞋帽批发 Wholesale of Shoes and Hats	587.2	196.1	103.6
化妆品及卫生用品批发 Wholesale of Conmetics and Hygiene	1486.7	814.6	298.3
厨房、卫生间用具及日用杂货批发 Wholesale of Kitchen Supplits, Toilet Artides amd Daily Neiessities	3265.5	1547.3	223.7
灯具、装饰物品批发 Wholesale of Lampsand Ornament	16.7	3.0	2.8
家用电器批发 Wholesale of Household Ecectrical Appliances	6344.8	949.4	322.0
其他家庭用品批发 Wholesale of Other household products	13801.3	3620.2	1019.3

(10 000 yuan)

二、期末资产负债 Late Assets and Liabilities				
在建工程 In the Construction Engineering	资产总计 Total Assets	流动负债合计 Total Liabilitiesers	应付账款 Accounts Payable	非流动负债合计 Non Current Liabilities
671536.1	21573580.7	16030945.9	3579415.6	751046.7
353552.3	7534429.2	5092374.4	1456384.4	273919.6
3795.4	636606.1	466578.1	13733.8	19763.0
1398.2	45773.6	34089.8	1534.8	7402.5
800.9	74561.6	39082.9	5360.2	413.3
	14908.4	13730.5	1074.0	239.5
1596.3	459226.4	365328.4	5569.7	9717.8
	42136.1	14346.5	195.1	1989.9
24814.5	1887179.0	1317578.8	149669.8	90187.3
22.3	46999.7	41528.4	7663.3	0.1
3.5	30491.1	23113.3	12568.4	
9900.0	27095.8	5691.3	2263.7	534.1
5926.3	203724.3	134133.6	16548.3	11861.1
6150.4	212848.8	107438.4	12046.3	5178.3
	5160.2	4777.5	1329.9	56.0
	639738.6	759023.6	66262.2	174.3
2812.0	548206.2	99958.3	780.1	40.0
	172914.3	141914.4	30207.6	72343.4
2826.2	1098636.5	906772.6	352597.2	16229.4
	27943.0	24024.9	11963.2	0.2
236.2	283879.9	190908.2	90163.6	6905.0
2309.7	12615.9	8640.7	2690.4	
	84632.0	73652.8	27490.8	84.2
62.1	17852.1	12952.5	6938.4	
	4155.2	2857.3	2112.2	
218.2	622109.9	577863.3	204042.4	2455.7
	145448.5	15872.9	7196.2	6734.3

续 表 4

项 目 Item	二、期末资产负债 Late Assets and Liabilities		
	固定资产原价 Fixed Asset Price	累计折旧 Accumulated Depreciation	本年折旧 Depreciation of this year
文化、体育用品及器材批发 Wholesale of Cultural and Sports Goods	120763.7	25993.3	5554.5
文具用品批发 Wholesale of Stationery	2672.0	1002.8	160.4
图书批发 Wholesale of Books	110208.3	20792.7	4710.4
音像制品及电子出版物批发 Wholesale of Audio and Video products, Electronic publication	5.4	5.4	0.5
首饰、工艺品及收藏品批发 Wholesale of Jewely, Handicraft and Collection	7325.6	3930.1	623.6
其他文化用品批发 Wholesale of the Other Cultural activities	552.4	262.3	59.6
医药及医疗器材批发 Wholesale of Medicines and Medical Appliances	247266.5	62988.2	14884.3
西药批发 Western Medicine Wholesale	238331.6	58459.5	14017.8
中药批发 Traditional Chinese Medicine Wholesale	5162.5	2715.9	469.6
医疗用品及器材批发 Medical Supplies and Apparatus Wholesale	3772.4	1812.8	396.9
矿产品、建材及化工产品批发 Wholesale of Mineral Products, Building Material and Chemical Products	1719081.2	496003.4	93198.7
煤炭及制品批发 Wholesale of Coal and Related Products	24329.3	7427.8	2335.9
石油及制品批发 Wholesale of Petroleum and related Products	1501744.2	424367.6	76772.1
非金属矿及制品批发 Wholesale of Non Metallic Minerals and Products	859.9	502.6	117.8
金属及金属矿批发 Wholesale of Metals and Metal Minerals	147721.1	45573.4	9558.9
建材批发 Wholesale of Building Materials	11141.1	4173.4	790.9
化肥批发 Wholesale of Fertilizers	15922.1	6213.4	2382.2
其他化工产品批发 The Other Chemical Products Wholesale	17363.5	7745.2	1240.9
机械设备、五金产品及电子产品批发 Wholesale Trade of Mechanical and Electrical Products	97886.2	46561.2	27201.0
农业机械批发 Agricaltural Machinery Wholesale	85.9	25.1	8.0
汽车批发 Wholesale of Automobiles	39797.2	25550.4	21607.4
汽车零配件批发 Wholesale of Auto Parts	18530.2	4660.9	1381.8
摩托车及零配件批发 Wholesale of Motorcycles and Parts	262.7	197.7	27.7
五金产品批发 Hardware Products Wholesale	1372.5	612.1	186.2
电气设备批发 Ecectrical Equipment Wholesale	3535.2	966.5	241.8
计算机、软件及辅助设备批发 Wholesale of Computer, Software and Related Appliances	1974.2	1011.8	177.2
通讯及广播电视设备批发 Communication, Softeware and Auriliary Equipment Wholesale	3119.3	1768.1	375.1
其他机械设备及电子产品批发 The Other mechanical Equipment and Ecectronic Products	29209.0	11768.6	3195.8

Continued 4

(10 000 yuan)

二、期末资产负债 Late Assets and Liabilities				
在建工程 In the Construction Engineering	资产总计 Total Assets	流动负债合计 Total Liabilitiesers	应付账款 Accounts Payable	非流动负债合计 Non Current Liabilities
	626905.6	369612.8	144119.4	29936.1
	72830.1	64563.9	11061.7	383.3
	411733.6	253542.3	113456.3	
	930.1	380.1	372.4	
	133076.5	44090.3	18171.0	29541.8
	8335.3	7036.2	1058.0	11.0
75850.2	2832830.5	1961050.3	681510.1	190602.9
74749.0	2535799.1	1739999.4	589366.1	186671.1
	195024.6	152973.0	57783.6	874.8
1101.2	102006.8	68077.9	34360.4	3057.0
558733.3	10051146.9	7420580.1	1208587.1	202143.1
60.2	852117.4	756920.7	120188.4	907.9
439914.8	3296686.6	1707853.6	566226.6	122263.1
	91181.7	85608.2	3346.4	
113472.2	5187480.1	4372934.0	449594.3	64468.9
2776.7	79942.6	58001.1	11526.3	320.9
1068.4	335167.3	298226.5	1149	94.2
1441.0	208571.2	141036.0	46215.1	14088.1
5321.7	1587319.5	1244569.9	408243.4	84524.0
	4556.3	3804.4	2447.4	
306.6	368986.1	315277.4	103586.0	2498.9
2463.7	423405.3	344500.8	54856.4	4659.2
	6066.9	4768.5	2200.6	
	53789.4	42076.4	23521.7	2479.2
	36616.8	26203.1	16936.1	1063.9
	166213.4	107488.0	64602.7	57895.9
16.6	61444.3	49837.0	12090.8	132.0
2534.8	466241.0	350614.3	128001.7	15794.9

续 表 5

项 目 Item	二、期末资产负债 Late Assets and Liabilities		
	固定资产原价 Fixed Asset Price	累 计 折 旧 Accumulated Depreciation	本 年 折 旧 Depreciation of this year
贸易经纪与代理 Trade Brokerage and Agents	36529	16871.6	1268.3
贸易代理 Trade Agent	36529.0	16871.6	1268.3
其他批发 Other Wholesale Trade	4638.8	2350.5	463.0
再生物资回收与批发 Wholesale of Recyded Matorials	3671.2	1693.7	367.9
其他未列明批发 Other Mtlisted Wholesale	967.6	656.8	95.1
2. 按登记注册类型分 Grouped by Registration			
内资企业 Domestic Investment	2594116.2	756794.1	163160.9
国有企业 State-owned	166765.7	61285.8	7796.5
集体企业 Collective-owned	9694.7	3564.3	486.8
股份合作企业 Cooperative of Share Holding	50.9	37.4	2.3
联营企业 Joint-owned	81.9	43.0	0.1
其他联营企业 Other Joint	81.9	43.0	0.1
有限责任公司 Companies of Limited Liabilities	804702.5	261763.8	73269.7
国有独资公司 Companies State-owned Excluasive Investment	383984.6	123188.7	28700.5
其他有限责任公司 Other Companies of Limited Liabilities	420717.9	138575.1	44569.2
股份有限公司 Share Holding	1373489.2	365490.7	63365.2
私营企业 Private-owned	230640.9	58678.4	18048.2
私营独资企业 Private Exclusive Investment	219.9	36.5	10.1
私营有限责任公司 Private Companies of Limited Liabilities	224684.2	57356.1	17953.1
私营股份有限公司 Private Companies of Limited Liabilities with Share Holding	5736.8	1285.8	85.0
其他企业 Others	8690.4	5930.7	192.1
港、澳、台商投资企业 Enterprises Funded by Entepreneurs from HongKong, Macao & Taiwan	64006.9	21916.6	2915.8
与港澳台商合资经营企业 Joint Venture with Hongkong, Macro & Taiwan	2474.7	1092.7	341.1
港、澳、台商独资经营企业 Manage with HongKong, Macao and Taiwan Jointly	61532.2	20823.9	2574.7
外商投资企业 Foreign Funded	21840.5	7487.3	1850.4
中外合资经营企业 Joint Venture Enterprises	14699.8	4175.6	1116.5
外资企业 Enterprises with Sole Foreign Investment	6311.8	3102.5	598.3
外商投资股份有限公司 Companies Limited by Shares with Foreign Investment	51.4	29.4	1.6
其他外商投资企业 Other Foreign Investment Enterprises	777.5	179.8	134.0

Continued 5

(10 000 yuan)

二、期末资产负债 Late Assets and Liabilities				
在建工程 In the Construction Engineering	资产总计 Total Assets	流动负债合计 Total Liabilitiesers	应付账款 Accounts Payable	非流动负债合计 Non Current Liabilities
194.8	2818469.0	2316942.7	610587.3	117660.9
194.8	2818469.0	2316942.7	610587.3	117660.9
	34487.6	27260.6	10367.5	
	29596.7	24439.2	9997.8	
	4890.9	2821.4	369.7	
669953.0	20522677.7	15061167.1	3438125.5	705327.7
4405.0	3022949.0	2131449.4	606225.9	136807.0
54.2	88655.1	84870.9	3337.0	23.1
	1557.8	1191.2	-144.5	337.5
	1381.7	1149.4	770.1	132.0
	1381.7	1149.4	770.1	132.0
376903.9	8626203.4	6851801.2	1526923.5	187348.1
230255.6	1933249.2	1461282.3	413709.2	16387.5
146648.3	6692954.2	5390518.9	1113214.3	170960.6
266314.2	4096869.0	2066154.4	598143.0	341921.4
21971.3	4599990.4	3843165.5	700229.5	37447.0
	368.8	87.4	36.5	11
21971.3	4551148.4	3810628.7	693347.2	36887.0
	48473.2	32449.4	6845.8	45
304.4	85071.3	81385.1	2641.0	1311.6
324.7	256033.1	10614	48619.8	41653.2
	70580.2	47504.8	2931	
324.7	185452.9	58635.2	19309.8	41653.2
1258.4	794869.9	863638.8	92670.3	4065.8
1258.4	255072.6	186704.8	44215.8	2879.8
	522472.8	659623.7	35954.0	
	2845.1	43.1	-49.6	1186.0
	14479.4	17267.2	12550.1	

续 表 6

项 目 Item	二、期末资产负债 Late Assets and Liabilities		
	负债合计 Total Liabilitiesers	所有者权益合计 Total Interests of Own	实 收 资 本 Total Capital Hold
总 计 **Total**	**16680858.5**	**4892722.2**	**3602843.5**
其中:国有控股 State Owned and State holding	5366294.0	2168135.2	1458627.7
1.按批发行业小类分 **According to the classification of the wholesale industry**			
农、林、牧产品批发 Wholesale of Farm Products and Livestock Products	486341.2	150264.9	76561.4
谷物、豆及薯类批发 Wholesale of Grain, Beaus and Potato	41492.3	4281.3	5375.7
种子批发 Seed Wholesale	39496.3	35065.3	19400.0
饲料批发 Food Wholesale	13970.0	938.4	1110.0
棉、麻批发 Cotton&hamp Wholesale	375046.2	84180.2	35625.7
牲畜批发 Livestock Wholesale	16336.4	25799.7	15050.0
食品、饮料及烟草制品批发 Wholeasle Trade of Food、Beverage Tobacco and Atricles for Family	1336850.2	550328.8	188356.4
米、面制品及食用油批发 Wholesale of Rice, Noodle and Edible Oil	41528.5	5471.2	6486.0
糕点、糖果及糖批发 Wholesale of Cakes, Candy and Sugar	23113.3	7377.8	5884.0
果品、蔬菜批发 Wholesale of Fruit and Vegetables	6225.4	20870.4	18119.0
肉、禽、蛋、奶及水产品批发 Wholesale of Meat, Bird, Eggs, Milk and Aquatic products	145994.7	57729.6	53711.0
盐及调味品批发 Wholesale of Salt and Seasoning	110486.2	102362.6	51410.0
营养和保健品批发 Wholesale of Health Care products	4833.5	326.7	311.0
酒、饮料及茶叶批发 Wholesale of Alcohol, Drinks and Tea	759386.4	-119647.8	19403.4
烟草制品批发 Wholesale of Tobaccos	99998.3	448207.9	15170.0
其他食品批发 The Other foods Wholesale	145283.9	27630.4	17862.0
纺织、服装及家庭用品批发 Wholesale of Textile, Clothing and Household Goods	923002.1	175634.4	81944.5
纺织品、针织品及原料批发 Wholesale of Textiles, Knitwear and Bow Material	24025.1	3917.9	2630.0
服装批发 Wholesale of Gamments	197813.3	86066.6	35740.5
鞋帽批发 Wholesale of Shoes and Hats	8640.7	3975.2	1350.0
化妆品及卫生用品批发 Wholesale of Conmetics and Hygiene	73737.0	10895.0	11421.0
厨房、卫生间用具及日用杂货批发 Wholesale of Kitchen Supplits, Toilet Artides amd Daily Neiessities	12952.5	4899.6	1690.0
灯具、装饰物品批发 Wholesale of Lampsand Ornament	2857.3	1297.9	430.0
家用电器批发 Wholesale of Household Ecectrical Appliances	580319.0	41790.9	14584.7
其他家庭用品批发 Wholesale of Other household products	22657.2	22791.3	14098.3

Continued 6

(10 000 yuan)

国家资本 National Capits	集体资本 Collective Capita	法人资本 Corporate Capital	个人资本 Private Capital	港澳台资本 HK Macao and Taiwan's Capital	外商资本 Foreign Capital
二、期末资产负债 Late Assets and Liabilities					
1437024.0	22878.2	1371201.5	683799.5	74409.9	13530.4
1423381.8	95.0	26043.1	5847.8	2280.0	980.0
15670.8	1520.0	37790.0	19300.6	2280.0	
4140.9		1234.8			
		12639.2	6760.8		
		1100.0	10.0		
	1520.0	22170.9	11934.8		
11529.9		645.1	595.0	2280.0	
93792.2	298.8	57917.2	31323.2		5025.0
1870.4		3055.6	1560.0		
270.0		4554.0	1060.0		
9715.0	40.0	1373.0	6991.0		
14762.0		34770.0	4179.0		
50000.0			1410.0		
			311.0		
50.0	242.8	4039.6	10071.0		5000.0
15170.0					
1954.8	16.0	10125.0	5741.2		25.0
3032.0	1087.0	35226.7	42548.8	50.0	
20.0		687.1	1922.9		
3012.0	332.0	10687.3	21709.2		
		350.0	1000.0		
		9818.0	1553.0	50.0	
		200.0	1490.0		
		100.0	330.0		
	755.0	3991.0	9838.7		
		9393.3	4705.0		

续 表 7

项 目 Item	二、期末资产负债 Late Assets and Liabilities		
	负债合计 Total Liabilitiesers	所有者权益合计 Total Interests of Own	实收资本 Total Capital Hold
文化、体育用品及器材批发 Wholesale of Cultural and Sports Goods	399548.9	227356.7	110989.8
文具用品批发 Wholesale of Stationery	64947.2	7882.9	5366.5
图书批发 Wholesale of Books	253542.3	158191.3	78293.5
音像制品及电子出版物批发 Wholesale of Audio and Video products, Electronic publication	380.1	550.0	550.0
首饰、工艺品及收藏品批发 Wholesale of Jewely, Handicraft and Collection	73632.1	59444.4	25859.8
其他文化用品批发 Wholesale of the Other Cultural activities	7047.2	1288.1	920.0
医药及医疗器材批发 Wholesale of Medicines and Medical Appliances	2149056.0	683774.5	323393.7
西药批发 Western Medicine Wholesale	1924721.0	611078.1	278264.8
中药批发 Traditional Chinese Medicine Wholesale	153200.1	41824.5	37127.5
医疗用品及器材批发 Medical Supplies and Apparatus Wholesale	71134.9	30871.9	8001.4
矿产品、建材及化工产品批发 Wholesale of Mineral Products, Building Material and Chemical Products	7656874.6	2394272.3	2316976.5
煤炭及制品批发 Wholesale of Coal and Related Products	758301.5	93815.9	114281.1
石油及制品批发 Wholesale of Petroleum and related Products	1831674.6	1465012.0	1416616.9
非金属矿及制品批发 Wholesale of Non Metallic Minerals and Products	85608.2	5573.5	5500.0
金属及金属矿批发 Wholesale of Metals and Metal Minerals	4469341.5	718138.6	698349.4
建材批发 Wholesale of Building Materials	58474.7	21467.9	18714.3
化肥批发 Wholesale of Fertilizers	298348.8	36818.5	17289.6
其他化工产品批发 The Other Chemical Products Wholesale	155125.3	53445.9	46225.2
机械设备、五金产品及电子产品批发 Wholesale Trade of Mechanical and Electrical Products	1267321.3	319998.2	178884.0
农业机械批发 Agricaltural Machinery Wholesale	3804.4	751.9	1000.0
汽车批发 Wholesale of Automobiles	317776.3	51209.8	38281.0
汽车零配件批发 Wholesale of Auto Parts	349160.0	74245.3	19235.0
摩托车及零配件批发 Wholesale of Motorcycles and Parts	4768.5	1298.4	1044.7
五金产品批发 Hardware Products Wholesale	44218.1	9571.3	8391.9
电气设备批发 Ecectrical Equipment Wholesale	26203.5	10413.3	7668.6
计算机、软件及辅助设备批发 Wholesale of Computer, Software and Related Appliances	107798.9	58414.5	23379.0
通讯及广播电视设备批发 Communication, Softeware and Auriliary Equipment Wholesale	49969.1	11475.2	21281.0
其他机械设备及电子产品批发 The Other mechanical Equipment and Ecectronic Products	363622.5	102618.5	58602.8

Continued 7

(10 000 yuan)

二、期末资产负债 Late Assets and Liabilities					
国家资本 National Capits	集体资本 Collective Capita	法人资本 Corporate Capital	个人资本 Private Capital	港澳台资本 HK Macao and Taiwan's Capital	外商资本 Foreign Capital
78313.0		5894.9	6206.0	20575.9	
2693.0		1411.0	1262.5		
75600.0		2000.0	693.5		
			550.0		
		2283.9	3000.0	20575.9	
20.0		200.0	700.0		
9120.0	1150.0	210320.8	97318.9	4500.0	984.0
9120.0	1150.0	182550.8	80944.0	4500.0	
		23873.5	13254.0		
		3896.5	3120.9		984.0
900401.8	14067.4	923737.6	428850.4	44139.3	5780.0
20226.9		48407.4	45646.8		
780687.0		595607.6	7994.3	31348.0	980.0
		4950.0	550.0		
93224.3	9640.0	243139.6	335693.5	12652.0	4000.0
		10652.3	8062.0		
2977.0	961.1	6863.0	6488.5		
3286.6	3466.3	14117.7	24415.3	139.3	800.0
20314.7	2660.0	95350.0	56431.6	2864.7	1263.0
		1000.0			
12050.0	1500.0	8250.0	16481.0		
2500.0		11645.0	3905.0		1185.0
		550.0	494.7		
	510.0	5703.2	2178.7		
		3525.7	4142.9		
		18847.5	4531.5		
		16978.7	4302.3		
5764.7	650.0	28849.9	20395.5	2864.7	78.0

续　表 8

项　　目 Item	二、期末资产负债 Late Assets and Liabilities 负债合计 Total Liabilitiesers	所有者权益合计 Total Interests of Own	实收资本 Total Capital Hold
贸易经纪与代理 Trade Brokerage and Agents	2434603.6	383865.4	320649.5
贸易代理 Trade Agent	2434603.6	383865.4	320649.5
其他批发 Other Wholesale Trade	27260.6	7227.0	5087.7
再生物资回收与批发 Wholesale of Recyded Matorials	24439.2	5157.5	3137.7
其他未列明批发 Other Mtlisted Wholesale	2821.4	2069.5	1950.0
2.按登记注册类型分 Grouped by Registration			
内资企业 Domestic Investment	15663840.6	4858837.1	3495747.2
国有企业 State-owned	2268256.4	754692.6	309937.6
集体企业 Collective-owned	84894.0	3761.1	5371.3
股份合作企业 Cooperative of Share Holding	1191.2	366.6	560.0
联营企业 Joint-owned	1281.4	100.3	100.0
其他联营企业 Other Joint	1281.4	100.3	100.0
有限责任公司 Companies of Limited Liabilities	6994040.6	1632162.8	1210109.9
国有独资公司 Companies State-owned Excluasive Investment	1477669.9	455579.3	352183.3
其他有限责任公司 Other Companies of Limited Liabilities	5516370.7	1176583.5	857926.6
股份有限公司 Share Holding	2350490.8	1746378.2	1359286.6
私营企业 Private-owned	3882301.1	717689.3	601468.5
私营独资企业 Private Exclusive Investment	197.4	171.4	164.0
私营有限责任公司 Private Companies of Limited Liabilities	3849204.3	701944.1	590622.3
私营股份有限公司 Private Companies of Limited Liabilities with Share Holding	32899.4	15573.8	10682.2
其他企业 Others	81385.1	3686.2	8913.3
港、澳、台商投资企业 Enterprises Funded by Entepreneurs from HongKong, Macao & Taiwan	149313.3	106719.8	72879.9
与港澳台商合资经营企业 Joint Venture with Hongkong, Macro & Taiwan	47504.8	23075.4	9050.0
港、澳、台商独资经营企业 Manage with HongKong, Macao and Taiwan Jointly	101808.5	83644.4	63829.9
外商投资企业 Foreign Funded	867704.6	-72834.7	34216.4
中外合资经营企业 Joint Venture Enterprises	189584.6	65488.0	27335.0
外资企业 Enterprises with Sole Foreign Investment	659623.7	-137150.9	6381.4
外商投资股份有限公司 Companies Limited by Shares with Foreign Investment	1229.1	1616.0	
其他外商投资企业 Other Foreign Investment Enterprises	17267.2	-2787.8	500.0

Continued 8

(10 000 yuan)

二、期末资产负债 Late Assets and Liabilities					
国家资本 National Capits	集体资本 Collective Capita	法人资本 Corporate Capital	个人资本 Private Capital	港澳台资本 HK Macao anc Taiwan's Capital	外商资本 Foreign Capital
315854.5	2095.0	2700.0			
315854.5	2095.0	2700.0			
525.0		2264.3	1820.0		478.4
525.0		1314.3	820.0		478.4
		950.0	1000.0		
1436004.0	22878.2	1350885.5	683699.5	2280.0	
309937.6					
	5321.3	50.0			
	21.0		539.0		
			100.0		
			100.0		
533690.3	12769.8	418940.6	244709.2		
341063.3		7320.2	3799.8		
192627.0	12769.8	411620.4	240909.4		
590406.3	4546.1	746794.4	15259.8	2280.0	
1969.8	220.0	176987.2	422291.5		
		164.0			
1969.8	220.0	173321.0	415111.5		
		3502.2	7180.0		
		8113.3	800.0		
		750.0		72129.9	
		750.0		8300.0	
				63829.9	
1020.0		19566.0	100.0		13530.4
1020.0		19066.0	100.0		7149.0
					6381.4
		500.0			

续 表 9

项 目 Item	三、损益及分配 Increase, Decrese and Assgning	
	营业收入 Sales Revenue	主营业务收入 Main Sales Revenue
总 计 Total	**63312625.6**	**63147622.8**
其中:国有控股 State Owned and State holding	32314368.9	32219088.6
1.按批发行业小类分 According to the classification of the wholesale industry		
农、林、牧产品批发 Wholesale of Farm Products and Livestock Products	1120897.0	1088766.6
谷物、豆及薯类批发 Wholesale of Grain, Beaus and Potato	41347.1	41347.1
种子批发 Seed Wholesale	55924.4	55883.4
饲料批发 Food Wholesale	21307.3	21307.3
棉、麻批发 Cotton&hamp Wholesale	988601.8	956661.8
牲畜批发 Livestock Wholesale	13716.4	13567.0
食品、饮料及烟草制品批发 Wholeasle Trade of Food、Beverage Tobacco and Atricles for Family	3849161.4	3830177.9
米、面制品及食用油批发 Wholesale of Rice, Noodle and Edible Oil	180623.6	177713.6
糕点、糖果及糖批发 Wholesale of Cakes, Candy and Sugar	98981.2	95635.1
果品、蔬菜批发 Wholesale of Fruit and Vegetables	102510.8	102510.8
肉、禽、蛋、奶及水产品批发 Wholesale of Meat, Bird, Eggs, Milk and Aquatic products	193013.1	190897.1
盐及调味品批发 Wholesale of Salt and Seasoning	168160.2	159650.7
营养和保健品批发 Wholesale of Health Care products	8864.7	8864.7
酒、饮料及茶叶批发 Wholesale of Alcohol, Drinks and Tea	1519064.1	1518957.9
烟草制品批发 Wholesale of Tobaccos	1123956.3	1122451.3
其他食品批发 The Other foods Wholesale	453987.4	453496.7
纺织、服装及家庭用品批发 Wholesale of Textile, Clothing and Household Goods	1847670.7	1840023.3
纺织品、针织品及原料批发 Wholesale of Textiles, Knitwear and Bow Material	83943.4	83943.4
服装批发 Wholesale of Gamments	424147.7	423149.4
鞋帽批发 Wholesale of Shoes and Hats	35297.2	35232.6
化妆品及卫生用品批发 Wholesale of Conmetics and Hygiene	157808.8	154239.6
厨房、卫生间用具及日用杂货批发 Wholesale of Kitchen Supplits, Toilet Artides amd Daily Neiessities	37483.5	37477.9
灯具、装饰物品批发 Wholesale of Lampsand Ornament	8692.9	8692.9
家用电器批发 Wholesale of Household Ecectrical Appliances	1006829.6	1004442.3
其他家庭用品批发 Wholesale of Other household products	93467.6	92845.2

Continued 9

(10 000 yuan)

三、损益及分配 Increase, Decrese and Assgning				
营业成本 Sales Cost	主营业务成本 Main Sales Cost	营业税金及附加 Mian Business Taxes and Extras	主营业务税金及附加 Main Business Taxes and Extras	其他业务利润 Profits of Other Business
60172576.7	59993514.6	267415.8	265584.8	86254.2
31241415.6	31130553.1	131965.2	131147.1	39862.4
1070287.4	1042392.9	905.2	874.9	4292.8
36441.9	36441.9	164.8	164.8	
41899.8	41886.9	72.8	58.7	24.4
19755.7	19755.7	65.6	65.6	
959192.1	931371.1	591.7	577.8	4119.0
12997.9	12937.3	10.3	8.0	149.4
3023529.3	2997693.8	78071.8	77427.1	7311.6
173948.5	171897.4	89.5	89.5	858.8
91805.5	88825.6	140.2	140.2	
87956.4	87956.4	538.5	538.5	190.5
151201.0	150934.5	1427.3	864.4	1011.0
116957.6	99940.3	1165.8	1164.6	5696.8
7967.8	7967.8	14.1	14.1	
1148094.0	1146264.5	7537.5	7537.5	260.3
839988.4	838500.4	65238.9	65238.9	-39.0
405610.1	405406.9	1920.0	1839.4	243.2
1692371.8	1689772.3	5555.8	5552.2	12389.6
78933.7	78933.7	19.9	19.9	73.4
383960.6	383865.8	2790.4	2786.8	846.4
31834.7	31770.1	94.1	94.1	
141099.3	141099.3	690.1	690.1	6706.8
33233.3	33233.3	84.6	84.6	
8376.8	8376.8	11.0	11.0	
932511.7	930469.3	1210.9	1210.9	4110.9
82421.7	82024.0	654.8	654.8	652.1

续 表 10

项 目 Item	三、损益及分配 Increase, Decrese and Assgning 营业收入 Sales Revenue	主营业务收入 Main Sales Revenue
文化、体育用品及器材批发 Wholesale of Cultural and Sports Goods	1026757.9	1025753.3
文具用品批发 Wholesale of Stationery	173368.7	173118.3
图书批发 Wholesale of Books	394981.2	394388.7
音像制品及电子出版物批发 Wholesale of Audio and Video products, Electronic publication	10467.6	10467.6
首饰、工艺品及收藏品批发 Wholesale of Jewely, Handicraft and Collection	433628.8	433467.1
其他文化用品批发 Wholesale of the Other Cultural activities	14311.6	14311.6
医药及医疗器材批发 Wholesale of Medicines and Medical Appliances	5422077.1	5421052.7
西药批发 Western Medicine Wholesale	4897278.2	4896294.1
中药批发 Traditional Chinese Medicine Wholesale	331222.1	331222.1
医疗用品及器材批发 Medical Supplies and Apparatus Wholesale	193576.8	193536.5
矿产品、建材及化工产品批发 Wholesale of Mineral Products, Building Material and Chemical Products	39696726.7	39601131.5
煤炭及制品批发 Wholesale of Coal and Related Products	1853831.2	1852111.8
石油及制品批发 Wholesale of Petroleum and related Products	25872700.3	25787310.9
非金属矿及制品批发 Wholesale of Non Metallic Minerals and Products	144011.3	144011.3
金属及金属矿批发 Wholesale of Metals and Metal Minerals	10224867.4	10220213.1
建材批发 Wholesale of Building Materials	157479.4	157479.4
化肥批发 Wholesale of Fertilizers	651914.0	649507.0
其他化工产品批发 The Other Chemical Products Wholesale	791923.1	790498.0
机械设备、五金产品及电子产品批发 Wholesale Trade of Mechanical and Electrical Products	3307868.8	3300438.7
农业机械批发 Agricaltural Machinery Wholesale	6107.5	6107.5
汽车批发 Wholesale of Automobiles	834660.5	833743.2
汽车零配件批发 Wholesale of Auto Parts	689321.0	688961.9
摩托车及零配件批发 Wholesale of Motorcycles and Parts	45317.1	45317.1
五金产品批发 Hardware Products Wholesale	104790.5	103324.8
电气设备批发 Ecectrical Equipment Wholesale	52729.9	52241.9
计算机、软件及辅助设备批发 Wholesale of Computer, Software and Related Appliances	734462.0	734045.0
通讯及广播电视设备批发 Communication, Softeware and Auriliary Equipment Wholesale	223428.3	223406.2
其他机械设备及电子产品批发 The Other mechanical Equipment and Ecectronic Products	617052.0	613291.1

Continued 10

(10 000 yuan)

三、损益及分配 Increase, Decrese and Assgning				
营业成本 Sales Cost	主营业务成本 Main Sales Cost	营业税金及附加 Mian Business Taxes and Extras	主营业务税金及附加 Main Business Taxes and Extras	其他业务利润 Profits of Other Business
904607.1	904068.2	2479.7	2473.4	100.7
167190.7	167124.6	100.5	100.5	411.8
325720.3	325720.3	993.0	986.7	0.1
10426.5	10426.5	6.6	6.6	
388055.9	387583.1	1363.0	1363.0	-311.2
13213.7	13213.7	16.6	16.6	
5020813.2	5020722.4	9439.8	9432.0	3466.3
4567425.0	4567336.7	7696.8	7689.0	3184.3
297580.5	297580.5	1319.4	1319.4	60.0
155807.7	155805.2	423.6	423.6	222.0
38497223.7	38388727.4	108129.1	107257.8	13019.4
1816172.0	1815460.2	903.1	700.0	1137.7
25095706.1	25004180.1	19065.7	18528.4	9402.6
134564.9	134564.9	52.4	52.4	
9919332.4	9905486.5	86131.1	86058.2	5465.7
147149.9	147149.8	479.3	479.3	1071.2
639044.3	637629.2	298.0	240.4	369.4
745254.1	744256.7	1199.5	1199.1	572.8
2995165.0	2982467.8	61466.5	61341.7	5847.0
5003.7	5003.7	10.0	10.0	
715401.1	715399.6	56448.0	56447.9	64.6
642100.9	632098.2	1432.4	1410.5	339.7
43944.6	43944.6	73.9	73.9	
97826.5	97826.5	122.9	122.9	1.5
47172.1	46741.3	181.0	180.2	233.0
687903.4	687669.9	372.0	371.9	420.1
209453.4	209452.6	806.8	705.1	3129.8
546359.3	544331.4	2019.5	2019.3	2658.3

续　表 11

项　目 Item	三、损益及分配 Increase, Decrese and Assgning	
	营业收入 Sales Revenue	主营业务收入 Main Sales Revenue
贸易经纪与代理 Trade Brokerage and Agents	6963347.5	6962160.3
贸易代理 Trade Agent	6963347.5	6962160.3
其他批发 Other Wholesale Trade	78118.5	78118.5
再生物资回收与批发 Wholesale of Recyded Matorials	69519.4	69519.4
其他未列明批发 Other Mtlisted Wholesale	8599.1	8599.1
2. 按登记注册类型分 Grouped by Registration		
内资企业 Domestic Investment	60607450.5	60442837.3
国有企业 State-owned	6093250.7	6091358.2
集体企业 Collective-owned	86711.1	82937.7
股份合作企业 Cooperative of Share Holding	10270.3	10270.3
联营企业 Joint-owned	1320.4	1320.4
其他联营企业 Other Joint	1320.4	1320.4
有限责任公司 Companies of Limited Liabilities	33449870.4	33381814.5
国有独资公司 Companies State-owned Excluasive Investment	18548297.8	18529757.7
其他有限责任公司 Other Companies of Limited Liabilities	14901572.6	14852056.8
股份有限公司 Share Holding	12613253.9	12530534.2
私营企业 Private-owned	8178792.5	8172495.4
私营独资企业 Private Exclusive Investment	4230.7	4230.7
私营有限责任公司 Private Companies of Limited Liabilities	8047850.6	8041553.5
私营股份有限公司 Private Companies of Limited Liabilities with Share Holding	126711.2	126711.2
其他企业 Others	173981.2	172106.6
港、澳、台商投资企业 Enterprises Funded by Entepreneurs from HongKong, Macao & Taiwan	432377.7	432132.4
与港澳台商合资经营企业 Joint Venture with Hongkong, Macro & Taiwan	117929.4	117911.3
港、澳、台商独资经营企业 Manage with HongKong, Macao and Taiwan Jointly	314448.3	314221.1
外商投资企业 Foreign Funded	2272797.4	2272653.1
中外合资经营企业 Joint Venture Enterprises	691845.0	691762.3
外资企业 Enterprises with Sole Foreign Investment	1530705.9	1530644.3
外商投资股份有限公司 Companies Limited by Shares with Foreign Investment	7372.8	7372.8
其他外商投资企业 Other Foreign Investment Enterprises	42873.7	42873.7

Continued 11

(10 000 yuan)

三、损益及分配 Increase, Decrese and Assgning				
营业成本 Sales Cost	主营业务成本 Main Sales Cost	营业税金及附加 Mian Business Taxes and Extras	主营业务税金及附加 Main Business Taxes and Extras	其他业务利润 Profits of Other Business
6903223.5	6902314.1	647.6	505.4	33826.1
6903223.5	6902314.1	647.6	505.4	33826.1
65355.7	65355.7	720.3	720.3	0.7
57654.3	57654.3	680.3	680.3	0.7
7701.4	7701.4	40.0	40.0	
57966078.8	57787541.6	257308.5	255477.6	79125.9
5772738.4	5771144.3	66051.5	66034.6	33948.1
84172.9	83366.2	36.7	36.7	
9451.0	9451.0	36.2	36.2	-82.2
1251.4	1251.4	1.3	1.3	
1251.4	1251.4	1.3	1.3	
32286955.9	32210202.7	162290.8	161623.2	22094.4
18169218.7	18130411.5	9109.0	8737.1	193.0
14117737.2	14079791.2	153181.8	152886.1	21901.4
11903506.1	11828422.7	16534.4	16021.4	7066.0
7738149.7	7713850.0	12187.0	11553.6	14225.1
3537.8	3537.8	14.8	14.8	
7612191.8	7587892.1	12045.1	11411.7	14028.4
122420.1	122420.1	127.1	127.1	196.7
169853.4	169853.3	170.6	170.6	1874.5
377157.2	376684.4	1659.5	1659.5	5997.1
107215.5	107191.3	246.5	246.5	55.5
269941.7	269493.1	1413.0	1413.0	5941.6
1829340.7	1829288.6	8447.8	8447.7	1131.2
632033.4	632033.4	1100.6	1100.6	82.7
1169044.0	1168991.9	6820.8	6820.7	1048.5
5622.2	5622.2			
22641.1	22641.1	526.4	526.4	

续　表 12

项　目 Item	三、损益及分配 Increase, Decrese and Assgning		
	销售费用 Expenses for Maaketing	管理费用 Expenses for Management	税　金 Taxes
总　计 Total	1347317.1	630129.1	35712.6
其中:国有控股 State Owned and State holding	278202.2	187783.4	15320.8
1.按批发行业小类分 According to the classification of the wholesale industry			
农、林、牧产品批发 Wholesale of Farm Products and Livestock Products	10383.6	14409.9	970.4
谷物、豆及薯类批发 Wholesale of Grain, Beaus and Potato	927.5	1101.0	19.0
种子批发 Seed Wholesale	4505.2	3063.0	44.7
饲料批发 Food Wholesale	302.8	409.6	125.1
棉、麻批发 Cotton&hamp Wholesale	4519.9	9028.9	756.7
牲畜批发 Livestock Wholesale	128.2	807.4	24.9
食品、饮料及烟草制品批发 Wholease Trade of Food、Beverage Tobacco and Atricles for Family	474729.6	170428.4	4498.3
米、面制品及食用油批发 Wholesale of Rice, Noodle and Edible Oil	2874.8	1585.3	93.9
糕点、糖果及糖批发 Wholesale of Cakes, Candy and Sugar	4915.3	1268.1	34.5
果品、蔬菜批发 Wholesale of Fruit and Vegetables	4817.2	3830.3	196.6
肉、禽、蛋、奶及水产品批发 Wholesale of Meat, Bird, Eggs, Milk and Aquatic products	23500.8	8510.5	529.0
盐及调味品批发 Wholesale of Salt and Seasoning	28995.7	19238.4	878.2
营养和保健品批发 Wholesale of Health Care products	433.5	365.1	2.3
酒、饮料及茶叶批发 Wholesale of Alcohol, Drinks and Tea	368626.9	75220.5	792.9
烟草制品批发 Wholesale of Tobaccos	18110.2	51755.8	1624.3
其他食品批发 The Other foods Wholesale	22455.2	8654.4	346.6
纺织、服装及家庭用品批发 Wholesale of Textile, Clothing and Household Goods	78088.1	31292.9	1370.1
纺织品、针织品及原料批发 Wholesale of Textiles, Knitwear and Bow Material	2682.8	1871.8	16.4
服装批发 Wholesale of Gamments	21557.2	11300.4	201.3
鞋帽批发 Wholesale of Shoes and Hats	1511.0	372.3	36.2
化妆品及卫生用品批发 Wholesale of Conmetics and Hygiene	13387.9	7644.3	76.3
厨房、卫生间用具及日用杂货批发 Wholesale of Kitchen Supplits, Toilet Artides amd Daily Neiessities	2252.9	1355.5	36.8
灯具、装饰物品批发 Wholesale of Lampsand Ornament	102.6	184.8	0.1
家用电器批发 Wholesale of Household Ecectrical Appliances	32956.4	6668.1	804.1
其他家庭用品批发 Wholesale of Other household products	3637.3	1895.7	198.9

Continued 12

(10 000 yuan)

三、损益及分配 Increase, Decrese and Assgning				
财务费用 Financial Expenditures	利息收入 Interest Revenue	利息支出 Intertest Paid	资产减值损失 Impairment Loss of Assets	公允价值变动收益 Changes in Fair Value Gains
200435.8	39833.2	164858.8	24088.1	8775.8
21080.5	16774.1	45919.8	12960.8	5572.6
9832.1	2129.9	11246.8	2095.1	
770.5	12.7	734.3		
1198.9	22.5	1097.0	372.8	
115.7	65.4	173.5		
7257.5	1970.9	8692.1	1722.3	
489.5	58.4	549.9		
-1369.0	13263.7	9996.0	3114.2	-359.5
1472.5	660.8	2051.7	4.8	-359.7
510.0	32.3	457.7	2.0	0.2
734.3	1.2	249.8		
526.3	978.5	929.2	235.2	
87.6	1233.1	896.0	2856.4	
61.5	0.1	4.8		
2075.1	130.3	1554.6		
-9837.8	9835.4	875.6		
3001.5	392.0	2976.6	15.8	
4655.2	649.3	4601.8	858.7	
241.9	26.8	44.4	6.2	
3328.9	263.8	3260.9	336.5	
157.7	40.0	190.6		
1723.5	1188.0	447.3	12.5	
17.8	11.2	2.0		
12.0				
-868.7	-926.3	631.8	499.8	
42.1	45.8	24.8	3.7	

续 表 13

项目 Item	三、损益及分配 Increase, Decrese and Assgning		
	销售费用 Expenses for Maaketing	管理费用 Expenses for Management	税金 Taxes
文化、体育用品及器材批发 Wholesale of Cultural and Sports Goods	51612.9	38151.9	1143.0
文具用品批发 Wholesale of Stationery	2508.4	2560.3	93.1
图书批发 Wholesale of Books	22593.8	28994.8	742.5
音像制品及电子出版物批发 Wholesale of Audio and Video products, Electronic publication	5.5	58.0	47.3
首饰、工艺品及收藏品批发 Wholesale of Jewely, Handicraft and Collection	26114.4	6306.5	255.0
其他文化用品批发 Wholesale of the Other Cultural activities	390.8	232.3	5.1
医药及医疗器材批发 Wholesale of Medicines and Medical Appliances	168512.9	92216.4	4351.8
西药批发 Western Medicine Wholesale	138872.2	78878.4	3639.6
中药批发 Traditional Chinese Medicine Wholesale	12441.2	8526.2	493.9
医疗用品及器材批发 Medical Supplies and Apparatus Wholesale	17199.5	4811.8	218.3
矿产品、建材及化工产品批发 Wholesale of Mineral Products, Building Material and Chemical Products	428720.9	191922.1	15707.7
煤炭及制品批发 Wholesale of Coal and Related Products	11852.3	11677.7	736.9
石油及制品批发 Wholesale of Petroleum and related Products	303555.2	102930.3	8733.3
非金属矿及制品批发 Wholesale of Non Metallic Minerals and Products	5775.9	771.2	191.2
金属及金属矿批发 Wholesale of Metals and Metal Minerals	78618.3	55145.9	4892.2
建材批发 Wholesale of Building Materials	2921.4	4202.0	119.8
化肥批发 Wholesale of Fertilizers	3612.9	4678.5	327.6
其他化工产品批发 The Other Chemical Products Wholesale	22384.9	12516.5	706.7
机械设备、五金产品及电子产品批发 Wholesale Trade of Mechanical and Electrical Products	113526.2	54256.8	2983.2
农业机械批发 Agricaltural Machinery Wholesale	110.7	134.8	56.0
汽车批发 Wholesale of Automobiles	25215.7	8434.2	1155.4
汽车零配件批发 Wholesale of Auto Parts	12773.6	10375.6	643.8
摩托车及零配件批发 Wholesale of Motorcycles and Parts	369.1	738.1	11.2
五金产品批发 Hardware Products Wholesale	2233.0	1571.4	28.9
电气设备批发 Ecectrical Equipment Wholesale	2813.9	1800.8	38.6
计算机、软件及辅助设备批发 Wholesale of Computer, Software and Related Appliances	24807.1	6079.2	247.4
通讯及广播电视设备批发 Communication, Softeware and Auriliary Equipment Wholesale	6964.5	5328.9	209.1
其他机械设备及电子产品批发 The Other mechanical Equipment and Ecectronic Products	38238.6	19793.8	592.8

Continued 13

(10 000 yuan)

三、损益及分配 Increase, Decrese and Assgning				
财务费用 Financial Expenditures	利息收入 Interest Revenue	利息支出 Intertest Paid	资产减值损失 Impairment Loss of Assets	公允价值变动收益 Changes in Fair Value Gains
2335.7	604.5	2376.7	1131.8	
294.7	173.7	393.4	47.5	
-264.6	420.8	7.6	1084.3	
0.4	0.1			
1879.9	2.5	1573.9		
425.3	7.4	401.8		
48176.4	1725.2	9473.8	2924.5	153.5
45449.2	1342.0	8176.5	2798.8	151.9
1407.7	291.8	930.1	130.0	1.6
1319.5	91.4	367.2	-4.3	
123145.4	17966.5	99301.3	7651.4	5452.5
19716.3	1317.2	11404.2	3372.8	
29628.0	1326.7	17180.3	1429.9	3443.4
2857.6	931.3	3371.6		
65531.9	13992.2	63775.9	2762.1	2008.9
1107.7	19.5	700.2	4.8	
1897.3	3.2	1346.5	58.3	
2406.6	376.4	1522.6	23.5	0.2
13857.9	670.4	5441.1	941.3	3529.3
81.9			39.6	
6320.7	284.0	796.3	-411.2	3529.3
1185.4	816.3	1094.3	14.7	
0.9	0.9			
1209.3	14.8	1110.7		
158.0	19.8	99.6		
-311.3	-869.8	450.7		
1099.6	6.0	339.1	744.9	
4113.4	398.4	1550.4	553.3	

续 表 14

项 目 Item	三、损益及分配 Increase, Decrese and Assgning		
	销售费用 Expenses for Maaketing	管理费用 Expenses for Management	税 金 Taxes
贸易经纪与代理 Trade Brokerage and Agents	17761.7	35771.1	4609.2
贸易代理 Trade Agent	17761.7	35771.1	4609.2
其他批发 Other Wholesale Trade	3981.2	1679.6	78.9
再生物资回收与批发 Wholesale of Recyded Matorials	3524.0	1442.6	71.9
其他未列明批发 Other Mtlisted Wholesale	457.2	237.0	7.0
2.按登记注册类型分 Grouped by Registration			
内资企业 Domestic Investment	909716.7	541376.0	34523.2
国有企业 State-owned	26641.6	82711.9	5078.2
集体企业 Collective-owned	38.2	1848.2	129.8
股份合作企业 Cooperative of Share Holding	340.1	311.2	4.4
联营企业 Joint-owned	46.8	20.4	1.0
其他联营企业 Other Joint	46.8	20.4	1.0
有限责任公司 Companies of Limited Liabilities	332970.5	208318.3	13452.7
国有独资公司 Companies State-owned Excluasive Investment	75995.0	49441.6	2967.2
其他有限责任公司 Other Companies of Limited Liabilities	256975.5	158876.7	10485.5
股份有限公司 Share Holding	359686.5	134160.6	10201.2
私营企业 Private-owned	189302.3	112116.7	5610.1
私营独资企业 Private Exclusive Investment	142.8	151.6	
私营有限责任公司 Private Companies of Limited Liabilities	186839.6	110646.9	5561.0
私营股份有限公司 Private Companies of Limited Liabilities with Share Holding	2319.9	1318.2	49.1
其他企业 Others	690.7	1888.7	45.8
港、澳、台商投资企业 Enterprises Funded by Entepreneurs from HongKong, Macao & Taiwan	32336.1	10335.9	256.1
与港澳台商合资经营企业 Joint Venture with Hongkong, Macro & Taiwan	6965.9	2116.6	9.8
港、澳、台商独资经营企业 Manage with HongKong, Macao and Taiwan Jointly	25370.2	8219.3	246.3
外商投资企业 Foreign Funded	405264.3	78417.2	933.3
中外合资经营企业 Joint Venture Enterprises	18213.1	5786.0	280.9
外资企业 Enterprises with Sole Foreign Investment	365059.6	71914.5	603.8
外商投资股份有限公司 Companies Limited by Shares with Foreign Investment	422.5	381.3	36.4
其他外商投资企业 Other Foreign Investment Enterprises	21569.1	335.4	12.2

Continued 14

(10 000 yuan)

三、损益及分配 Increase, Decrese and Assgning				
财务费用 Financial Expenditures	利息收入 Interest Revenue	利息支出 Intertest Paid	资产减值损失 Impairment Loss of Assets	公允价值变动收益 Changes in Fair Value Gains
-785.6	2804.6	21909.3	5371.1	
-785.6	2804.6	21909.3	5371.1	
587.7	19.1	512.0		
536.6	17.0	473.8		
51.1	2.1	38.2		
193766.2	39770.5	162033.8	23620.3	5241.2
-12354.3	11359.2	21048.8	4068.4	
583.0	1.6	530.5		
39.7	1.8	36.2		
0.1				
0.1				
92532.5	15627.3	82271.9	15437.9	1662.1
14277.5	3396.8	15603.3	6718.0	
78255.0	12230.5	66668.6	8719.9	1662.1
53937.9	1937.6	6708.3	3756.7	164.2
58296.8	10791.0	51019.3	357.3	3535.2
128.1				
57710.1	10735.7	50614.0	357.3	3535.2
458.6	55.3	405.3		
730.5	52.0	418.8		-120.3
5181.3	4.9	2426.4	35.2	-29.1
1488.5	10.5	1384.7	35.2	-29.1
3692.8	-5.6	1041.7		
1488.3	57.8	398.6	432.6	3563.7
1168.8	202.9	398.9	279.3	3563.7
320.1	-146.1	-0.3		
-0.6	1.0			
			153.3	

续 表 15

项 目 Item	三、损益及分配 Increase, Decrese and Assgning		
	投资收益 Income from Investment	营业利润 Operating Profits	营业外收入 Operating Income
总 计 **Total**	**17089.1**	**721287.9**	**92754.4**
其中:国有控股 State Owned and State holding	-1328.7	456290.0	14795.4
1.按批发行业小类分 **According to the classification of the wholesale industry**			
农、林、牧产品批发 Wholesale of Farm Products and Livestock Products	3838.3	16846.4	4904.1
谷物、豆及薯类批发 Wholesale of Grain, Beaus and Potato	1.7	1943.1	936.7
种子批发 Seed Wholesale	-4.9	4831.4	598.0
饲料批发 Food Wholesale		657.9	2.0
棉、麻批发 Cotton&hamp Wholesale	2461.0	8750.4	3367.1
牲畜批发 Livestock Wholesale	1380.5	663.6	0.3
食品、饮料及烟草制品批发 Wholeasle Trade of Food、Beverage Tobacco and Atricles for Family	-2494.4	108382.9	43957.8
米、面制品及食用油批发 Wholesale of Rice, Noodle and Edible Oil	-3142.6	-2854.0	22.6
糕点、糖果及糖批发 Wholesale of Cakes, Candy and Sugar	6.7	347.0	3.2
果品、蔬菜批发 Wholesale of Fruit and Vegetables		4634.1	5039.7
肉、禽、蛋、奶及水产品批发 Wholesale of Meat, Bird, Eggs, Milk and Aquatic products	171.8	7783.8	1428.7
盐及调味品批发 Wholesale of Salt and Seasoning		7700.2	405.6
营养和保健品批发 Wholesale of Health Care products		22.7	
酒、饮料及茶叶批发 Wholesale of Alcohol, Drinks and Tea	176.4	-80562.2	36219.6
烟草制品批发 Wholesale of Tobaccos	293.3	158994.1	759.8
其他食品批发 The Other foods Wholesale		12317.2	78.6
纺织、服装及家庭用品批发 Wholesale of Textile, Clothing and Household Goods	495.3	38143.1	4542.0
纺织品、针织品及原料批发 Wholesale of Textiles, Knitwear and Bow Material	-4.5	192.3	80.8
服装批发 Wholesale of Gamments	518.9	1156.3	1004.2
鞋帽批发 Wholesale of Shoes and Hats		1327.4	
化妆品及卫生用品批发 Wholesale of Conmetics and Hygiene		-3997.5	26.8
厨房、卫生间用具及日用杂货批发 Wholesale of Kitchen Supplits, Toilet Artides amd Daily Neiessities		539.4	12.0
灯具、装饰物品批发 Wholesale of Lampsand Ornament		5.7	2487.2
家用电器批发 Wholesale of Household Ecectrical Appliances	53.0	34047.8	531.4
其他家庭用品批发 Wholesale of Other household products	-72.1	4871.7	399.6

Continued 15

(10 000 yuan)

三、损益及分配 Increase, Decrese and Assgning			四、人工成本及增值税 Labor Cost and Value Added Tax	
补贴收入 Subsidy Income	利润总额 Total Prfits	应交所得税 Income Tax Payable	应付职工薪酬（本年贷方累计发生额） Employee Compensation	应交增值税 Value added Tax Payable
42602.5	787863.3	205488.7	642787.7	770249.9
5485.4	465489.0	119665.1	203812.6	309224.9
2454.9	20039.8	1599.3	11203.9	5407.6
923.0	1884.2	105.5	1767.7	736.5
567.2	5145.4	224.4	2046.4	53.1
2.0	659.9	82.7	194.4	461.6
962.7	11686.3	1186.7	6800.6	4133.4
	664.0		394.8	23.0
26563.3	143579.2	56880.0	148102.6	155460.5
10.0	-3757.0	2.7	2341.1	707.5
0.1	348.7	195.3	1750.5	1186.6
	4209.2	498.6	3959.2	2529.6
34.0	9072.3	2660.5	9600.9	5332.5
	6959.9	1154.7	22047.5	7300.4
	21.9	5.5	199.7	75.3
25874.7	-44325.6	1282.0	54749.3	88608.3
638.0	159557.2	49482.7	44282.3	44428.0
6.5	11492.6	1598.0	9172.1	4691.8
128.3	40316.4	8721.3	35616.9	50425.9
80.4	271.0	73.9	1238.7	93.6
31.5	2076.3	1267.7	10298.8	34768.2
	1326.8	340.7	790.2	948.7
	-3929.8	278.2	5832.2	2016.9
	522.5	131.6	2041.1	777.4
	6.1	1.5	74.0	45.2
6.8	34429.6	6362.9	12959.7	9254.1
9.6	5613.9	264.8	2382.2	2521.8

续 表 16

项 目 Item	三、损益及分配 Increase, Decrese and Assgning		
	投资收益 Income from Investment	营业利润 Operating Profits	营业外收入 Operating Income
文化、体育用品及器材批发 Wholesale of Cultural and Sports Goods	21.8	26603.9	1387.6
文具用品批发 Wholesale of Stationery	-8.6	733.1	30.0
图书批发 Wholesale of Books	0.4	15860.0	1157.4
音像制品及电子出版物批发 Wholesale of Audio and Video products, Electronic publication	30.0	0.6	
首饰、工艺品及收藏品批发 Wholesale of Jewely, Handicraft and Collection		9977.3	200.2
其他文化用品批发 Wholesale of the Other Cultural activities		32.9	
医药及医疗器材批发 Wholesale of Medicines and Medical Appliances	15996.3	99054.0	9013.2
西药批发 Western Medicine Wholesale	16011.8	74706.8	8586.6
中药批发 Traditional Chinese Medicine Wholesale	2.9	9820.7	174.5
医疗用品及器材批发 Medical Supplies and Apparatus Wholesale	-18.4	14526.5	252.1
矿产品、建材及化工产品批发 Wholesale of Mineral Products, Building Material and Chemical Products	-2583.4	348372.1	23976.9
煤炭及制品批发 Wholesale of Coal and Related Products	5.4	-9939.7	3025.7
石油及制品批发 Wholesale of Petroleum and related Products	-13250.7	312343.6	9076.1
非金属矿及制品批发 Wholesale of Non Metallic Minerals and Products		-10.7	11.8
金属及金属矿批发 Wholesale of Metals and Metal Minerals	9962.0	34611.5	5545.9
建材批发 Wholesale of Building Materials		1789.0	207.0
化肥批发 Wholesale of Fertilizers	591.0	2305.0	5697.1
其他化工产品批发 The Other Chemical Products Wholesale	108.9	7273.4	413.3
机械设备、五金产品及电子产品批发 Wholesale Trade of Mechanical and Electrical Products	177.7	75096.6	3645.5
农业机械批发 Agricaltural Machinery Wholesale		726.8	
汽车批发 Wholesale of Automobiles	-72.5	26708.8	584.3
汽车零配件批发 Wholesale of Auto Parts	125.2	21563.6	450.1
摩托车及零配件批发 Wholesale of Motorcycles and Parts		190.8	1.4
五金产品批发 Hardware Products Wholesale		1828.8	1.0
电气设备批发 Ecectrical Equipment Wholesale	146.2	750.3	1.2
计算机、软件及辅助设备批发 Wholesale of Computer, Software and Related Appliances	1.7	15613.1	1908.5
通讯及广播电视设备批发 Communication, Softeware and Auriliary Equipment Wholesale	1.4	1744.9	225.8
其他机械设备及电子产品批发 The Other mechanical Equipment and Ecectronic Products	-24.3	5969.5	473.2

Continued 16

(10 000 yuan)

三、损益及分配 Increase, Decrese and Assgning			四、人工成本及增值税 Labor Cost and Value Added Tax	
补贴收入 Subsidy Income	利润总额 Total Prfits	应交所得税 Income Tax Payable	应付职工薪酬（本年贷方累计发生额） Employee Compensation	应交增值税 Value added Tax Payable
22.7	26879.1	2917.6	40906.6	7629.3
	770.5	181.0	2197.0	691.5
	16077.4	233.1	17017.7	817.8
	0.4	0.1	20.9	47.3
22.7	9997.9	2499.1	21374.5	6007.0
	32.9	4.3	296.5	65.7
3471.7	105849.6	22579.6	105751.2	61373.5
3447.7	82573.1	16746.3	95552.3	52684.9
	9403.5	1681.0	5905.9	4973.2
24.0	13873.0	4152.3	4293.0	3715.4
7643.3	357920.7	98228.5	226389.1	392108.7
1432.1	-7172.9	310.8	6311.4	40210.8
422.7	303210.4	85814.8	176636.7	251361.2
	0.8	1.0	393.4	373.9
161.4	44933.4	10128.0	31129.2	92288.8
160.9	1915.1	261.8	2452.0	1411.1
5356.2	6556.4	329.2	2333.4	715.6
110.0	8477.5	1382.9	7133.0	5747.3
1983.3	86314.4	13237.9	54520.1	67036.7
	-156.3		185.5	985.7
-4.4	25467.7	3543.2	11543.9	26237.1
	22221.9	5525.4	5865.1	13440.8
	192.2	72.1	318.3	514.0
	15043.6	62.9	1073.6	572.0
0.1	789.7	291.7	1695.9	1095.8
1783.1	17434.3	1444.5	8959.4	7551.3
25.0	1745.3	421.9	6157.9	1918.6
179.5	3576.0	1876.2	18720.5	14721.4

续　表 17

项　目 Item	三、损益及分配 Increase, Decrese and Assgning		
	投资收益 Income from Investment	营业利润 Operating Profits	营业外收入 Operating Income
贸易经纪与代理 Trade Brokerage and Agents	1637.5	2995.6	1238.7
贸易代理 Trade Agent	1637.5	2995.6	1238.7
其他批发 Other Wholesale Trade		5793.3	88.6
再生物资回收与批发 Wholesale of Recyded Matorials		5680.9	88.6
其他未列明批发 Other Mtlisted Wholesale		112.4	
2. 按登记注册类型分 Grouped by Registration			
内资企业 Domestic Investment	17107.5	758345.2	55314.1
国有企业 State-owned	2080.5	155541.4	2996.8
集体企业 Collective-owned		-394.1	0.1
股份合作企业 Cooperative of Share Holding		9.9	6.8
联营企业 Joint-owned		0.4	
其他联营企业 Other Joint		0.4	
有限责任公司 Companies of Limited Liabilities	4730.0	370242.5	24124.7
国有独资公司 Companies State-owned Excluasive Investment	-12350.5	220029.0	5564.0
其他有限责任公司 Other Companies of Limited Liabilities	17080.5	150213.5	18560.7
股份有限公司 Share Holding	9205.0	153216.6	16774.8
私营企业 Private-owned	1092.0	79201.6	11003.3
私营独资企业 Private Exclusive Investment		255.6	
私营有限责任公司 Private Companies of Limited Liabilities	1092.0	78802.9	11001.9
私营股份有限公司 Private Companies of Limited Liabilities with Share Holding		143.1	1.4
其他企业 Others		526.9	407.6
港、澳、台商投资企业 Enterprises Funded by Entepreneurs from HongKong, Macao & Taiwan		7417.1	604.3
与港澳台商合资经营企业 Joint Venture with Hongkong, Macro & Taiwan		-155.4	35.0
港、澳、台商独资经营企业 Manage with HongKong, Macao and Taiwan Jointly		7572.5	569.3
外商投资企业 Foreign Funded	-18.4	-44474.4	36836.0
中外合资经营企业 Joint Venture Enterprises	-18.4	36808.9	535.7
外资企业 Enterprises with Sole Foreign Investment		-82287.5	36300.3
外商投资股份有限公司 Companies Limited by Shares with Foreign Investment		947.4	
其他外商投资企业 Other Foreign Investment Enterprises		56.8	

(10 000 yuan)

三、损益及分配 Increase, Decrese and Assgning			四、人工成本及增值税 Labor Cost and Value Added Tax	
补贴收入 Subsidy Income	利润总额 Total Profits	应交所得税 Income Tax Payable	应付职工薪酬（本年贷方累计发生额） Employee Compensation	应交增值税 Value added Tax Payable
257.0	4366.7	930.5	17731.1	26392.3
257.0	4366.7	930.5	17731.1	26392.3
78.0	2597.4	394.0	2566.2	4415.4
78.0	2483.4	317.4	2342.6	4131.1
	114.0	76.6	223.6	284.3
16705.5	788089.1	194446.2	553611.6	656797.8
1561.0	158223.9	48721.5	58101.7	67917.2
	10.9	5.3	952.8	163.8
6.5	16.7	3.7	242.0	121.5
	0.4	0.1	35.8	12.4
	0.4	0.1	35.8	12.4
8348.3	393605.8	88068.3	200495.8	278551.6
1053.4	223356.0	60281.7	64876.0	72656.9
7294.9	170249.8	27786.6	135619.8	205894.7
6294.8	150820.9	40771.9	213034.4	211038.8
470.9	85119.3	16791.7	79404.8	98105.3
	255.6	63.9	62.5	105.5
470.9	84721.0	16590.6	78265.1	96882.1
	142.7	137.2	1077.1	1117.7
24.0	291.2	83.7	1344.3	887.2
15.0	7431.1	3067.1	24261.4	7350.0
15.0	-128.7	965.6	2619.9	1561.4
	7559.8	2101.5	21641.5	5788.6
25882.0	-7656.9	7975.4	64914.7	106102.1
7.3	37324.2	7086.3	6882.2	17131.1
25874.7	-45985.3	808.6	53019.8	34899.9
	947.4	80.5	206.2	310.7
	56.8		4806.5	3760.4

8－14　限额以上零售业法人财务指标(2013年)

单位:万元

项　　　目 Item	法人企业数(个) Number of Enterprises	执行《2006年企业会计准则》企业数(个) Implementation of "Accounting Standards for Business Enterprises in 2006"
总　计 **Total**	**840**	**748**
其中:国有控股 State-owned and State Holding	53	50
1. 按零售行业小类分 **According to the Classfication of Retail Industry**		
综合零售 Comprehensire	69	59
百货零售 Department Store	35	32
超级市场零售 Super Market	24	20
其他综合零售 Other Comprehensire	10	7
食品、饮料及烟草制品专门零售 Wholeasle Trade of Food、Beverage Tobacco and Atricles for Family	72	62
粮油零售 Grain and Oil	2	2
糕点、面包零售 Cake and Bread	7	7
果品、蔬菜零售 Fruits and Vegetables	10	10
肉、禽、蛋、奶及水产品零售 Wholesale of Meat, Bird, Eggs, Milk and Aquatic products	16	13
营养和保健品零售 Wholesale of Health Care products	4	4
酒、饮料及茶叶零售 Wholesale of Alcohol, Drinks and Tea	17	13
烟草制品零售 Wholesale of Tobaccos	4	3
其他食品零售 The Other foods Wholesale	12	10
纺织、服装及日用品专门零售 Textile Garment and Daily necessities	105	93
纺织品及针织品零售 Textiles and Knitwear	7	7
服装零售 Clothing	58	53
鞋帽零售 Shoes and Hats	12	11
化妆品及卫生用品零售 Cosmetics and Hygiene	4	3
钟表、眼镜零售 Clocks, Watch and Glasses	5	3
厨房用具及日用杂品零售 Kitchen Utensils and Daily Sundries	9	6
其他日用品零售 Other Daily Necessities	10	10
文化、体育用品及器材专门零售 Culturd and Sports Goodls	39	38
文具用品零售 Stationery	3	3
体育用品及器材零售 Soprts Goods	1	1
图书、报刊零售 Books and Newspapers	10	10

FINANCIAL INDICATORS OF ENTERPRISES ABOVE DESIGNATED SIZE IN RETAIL(2013)

(10 000 yuan)

一、年初存货 The Beginning Inventory	二、期末资产负债 Late Assets and Liabilities			
	流动资产合计 Total Liquid Assets	应收账款 Accounts Receivable	存 货 Stock	固定资产合计 Fixed Assets Price
1705897.4	7945809.0	1219776.6	1918175.7	1966678.9
435433.8	1856211.8	158666.2	481560.3	1092829.0
498089.6	2180048.8	90915.5	549386.5	1121276.3
182582.3	1432570.8	8697.2	177953.3	783401.8
306490.0	727246.5	79136.8	361275.2	332201.9
9017.3	20231.5	3081.5	10158.0	5672.6
55237.9	163809.5	17405.2	50996.2	60115.0
668.3	1070.2	412.0	590.0	328.5
682.9	6942.7	2353.8	621.0	9481.8
3168.0	9108.8	2281.0	4417.6	4413.3
3851.5	19686.6	3221.1	6097.6	3775.3
622.2	5628.6	129.7	802.3	979.3
4851.2	18407.8	3993.8	5448.9	6025.1
26720.9	30434.3	1271.9	21153.5	8159.1
14672.9	72530.5	3741.9	11865.3	26952.6
150594.3	316122.6	45648.1	116858.1	20254.9
7484.3	12256.5	1903.2	8346.7	131.4
84799.5	205876.9	32646.8	51975.5	12538.9
42216.1	62057.1	3526.1	41895.0	3814.5
1295.6	3173.2	40.0	1360.5	577.1
10909.4	17318.7	4566.1	8609.9	1657.4
1074.9	5576.3	2440.2	1457.8	802.8
2814.5	9863.9	525.7	3212.6	682.8
45731.5	138479.8	13948.0	57406.0	31349.6
156.1	734.1	319.4	299.6	184.2
4467.7	3547.1	992.6	28.4	170.6
17082.9	78060.2	6803.5	33668.2	25555.7

续 表 1

单位:万元

项 目 Item	法人企业数（个） Number of Enterprises	执行《2006 年企业会计准则》企业数(个) Implementation of "Accounting Standards for Business Enterprises in 2006"
珠宝首饰零售 Bijoutere	12	12
工艺美术品及收藏品零售 Arts and Crafts and Collectibles	3	3
乐器零售 Musical Instruments	4	4
照相器材零售 Photographic Equipment	1	1
其他文化用品零售 Other Cultural Activities	5	4
医药及医疗器材专门零售 Medicine and Medical Equipment	117	97
药品零售 Medicine	93	75
医疗用品及器材零售 Medical Supplies and Equipment	24	22
汽车、摩托车、燃料及零配件专门零售 Automobile, Motorcycle, Fule and Spare Parts	253	230
汽车零售 The Car	200	181
汽车零配件零售 Atuo Parts	12	11
摩托车及零配件零售 Motocycle and Spare Parts	3	3
机动车燃料零售 Motor Fuel	38	35
家用电器及电子产品专门零售 Houshold Appliances	101	91
家用视听设备零售 Home Auto - visual and Electronic Products Equipment	5	5
日用家电设备零售 Household Appliances	30	26
计算机、软件及辅助设备零售 Computer, Software and Auxliary Equipment	49	45
通信设备零售 Communication Equipment	10	8
其他电子产品零售 Other Electronic Products	7	7
五金、家具及室内装饰材料专门零售 Hardware, Furniture and Interiov Decoration Materials	69	65
五金零售 Hardware	17	16
灯具零售 Lamps and Lanterns	2	1
家具零售 Furniture	16	16
涂料零售 Paint	1	1
卫生洁具零售 Sanitary ware	3	3
木质装饰材料零售 Wood Decoration	4	4
陶瓷、石材装饰材料零售 Ceramic and Stone	6	6
其他室内装饰材料零售 Other interior Decoration Materials	20	18

Continued 1

(10 000 yuan)

一、年初存货 The Beginning Inventory	二、期末资产负债 Late Assets and Liabilities			
	流动资产合计 Total Liquid Assets	应收账款 Accounts Receivable	存 货 Stock	固定资产合计 Fixed Assets Price
18468.8	38504.0	2117.4	18779.6	3252.0
1832.9	9468.3	2010.3	23.8	1832.0
2956.8	4573.3	427.1	3742.4	126.0
249.6	370.2	50.4	271.4	218.8
516.7	3222.6	1227.3	592.6	10.3
127625.2	1189465.1	498310.5	172173.4	69159.8
123419.3	1160490.5	481334.9	167883.9	68372.0
4205.9	28974.6	16975.6	4289.5	787.8
702018.3	2914028.7	419695.7	775967.4	370762.5
685931.1	2844739.7	405421.9	759169.8	230402.2
4296.7	9639.3	1265.1	4644.7	2261.7
333.4	789.2	243.0	447.4	51.9
11457.1	58860.5	12765.7	11705.5	138046.7
103109.6	617755.1	106087.6	123907.6	162631.1
308.1	1874.9	264.8	342.7	539.6
84678.0	470945.3	52455.8	94568.3	157424.2
8746.7	112989.3	44319.9	19079.4	2855.5
6184.0	23807.6	6279.7	6226.0	1035.3
3192.8	8138.0	2767.4	3690.7	726.5
14252.8	334074.1	20187.2	13128.3	47537.9
717.4	24880.6	6070.6	1434.3	24095.7
503.9	1500.0	490.1	240.3	102.8
4199.7	67018.7	2633.9	4113.5	14692.3
122.1				97.0
879.9	3262.9	1920.6	884.7	56.0
4472.9	5570.0	2728.6	2452.8	2415.1
462.4	2642.4	1162.5	680.3	1898.9
2894.5	229199.5	5180.9	3322.4	4230.1

续 表 2

单位:万元

项 目 Item	法人企业数(个) Number of Enterprises	执行《2006 年企业会计准则》企业数(个) Implementation of "Accounting Standards for Business Enterprises in 2006"
货摊、无店铺及其他零售 Stalls, No - shop and Others	15	13
货摊纺织、服装及鞋零售 Textile, Clothing and Footwwear Stalls	1	1
互联网零售 Internet	6	4
邮购及电视、电话零售 Mail Order and TV, Telephone	1	1
生活用燃料零售 Domestic Fule	5	5
其他未列明零售 Other not Listed	2	2
2. 按登记注册类型分 Grouped by Registration		
内资企业 Domestic Investment	808	718
国有企业 State-owned	12	11
集体企业 Collective-owned	11	9
股份合作企业 Cooperative of Share Holding	5	4
有限责任公司 Compaines of Limited Liabilities	401	363
国有独资公司 State Owned	5	5
其他有限责任公司 Other Companies of Limited Liabilities	396	358
股份有限公司 Share Holding	15	12
私营企业 Private-owned	360	315
私营独资企业 Private Exclusive Investment	15	14
私营合伙企业 Private Partnership	2	2
私营有限责任公司 Private Companies of Limited Liabilities	330	289
私营股份有限公司 Private Companies of Limited Liabilities with Share Holding	13	10
其他企业 Others	4	4
港、澳、台商投资企业 Enterprises funded by Entepreneurs from HongKong, Macao & Taiwan	16	15
与港澳台商合资经营企业 Joint Venture with Hongkong, Macro & Taiwan	2	2
港澳台商独资企业 Hongkong and Marcro, Taiwan Owned	14	13
外商投资企业 Foreign Investment	16	15
中外合资经营企业 Chinese Foreign Equity Joint Ventures	3	3
外资企业 Foreign Enterprise	13	12

Continued 2

(10 000 yuan)

一、年初存货 The Beginning Inventory	二、期末资产负债 Late Assets and Liabilities 流动资产合计 Total Liquid Assets	应收账款 Accounts Receivable	存　货 Stock	固定资产合计 Fixed Assets Price
9238.2	92025.3	7578.8	58352.2	83541.8
125.7	5342.3	3137.0	94.3	2446.5
1904.5	69081.6	2478.3	49704.9	2942.8
	2597.8	14.3		276.2
6808.9	12661.2	753.6	7878.7	77329.8
399.1	2342.4	1195.6	674.3	546.5
1459842.6	5889848.3	1140354.9	1644140.5	1798729.3
44888.4	349055.2	77495.5	41347.9	27772.4
3364.8	41411.7	2960.7	3285.6	79969.4
734.2	3666.7	676.0	1456.4	2351.4
684578.8	3659686.8	696100.9	807430.1	662681.0
14855.5	42617.7	8300.6	16126.0	172737.0
669723.3	3617069.1	687800.3	791304.1	489944.0
344838.0	1413709.9	116926.3	392905.4	850922.7
380915.5	1421015.4	246110.4	397242.5	173922.5
692.6	7201.1	1344.0	1622.7	3741.1
326.6	674.6	81.2	224.9	712.8
355786.8	1243272.7	203058.1	370834.8	157732.2
24109.5	169867.0	41627.1	24560.1	11736.4
522.9	1302.6	85.1	472.6	1109.9
162708.8	693771.2	71870.3	171251.1	37993.8
137.5	9586.6	3137.0	97.8	2713.3
162571.3	684184.6	68733.3	171153.3	35280.5
83346.0	362189.5	7551.4	102784.1	129955.8
2373.3	8347.3	2219.4	1397.2	5585.4
80972.7	353842.2	5332.0	101386.9	124370.4

续 表 3

项目 Item	二、期末资产负债 Late Assets and Liabilities		
	固定资产原价 Fixed Asset Price	累计折旧 Accumulated Depreciation	本年折旧 Depreciation of this year
总计 **Total**	**2729187.9**	**767417.6**	**153752.4**
其中:国有控股 State-owned and State Holding	1493789.3	402118.5	56392.9
1.按零售行业小类分 **According to the Classfication of Retail Industry**			
综合零售 Comprehensire	1600504.9	479234.6	79770.8
百货零售 Department Store	1084309.7	300910.1	54437.9
超级市场零售 Super Market	508604.0	176402.1	24761.9
其他综合零售 Other Comprehensire	7591.2	1922.4	571.0
食品、饮料及烟草制品专门零售 Wholeasle Trade of Food、Beverage Tobacco and Atricles for Family	70642.3	11697.0	6188.7
粮油零售 Grain and Oil	424.5	96.0	19.0
糕点、面包零售 Cake and Bread	11621.8	2140.0	462.0
果品、蔬菜零售 Fruits and Vegetables	5123.0	709.7	124.7
肉、禽、蛋、奶及水产品零售 Wholesale of Meat, Bird, Eggs, Milk and Aquatic products	4753.1	977.8	435.0
营养和保健品零售 Wholesale of Health Care products	1194.4	215.1	43.5
酒、饮料及茶叶零售 Wholesale of Alcohol, Drinks and Tea	6852.1	827.1	319.2
烟草制品零售 Wholesale of Tobaccos	9251.1	2250.2	1044.1
其他食品零售 The Other foods Wholesale	31422.3	4481.1	3741.2
纺织、服装及日用品专门零售 Textile Garment and Daily necessities	28964.2	11156.4	3395.7
纺织品及针织品零售 Textiles and Knitwear	224.3	92.9	50.9
服装零售 Clothing	15349.9	5201.3	1304.6
鞋帽零售 Shoes and Hats	6726.6	2918.9	1266.5
化妆品及卫生用品零售 Cosmetics and Hygiene	1293.7	716.6	119.5
钟表、眼镜零售 Clocks, Watch and Glasses	2592.3	934.9	131.7
厨房用具及日用杂品零售 Kitchen Utensils and Daily Sundries	1237.0	434.2	271.9
其他日用品零售 Other Daily Necessities	1540.4	857.6	250.6
文化、体育用品及器材专门零售 Culturd and Sports Goodls	45647.3	14296.5	2217.4
文具用品零售 Stationery	209.3	25.1	9.1
体育用品及器材零售 Soprts Goods	406.4	235.8	53.6
图书、报刊零售 Books and Newspapers	38140.6	12584.8	1825.4

Continued 3

(10 000 yuan)

二、期末资产负债 Late Assets and Liabilities				
在建工程 In the Construction Engineering	资产总计 Total Assets	流动负债合计 Total Liabilitiesers	应付账款 Accounts Payable	非流动负债合计 Non Current Liabilities
393582.4	12300367.2	8457965.1	2297570.8	693673.4
147103.9	3901060.1	2665981.1	750735.2	175224.8
95285.8	4111605.0	2740949.6	1001649.3	281470.7
7488.0	2777627.2	1808515.8	576836.3	229809.1
87228.8	1307087.4	915195.2	418314.3	50494.3
569.0	26890.4	17238.6	6498.7	1167.3
7939.6	277590.5	87643.9	28019.3	14990.3
	1853.7	272.0	84.0	73.0
215.8	18439.9	9353.8	2807.0	3014.5
84.0	14773.5	7167.1	1455.9	37.0
4235.1	31889.4	15576.8	3367.8	1511.2
	6672.5	5451.5	255.1	17.5
2806.8	30565.0	9600.0	1135.2	1889.0
218.7	39057.5	6007.8	2321.4	6877.9
379.2	134339.0	34214.9	16592.9	1565.2
2417.4	357455.7	285928.4	119535.0	2768.0
	12674.4	9812.8	8191.0	
2417.4	232856.1	199029.7	87834.0	1142.7
	68776.9	51060.4	16712.8	9.0
	4318.3	3505.1		363.8
	19257.5	8839.7	3746.8	252.5
	6660.4	4562.0	1359.2	
	12912.1	9118.7	1691.2	1000.0
1779.4	187915.8	151073.8	63001.2	3250.7
	927.5	485.5	364.1	
	8507.0	11284.7	10666.2	
931.4	115382.6	88763.3	39872.7	2186.7

续 表 4

项 目 Item	二、期末资产负债 Late Assets and Liabilities		
	固定资产原价 Fixed Asset Price	累计折旧 Accumulated Depreciation	本年折旧 Depreciation of this year
珠宝首饰零售 Bijoutere	4233.7	981.7	256.1
工艺美术品及收藏品零售 Arts and Crafts and Collectibles	2103.4	271.4	21.6
乐器零售 Musical Instruments	164.5	38.5	33.9
照相器材零售 Photographic Equipment	292.8	74.0	11.2
其他文化用品零售 Other Cultural Activities	96.6	85.2	6.5
医药及医疗器材专门零售 Medicine and Medical Equipment	94825.4	26050.0	7032.1
药品零售 Medicine	93465.5	25471.2	6908.3
医疗用品及器材零售 Medical Supplies and Equipment	1359.9	578.8	123.8
汽车、摩托车、燃料及零配件专门零售 Automobile, Motorcycle, Fule and Spare Parts	541475.8	171615.0	42539.9
汽车零售 The Car	331472.5	101972.0	30994.9
汽车零配件零售 Atuo Parts	2963.0	701.3	134.6
摩托车及零配件零售 Motocycle and Spare Parts	98.7	46.8	14.7
机动车燃料零售 Motor Fuel	206941.6	68894.9	11395.7
家用电器及电子产品专门零售 Houshold Appliances	189557.7	26926.6	6206.2
家用视听设备零售 Home Auto - visual and Electronic Products Equipment	695.0	155.4	65.0
日用家电设备零售 Household Appliances	181193.9	23769.7	5336.3
计算机、软件及辅助设备零售 Computer, Software and Auxliary Equipment	4683.4	1827.9	422.8
通信设备零售 Communication Equipment	1850.6	765.3	242.4
其他电子产品零售 Other Electronic Products	1134.8	408.3	139.7
五金、家具及室内装饰材料专门零售 Hardware, Furniture and Interiov Decoration Materials	58521.3	10934.3	2445.0
五金零售 Hardware	25674.9	1580.3	246.0
灯具零售 Lamps and Lanterns	265.7	162.9	12.6
家具零售 Furniture	21880.4	7188.0	1510.6
涂料零售 Paint	171.5	74.5	1.5
卫生洁具零售 Sanitary ware	64.4	8.4	6.9
木质装饰材料零售 Wood Decoration	2932.3	517.2	193.3
陶瓷、石材装饰材料零售 Ceramic and Stone	2072.1	173.2	91.5
其他室内装饰材料零售 Other interior Decoration Materials	5460.0	1229.8	382.6

Continued 4

(10 000 yuan)

二、期末资产负债 Late Assets and Liabilities				
在建工程 In the Construction Engineering	资产总计 Total Assets	流动负债合计 Total Liabilitiesers	应付账款 Accounts Payable	非流动负债合计 Non Current Liabilities
848.0	42814.5	37796.8	7719.7	1064.0
	11349.3	6125.5	1298.6	
	5112.9	4275.7	2283.6	
	589.0	229.2	12.3	
	3233.0	2113.1	784.0	
9190.1	1407382.2	1092745.9	367640.9	11240.9
9190.1	1377184.1	1069097.5	354579.2	11088.5
	30198.1	23648.4	13061.7	152.4
166248.0	4243497.9	2893912.0	394952.3	309543.3
164007.2	3953937.7	2720502.9	386906.1	307994.0
	12567.8	7362.4	3655.8	207.1
	950.1	366.3	272.5	3.3
2240.8	276042.3	165680.4	4117.9	1339.4
24957.2	856178.2	637828.8	156561.6	14558.6
	2454.5	536.0	311.2	264.6
24265.4	692983.8	524471.3	91440.2	13094.1
610.0	124952.4	82030.6	56471.1	807.4
81.8	26447.1	23163.0	5836.1	269.5
	9340.4	7627.9	2503.0	123.0
24554.4	507311.3	337498.8	21949.1	55784.7
21193.8	57329.3	40094.9	3466.5	54.7
	1602.9	1393.2	524.5	
3360.6	175214.2	109428.6	7473.5	24484.2
	215.4	115.4		
	3346.9	2479.9	1755.3	13.3
	8750.4	6923.0	3081.8	23.8
	4541.4	1680.7	413.7	645.9
	256310.8	175383.1	5233.8	30562.8

续 表 5

项 目 Item	二、期末资产负债 Late Assets and Liabilities		
	固定资产原价 Fixed Asset Price	累计折旧 Accumulated Depreciation	本年折旧 Depreciation of this year
货摊、无店铺及其他零售 Stalls, No - shop and Others	99049.0	15507.2	3956.6
货摊纺织、服装及鞋零售 Textile, Clothing and Footwwear Stalls	2458.6	12.1	12.1
互联网零售 Internet	3907.0	964.2	600.5
邮购及电视、电话零售 Mail Order and TV, Telephone	339.5	63.3	35.5
生活用燃料零售 Domestic Fule	91609.7	14279.9	3254.7
其他未列明零售 Other not Listed	734.2	187.7	53.8
2. 按登记注册类型分 Grouped by Registration			
内资企业 Domestic Investment	2430086.6	633848.5	132988.1
国有企业 State-owned	33330.0	6715.8	2575.8
集体企业 Collective-owned	101934.0	21971.7	19878.9
股份合作企业 Cooperative of Share Holding	3318.3	969.9	142.7
有限责任公司 Compaines of Limited Liabilities	891195.7	229152.2	51905.0
国有独资公司 State Owned	233888.0	61151.0	9778.9
其他有限责任公司 Other Companies of Limited Liabilities	657307.7	168001.2	42126.1
股份有限公司 Share Holding	1158998.6	308075.9	37904.9
私营企业 Private-owned	239643.3	66406.2	20439.0
私营独资企业 Private Exclusive Investment	4354.5	613.4	252.8
私营合伙企业 Private Partnership	1884.7	1171.9	122.4
私营有限责任公司 Private Companies of Limited Liabilities	216568.2	59521.5	17713.3
私营股份有限公司 Private Companies of Limited Liabilities with Share Holding	16835.9	5099.4	2350.5
其他企业 Others	1666.7	556.8	141.8
港、澳、台商投资企业 Enterprises funded by Entepreneurs from HongKong, Macao & Taiwan	64414.9	26421.1	8655.7
与港澳台商合资经营企业 Joint Venture with Hongkong, Macro & Taiwan	3241.8	528.5	27.1
港澳台商独资企业 Hongkong and Marcro, Taiwan Owned	61173.1	25892.6	8628.6
外商投资企业 Foreign Investment	234686.4	107148.0	12108.6
中外合资经营企业 Chinese Foreign Equity Joint Ventures	4783.5	1615.5	292.4
外资企业 Foreign Enterprise	229902.9	105532.5	11816.2

Continued 5

(10 000 yuan)

二、期末资产负债 Late Assets and Liabilities				
在建工程 In the Construction Engineering	资产总计 Total Assets	流动负债合计 Total Liabilitiesers	应付账款 Accounts Payable	非流动负债合计 Non Current Liabilities
61210.5	351430.6	230383.9	144262.1	65.7
	10783.2	8350.4	2425.1	
425.9	75713.3	83943.9	68345.3	
	2896.8	1214.3	664.9	
60784.6	259148.3	134642.5	71650.3	
	2889.0	2232.8	1176.5	65.7
376184.1	10933158.1	7486783.5	1782509.1	625481.6
1098.1	415489.5	356411.6	77953.8	3866.9
175.8	129422.8	87520.4	19911.7	33518.6
	7062.4	1846.9	483.8	
245317.3	5701782.9	3763867.2	828614.0	383580.4
60780.7	428862.7	247071.4	73649.7	1241.0
184536.6	5272920.2	3516795.8	754964.3	387339.4
84271.2	2875182.7	1942863.3	567631.9	113280.6
45321.7	1801805.3	1333674.1	287606.6	85235.1
	11176.1	2608.7	913.6	1184.9
	1617.4	141.6	39.9	82.2
40266.7	1570467.9	1188381.8	256247.8	82886.2
5055.0	218543.9	142542.0	30405.3	2081.8
	2412.5	600.0	307.3	
4004.9	757921.7	567066.0	348084.1	7601.6
	16422.1	19435.5	12769.1	
4004.9	741499.6	547630.5	335315.0	7601.6
13393.4	609287.4	404115.6	166977.6	60590.2
2417.4	26978.5	16664.5	2993.7	777.6
10976.0	582308.9	387451.1	163983.9	59812.6

续 表 6

项 目 Item	二、期末资产负债 Late Assets and Liabilities		
	负债合计 Total Liabilitiesers	所有者权益合计 Total Interests of Own	实 收 资 本 Total Capital Hold
总 计 **Total**	**9129681.4**	**3170685.8**	**1990547.7**
其中:国有控股 State-owned and State Holding	2841205.9	1059854.2	291265.7
1.按零售行业小类分 **According to the Classfication of Retail Industry**			
综合零售 Comprehensire	3020529.6	1091075.4	356102.3
百货零售 Department Store	2036112.2	741515.0	202822.2
超级市场零售 Super Market	965689.5	341397.9	148234.3
其他综合零售 Other Comprehensire	18727.9	8162.5	5045.8
食品、饮料及烟草制品专门零售 Wholeasle Trade of Food、Beverage Tobacco and Atricles for Family	102645.5	174945.0	69696.7
粮油零售 Grain and Oil	350.0	1503.7	973.0
糕点、面包零售 Cake and Bread	12368.3	6071.6	15115.5
果品、蔬菜零售 Fruits and Vegetables	7204.1	7569.4	3379.5
肉、禽、蛋、奶及水产品零售 Wholesale of Meat, Bird, Eggs, Milk and Aquatic products	17088.0	14801.4	10666.5
营养和保健品零售 Wholesale of Health Care products	5469.0	1203.5	1136.3
酒、饮料及茶叶零售 Wholesale of Alcohol, Drinks and Tea	11490.1	19074.9	8584.4
烟草制品零售 Wholesale of Tobaccos	12885.7	26171.8	2735.5
其他食品零售 The Other foods Wholesale	35790.3	98548.7	27106.0
纺织、服装及日用品专门零售 Textile Garment and Daily necessities	288722.2	68733.5	67637.6
纺织品及针织品零售 Textiles and Knitwear	9812.8	2861.6	3840.0
服装零售 Clothing	200172.4	32683.7	43567.1
鞋帽零售 Shoes and Hats	51069.4	17707.5	8013.1
化妆品及卫生用品零售 Cosmetics and Hygiene	3868.9	449.4	1025.0
钟表、眼镜零售 Clocks, Watch and Glasses	9092.2	10165.3	7693.1
厨房用具及日用杂品零售 Kitchen Utensils and Daily Sundries	4587.7	2072.7	1334.9
其他日用品零售 Other Daily Necessities	10118.8	2793.3	2164.4
文化、体育用品及器材专门零售 Culturd and Sports Goodls	154467.3	33448.5	32033.0
文具用品零售 Stationery	485.5	442.0	481.5
体育用品及器材零售 Soprts Goods	11284.7	-2777.7	500.0
图书、报刊零售 Books and Newspapers	91092.8	24289.8	22959.7

Continued 6

(10 000 yuan)

二、期末资产负债 Late Assets and Liabilities					
国家资本 National Capits	集体资本 Collective Capita	法人资本 Corporate Capital	个人资本 Private Capital	港澳台资本 HK Macao and Taiwan's Capital	外商资本 Foreign Capital
440003.4	28331.4	980400.5	332305.2	98187.2	111320.0
156623.0	10169.5	72339.6	37960.9	9224.0	4948.7
76692.5	24673.2	80395.3	45320.9	40135.4	88885.0
76242.5	22806.3	30194.5	15333.9	33987.2	24257.8
300.0		49579.4	27579.5	6148.2	64627.2
150.0	1866.9	621.4	2407.5		
3058.5	235.0	18950.6	35361.4	11764.5	326.7
433.0		465.0	75.0		
		4580.0	608.8	9600.0	326.7
		2566.5	813.0		
		4247.1	6419.4		
		574.5	561.8		
	235.0	5547.5	2150.0	651.9	
2625.5			110.0		
		970.0	24623.4	1512.6	
30.0	100.0	24044.3	11109.3	31231.0	1123.0
		3840.0			
		13377.4	5642.9	23598.8	948.0
		155.0	725.9	7132.2	
		10.0	840.0		175.0
30.0	100.0	5018.0	2045.1	500.0	
		1104.9	230.0		
		539.0	1625.4		
6845.1	177.0	15373.7	9637.2		
		150.0	331.5		
		500.0			
6845.0		12649.0	3465.7		

续　表 7

项　目 Item	二、期末资产负债 Late Assets and Liabilities		
	负债合计 Total Liabilitiesers	所有者权益合计 Total Interests of Own	实 收 资 本 Total Capital Hold
珠宝首饰零售 Bijoutere	38860.8	3953.7	3941.6
工艺美术品及收藏品零售 Arts and Crafts and Collectibles	6125.5	5223.8	2000.2
乐器零售 Musical Instruments	4275.7	837.2	700.0
照相器材零售 Photographic Equipment	229.2	359.8	400.0
其他文化用品零售 Other Cultural Activities	2113.1	1119.9	1050.0
医药及医疗器材专门零售 Medicine and Medical Equipment	1103362.8	304019.4	151619.3
药品零售 Medicine	1079562.0	297622.1	146293.3
医疗用品及器材零售 Medical Supplies and Equipment	23800.8	6397.3	5326.0
汽车、摩托车、燃料及零配件专门零售 Automobile, Motorcycle, Fule and Spare Parts	3183998.8	1059499.1	621922.7
汽车零售 The Car	3009046.8	944890.9	546862.2
汽车零配件零售 Atuo Parts	7562.6	5005.2	4159.4
摩托车及零配件零售 Motocycle and Spare Parts	369.6	580.5	580.0
机动车燃料零售 Motor Fuel	167019.8	109022.5	70321.1
家用电器及电子产品专门零售 Houshold Appliances	652222.0	203956.2	583313.1
家用视听设备零售 Home Auto - visual and Electronic Products Equipment	800.6	1653.9	996.0
日用家电设备零售 Household Appliances	537565.4	155418.4	49116.2
计算机、软件及辅助设备零售 Computer, Software and Auxliary Equipment	82738.0	42214.4	28484.3
通信设备零售 Communication Equipment	23367.1	3080.0	502990.0
其他电子产品零售 Other Electronic Products	7750.9	1589.5	1726.6
五金、家具及室内装饰材料专门零售 Hardware, Furniture and Interiov Decoration Materials	393283.6	114027.7	69148.9
五金零售 Hardware	40149.6	17179.7	6590.3
灯具零售 Lamps and Lanterns	1393.2	209.7	50.0
家具零售 Furniture	133912.8	41301.4	27830.5
涂料零售 Paint	115.4	100.0	100.0
卫生洁具零售 Sanitary ware	2493.2	853.7	830.0
木质装饰材料零售 Wood Decoration	6946.8	1803.6	1520.0
陶瓷、石材装饰材料零售 Ceramic and Stone	2326.6	2214.8	1520.0
其他室内装饰材料零售 Other interior Decoration Materials	205946.0	50364.8	30708.1

Continued 7

(10 000 yuan)

二、期末资产负债 Late Assets and Liabilities					
国家资本 National Capits	集体资本 Collective Capita	法人资本 Corporate Capital	个人资本 Private Capital	港澳台资本 HK Macao and Taiwan's Capital	外商资本 Foreign Capital
	177.0	1874.6	1890.0		
0.1		0.1	2000.0		
			700.0		
			400.0		
		200.0	850.0		
13171.1	2528.0	91967.5	43952.7		
13171.1	2528.0	88097.5	42496.7		
		3870.0	1456.0		
326475.7	499.2	158416.9	125235.2	3832 3	7463.4
286332.1	160.0	148948.3	107589.5	3832 3	
1000.0		2875.1	284.3		
		580.0			
39143.6	339.2	6013.5	17361.4		7463.4
1130.4		562870.6	17312.1	2000.0	
		60.0	936.0		
130.4		42407.8	6578.0		
		17956.6	8527.7	2000.0	
1000.0		501440.0	550.0		
		1006.2	720.4		
	119.0	23981.6	41526.4		3521.9
	40.0	3096.2	3454.1		
		50.0			
		10042.5	17788.0		
			100.0		
		10.0	820.0		
		300.0	1220.0		
		400.0	1120.0		
	79.0	10082.9	17024.3		3521.9

续　表 8

项　目 Item	二、期末资产负债 Late Assets and Liabilities		
	负债合计 Total Liabilitiesers	所有者权益合计 Total Interests of Own	实收资本 Total Capital Hold
货摊、无店铺及其他零售 Stalls, No - shop and Others	230449.6	120981.0	39074.1
货摊纺织、服装及鞋零售 Textile, Clothing and Footwwear Stalls	8350.4	2432.8	18824.0
互联网零售 Internet	83943.9	-8230.6	14100.0
邮购及电视、电话零售 Mail Order and TV, Telephone	1214.3	1682.5	500.0
生活用燃料零售 Domestic Fule	134642.5	124505.8	5100.1
其他未列明零售 Other not Listed	2298.5	590.5	550.0
2. 按登记注册类型分 Grouped by Registration			
内资企业 Domestic Investment	8092521.1	2840637.0	1778785.3
国有企业 State-owned	360278.5	55211.0	14881.2
集体企业 Collective-owned	121039.3	8383.5	15254.7
股份合作企业 Cooperative of Share Holding	1846.9	5215.5	5228.8
有限责任公司 Compaines of Limited Liabilities	4152824.9	1548958.0	733579.5
国有独资公司 State Owned	248312.4	180550.3	38643.7
其他有限责任公司 Other Companies of Limited Liabilities	3904512.5	1368407.7	694935.8
股份有限公司 Share Holding	2056143.9	819038.8	198437.5
私营企业 Private-owned	1399787.6	402017.7	810181.4
私营独资企业 Private Exclusive Investment	3793.6	7382.5	6798.7
私营合伙企业 Private Partnership	223.8	1393.6	2000.0
私营有限责任公司 Private Companies of Limited Liabilities	1251146.4	319321.5	753516.7
私营股份有限公司 Private Companies of Limited Liabilities with Share Holding	144623.8	73920.1	47866.0
其他企业 Others	600.0	1812.5	1222.2
港、澳、台商投资企业 Enterprises funded by Entepreneurs from HongKong, Macao & Taiwan	572454.5	185467.2	103954.6
与港澳台商合资经营企业 Joint Venture with Hongkong, Macro & Taiwan	19435.5	-3013.4	19124.0
港澳台商独资企业 Hongkong and Marcro, Taiwan Owned	553019.0	188480.6	84830.6
外商投资企业 Foreign Investment	464705.8	144581.6	107807.8
中外合资经营企业 Chinese Foreign Equity Joint Ventures	17442.1	9536.4	4448.6
外资企业 Foreign Enterprise	447263.7	135045.2	103359.2

Continued 8

(10 000 yuan)

二、期末资产负债 Late Assets and Liabilities					
国家资本 National Capits	集体资本 Collective Capita	法人资本 Corporate Capital	个人资本 Private Capital	港澳台资本 HK Macao and Taiwan's Capital	外商资本 Foreign Capital
12600.1		4400.0	2850.0	9224.0	10000.0
9600.0				9224.0	
		2100.0	2000.0		10000.0
		500.0			
3000.1		1800.0	300.0		
			550.0		
430403.4	28331.4	978784.0	332305.2	4012.6	4948.7
11881.1		0.1	3000.0		
	15254.7				
	644.4	100.0	4484.4		
346085.1	11333.0	244048.5	130100.3	2012.6	
36643.7		2000.0			
309441.4	11333.0	242048.5	130100.3	2012.6	
72437.2	1096.8	85127.8	34827.0		4948.7
	2.5	648385.4	159793.5	2000.0	
		1672.5	5126.2		
			2000.0		
	2.5	617046.9	134467.3	2000.0	
		29666.0	18200.0		
		1122.2	100.0		
9600.0		180.0		94174.6	
9600.0		180.0		9344.0	
				84830.6	
		1436.5			106371.3
		240.0			4208.6
		1196.5			102162.7

续 表 9

项 目 Item	三、损益及分配 Increase, Decrease and Assgning	
	营业收入 Sales Revenue	主营业务收入 Main Sales Revenue
总 计 Total	**21405828.0**	**20775370.0**
其中:国有控股 State-owned and State Holding	7552409.9	7335380.8
1.按零售行业小类分 According to the Classfication of Retail Industry		
综合零售 Comprehensire	6077804.3	5744855.6
百货零售 Department Store	3767622.7	3530392.5
超级市场零售 Super Market	2149828.6	2054808.0
其他综合零售 Other Comprehensire	160353.0	159655.1
食品、饮料及烟草制品专门零售 Wholeasle Trade of Food、Beverage Tobacco and Atricles for Family	662915.2	655243.3
粮油零售 Grain and Oil	80761.4	80761.4
糕点、面包零售 Cake and Bread	52214.9	49813.0
果品、蔬菜零售 Fruits and Vegetables	21500.1	21500.1
肉、禽、蛋、奶及水产品零售 Wholesale of Meat, Bird, Eggs, Milk and Aquatic products	126776.8	126774.8
营养和保健品零售 Wholesale of Health Care products	7109.7	7109.7
酒、饮料及茶叶零售 Wholesale of Alcohol, Drinks and Tea	61842.2	60847.5
烟草制品零售 Wholesale of Tobaccos	65918.7	61645.4
其他食品零售 The Other foods Wholesale	246791.4	246791.4
纺织、服装及日用品专门零售 Textile Garment and Daily necessities	637531.1	633879.8
纺织品及针织品零售 Textiles and Knitwear	11877.8	11877.8
服装零售 Clothing	355279.1	351953.0
鞋帽零售 Shoes and Hats	123430.3	123430.3
化妆品及卫生用品零售 Cosmetics and Hygiene	68855.1	68855.1
钟表、眼镜零售 Clocks, Watch and Glasses	31526.3	31462.0
厨房用具及日用杂品零售 Kitchen Utensils and Daily Sundries	9825.5	9825.5
其他日用品零售 Other Daily Necessities	36737.0	36476.1
文化、体育用品及器材专门零售 Culturd and Sports Goodls	247164.0	245366.5
文具用品零售 Stationery	2685.0	2683.0
体育用品及器材零售 Soprts Goods	13014.0	13014.0
图书、报刊零售 Books and Newspapers	84294.9	83025.5

Continued 9

(10 000 yuan)

三、损益及分配 Increase, Decrese and Assgning				
营业成本 Sales Cost	主营业务成本 Main Sales Cost	营业税金及附加 Mian Business Taxes and Extras	主营业务税金及附加 Main Business Taxes and Extras	其他业务利润 Profits of Other Business
18541348.6	18268272.6	110206.4	97742.3	275948.1
6513116.0	6470541.0	43793.2	32786.3	86300.6
4838949.4	4823554.6	51679.6	40760.4	229078.0
2993243.5	2979559.7	34679.7	28454.9	210097.6
1712318.6	1710655.7	14830.9	10136.5	18320.6
133387.3	133339.2	2169.0	2169.0	659.8
453040.3	448696.1	7067.7	7041.4	1969.7
61181.4	61181.4	123.9	123.9	
38077.6	36337.5	432.8	415.8	195.9
18015.3	18015.3	26.9	26.9	
93473.8	93471.8	2807.2	2807.2	
5887.4	5887.4	78.5	78.5	
46948.6	46727.3	412.0	412.0	694.1
52942.4	50561.6	416.0	416.0	161.3
136513.8	136513.8	2770.4	2761.1	918.4
492910.3	491928.7	4156.7	4090.8	3005.3
8828.6	8828.6	31.6	31.6	
272580.4	272400.0	2242.2	2242.2	2035.7
95887.8	95887.8	192.5	192.5	6.7
54065.8	54065.8	338.8	338.8	511.9
24061.4	24061.4	264.7	257.9	450.8
8289.5	8289.5	99.3	99.3	0.2
29196.8	28395.6	987.6	928.5	
207910.4	207743.2	3384.6	3254.7	1695.0
1885.0	1883.0	81.7	81.7	
11555.1	11555.1	44.3	44.3	
65860.9	65712.7	351.1	221.2	1124.9

续 表 10

项 目 Item	三、损益及分配 Increase, Decrese and Assgning 营业收入 Sales Revenue	 主营业务收入 Main Sales Revenue
珠宝首饰零售 Bijoutere	110792.5	110266.4
工艺美术品及收藏品零售 Arts and Crafts and Collectibles	21970.7	21970.7
乐器零售 Musical Instruments	8084.3	8084.3
照相器材零售 Photographic Equipment	791.7	791.7
其他文化用品零售 Other Cultural Activities	5530.9	5530.9
医药及医疗器材专门零售 Medicine and Medical Equipment	2133984.0	2128951.9
药品零售 Medicine	2088082.9	2083158.1
医疗用品及器材零售 Medical Supplies and Equipment	45901.1	45793.8
汽车、摩托车、燃料及零配件专门零售 Automobile, Motorcycle, Fule and Spare Parts	8224535.4	8186590.9
汽车零售 The Car	6310911.0	6286874.3
汽车零配件零售 Atuo Parts	53497.8	52998.3
摩托车及零配件零售 Motocycle and Spare Parts	10971.5	10971.5
机动车燃料零售 Motor Fuel	1849155.1	1835746.8
家用电器及电子产品专门零售 Houshold Appliances	1496678.1	1433756.3
家用视听设备零售 Home Auto - visual and Electronic Products Equipment	12225.8	12225.8
日用家电设备零售 Household Appliances	1032967.2	971599.6
计算机、软件及辅助设备零售 Computer, Software and Auxliary Equipment	330594.1	329529.8
通信设备零售 Communication Equipment	67345.9	66885.8
其他电子产品零售 Other Electronic Products	53545.1	53515.3
五金、家具及室内装饰材料专门零售 Hardware, Furniture and Interiov Decoration Materials	346218.0	346052.7
五金零售 Hardware	33206.7	33194.1
灯具零售 Lamps and Lanterns	2468.1	2468.1
家具零售 Furniture	142135.4	142104.9
涂料零售 Paint	570.8	570.8
卫生洁具零售 Sanitary ware	6947.1	6947.1
木质装饰材料零售 Wood Decoration	20816.2	20816.2
陶瓷、石材装饰材料零售 Ceramic and Stone	17815.7	17815.7
其他室内装饰材料零售 Other interior Decoration Materials	122258.0	122135.8

Continued 10

(10 000 yuan)

三、损益及分配 Increase, Decrese and Assgning				
营业成本 Sales Cost	主营业务成本 Main Sales Cost	营业税金及附加 Mian Business Taxes and Extras	主营业务税金及附加 Main Business Taxes and Extras	其他业务利润 Profits of Other Business
95515.2	95498.3	2766.5	2766.5	570.1
20589.2	20589.2	108.9	108.9	
6993.0	6993.0	19.5	19.5	
733.1	733.1	1.0	1.0	
4778.9	4778.8	11.6	11.6	
1943743.3	1942108.1	4834.9	4739.6	7185.2
1905862.7	1904295.6	4503.0	4436.1	6507.8
37880.6	37812.5	331.9	303.5	677.4
7555955.4	7519645.8	27285.9	26080.1	13857.0
5749805.9	5727179.7	24738.3	23580.9	13674.4
46721.8	46621.8	65.6	65.5	123.0
9782.8	9782.8	16.9	16.9	
1749644.9	1736061.5	2465.1	2416.7	59.6
1287280.7	1245091.3	6017.7	6015.1	17376.1
9217.2	9217.2	66.2	66.2	
881762.3	840191.6	4320.5	4320.5	16169.1
291301.2	290739.1	1030.2	1027.6	910.8
60394.1	60394.1	383.9	383.9	257.1
44605.9	44549.3	216.9	216.9	39.1
251560.7	251519.2	4230.0	4230.0	447.6
27934.3	27921.7	403.7	403.7	16.0
2095.4	2095.4	16.1	16.1	
97650.7	97650.7	1849.5	1849.5	163.5
535.5	535.5	6.7	6.7	
5365.9	5365.9	28.1	28.1	
18227.1	18227.1	196.6	196.6	
15331.5	15331.5	55.9	55.9	
84420.3	84391.4	1673.4	1673.4	268.1

续　表 11

项　　目 Item	三、损益及分配 Increase, Decrese and Assgning	
	营业收入 Sales Revenue	主营业务收入 Main Sales Revenue
货摊、无店铺及其他零售 Stalls, No - shop and Others	1578997.9	1400673.0
货摊纺织、服装及鞋零售 Textile, Clothing and Footwwear Stalls	14804.0	14804.0
互联网零售 Internet	725934.6	554019.1
邮购及电视、电话零售 Mail Order and TV, Telephone	6664.4	6664.4
生活用燃料零售 Domestic Fule	822299.6	815890.2
其他未列明零售 Other not Listed	9295.3	9295.3
2. 按登记注册类型分 Grouped by Registration		
内资企业 Domestic Investment	18653618.3	18330207.9
国有企业 State-owned	732343.1	730886.7
集体企业 Collective-owned	79545.9	77522.8
股份合作企业 Cooperative of Share Holding	26216.2	26214.2
有限责任公司 Compaines of Limited Liabilities	9944148.8	9817843.7
国有独资公司 State Owned	1865587.6	1845829.5
其他有限责任公司 Other Companies of Limited Liabilities	8078561.2	7972014.2
股份有限公司 Share Holding	4121318.0	3939305.8
私营企业 Private-owned	3739811.1	3728199.5
私营独资企业 Private Exclusive Investment	108527.1	108412.8
私营合伙企业 Private Partnership	3971.3	3971.3
私营有限责任公司 Private Companies of Limited Liabilities	3305039.2	3293687.6
私营股份有限公司 Private Companies of Limited Liabilities with Share Holding	322273.5	322127.8
其他企业 Others	10235.2	10235.2
港、澳、台商投资企业 Enterprises funded by Entepreneurs from HongKong, Macao & Taiwan	1266286.4	1152777.3
与港澳台商合资经营企业 Joint Venture with Hongkong, Macro & Taiwan	35930.4	35930.4
港澳台商独资企业 Hongkong and Marcro, Taiwan Owned	1230356.0	1116846.9
外商投资企业 Foreign Investment	1485923.3	1292384.8
中外合资经营企业 Chinese Foreign Equity Joint Ventures	28689.2	28588.6
外资企业 Foreign Enterprise	1457234.1	1263796.2

(10 000 yuan)

三、损益及分配 Increase, Decrese and Assgning				
营业成本 Sales Cost	主营业务成本 Main Sales Cost	营业税金及附加 Mian Business Taxes and Extras	主营业务税金及附加 Main Business Taxes and Extras	其他业务利润 Profits of Other Business
1509998.1	1337985.6	1549.3	1530.2	1332.2
10013.4	10013.4	121.0	121.0	292.2
695916.5	529273.5	382.4	382.4	
5273.3	5273.3	37.6	37.6	
790829.4	785459.9	981.6	962.5	1040.0
7965.5	7965.5	26.7	26.7	
16249208.5	16142918.4	99793.4	88181.4	142233.6
673383.6	672386.8	879.5	879.5	617.2
69168.5	68882.6	589.1	588.3	41.1
21676.7	21664.7	251.1	251.1	
8895846.1	8808895.5	44520.3	42893.3	46942.7
1785144.4	1766266.9	1987.1	1918.9	1065.0
7110701.7	7042628.6	42533.2	40974.4	45877.7
3308455.5	3295544.7	32611.7	22706.5	83652.4
3271963.5	3266829.5	20729.7	20650.2	10923.8
89048.1	88964.1	365.2	365.2	
3535.0	3535.0	16.3	16.3	
2888598.3	2383597.3	19596.3	19516.8	9116.4
290782.1	290733.1	751.9	751.9	1807.4
8714.6	8714.6	212.0	212.0	61.4
1010081.1	1010035.0	3743.7	3743.7	117801.3
27554.5	27554.5	190.2	190.2	194.7
982526.6	982480.5	3553.5	3553.5	117606.6
1282059.0	1115319.2	6669.3	5817.2	15906.2
19631.9	19535.6	183.8	183.7	272.3
1262427.1	1095783.6	6485.5	5633.5	15633.9

续 表 12

项 目 Item	三、损益及分配 Increase, Decrese and Assgning		
	销售费用 Expenses for Maaketing	管理费用 Expenses for Management	税 金 Taxes
总 计 Total	**1279738.7**	**649262.6**	**32860.9**
其中:国有控股 State-owned and State Holding	553694.7	214127.9	11694.8
1.按零售行业小类分 According to the Classfication of Retail Industry			
综合零售 Comprehensire	646702.2	281195.6	12348.0
百货零售 Department Store	344873.5	177560.1	8438.8
超级市场零售 Super Market	292958.5	97878.4	3631.9
其他综合零售 Other Comprehensire	8870.2	5757.1	277.3
食品、饮料及烟草制品专门零售 Wholeasle Trade of Food、Beverage Tobacco and Atricles for Family	78312.0	32039.0	1020.6
粮油零售 Grain and Oil	10.0	52.5	12.0
糕点、面包零售 Cake and Bread	9126.3	2273.2	72.3
果品、蔬菜零售 Fruits and Vegetables	1483.7	903.6	18.8
肉、禽、蛋、奶及水产品零售 Wholesale of Meat, Bird, Eggs, Milk and Aquatic products	8930.4	4428.7	195.2
营养和保健品零售 Wholesale of Health Care products	130.1	629.6	24.4
酒、饮料及茶叶零售 Wholesale of Alcohol, Drinks and Tea	2988.4	2885.9	270.8
烟草制品零售 Wholesale of Tobaccos	6431.0	4777.9	78.0
其他食品零售 The Other foods Wholesale	49212.1	16087.6	349.1
纺织、服装及日用品专门零售 Textile Garment and Daily necessities	84621.3	27091.4	482.1
纺织品及针织品零售 Textiles and Knitwear	2329.7	719.2	3.2
服装零售 Clothing	56329.2	15942.7	201.7
鞋帽零售 Shoes and Hats	13648.9	5870.3	80.0
化妆品及卫生用品零售 Cosmetics and Hygiene	6391.0	277.9	56.5
钟表、眼镜零售 Clocks, Watch and Glasses	3435.9	1533.2	59.6
厨房用具及日用杂品零售 Kitchen Utensils and Daily Sundries	286.8	468.3	6.8
其他日用品零售 Other Daily Necessities	2199.8	2279.8	74.3
文化、体育用品及器材专门零售 Culturd and Sports Goodls	20478.6	12240.1	1335.6
文具用品零售 Stationery	307.3	132.0	1.8
体育用品及器材零售 Soprts Goods	3733.2	76.3	
图书、报刊零售 Books and Newspapers	7531.5	7251.6	631.6

Continued 12

(10 000 yuan)

三、损益及分配 Increase, Decrese and Assgning				
财务费用 Financial Expenditures	利息收入 Interest Revenue	利息支出 Intertest Paid	资产减值损失 Impairment Loss of Assets	公允价值变动收益 Changes in Fair Value Gains
141229.2	43997.6	129319.8	2532.6	900.4
30864.2	16522.5	40622.2	-1482.4	91.6
24575.2	15181.7	29663.5	-2764.9	
16866.4	12853.3	25599.9	-2240.6	
5425.3	2323.9	3734.9	-524.3	
2283.5	4.5	328.7		
3272.8	510.3	1658.4	5.4	-44.8
7.8	0.2	2.5		
249.6	3.1	173.5		
285.1	0.8	268.0		
1623.3	12.6	613.2		
136.7		0.9		
707.2	28.8	275.8	0.2	
384.4	43.6	272.3		
-121.3	421.2	52.2	5.2	-44.8
-4682.5	6181.5	326.6	1205.8	
10.1	0.8	9.6	157.8	
-5264.2	6163.8	194.2	1048.0	
41.6	4.2	11.2		
247.8	0.1			
138.6	11.5			
7.3	0.9	6.6		
136.3	0.2	105.0		
1191.9	295.8	722.7	0.4	91.6
29.5	0.1	0.2		
57.4	0.4	57.8		
-52.3	39.8	243.3		91.6

续 表 13

项 目 Item	三、损益及分配 Increase, Decrese and Assgning		
	销售费用 Expenses for Maaketing	管理费用 Expenses for Management	税 金 Taxes
珠宝首饰零售 Bijoutere	7573.3	2851.7	668.0
工艺美术品及收藏品零售 Arts and Crafts and Collectibles	138.2	1457.0	23.8
乐器零售 Musical Instruments	680.0	235.4	9.2
照相器材零售 Photographic Equipment	43.3	57.0	0.6
其他文化用品零售 Other Cultural Activities	471.8	179.1	0.6
医药及医疗器材专门零售 Medicine and Medical Equipment	69688.0	42166.6	1950.4
药品零售 Medicine	66370.9	39218.5	1880.0
医疗用品及器材零售 Medical Supplies and Equipment	3317.1	2948.1	70.4
汽车、摩托车、燃料及零配件专门零售 Automobile, Motorcycle, Fule and Spare Parts	209182.5	188744.3	12581.7
汽车零售 The Car	163506.6	172249.7	11656.8
汽车零配件零售 Atuo Parts	1104.9	1421.3	29.1
摩托车及零配件零售 Motocycle and Spare Parts	219.9	141.6	6.8
机动车燃料零售 Motor Fuel	44351.1	14931.7	889.0
家用电器及电子产品专门零售 Houshold Appliances	85316.0	49894.7	1942.4
家用视听设备零售 Home Auto - visual and Electronic Products Equipment	208.7	226.7	4.5
日用家电设备零售 Household Appliances	68013.3	41866.9	1599.2
计算机、软件及辅助设备零售 Computer, Software and Auxliary Equipment	10012.2	5210.5	281.4
通信设备零售 Communication Equipment	4382.0	2270.0	33.0
其他电子产品零售 Other Electronic Products	2699.8	320.6	24.3
五金、家具及室内装饰材料专门零售 Hardware, Furniture and Interiov Decoration Materials	24393.7	10874.3	618.4
五金零售 Hardware	1698.5	1268.2	186.2
灯具零售 Lamps and Lanterns	104.5	104.8	1.4
家具零售 Furniture	11944.8	5671.2	245.4
涂料零售 Paint	5.8	4.4	0.4
卫生洁具零售 Sanitary ware	1388.6	9.7	0.3
木质装饰材料零售 Wood Decoration	1308.6	403.1	27.2
陶瓷、石材装饰材料零售 Ceramic and Stone	561.3	676.0	0.1
其他室内装饰材料零售 Other interior Decoration Materials	7381.6	2736.9	157.4

Continued 13

(10 000 yuan)

三、损益及分配 Increase, Decrease and Assgning					
财务费用 Financial Expenditures	利息收入 Interest Revenue	利息支出 Intertest Paid	资产减值损失 Impairment Loss of Assets	公允价值变动收益 Changes in Fair Value Gains
1064.0	240.5	324.6	0.4	
7.0		1.2		
100.6		95.6		
0.1				
-14.4	15.0			
22642.5	9747.1	22664.6	1487.7	0.7
22594.2	9734.0	22651.3	1487.7	0.7
48.3	13.1	13.3		
87369.1	9585.4	75273.3	2208.1	852.9
83921.0	9477.4	72964.5	2196.6	852.6
272.7	3.3	212.5	-1.5	
18.2	1.2	5.3		
3157.2	103.5	2091.0	13.0	0.3
-812.0	1184.9	-2561.5	390.1	
90.8	0.1	0.5		
-1765.7	1104.4	-2853.1	242.5	
534.5	57.7	180.9	66.6	
239.9	22.1	109.5	77.1	
88.5	0.6	0.7	3.9	
6858.3	1284.2	957.0		
277.5	2.3	155.2		
22.9		22.9		
4175.0	1063.2	701.9		
3.6				
32.0	0.4	28.0		
60.1	0.7	19.1		
368.7	0.1	0.2		
1918.5	217.5	29.7		

续 表 14

项 目 Item	三、损益及分配 Increase, Decrese and Assgning		
	销售费用 Expenses for Maaketing	管理费用 Expenses for Management	税 金 Taxes
货摊、无店铺及其他零售 Stalls, No - shop and Others	61044.4	5016.6	581.7
货摊纺织、服装及鞋零售 Textile, Clothing and Footwwear Stalls	3338.7	2598.6	4.5
互联网零售 Internet	31950.1	2416.4	106.8
邮购及电视、电话零售 Mail Order and TV, Telephone	676.7	724.0	2.4
生活用燃料零售 Domestic Fule	24636.8	-1048.0	468.0
其他未列明零售 Other not Listed	442.1	325.6	
2. 按登记注册类型分 Grouped by Registration			
内资企业 Domestic Investment	1060517.1	564470.7	30274.0
国有企业 State-owned	10423.3	7298.0	527.7
集体企业 Collective-owned	3618.7	8550.5	288.4
股份合作企业 Cooperative of Share Holding	831.2	1009.4	182.2
有限责任公司 Compaines of Limited Liabilities	391275.5	269179.6	15542.0
国有独资公司 State Owned	48243.0	8996.7	825.4
其他有限责任公司 Other Companies of Limited Liabilities	343032.5	260182.9	14716.6
股份有限公司 Share Holding	464647.6	181644.9	9400.5
私营企业 Private-owned	189305.3	96517.5	4245.5
私营独资企业 Private Exclusive Investment	2695.9	3082.6	93.2
私营合伙企业 Private Partnership	120.3	167.3	32.2
私营有限责任公司 Private Companies of Limited Liabilities	179532.4	89436.1	3914.0
私营股份有限公司 Private Companies of Limited Liabilities with Share Holding	6956.7	3831.5	206.1
其他企业 Others	415.5	270.8	87.7
港、澳、台商投资企业 Enterprises funded by Entepreneurs from HongKong, Macao & Taiwan	95957.0	45176.3	1384.8
与港澳台商合资经营企业 Joint Venture with Hongkong, Macro & Taiwan	5993.5	3683.6	5.1
港澳台商独资企业 Hongkong and Marcro, Taiwan Owned	89963.5	41492.7	1379.7
外商投资企业 Foreign Investment	123264.6	39615.6	1202.1
中外合资经营企业 Chinese Foreign Equity Joint Ventures	8254.4	968.9	8.7
外资企业 Foreign Enterprise	115010.2	38646.7	1193.4

Continued 14

(10 000 yuan)

三、损益及分配 Increase, Decrese and Assgning				
财务费用 Financial Expenditures			资产减值损失 Impairment Loss of Assets	公允价值变动收益 Changes in Fair Value Gains
	利息收入 Interest Revenue	利息支出 Intertest Paid		
813.9	26.7	615.2		
146.2	6.9	139.3		
98.7	7.1	88.4		
-47.5		-47.5		
435.1	7.6	435.0		
181.4	5.1			
143744.6	30119.7	119743.3	2820.8	900.4
7390.5	7854.3	14868.3	257.2	91.6
2142.1	60.5	534.1		
363.8		137.2		
80868.9	11464.8	59041.7	3301.7	852.6
1258.2	46.3	794.1	-0.6	
79610.7	11418.5	58247.6	3302.3	852.6
17174.6	8151.1	20763.9	-2054.0	0.7
35756.8	2588.8	24353.1	1315.9	-45.0
2189.6		9.8	1.0	
48.0				
29245.0	2454.6	20939.8	1055.5	-45.0
4274.2	134.2	3403.5	259.3	
47.9	0.2	45.0		0.5
-5743.6	7689.7	1889.7	-5.1	
138.8	6.9	139.3		
-5882.4	7682.8	1750.4	-5.1	
3228.2	6188.2	7686.8	-283.1	
399.9	2.5			
2828.3	6185.7	7686.8	-283.1	

续 表 15

项 目 Item	三、损益及分配 Increase, Decrese and Assgning		
	投资收益 Income from Investment	营业利润 Operating Profits	营业外收入 Operating Income
总 计 Total	**15615.0**	**696573.4**	**80795.5**
其中:国有控股 State-owned and State Holding	3727.8	202115.8	9841.8
1.按零售行业小类分 According to the Classfication of Retail Industry			
综合零售 Comprehensire	5257.2	250333.6	10995.9
百货零售 Department Store	4121.9	214237.8	6075.5
超级市场零售 Super Market	1135.3	28199.9	4898.1
其他综合零售 Other Comprehensire		7895.9	22.3
食品、饮料及烟草制品专门零售 Wholeasle Trade of Food、Beverage Tobacco and Atricles for Family	596.6	89770.6	2251.7
粮油零售 Grain and Oil		19385.8	
糕点、面包零售 Cake and Bread		2247.7	-411.0
果品、蔬菜零售 Fruits and Vegetables	0.4	785.9	250.0
肉、禽、蛋、奶及水产品零售 Wholesale of Meat, Bird, Eggs, Milk and Aquatic products	72.1	15513.4	270.0
营养和保健品零售 Wholesale of Health Care products		247.4	
酒、饮料及茶叶零售 Wholesale of Alcohol, Drinks and Tea		7820.6	268.2
烟草制品零售 Wholesale of Tobaccos		966.9	228.1
其他食品零售 The Other foods Wholesale	524.1	42802.9	1646.4
纺织、服装及日用品专门零售 Textile Garment and Daily necessities	3.3	33203.8	40775.3
纺织品及针织品零售 Textiles and Knitwear		-199.2	6.3
服装零售 Clothing	3.3	12413.8	39508.4
鞋帽零售 Shoes and Hats		7789.3	
化妆品及卫生用品零售 Cosmetics and Hygiene		8045.7	8.5
钟表、眼镜零售 Clocks, Watch and Glasses		2543.3	1250.6
厨房用具及日用杂品零售 Kitchen Utensils and Daily Sundries		674.3	
其他日用品零售 Other Daily Necessities		1936.6	1.5
文化、体育用品及器材专门零售 Culturd and Sports Goodls	-13.3	1895.8	1100.8
文具用品零售 Stationery		249.5	
体育用品及器材零售 Soprts Goods		-2452.3	20.0
图书、报刊零售 Books and Newspapers		3303.2	1028.5

Continued 15

(10 000 yuan)

三、损益及分配 Increase, Decrese and Assgning			四、人工成本及增值税 Labor Cost and Value Added Tax	
补贴收入 Subsidy Income	利润总额 Total Prfits	应交所得税 Income Tax Payable	应付职工薪酬（本年贷方累计发生额） Employee Compensation	应交增值税 Value added Tax Payable
11779.9	688751.0	156536.5	781008.6	416255.4
1535.0	204119.4	45498.4	337262.3	116434.0
2600.5	258750.2	79092.9	360545.1	132905.3
2499.0	211280.7	62762.3	179914.8	35329.6
79.6	39562.1	15063.9	176419.7	43914.9
21.9	7907.4	1266.7	4210.6	3661.8
1367.5	89825.8	13859.4	35311.6	38185.3
	19289.7	7.8	92.9	353.0
58.7	1029.4	332.4	6858.5	2695.3
	1063.0	34.4	758.3	295.2
269.0	15855.4	1128.5	3724.1	9342.6
	245.9	17.2	518.2	123.4
238.2	6253.0	868.7	2564.7	1482.3
26.6	1048.2	104.7	3134.3	2203.0
775.0	45041.2	11365.7	17660.6	21691.5
73.3	29591.7	5181.6	46783.6	21708.8
	-206.9	92.4	1277.3	160.0
12.0	7771.5	1364.3	27432.8	11297.3
	8479.1	1638.4	12385.4	4134.1
	8049.4	812.5	1013.4	2759.4
61.3	3788.8	931.1	2697.3	1884.2
	641.5	17.8	287.7	142.9
	1068.3	325.1	1689.7	1330.9
186.8	2007.2	641.5	10274.9	4196.3
	249.6	23.7	161.5	311.4
	-2434.3		651.0	304.4
186.8	3089.3	373.8	5368.6	1256.9

续 表 16

项 目 Item	三、损益及分配 Increase, Decrese and Assgning		
	投资收益 Income from Investment	营业利润 Operating Profits	营业外收入 Operating Income
珠宝首饰零售 Bijoutere	-13.3	1008.1	32.8
工艺美术品及收藏品零售 Arts and Crafts and Collectibles		-329.6	
乐器零售 Musical Instruments		55.8	
照相器材零售 Photographic Equipment		-42.8	19.5
其他文化用品零售 Other Cultural Activities		103.9	
医药及医疗器材专门零售 Medicine and Medical Equipment	1447.0	51631.8	2538.1
药品零售 Medicine	1447.7	50257.5	2016.2
医疗用品及器材零售 Medical Supplies and Equipment	-0.7	1374.3	521.9
汽车、摩托车、燃料及零配件专门零售 Automobile, Motorcycle, Fule and Spare Parts	8324.1	174467.8	19160.8
汽车零售 The Car	8318.9	135164.8	18877.7
汽车零配件零售 Atuo Parts		3913.0	102.7
摩托车及零配件零售 Motocycle and Spare Parts		792.1	
机动车燃料零售 Motor Fuel	5.2	34597.9	180.4
家用电器及电子产品专门零售 Houshold Appliances	0.1	69598.5	1357.0
家用视听设备零售 Home Auto - visual and Electronic Products Equipment		2416.2	
日用家电设备零售 Household Appliances		38583.9	1243.6
计算机、软件及辅助设备零售 Computer, Software and Auxliary Equipment	0.1	23304.3	90.4
通信设备零售 Communication Equipment		-315.4	16.4
其他电子产品零售 Other Electronic Products		5609.5	6.6
五金、家具及室内装饰材料专门零售 Hardware, Furniture and Interiov Decoration Materials		25095.9	427.8
五金零售 Hardware		1611.3	259.9
灯具零售 Lamps and Lanterns		124.4	19.0
家具零售 Furniture		20983.4	9.2
涂料零售 Paint		14.8	
卫生洁具零售 Sanitary ware		122.8	
木质装饰材料零售 Wood Decoration		620.7	
陶瓷、石材装饰材料零售 Ceramic and Stone		822.3	
其他室内装饰材料零售 Other interior Decoration Materials		796.2	139.7

Continued 16

(10 000 yuan)

三、损益及分配 Increase, Decrese and Assgning			四、人工成本及增值税 Labor Cost and Value Added Tax	
补贴收入 Subsidy Income	利润总额 Total Prfits	应交所得税 Income Tax Payable	应付职工薪酬 (本年贷方累计发生额) Employee Compensation	应交增值税 Value added Tax Payable
	1009.2	170.8	3066.6	2045.4
	10.5	39.5	388.4	81.0
	2.3	0.2	278.3	109.9
	-23.3		55.4	5.2
	103.9	33.5	305.1	82.1
604.7	48907.8	11454.8	41973.4	33371.0
573.2	47986.1	11256.2	39547.2	31699.9
31.5	921.7	198.6	2426.2	1671.1
6651.0	164701.3	25097.2	219194.0	130430.8
6527.6	126667.7	17899.4	189628.8	115303.1
	3508.1	773.8	1172.6	433.3
	791.4	509.2	125.0	42.7
123.4	33734.1	5914.8	28267.6	14651.7
293.7	68490.7	15720.3	44814.7	36033.8
	2416.2	527.8	198.7	293.5
265.7	37585.8	8672.6	31813.9	24295.5
24.0	22909.2	5024.8	8572.6	5205.2
4.0	-40.7	27.4	3029.8	735.4
	5620.2	1467.7	1199.7	5507.2
2.4	22209.2	5373.1	7354.8	7180.9
1.5	1173.3	104.0	1037.9	992.8
	1.9	0.4	129.0	44.3
	18549.1	4737.8	3010.3	3434.7
	14.8	1.0	18.6	1.4
	122.8	9.6	214.4	259.8
	609.4	60.4	452.1	706.1
	822.3	197.4	415.0	379.4
0.9	915.6	262.5	2077.5	1362.4

续　表 17

项　目 Item	三、损益及分配 Increase, Decrese and Assgning		
	投资收益 Income from Investment	营业利润 Operating Profits	营业外收入 Operating Income
货摊、无店铺及其他零售 Stalls, No - shop and Others		575.6	2188.1
货摊纺织、服装及鞋零售 Textile, Clothing and Footwwear Stalls		-1413.9	
互联网零售 Internet		-4829.5	2177.6
邮购及电视、电话零售 Mail Order and TV, Telephone		0.3	
生活用燃料零售 Domestic Fule		6464.7	10.5
其他未列明零售 Other not Listed		354.0	
2. 按登记注册类型分 Grouped by Registration			
内资企业 Domestic Investment	13208.8	544366.7	37283.3
国有企业 State-owned	876.0	33678.5	740.5
集体企业 Collective-owned		-4522.9	19.2
股份合作企业 Cooperative of Share Holding		2094.0	
有限责任公司 Compaines of Limited Liabilities	6595.0	260092.1	18958.1
国有独资公司 State Owned		19958.8	117.7
其他有限责任公司 Other Companies of Limited Liabilities	6595.0	240133.3	18840.4
股份有限公司 Share Holding	2851.7	121995.1	8658.2
私营企业 Private-owned	2885.6	130454.5	8907.3
私营独资企业 Private Exclusive Investment	5.0	11149.7	
私营合伙企业 Private Partnership		84.4	
私营有限责任公司 Private Companies of Limited Liabilities	2876.4	103526.5	8773.0
私营股份有限公司 Private Companies of Limited Liabilities with Share Holding	4.2	15693.9	134.3
其他企业 Others	0.5	575.4	
港、澳、台商投资企业 Enterprises funded by Entepreneurs from HongKong, Macao & Taiwan	2084.8	120003.7	41012.9
与港澳台商合资经营企业 Joint Venture with Hongkong, Macro & Taiwan		-1630.2	39342.6
港澳台商独资企业 Hongkong and Marcro, Taiwan Owned	2084.8	121633.9	1670.3
外商投资企业 Foreign Investment	321.4	32203.0	2499.3
中外合资经营企业 Chinese Foreign Equity Joint Ventures		-749.7	104.7
外资企业 Foreign Enterprise	321.4	32952.7	2394.6

Continued 17

(10 000 yuan)

三、损益及分配 Increase, Decrese and Assgning			四、人工成本及增值税 Labor Cost and Value Added Tax	
补贴收入 Subsidy Income	利润总额 Total Prfits	应交所得税 Income Tax Payable	应付职工薪酬（本年贷方累计发生额） Employee Compensation	应交增值税 Value added Tax Payable
	4267.1	115.7	14756.5	12236.2
	-1121.7		1343.9	2591.6
	-1438.1	15.6	4938.1	2759.4
	0.3		155.8	20.3
	6473.1	12.1	8118.8	6716.4
	353.5	88.0	199.9	148.5
10039.0	528254.6	118645.4	693766.7	368838.4
429.2	34425.2	1775.3	7846.7	4747.2
	-4230.4	65.2	3355.5	1281.3
	2094.2	397.1	675.8	723.9
8126.4	242362.3	49427.4	295091.0	190753.3
	17457.6	1205.9	26494.0	12815.1
8126.4	224904.7	48221.5	268597.0	177938.2
1124.7	124687.3	38024.8	287846.9	87893.2
358.7	128868.6	28954.3	98588.1	82516.9
	10705.4	2642.8	1379.2	7306.0
	84.4	45.5	155.7	61.2
358.7	102325.6	21735.4	92329.5	71066.6
	15753.2	4530.6	4723.7	4083.1
	47.4	1.3	362.7	922.6
1596.9	125512.4	27408.7	41979.0	22891.5
	-4700.4		3543.2	2693.6
1596.9	130212.8	27408.7	38435.8	20197.9
144.0	34984.0	10482.4	45262.9	24525.5
	-638.7	63.6	2730.2	1135.4
144.0	35622.7	10418.8	42532.7	23390.1

8－15 限额以上住宿业法人财务指标(2013 年)

单位:万元

项目 Item	法人企业数(个) Number of Enterprises	执行《2006 年企业会计准则》企业数(个) Implementation of "Accounting Standards for Business Enterprises in 2006"
总计 Total	233	213
其中:国有控股 State Holding	50	47
1. 按住宿行业小类分 Grouped by Small Class		
旅游饭店 Traveling Hotel	139	125
一般旅馆 Generel Hotel	90	84
其他住宿服务 Other Accomodation Service	4	4
2. 按登记注册类型分 Grouped by registration		
内资企业 Domestic Investment	218	199
国有企业 State-owned	26	23
集体企业 Collective-owned	2	2
股份合作企业 Cooperative of Share Holding	1	1
有限责任公司 Companies of Limited Liabilities	103	91
国有独资公司 Companies State-owned Excluasive Investment	8	8
其他有限责任公司 Other Companies of Limited Liabilities	95	83
股份有限公司 Share Holding	5	5
私营企业 Private-owned	79	75
私营合伙企业 Private Partnership	2	2
私营有限责任公司 Private Companies of Limited Liabilities	73	69
私营股份有限公司 Private Companies of Limited Liabilities with Share Holding	4	4
其他企业 Others	2	2
港澳台商投资企业 Enterprises funded by Entepreneurs from HongKong, Macao & Taiwan	14	13
与港澳台商合资经营企业 Joint Venture Companies	4	3
与港澳台商合作经营企业 Co-operation Companies	2	2
港澳台商独资企业 Manage with HongKong, Macao and Taiwan jointly	6	6
港、澳、台商投资股份有限公司 Exclusive investment of HongKong, Macao, and Taiwan	2	2
外商投资企业 Foreign funded	1	1
外资企业 Enterprises with Sole Foreign Investment	1	1

FINANCIAL INDICATORS OF ENTERPRISES ABOVE DESIGNATED SIZE IN ACCOMMODATION (2013)

(10 000 yuan)

一、年初存货	二、期末资产负债 Late Assets and Liabilities			
	流动资产合计			固定资产合计
		应收账款	存　　货	
The Beginning Inventory	Total Liquid Assets	Accounts Receivable	Stock	Fixed Assets Price
14757.8	319471.3	8924.8	15086.5	622712.4
5113.9	68476.1	5651.7	4854.9	293018.3
12089.2	258054.2	7104.2	12422.3	576163.4
2502.9	58837.3	1698.4	2509.3	44739.8
165.7	2579.8	122.2	154.9	1809.2
13280.0	285558.0	5833.2	13718.9	507111.2
3183.6	32541.6	3077.9	2958.5	80065.5
463.5	8992.1	255.1	455.9	14752.6
65.7	341.5	4.7	58.9	1123.2
6675.7	161592.7	-378.9	6421.0	349939.6
502.8	6606.3	748.3	532.5	30815.5
6172.9	154986.4	-1127.2	5888.5	319124.1
372.6	13232.1	628.5	391.9	11205.5
2436.4	68746.4	2245.9	3350.2	46561.2
0.0	42.5	2.9	27.5	260.9
2368.3	67218.7	2345.0	3266.3	45355.3
68.1	1485.2	-102.0	56.4	944.0
82.5	111.6		82.5	3453.6
1467.8	33877.5	3064.8	1358.5	115572.2
527.3	9144.3	2209.9	530.4	60985.4
392.2	5108.0	95.4	304.7	9391.1
322.0	12866.9	628.7	338.9	44433.4
226.3	6758.3	130.8	184.5	757.3
10.0	35.8	26.8	9.0	29.0
10.0	35.8	26.8	9.0	29.0

续 表 1

项 目 Item	二、期末资产负债 Late Assets and Liabilities		
	固定资产原价 Fixed Asset Price	累计折旧 Accumulated Depreciation	本年折旧 Depreciation of this year
总计 Total	**1021904.5**	**400102.5**	**65554.4**
其中:国有控股 State Holding	447586.2	154994.6	18957.0
1.按住宿行业小类分 Grouped by Small Class			
旅游饭店 Traveling Hotel	941343.2	366090.2	59579.4
一般旅馆 Generel Hotel	78190.5	33450.7	5673.7
其他住宿服务 Other Accomodation Service	2370.8	561.6	301.3
2.按登记注册类型分 Grouped by registration			
内资企业 Domestic Investment	808238.7	302037.9	49211.3
国有企业 State-owned	165038.2	85399.4	10956.2
集体企业 Collective-owned	41069.9	26317.3	1377.4
股份合作企业 Cooperative of Share Holding	1748.9	620.7	83.1
有限责任公司 Companies of Limited Liabilities	505936.7	156480.8	29916.3
国有独资公司 Companies State-owned Exclausive Investment	58752.8	27937.3	2347.8
其他有限责任公司 Other Companies of Limited Liabilities	447183.9	128543.5	27568.5
股份有限公司 Share Holding	16749.5	5544.0	585.6
私营企业 Private-owned	72697.5	26136.3	5657.2
私营合伙企业 Private Partnership	318.5	57.6	57.6
私营有限责任公司 Private Companies of Limited Liabilities	70953.9	25597.6	5502.1
私营股份有限公司 Private Companies of Limited Liabilities with Share Holding	1425.1	481.1	97.5
其他企业 Others	4998.0	1539.4	635.5
港澳台商投资企业 Enterprises funded by Entepreneurs from HongKong, Macao & Taiwan	213430.2	97858.0	16308.7
与港澳台商合资经营企业 Joint Venture Companies	116623.9	55638.5	3300.3
与港澳台商合作经营企业 Co-operation Companies	26023.4	16632.3	9524.6
港澳台商独资企业 Manage with HongKong, Macao and Taiwan jointly	69459.9	25021.5	3305.9
港、澳、台商投资股份有限公司 Exclusive investment of HongKong, Macao, and Taiwan	1323.0	565.7	177.9
外商投资企业 Foreign funded	235.6	206.6	34.4
外资企业 Enterprises with Sole Foreign Investment	235.6	206.6	34.4

Continued 1

(10 000 yuan)

二、期末资产负债 Late Assets and Liabilities				
在建工程 In the Construction Engineering	资产总计 Total Assets	流动负债合计 Total Liabilitiesers	应付账款 Accounts Payable	非流动负债合计 Non Current Liabilities
37449.2	1176166.5	530028.1	66759.6	293873.2
7627.2	447324.7	150756.3	11748.2	75961.7
24935.8	1015713.5	435562.6	40683.5	277904.2
10132.9	152872.0	89682.0	23746.5	15192.0
2380.5	7581.0	4783.5	2329.6	777.0
33693.7	1001733.4	449445.0	61479.9	224432.5
4306.4	118402.3	71537.5	6868.1	12239.3
	24910.9	3612.7	661.4	2619.5
	1597.4	595.7	4.7	
20674.5	672530.1	256549.8	38922.3	175269.5
1558.3	44132.2	14187.4	920.8	
19116.2	628397.9	242362.4	38001.5	175269.5
	29467.6	9036.1	2379.5	15689.6
8712.8	148936.3	102427.7	12477.3	18614.6
	1114.6	1031.0	325.5	
8682.8	145138.3	100544.9	11978.7	15602.2
30.0	2683.4	851.8	173.1	2012.4
	5888.8	5685.5	166.6	
3755.5	173932.8	80370.7	5067.3	69440.7
133.5	80770.5	21766.3	1949.8	23743.9
	14499.1	24919.6	591.6	
3622.0	70932.5	22783.3	1557.9	40696.8
	7730.7	10901.5	968.0	
	500.3	212.4	212.4	
	500.3	212.4	212.4	

续 表 2

项 目 Item	二、期末资产负债 Late Assets and Liabilities		
	负债合计 Total Liabilitiesers	所有者权益合计 Total Interests of Own	实 收 资 本 Total Capital Hold
总 计 **Total**	**823975.7**	**352190.8**	**444214.9**
其中:国有控股 State Holding	226747.8	220576.9	241442.5
1. 按住宿行业小类分 **Grouped by Small Class**			
旅游饭店 Traveling Hotel	713969.5	301744.0	392440.1
一般旅馆 Generel Hotel	104445.7	48426.3	48114.8
其他住宿服务 Other Accomodation Service	5560.5	2020.5	3660.0
2. 按登记注册类型分 **Grouped by registration**			
内资企业 Domestic Investment	673951.9	327781.5	358405.6
国有企业 State-owned	83806.6	34595.7	131548.7
集体企业 Collective-owned	6232.2	18678.7	5550.0
股份合作企业 Cooperative of Share Holding	595.7	1001.7	1180.0
有限责任公司 Companies of Limited Liabilities	432102.8	240427.3	172258.4
国有独资公司 Companies State-owned Excluasive Investment	14187.4	29944.8	7576.0
其他有限责任公司 Other Companies of Limited Liabilities	417915.4	210482.5	164682.4
股份有限公司 Share Holding	24725.7	4741.9	6000.0
私营企业 Private-owned	120803.4	28132.9	41718.5
私营合伙企业 Private Partnership	1031.0	83.6	300.0
私营有限责任公司 Private Companies of Limited Liabilities	116908.2	28230.1	41059.2
私营股份有限公司 Private Companies of Limited Liabilities with Share Holding	2864.2	-180.8	359.3
其他企业 Others	5685.5	203.3	150.0
港澳台商投资企业 Enterprises funded by Entepreneurs from HongKong, Macao & Taiwan	149811.4	24121.4	85064.6
与港澳台商合资经营企业 Joint Venture Companies	50510.2	30260.3	47129.1
与港澳台商合作经营企业 Co-operation Companies	24919.6	-10420.5	2665.1
港澳台商独资企业 Manage with HongKong, Macao and Taiwan jointly	63480.1	7452.4	32214.4
港、澳、台商投资股份有限公司 Exclusive investment of HongKong, Macao, and Taiwan	10901.5	-3170.8	3056.0
外商投资企业 Foreign funded	212.4	287.9	744.7
外资企业 Enterprises with Sole Foreign Investment	212.4	287.9	744.7

Continued 2

(10 000 yuan)

二、期末资产负债 Late Assets and Liabilities					
国家资本 National Capits	集体资本 Collective Capita	法人资本 Corporate Capital	个人资本 Private Capital	港澳台资本 HK Macao and Taiwan's Capital	外商资本 Foreign Capital
203530.8	7041.4	108768.3	54728.8	70145.6	
203410.8		38031.7			
196094.7	5959.0	82567.8	37673.0	70145.6	
6956.1	1082.4	26020.5	14055.8		
480.0		180.0	3000.0		
203530.8	7041.4	93104.6	54728.8		
129347.7		2201.0			
	5500.0	50.0			
			1180.0		
74163.1	1541.4	74977.0	21576.9		
4576.0		3000.0			
69587.1	1541.4	71977.0	21576.9		
		120.0	5880.0		
20.0		15606.6	26091.9		
		200.0	100.0		
20.0		15047.4	25991.8		
		359.2	0.1		
		150.0			
		14919.0		70145.6	
		12733.2		34395.9	
		0.1		2665.0	
		2000.0		30214.4	
		185.7		2870.3	
		744.7			
		744.7			

续 表 3

项 目 Item	三、损益及分配 Increase, Decrease and Assgning	
	营业收入 Sales Revenue	主营业务收入 Main Sales Revenue
总 计 **Total**	**473669.0**	**468882.5**
其中:国有控股 State Holding	128866.7	127502.0
1.按住宿行业小类分 **Grouped by Small Class**		
旅游饭店 Traveling Hotel	389767.5	386058.7
一般旅馆 Generel Hotel	80404.7	79327.0
其他住宿服务 Other Accomodation Service	3496.8	3496.8
2.按登记注册类型分 **Grouped by registration**		
内资企业 Domestic Investment	390551.2	385765.9
国有企业 State-owned	66530.6	65472.7
集体企业 Collective-owned	11383.1	11383.1
股份合作企业 Cooperative of Share Holding	417.8	417.8
有限责任公司 Companies of Limited Liabilities	228531.1	225099.7
国有独资公司 Companies State-owned Excluasive Investment	18698.0	18697.7
其他有限责任公司 Other Companies of Limited Liabilities	209833.1	206402.0
股份有限公司 Share Holding	9453.9	9453.9
私营企业 Private-owned	72622.2	72326.2
私营合伙企业 Private Partnership	359.6	359.6
私营有限责任公司 Private Companies of Limited Liabilities	69618.3	69322.3
私营股份有限公司 Private Companies of Limited Liabilities with Share Holding	2644.3	2644.3
其他企业 Others	1612.5	1612.5
港澳台商投资企业 Enterprises funded by Entepreneurs from HongKong, Macao & Taiwan	82526.8	82525.6
与港澳台商合资经营企业 Joint Venture Companies	34196.5	34196.5
与港澳台商合作经营企业 Co-operation Companies	14184.8	14184.8
港澳台商独资企业 Manage with HongKong, Macao and Taiwan jointly	23107.2	23106.0
港、澳、台商投资股份有限公司 Exclusive investment of HongKong, Macao, and Taiwan	11038.3	11038.3
外商投资企业 Foreign funded	591.0	591.0
外资企业 Enterprises with Sole Foreign Investment	591.0	591.0

Continued 3

(10 000 yuan)

三、损益及分配 Increase, Decrese and Assgning				
营业成本 Sales Cost	主营业务成本 Main Sales Cost	营业税金及附加 Mian Business Taxes and Extras	主营业务税金及附加 Main Business Taxes and Extras	其他业务利润 Profits of Other Business
192414.0	190817.9	25716.9	25597.2	15473.0
71121.7	70532.7	6210.4	6168.2	2124.6
156584.1	155278.6	20923.7	20807.3	14451.5
33490.2	33199.6	4564.3	4561.0	1021.5
2339.7	2339.7	228.9	228.9	
168052.1	166456.1	21001.7	20882.0	10322.9
44667.3	44243.4	2252.7	2242.6	8.8
1950.5	1950.5	614.3	614.3	83.4
25.8	25.8	21.1	21.1	
89018.1	87862.3	13605.3	13507.1	8372.3
11958.9	11958.8	1068.7	1068.7	2006.2
77059.2	75903.5	12536.6	12438.4	6366.1
2833.7	2833.7	548.9	548.9	0.6
28691.0	28674.7	3865.9	3854.5	1646.1
160.0	160.0	20.4	20.4	
27688.5	27672.2	3729.7	3718.3	1646.1
842.5	842.5	115.8	115.8	
865.7	865.7	93.5	93.5	2[illegible]1.7
23932.0	23931.9	4681.6	4681.6	5150.1
6457.6	6457.6	1802.1	1802.1	5149.6
4721.3	4721.3	799.6	799.6	
5919.1	5919.1	1465.1	1465.1	0.3
6834.0	6833.9	614.8	614.3	0.2
429.9	429.9	33.6	33.5	
429.9	429.9	33.6	33.6	

续　表 4

项　目 Item	三、损益及分配 Increase, Decrease and Assgning		
	销售费用 Expenses for Maaketing	管理费用 Expenses for Management	税　金 Taxes
总　计 **Total**	**119850.0**	**122062.4**	**5829.1**
其中:国有控股 State Holding	22132.9	31538.3	1945.8
1.按住宿行业小类分 **Grouped by Small Class**			
旅游饭店 Traveling Hotel	95314.0	103423.8	5232.6
一般旅馆 Generel Hotel	23789.7	18011.7	498.4
其他住宿服务 Other Accomodation Service	746.3	626.9	98.1
2.按登记注册类型分 **Grouped by registration**			
内资企业 Domestic Investment	93203.3	98845.7	5214.2
国有企业 State-owned	9156.6	11871.4	450.1
集体企业 Collective-owned	3098.4	5022.0	263.5
股份合作企业 Cooperative of Share Holding	257.9	262.0	0.4
有限责任公司 Companies of Limited Liabilities	55613.2	61124.0	3495.5
国有独资公司 Companies State-owned Excluasive Investment	1384.9	3951.8	580.7
其他有限责任公司 Other Companies of Limited Liabilities	54228.3	57172.2	2914.8
股份有限公司 Share Holding	2561.5	2644.4	53.5
私营企业 Private-owned	22505.7	17859.4	932.3
私营合伙企业 Private Partnership	270.7	149.7	
私营有限责任公司 Private Companies of Limited Liabilities	21586.0	16733.4	887.3
私营股份有限公司 Private Companies of Limited Liabilities with Share Holding	649.0	976.3	45.0
其他企业 Others	10.0	62.5	18.9
港澳台商投资企业 Enterprises funded by Entepreneurs from HongKong, Macao & Taiwan	26515.1	23216.6	614.9
与港澳台商合资经营企业 Joint Venture Companies	13696.2	10378.7	219.2
与港澳台商合作经营企业 Co-operation Companies	3958.8	3421.1	1.6
港澳台商独资企业 Manage with HongKong, Macao and Taiwan jointly	8031.7	7363.5	321.7
港、澳、台商投资股份有限公司 Exclusive investment of HongKong, Macao, and Taiwan	828.4	2053.3	72.4
外商投资企业 Foreign funded	131.6	0.1	
外资企业 Enterprises with Sole Foreign Investment	131.6	0.1	

Continued 4

(10 000 yuan)

三、损益及分配 Increase, Decrese and Assgning				
财务费用 Financial Expenditures	利息收入 Interest Revenue	利息支出 Intertest Paid	资产减值损失 Impairment Loss of Assets	公允价值变动收益 Changes in Fair Value Gains
17198.2	2610.7	10552.6	5545.0	6.2
3399.6	627.8	2577.1	5278.0	5.2
15095.5	2602.4	9492.8	5282.7	5.2
2087.1	8.1	1055.7	262.3	
15.6	0.2	4.1		
13600.4	1730.6	8308.9	5544.7	6.2
-462.4	575.7	4.9	5314.6	6.2
71.7				
2.5				
12151.3	1124.5	7378.4	130.1	
309.8	7.4			
11841.5	1117.1	7378.4	130.1	
264.9	14.0	29.8		
1570.9	16.4	895.2		
3.2		1.0		
1567.5	16.4	894.2		
0.2				
1.5		0.6	100.0	
3595.5	880.1	2243.7	0.3	
651.9	32.0	1073.4		
1.7	0.1			
2883.4	801.4	1170.3	0.3	
58.5	46.6			
2.3				
2.3				

续 表 5

项 目 Item	三、损益及分配 Increase, Decrese and Assgning		
	投资收益 Income from Investment	营业利润 Operating Profits	营业外收入 Operating Income
总 计 **Total**		1367.6	-8407.8
其中:国有控股 State Holding		13.6	-10794.4
1.按住宿行业小类分 **Grouped by Small Class**			
旅游饭店 Traveling Hotel		1367.6	-6620.9
一般旅馆 Generel Hotel			-1326.3
其他住宿服务 Other Accomodation Service			-460.6
2.按登记注册类型分 **Grouped by registration**			
内资企业 Domestic Investment		1367.6	-9077.1
国有企业 State-owned		15.6	-6247.8
集体企业 Collective-owned			626.2
股份合作企业 Cooperative of Share Holding			-151.5
有限责任公司 Companies of Limited Liabilities		1352.0	-2534.4
国有独资公司 Companies State-owned Excluasive Investment		-2.0	21.9
其他有限责任公司 Other Companies of Limited Liabilities		1354.0	-2556.3
股份有限公司 Share Holding			600.5
私营企业 Private-owned			-1849.4
私营合伙企业 Private Partnership			-244.4
私营有限责任公司 Private Companies of Limited Liabilities			-1667.2
私营股份有限公司 Private Companies of Limited Liabilities with Share Holding			62.2
其他企业 Others			479.3
港澳台商投资企业 Enterprises funded by Entepreneurs from HongKong, Macao & Taiwan			675.8
与港澳台商合资经营企业 Joint Venture Companies			1210.0
与港澳台商合作经营企业 Co-operation Companies			1282.3
港澳台商独资企业 Manage with HongKong, Macao and Taiwan jointly			-2465.8
港、澳、台商投资股份有限公司 Exclusive investment of HongKong, Macao, and Taiwan			649.3
外商投资企业 Foreign funded			-6.5
外资企业 Enterprises with Sole Foreign Investment			-6.5

Continued 5

(10 000 yuan)

三、损益及分配 Increase, Decrese and Assgning				四、人工成本及增值税 Labor Cost and Value Added Tax
营业外收入 Operating Income	补贴收入 Subsidy Income	利润总额 Total Prfits	应交所得税 Income Tax Payable	应付职工薪酬 (本年贷方累计发生额) Employee Compensation
3209.0	264.5	-4046.1	1614.9	106250.4
2452.5	63.4	-8226.2	269.7	33794.7
3074.6	191.3	-2320.4	1113.4	37724.8
133.9	73.2	-1265.6	500.7	17709.8
0.5		-460.1	0.8	815.8
2983.4	186.1	-4497.4	1413.6	37889.2
2395.3	60.1	-3834.2	111.8	16870.2
108.6	63.2	734.9	0.2	3168.9
		-151.5		281.5
303.2	52.7	-2004.7	797.8	49645.7
18.5		193.9	59.1	4132.4
284.7	52.7	-2198.6	738.7	45513.3
38.9		639.3	74.2	2190.8
137.4	10.1	-562.1	429.6	15320.6
		-241.3		106.7
137.1	10.1	-442.2	429.5	14860.4
0.3		121.4	0.1	353.5
		680.9		411.5
223.9	78.4	456.1	201.3	18290.0
54.2		832.9	201.3	5902.8
3.2		1283.3		3489.9
102.6	78.4	-2366.2		5997.3
63.9		706.1		2900.0
1.7		-4.8		71.2
1.7		-4.8		71.2

8-16 限额以上餐饮业法人财务指标(2013年)

单位:万元

项目 Item	法人企业数(个) Number of Enterprises	执行《2006年企业会计准则》企业数(个) Implementation of "Accounting Standards for Business Enterprises in 2006"
总计 Total	552	492
其中:国有控股 State Holding	10	9
1.按餐饮行业小类分 **Gropued by Small Class**		
正餐服务 Dinner Service	530	473
快餐服务 Fast Food Service	16	14
饮料及冷饮服务 Beverage and Related Services	3	3
咖啡馆服务 Cafe Service	2	2
其他饮料及冷饮服务 Other Catering Trade	1	1
其他餐饮业 Other Catering Trade	3	2
小吃服务 Snack Service	1	
餐饮配送服务 Food Distribution Service	1	1
其他未列明餐饮业 Other Not - listed Catering	1	1
2.按登记注册类型分 **Grouped by registration**		
内资企业 Domestic Investment	529	472
国有企业 State-owned	6	6
股份合作企业 Cooperative of Share Holding	1	1
联营企业 Joint Venture	1	1
集体联营企业 Collective Joint	1	1

FINANCIAL INDICATORS OF ENTERPRISES ABOVE DESIGNATED SIZE IN CATERING TRADE(2013)

(10 000 yuan)

一、年初存货 The Beginning Inventory	二、期末资产负债 Late Assets and Liabilities			
	流动资产合计 Total Liquid Assets	应收账款 Accounts Receivable	存　货 Stock	固定资产合计 Fixed Assets Price
38707.2	396765.1	35358.9	35762.3	291181.5
902.2	9351.8	1419.8	458.6	3447.6
29835.5	358262.2	32932.4	26490.8	248161.7
8208.9	27554.7	1127.3	8368.7	38405.7
435.8	3800.7	269.1	654.3	3690.2
408.2	3557.6	251.6	628.7	3490.4
27.6	243.1	17.5	25.6	199.8
227.0	7147.5	1030.1	248.5	923.9
39.2	198.9	71.2	47.3	367.0
126.5	6736.6	951.4	127.1	169.2
61.3	212.0	7.5	73.6	387.7
27550.3	357119.6	33011.2	24666.5	208013.9
615.3	2672.0	153.1	212.9	1931.4
1.2	5.0	5.0		29.5
2438.0	4056.6	1012.2	2166.9	6994.6
2438.0	4056.6	1012.2	2166.9	6994.6

续 表 1

单位:万元

项 目 Item	法人企业数(个) Number of Enterprises	执行《2006年企业会计准则》企业数(个) Implementation of "Accounting Standards for Business Enterprises in 2006"
有限责任公司 Companies of Limited Liabilities	230	213
国有独资公司 Companies State-owned Excluasive Investment	1	1
其他有限责任公司 Other Companies of Limited Liabilities	229	212
股份有限公司 Share Holding	3	3
私营企业 Private-owned	287	247
私营独资企业 Privately Owned	15	13
私营合伙企业 Private Partnership	3	3
私营有限责任公司 Private Companies of Limited Liabilities	261	226
私营股份有限公司 Private Companies of Limited Liabilities with Share Holding	8	5
其他企业 Others	1	1
港澳台商投资企业 Enterprises funded by Entepreneurs from HongKong, Macao & Taiwan	14	11
与港澳台商合资经营企业 Joint Venture Companies	4	3
港澳台商独资企业 Manage with HongKong, Macao and Taiwan jointly	9	7
港、澳、台商投资股份有限公司 Exclusive investment of HongKong, Macao, and Taiwan	1	1
外商投资企业 Foreign funded	9	9
中外合资经营企业 Chinese Foreign Equity Joint Ventures	1	1
外资企业 Enterprises with Sole Foreign Investment	6	6
其他外商投资企业 Foreign Capital	2	2

Continued 1

(10 000 yuan)

一、年初存货 The Beginning Inventory	二、期末资产负债 Late Assets and Liabilities			
	流动资产合计 Total Liquid Assets	应收账款 Accounts Receivable	存　　货 Stock	固定资产合计 Fixed Assets Price
15141.5	248700.4	21179.8	13318.6	151262.2
152.0	724.5	474.6	133.9	156.9
14989.5	247975.9	20705.2	13184.7	151105.3
140.7	3006.1	112.6	118.1	959.4
9213.6	98516.0	10548.5	8850.0	46836.8
323.0	1593.9	327.3	500.5	2175.1
47.5	798.2	41.7	135.3	1436.9
8534.0	90046.0	9845.0	8136.3	42437.6
309.1	6077.9	334.5	77.9	787.2
	163.5			
2191.4	12936.6	735.2	2115.7	27114.1
474.2	4885.4	256.3	457.4	15136.4
1535.1	7739.6	462.7	1537.3	11972.2
182.1	311.6	16.2	121.0	5.5
8965.5	26708.9	1612.5	8980.1	56053.5
34.8	1530.4	690.1	22.4	16.0
8854.9	24806.1	810.4	8748.6	55999.1
75.8	372.4	112.0	209.1	38.4

续 表 2

项 目 Item	二、期末资产负债 Late Assets and Liabilities		
	固定资产原价 Fixed Asset Price	累计折旧 Accumulated Depreciation	本年折旧 Depreciation of this year
总计 Total	**421100.8**	**143010.3**	**32512.7**
其中:国有控股 State Holding	5921.0	2473.4	448.5
1. 按餐饮行业小类分 Gropued by Small Class			
正餐服务 Dinner Service	351358.6	116259.5	28185.9
快餐服务 Fast Food Service	62729.4	24184.3	3487.4
饮料及冷饮服务 Beverage and Related Services	5293.8	1603.6	728.5
咖啡馆服务 Cafe Service	5044.6	1554.2	719.5
其他饮料及冷饮服务 Other Catering Trade	249.2	49.4	9.0
其他餐饮业 Other Catering Trade	1719.0	962.9	110.9
小吃服务 Snack Service	312.4	113.2	19.5
餐饮配送服务 Food Distribution Service	266.7	97.5	32.5
其他未列明餐饮业 Other Not – listed Catering	1139.9	752.2	58.9
2. 按登记注册类型分 Grouped by registration			
内资企业 Domestic Investment	302826.6	108063.1	25350.2
国有企业 State-owned	3036.1	1104.7	213.0
股份合作企业 Cooperative of Share Holding	55.6	26.1	3.1
联营企业 Joint Venture	8051.1	1056.5	110.2
集体联营企业 Collective Joint	8051.1	1056.5	110.2

Continued 2

(10 000 yuan)

二、期末资产负债 Late Assets and Liabilities				
在建工程 In the Construction Engineering	资产总计 Total Assets	流动负债合计 Total Liabilitiesers	应付账款 Accounts Payable	非流动负债合计 Non Current Liabilities
58988.6	982643.3	627492.9	100650.1	169283.1
	14806.4	10009.1	702.4	50.9
46203.4	817818.2	516024.1	82115.5	153455.5
12129.7	140206.3	98611.7	14311.6	14850.3
394.1	15677.1	8354.5	2797.5	478.5
394.1	15206.3	8126.8	2641.4	478.5
	470.8	227.7	156.1	
261.4	8941.7	4502.6	1425.5	498.8
167.8	766.8	237.4	3.8	498.8
	7449.0	4171.4	1390.5	
93.6	725.9	93.8	31.2	
40185.0	762566.3	454791.6	71817.6	150549.2
	6390.7	6077.4	185.2	50.9
	61.9	49.3	3.0	
	11051.2	501.2	215.5	1515.4
	11051.2	501.2	215.5	1515.4

续 表 3

项 目 Item	二、期末资产负债 Late Assets and Liabilities		
	固定资产原价 Fixed Asset Price	累计折旧 Accumulated Depreciation	本年折旧 Depreciation of this year
有限责任公司 Companies of Limited Liabilities	204319.5	66002.0	18587.4
国有独资公司 Companies State-owned Excluasive Investment	204.7	47.8	1.0
其他有限责任公司 Other Companies of Limited Liabilities	204114.8	65954.2	18586.4
股份有限公司 Share Holding	1669.9	710.5	92.6
私营企业 Private-owned	85694.4	39163.3	6343.9
私营独资企业 Privately Owned	2529.7	423.4	65.5
私营合伙企业 Private Partnership	1573.0	136.1	19.8
私营有限责任公司 Private Companies of Limited Liabilities	80223.5	37972.8	6212.3
私营股份有限公司 Private Companies of Limited Liabilities with Share Holding	1368.2	631.0	46.3
其他企业 Others			
港澳台商投资企业 Enterprises funded by Entepreneurs from HongKong, Macao & Taiwan	36028.8	8914.7	2676.9
与港澳台商合资经营企业 Joint Venture Companies	19299.3	4162.9	875.8
港澳台商独资企业 Manage with HongKong, Macao and Taiwan jointly	16651.4	4679.2	1798.5
港、澳、台商投资股份有限公司 Exclusive investment of HongKong, Macao, and Taiwan	78.1	72.6	2.6
外商投资企业 Foreign funded	82245.4	26032.5	4485.6
中外合资经营企业 Chinese Foreign Equity Joint Ventures	137.7	121.7	121.7
外资企业 Enterprises with Sole Foreign Investment	81988.4	25829.9	4355.0
其他外商投资企业 Foreign Capital	119.3	80.9	8.9

Continued 3

(10 000 yuan)

二、期末资产负债 Late Assets and Liabilities				
在建工程 In the Construction Engineering	资产总计 Total Assets	流动负债合计 Total Liabilitiesers	应付账款 Accounts Payable	非流动负债合计 Non Current Liabilities
31704.6	522949.9	313760.0	37391.2	127088.3
	902.3	311.4	129.0	
31704.6	522047.6	313448.6	37262.2	127088.3
43.5	6092.0	5083.7	364.3	
8436.9	215857.1	129273.7	33614.4	21894.6
29.2	4199.0	1282.7	403.1	293.5
172.6	2235.1	539.7	287.4	228.0
8078.6	196641.5	120734.1	31750.9	19773.1
156.5	12781.5	6717.2	1173.0	1600.0
	163.5	46.3	44.0	
2911.3	56722.6	48463.4	13571.4	3859.5
2517.2	24252.5	21217.5	533.9	3400.0
394.1	32153.0	26982.5	12992.7	459.5
	317.1	263.4	44.3	
15892.3	163354.4	124237.9	15261.1	14874.4
2.0	1550.4	1753.8	1159.9	
15890.3	161247.8	122162.6	13800.9	14829.6
	556.2	321.5	301.2	44.8

续 表 4

项目 Item	二、期末资产负债 Late Assets and Liabilities		
	负债合计 Total Liabilitiesers	所有者权益合计 Total Interests of Own	实收资本 Total Capital Hold
总计 Total	**796731.8**	**185911.5**	**231997.3**
其中:国有控股 State Holding	10060.0	4746.4	3444.1
1.按餐饮行业小类分 Gropued by Small Class			
正餐服务 Dinner Service	669435.4	148382.8	204019.0
快餐服务 Fast Food Service	113462.0	26744.3	23365.0
饮料及冷饮服务 Beverage and Related Services	8833.0	6844.1	1990.3
咖啡馆服务 Cafe Service	8605.3	6601.0	1790.3
其他饮料及冷饮服务 Other Catering Trade	227.7	243.1	200.0
其他餐饮业 Other Catering Trade	5001.4	3940.3	2623.0
小吃服务 Snack Service	736.2	30.6	30.0
餐饮配送服务 Food Distribution Service	4171.4	3277.6	2000.0
其他未列明餐饮业 Other Not - listed Catering	93.8	632.1	593.0
2.按登记注册类型分 Grouped by registration			
内资企业 Domestic Investment	605296.5	157269.8	194273.3
国有企业 State-owned	6128.3	262.4	1734.1
股份合作企业 Cooperative of Share Holding	49.3	12.6	3.0
联营企业 Joint Venture	2016.6	9034.6	8000.0
集体联营企业 Collective Joint	2016.6	9034.6	8000.0

Continued 4

(10 000 yuan)

国家资本 National Capits	集体资本 Collective Capita	法人资本 Corporate Capital	个人资本 Private Capital	港澳台资本 HK Macao and Taiwan's Capital	外商资本 Foreign Capital
二、期末资产负债 Late Assets and Liabilities					
1483.4	1204.0	111728.4	84307.7	7978.2	25295.6
1473.4		1970.7			
1483.4	1204.0	108787.9	82356.7	6237.9	3949.1
		930.3	1088.2		21346.5
			250.0	1740.3	
			50.0	1740.3	
			200.0		
		2010.2	612.8		
		10.2	19.8		
		2000.0			
			593.0		
1483.4	1204.0	107242.2	84307.7	36.0	
273.4		1460.7			
			3.0		
		8000.0			
		8000.0			

续 表 5

项 目 Item	二、期末资产负债 Late Assets and Liabilities		
	负债合计 Total Liabilitiesers	所有者权益合计 Total Interests of Own	实收资本 Total Capital Hold
有限责任公司 Companies of Limited Liabilities	440828.0	82121.9	118312.6
国有独资公司 Companies State-owned Excluasive Investment	311.4	590.9	500.0
其他有限责任公司 Other Companies of Limited Liabilities	440516.6	81531.0	117812.6
股份有限公司 Share Holding	5083.7	1008.3	2829.0
私营企业 Private-owned	151144.3	64712.8	63293.6
私营独资企业 Privately Owned	1576.2	2622.8	2636.2
私营合伙企业 Private Partnership	767.7	1467.4	1413.3
私营有限责任公司 Private Companies of Limited Liabilities	140419.5	56222.0	55534.1
私营股份有限公司 Private Companies of Limited Liabilities with Share Holding	8380.9	4400.6	3710.0
其他企业 Others	46.3	117.2	101.0
港澳台商投资企业 Enterprises funded by Entepreneurs from HongKong, Macao & Taiwan	52323.0	4399.6	12188.0
与港澳台商合资经营企业 Joint Venture Companies	24617.5	-365.0	6530.7
港澳台商独资企业 Manage with HongKong, Macao and Taiwan jointly	27442.1	4710.9	5557.3
港、澳、台商投资股份有限公司 Exclusive investment of HongKong, Macao, and Taiwan	263.4	53.7	100.0
外商投资企业 Foreign funded	139112.3	24242.1	25536.0
中外合资经营企业 Chinese Foreign Equity Joint Ventures	1753.8	-203.4	240.4
外资企业 Enterprises with Sole Foreign Investment	136992.2	24255.6	25245.6
其他外商投资企业 Foreign Capital	366.3	189.9	50.0

Continued 5

(10 000 yuan)

国家资本 National Capits	集体资本 Collective Capita	法人资本 Corporate Capital	个人资本 Private Capital	港澳台资本 HK Macao and Taiwan's Capital	外商资本 Foreign Capital
二、期末资产负债 Late Assets and Liabilities					
1200.0	1204.0	69093.4	46779.2	36.0	
		500.0			
1200.0	1204.0	68593.4	46779.2	36.0	
		234.0	2595.0		
10.0		28454.1	34829.5		
		1558.2	1078.0		
		667.0	746.3		
10.0		22958.9	32565.2		
		3270.0	440.0		
			101.0		
		4245.8		7942.2	
		2528.3		4002.4	
		1717.5		3839.8	
				100.0	
		240.4			25295.6
		240.4			
					25245.6
					50.0

续 表 6

项 目 Item	三、损益及分配 Increase，Decrease and Assgning	
	营业收入 Sales Revenue	主营业务收入 Main Sales Revenue
总 计 Total	1125264.2	1123691.2
其中：国有控股 State Holding	15049.5	15049.4
1. 按餐饮行业小类分 Gropued by Small Class		
正餐服务 Dinner Service	752366.3	750793.3
快餐服务 Fast Food Service	307087.7	307087.7
饮料及冷饮服务 Beverage and Related Services	30097.3	30097.3
咖啡馆服务 Cafe Service	29298.2	29298.2
其他饮料及冷饮服务 Other Catering Trade	799.1	799.1
其他餐饮业 Other Catering Trade	35712.9	35712.9
小吃服务 Snack Service	24228.6	24228.6
餐饮配送服务 Food Distribution Service	10552.8	10552.8
其他未列明餐饮业 Other Not – listed Catering	931.5	931.5
2. 按登记注册类型分 Grouped by registration		
内资企业 Domestic Investment	755790.3	754345.3
国有企业 State-owned	5302.3	5302.3
股份合作企业 Cooperative of Share Holding	209.9	209.9
联营企业 Joint Venture	46840.3	46840.3
集体联营企业 Collective Joint	46840.3	46840.3

Continued 6

(10 000 yuan)

三、损益及分配 Increase, Decrese and Assgning				
营业成本 Sales Cost	主营业务成本 Main Sales Cost	营业税金及附加 Mian Business Taxes and Extras	主营业务税金及附加 Main Business Taxes and Extras	其他业务利润 Profits of Other Business
580164.9	570354.0	58532.7	58511.8	9953.7
8251.7	8248.7	861.3	861.2	4.2
404833.6	395042.7	39474.3	39453.9	9941.0
138505.8	138485.8	16712.9	16712.4	12.7
8340.0	8340.0	1627.5	1627.5	
7873.9	7873.9	1585.2	1585.2	
466.1	466.1	42.3	42.3	
28485.5	28485.5	718.0	718.0	
23142.5	23142.5	62.0	62.0	
4896.8	4896.8	601.5	601.5	
446.2	446.2	54.5	54.5	
418396.1	408666.5	38384.0	38363.3	9877.8
2188.8	2188.8	309.3	309.3	4.2
97.5	97.5	9.8	9.8	
39345.9	30345.9	159.7	159.7	
39345.9	30345.9	159.7	159.7	

续 表 7

项 目 Item	三、损益及分配 Increase, Decrese and Assgning	
	营业收入 Sales Revenue	主营业务收入 Main Sales Revenue
有限责任公司 Companies of Limited Liabilities	391745.4	391547.6
国有独资公司 Companies State-owned Excluasive Investment	1907.4	1907.4
其他有限责任公司 Other Companies of Limited Liabilities	389838.0	389640.2
股份有限公司 Share Holding	2861.1	2861.1
私营企业 Private-owned	308514.7	307267.5
私营独资企业 Privately Owned	14276.5	14276.5
私营合伙企业 Private Partnership	2433.7	2433.7
私营有限责任公司 Private Companies of Limited Liabilities	279783.9	278536.7
私营股份有限公司 Private Companies of Limited Liabilities with Share Holding	12020.6	12020.6
其他企业 Others	316.6	316.6
港澳台商投资企业 Enterprises funded by Entepreneurs from HongKong, Macao & Taiwan	61818.3	61691.1
与港澳台商合资经营企业 Joint Venture Companies	7248.6	7248.6
港澳台商独资企业 Manage with HongKong, Macao and Taiwan jointly	53778.5	53778.5
港、澳、台商投资股份有限公司 Exclusive investment of HongKong, Macao, and Taiwan	791.2	664.0
外商投资企业 Foreign funded	307655.6	307654.8
中外合资经营企业 Chinese Foreign Equity Joint Ventures	6674.3	6674.3
外资企业 Enterprises with Sole Foreign Investment	299204.8	299204.8
其他外商投资企业 Foreign Capital	1776.5	1775.7

Continued 7

(10 000 yuan)

三、损益及分配 Increase, Decrese and Assgning				
营业成本 Sales Cost	主营业务成本 Main Sales Cost	营业税金及附加 Mian Business Taxes and Extras	主营业务税金及附加 Main Business Taxes and Extras	其他业务利润 Profits of Other Business
207089.6	206991.3	20007.4	19997.5	8065.6
1657.1	1654.1	50.2	50.2	
205432.5	205337.2	19957.2	19947.3	8065.6
1460.5	1460.5	166.6	166.6	
168004.8	167373.6	17704.5	17693.7	1808.0
9130.7	9130.7	631.0	631.0	103.3
1518.5	1518.5	60.6	60.6	
151720.9	151089.7	16164.6	16153.8	1704.7
5634.7	5634.7	848.3	848.3	
209.0	209.0	26.7	26.7	
21978.3	21896.9	3420.3	3420.3	53.2
1865.5	1865.5	433.2	433.2	
19650.5	19650.5	2899.8	2899.8	
462.3	380.9	87.3	87.3	63.2
139790.5	139790.5	16728.4	16728.2	12.7
5753.5	5753.5	377.1	377.1	
132934.2	132934.2	16264.0	16264.0	12.7
1102.8	1102.8	87.3	87.1	

续　表 8

项　目 Item	三、损益及分配 Increase, Decrese and Assgning		
	销售费用 Expenses for Maaketing	管理费用 Expenses for Management	税　金 Taxes
总　计 Total	**343156.8**	**110611.4**	**5359.6**
其中:国有控股 State Holding	3198.8	1526.7	
1.按餐饮行业小类分 Gropued by Small Class			
正餐服务 Dinner Service	218496.1	81971.4	5185.4
快餐服务 Fast Food Service	105091.0	26273.7	166.1
饮料及冷饮服务 Beverage and Related Services	14659.2	1657.4	6.1
咖啡馆服务 Cafe Service	14471.4	1578.3	
其他饮料及冷饮服务 Other Catering Trade	187.8	79.1	6.1
其他餐饮业 Other Catering Trade	4910.5	708.9	2.0
小吃服务 Snack Service	839.1	275.5	
餐饮配送服务 Food Distribution Service	3684.4	428.2	2.0
其他未列明餐饮业 Other Not - listed Catering	387.0	5.2	
2.按登记注册类型分 Grouped by registration			
内资企业 Domestic Investment	211414.3	77435.3	5168.9
国有企业 State-owned	1876.9	788.9	
股份合作企业 Cooperative of Share Holding	83.4	15.0	4.5
联营企业 Joint Venture	1544.3	1639.4	
集体联营企业 Collective Joint	1544.3	1639.4	

Continued 8

(10 000 yuan)

三、损益及分配 Increase, Decrese and Assgning				
财务费用 Financial Expenditures	利息收入 Interest Revenue	利息支出 Intertest Paid	资产减值损失 Impairment Loss of Assets	公允价值变动收益 Changes in Fair Value Gains
13730.2	246.6	4535.7	569.2	-27.3
-3.8	27.8	-1.9	1.7	
11444.8	134.2	3858.8	41.1	-27.3
1978.2	103.7	563.5	527.6	
188.6		5.0		
183.6				
5.0		5.0		
118.6	8.7	108.4	0.5	
105.4	8.7	108.4	0.5	
13.2				
10419.2	131.2	3356.3	41.5	-27.3
20.0	0.3			
1385.3				
1385.3				

续　表 9

项　目 Item	三、损益及分配 Increase, Decrese and Assgning		
	销售费用 Expenses for Maaketing	管理费用 Expenses for Management	税　金 Taxes
有限责任公司 Companies of Limited Liabilities	122268.8	42945.7	2346.8
国有独资公司 Companies State-owned Excluasive Investment	1.6	158.5	
其他有限责任公司 Other Companies of Limited Liabilities	122267.2	42787.2	2346.8
股份有限公司 Share Holding	392.8	484.0	99.2
私营企业 Private-owned	85200.6	31534.0	2715.4
私营独资企业 Privately Owned	2372.2	423.9	70.2
私营合伙企业 Private Partnership	130.2	122.1	30.9
私营有限责任公司 Private Companies of Limited Liabilities	78812.8	29364.5	2563.7
私营股份有限公司 Private Companies of Limited Liabilities with Share Holding	3885.4	1623.5	50.6
其他企业 Others	47.5	28.3	3.0
港澳台商投资企业 Enterprises funded by Entepreneurs from HongKong, Macao & Taiwan	28111.6	5273.6	19.9
与港澳台商合资经营企业 Joint Venture Companies	5204.5	134.3	
港澳台商独资企业 Manage with HongKong, Macao and Taiwan jointly	22566.0	5082.8	11.3
港、澳、台商投资股份有限公司 Exclusive investment of HongKong, Macao, and Taiwan	341.1	56.5	8.6
外商投资企业 Foreign funded	103630.9	27902.5	170.8
中外合资经营企业 Chinese Foreign Equity Joint Ventures		575.7	
外资企业 Enterprises with Sole Foreign Investment	103215.0	27326.7	170.8
其他外商投资企业 Foreign Capital	415.9	0.1	

Continued 9

(10 000 yuan)

三、损益及分配 Increase, Decrese and Assgning				
财务费用 Financial Expenditures	利息收入 Interest Revenue	利息支出 Intertest Paid	资产减值损失 Impairment Loss of Assets	公允价值变动收益 Changes in Fair Value Gains
5307.1	82.3	1919.4	5.4	
0.2				
5306.9	82.3	1919.4	5.4	
13.1	0.3			
3689.9	48.2	1436.9	36.2	-27.3
94.8	22.9	35.7	7.0	2.0
15.1				
3190.5	24.3	1023.1	29.2	-29.3
389.5	1.0	378.1		
3.8				
1104.0	7.1	370.2		
408.2	2.5	370.2		
688.3	3.9			
7.5	0.7			
2207.0	108.4	809.2	527.6	
-3.5	3.5			
2210.6	104.8	809.2	527.6	
-0.1	0.1			

续 表 10

项 目 Item	三、损益及分配 Increase, Decrese and Assgning	
	投资收益 Income from Investment	营业利润 Operating Profits
总 计 **Total**	**611.6**	**18816.0**
其中:国有控股 State Holding		1213.1
1. 按餐饮行业小类分 **Gropued by Small Class**		
正餐服务 Dinner Service	611.6	-3700.1
快餐服务 Fast Food Service		18120.6
饮料及冷饮服务 Beverage and Related Services		3624.6
咖啡馆服务 Cafe Service		3605.8
其他饮料及冷饮服务 Other Catering Trade		18.8
其他餐饮业 Other Catering Trade		770.9
小吃服务 Snack Service		-90.5
餐饮配送服务 Food Distribution Service		836.0
其他未列明餐饮业 Other Not - listed Catering		25.4
2. 按登记注册类型分 **Grouped by registration**		
内资企业 Domestic Investment	-403.8	-998.6
国有企业 State-owned		118.4
股份合作企业 Cooperative of Share Holding		4.2
联营企业 Joint Venture		2765.7
集体联营企业 Collective Joint		2765.7

Continued 10

(10 000 yuan)

三、损益及分配 Increase, Decrese and Assgning				四、人工成本及增值税 Labor Cost and Value Added Tax
营业外收入 Operating Income	补贴收入 Subsidy Income	利润总额 Total Prfits	应交所得税 Income Tax Payable	应付职工薪酬（本年贷方累计发生额） Employee Compensation
3891.4	212.2	18033.4	15722.1	200484.9
17.1		1173.3	254.2	3008.3
3525.6	211.4	-3448.3	10058.1	136819.9
332.3		17335.2	4551.9	55790.4
		3357.3	838.1	5150.1
		3338.5	837.3	5068.0
		18.8	0.8	82.1
33.5	0.8	789.2	274.0	2724.5
9.0		-81.5	7.4	253.6
12.5	0.8	833.3	248.0	2318.7
12.0		37.4	18.6	152.2
3476.0	170.8	-1037.7	10201.4	131978.4
15.9		79.9	2.1	1438.5
		4.2	3.4	64.8
		2765.7	691.4	621.5
		2765.7	691.4	621.5

续 表 11

项 目 Item	三、损益及分配 Increase, Decrese and Assgning	
	投资收益 Income from Investment	营业利润 Operating Profits
有限责任公司 Companies of Limited Liabilities	-436.8	-6603.3
国有独资公司 Companies State-owned Excluasive Investment		39.8
其他有限责任公司 Other Companies of Limited Liabilities	-436.8	-6643.1
股份有限公司 Share Holding		344.1
私营企业 Private-owned	33.0	2371.0
私营独资企业 Privately Owned	-3.7	1615.2
私营合伙企业 Private Partnership		587.2
私营有限责任公司 Private Companies of Limited Liabilities	36.7	435.6
私营股份有限公司 Private Companies of Limited Liabilities with Share Holding		-267.0
其他企业 Others		1.3
港澳台商投资企业 Enterprises funded by Entepreneurs from HongKong, Macao & Taiwan		1930.5
与港澳台商合资经营企业 Joint Venture Companies		-797.1
港澳台商独资企业 Manage with HongKong, Macao and Taiwan jointly		2891.1
港、澳、台商投资股份有限公司 Exclusive investment of HongKong, Macao, and Taiwan		-163.5
外商投资企业 Foreign funded	1015.4	17884.1
中外合资经营企业 Chinese Foreign Equity Joint Ventures		-28.5
外资企业 Enterprises with Sole Foreign Investment	1015.4	17742.1
其他外商投资企业 Foreign Capital		170.5

Continued 11

(10 000 yaun)

三、损益及分配 Increase, Decrese and Assgning				四、人工成本及增值税 Labor Cost and Value Added Tax
营业外收入 Operating Income	补贴收入 Subsidy Income	利润总额 Total Prfits	应交所得税 Income Tax Payable	应付职工薪酬（本年贷方累计发生额） Employee Compensation
1948.7	76.2	-6541.4	5116.4	77554.8
		39.8	8.6	244.8
1948.7	76.2	-6581.2	5107.8	7731
6.2		-58.5	23.6	485.5
1505.2	94.6	2711.1	4364.5	51771.3
0.1		1093.4	188.6	1745.1
		541.3	1.5	324.3
1505.1	94.6	1454.8	4132.3	47320.6
		-378.4	42.1	2381.3
		1.3		42.0
86.0	41.4	1775.5	1080.3	11625.6
46.5	41.4	-750.6		1917.8
39.5		2626.4	1065.8	9490.1
		-100.3	14.5	217.7
329.4		17295.6	4440.4	56880.9
		-28.3		1825.8
327.8		17186.0	4430.2	54735.6
1.6		137.9	10.2	319.5

8－17　商品交易市场基本情况(2013年)
BASIC STATISTICS ON COMMODITY EXCHANGE MARKETS(2013)

项　　目 Item	单　位 Unit	总　计 Total	其中： 亿元市场 (100 Million Markets)
市场个数 Number of Markets	个 (unit)	443	68
市场摊位容量 Capacity of Booths	个 (unit)	100691	38184
已出租摊位 Number of Booths Hired	个 (unit)	81425	36701
市场成交额 Turnover of Makets	万元 (10000 yuan)	9559293	8944307
营业面积 Operational Area	平方米 (sq. m)	4622566	2724128

8－18 商品交易市场分类成交额(2013 年)

TURNOVER OF COMMODITY EXCHANGE MAKRETS BY CATEGORY(2013)

项目	Item	摊位数量（个） Number of booth (unit)	成交额（万元） Sales Revenue (10000 yuan)
总计	**Total**	81425	9559293
食品、饮料、烟酒类	Food、Beverage and Tabacco	36483	3091639
服装、鞋帽、针纺织品类	Garments、Shoes Hats and Textile Products	18965	1034182
化妆品类	Cosmetics	295	6057
金银珠宝类	Jewelry	250	301
日用品类	Articles for Daily Use	1608	238198
五金、电料类	Hardware and Electrical Tools	2862	138312
体育、娱乐用品类	Sports and Recreation Articles	37	3397
书报杂志类	Books and Newspapers	288	12823
电子出版物及音像制品类	Electronic Publications and Audio Video Products	9	45
家用电器和音像器材类	Household Appliances and Audio and Video Apparatus	853	22087
中西药品类	Medicines	23	15774
文化办公用品类	Culture and Office Articles	2790	471223
家具类	Furniture	2044	128830
通讯器材类	Telecommunication Equipments	695	198500
煤炭及制品类	Coal and Its Products	4	50
木材及制品类	Timber and Products	451	36106
石油及制品类	Oil and Products		
化工材料及制品类	Chemical Materials and Products	256	55366
金属材料类	Metal Materials	2773	2164662
建筑及装潢材料类	Building and Decorating Materials	3908	344522
机电产品及设备类	Mechanical and Electric Products	625	65114
其中:农机类	Agricutural machinery	87	52241
汽车类	Automobile	3747	1442584
种子饲料类	Seed and Forage	102	7113
其他类	Others	2357	72408

8-19 商品交易市场分类(2013年)

项目 Item		个数(个) Number (unit)	成交额(万元) Sales Revenue (10000 yuan)	营业面积(平方米) Space of Management (m^2)
总　计	**Total**	**443**	**9559293**	**4622566**
综合市场	Integration Markets	181	742853	500871
生产资料综合市场	Integration Markets of Capital Goods	1	1000	32729
工业消费品综合市场	Integration Markets of Industrial Products	6	30358	30500
农产品综合市场	Integration Markets of Farming Products	161	343814	344496
其他综合市场	Others	13	367681	93146
专业市场	Speciality Markets	262	8816440	4121695
生产资料市场	Capital Goods Markets	18	2558410	982872
农业生产用具市场	Framing Instrument Markets	2	354126	540100
木材市场	Lumber Markets	1	1281	11000
建材市场	Building and Decorating Material Markets	3	25567	16000
化工材料及制品市场	Chemical Materials Markets	1	6500	1500
金属材料市场	Metal Material Markets	6	2162837	323300
机械设备市场	Mechanical Equipment Markets	2	3559	47472
其他生产资料市场	Other Capital Goods Markets	3	4540	43500
农产品市场	Farm Products Markets	100	2436971	452645
粮油市场	Cereal and Oil Markets	2	2105	10600
肉禽蛋市场	Meat, Poultry and Egg Markets	9	53718	27522
水产品市场	Aquatic Products Markets	5	2025565	245893
蔬菜市场	Vegetables Markets	48	91131	97190
干鲜果品市场	Dry and Fresh Fruit Markets	3	183395	20573
其他农产品市场	Other Farm Products Markets	33	81057	50867
食品、饮料及烟酒市场	Markets for Food, Berveage, Cigarette and Liquor	8	46942	31030
食品饮料市场	Food, Beverage Markets	6	28923	19030
茶叶市场	Tea Markets	1	17740	10000
其他食品饮料及烟酒市场	Others	1	279	2000

CLASSIFICATION OF COMMODITY TRANSACTION MARKETS(2013)

项	目 Item	个　数 (个) Number (unit)	成交额 (万元) Sales Revenue (10000 yuan)	营业面积 (平方米) Space of Management (m^2)
纺织、服装、鞋帽市场	Textile, Clothing, Shoe and Hat Markets	42	1002601	631935
布料及纺织品市场	Fabric and Textile Markets	15	87020	53143
服装市场	Clothing Markets	23	856943	514793
鞋帽市场	Shoes and Hats Markets	3	57800	62000
其他纺织服装鞋帽市场	Others	1	838	2000
日用品及文化用品市场	Articles for Daily use and Cultural Products Markets	18	686631	293176
小商品市场	Small Commodities Markets	10	258979	129900
图书、报刊杂志市场	Books, Newspaper and Magazine Markets	1	12700	31000
其他日用品及文化用品市场	Others	7	414943	132276
电器、通讯器材、电子设备市场	Electrical Appliance, Communication Equipment and Electronic and Markets	16	308573	98915
家电市场	Household Electrical Appliance	3	19123	17800
通讯器材市场	Communication Equipment Markets	3	192380	25320
计算机及辅助设备市场	Computer and Auxiliary	10	97070	55795
家具、五金及装饰材料市场	Furniture, Hardware and Decoration Makets	35	318606	972191
家具市场	Funiture Makets	13	78042	320370
装饰材料市场	Decoration Materials Markets	9	151515	451557
灯具市场	Lamps and Lanterns Markets	1	1644	9976
五金材料市场	Hardware Markets	10	73005	164388
其他装修市场	Others	2	14400	25900
汽车、摩托车及零配件市场	Auto, Motocycle and its Spare Parts Markets	14	1442574	594050
汽车市场	Auto Markets	4	1064873	188400
摩托车市场				
机动车零配件市场	Motor Vehicle Spare Parts Markets	10	377701	405650
花、鸟、鱼、虫市场	Flowers, Dirds, Fish, Insect Markets	4	4080	1164
花卉市场	Flowers Markets	4	4080	1164
其他专业市场	Others	8	22689	76000

8－20 进出口贸易总额
TOTAL IMPORTS AND EXPORTS OF FOREIGN TRADE COMPANIES

单位:万美元 (10 000 USD)

年份 Year	进出口总额 Total Imports and Exports	进口 Imports	出口 Exports
1988	38828	16656	22172
1989	40405	14712	25693
1990	35607	9124	26483
1991	51570	16130	35440
1992	57929	23041	34888
1993	79277	42680	36597
1994	198840	71109	127731
1995	254641	104325	150316
1996	183968	82593	101375
1997	212345	89522	122823
1998	183634	77812	105822
1999	173972	82549	91423
2000	203085	85678	117407
2001	215648	120969	94679
2002	220207	111153	109054
2003	313611	165483	148128
2004	429848	236707	193141
2005	618786	364777	254009
2006	801214	423464	377750
2007	996179	520861	475318
2008	1397710	707268	690442
2009	1147256	564733	582523
2010	1805506	930091	875415
2011	2278958	1105697	1173261
2012	2035353	960577	1074776
2013	2175189	980898	1194291

8－21 实 际 利 用 外 资
AMOUNT OF FOREIGN CAPITAL ACTUALLY USED

单位：万美元　　　　　　　　　　　　(10 000 USD)

年份 Year	合计 Total	境外客商直接投资 Foreign Direct Investments	实际利用外资与上年比±% Increase Rate of Foreign Capital Actually Used Over Last Year (%)
1990	8044	1135	2.7
1991	10187	1507	26.6
1992	21261	7138	108.7
1993	46427	29485	118.4
1994	91343	44961	96.7
1995	111514	59150	22.1
1996	92024	46730	－17.5
1997	93083	45333	1.2
1998	105618	45397	13.5
1999	116585	47550	10.4
2000	130279	75415	11.7
2001	143201	72223	10.0
2002	157602	86300	10.1
2003	176155	111147	11.8
2004	152003	116063	20.6
2005	174001	133998	14.5
2006	200143	151091	15.0
2007	225005	169763	12.4
2008	257338	193841	14.4
2009	293501	217331	14.1
2010	329265	245031	12.2
2011	376015	275400	14.2
2012	444424	342174	18.2
2013	525011	410081	18.1

8-22 旅 游 基 本 情 况
STATISTICS ON TOURISM

项 目 Item	2013 年	2012 年
国内旅游人数(万人次) Total Number of Domestic Tourists (10,000 persons-time)	17022.11	14067.70
接待海外旅游者人数(万人次) Total Number of International Tourists Received (10,000 person-time)	161.37	150.89
其中：外 国 人(万人次) Foreigners	128.82	114.17
港澳台同胞(万人次) Compatriots from Hongkong, Macao and Taiwan	32.55	36.72
接待海外旅游者人天数(万人天) Total Number of Tourist and Days Received (10,000 person-day)	451.12	421.16
其中：外 国 人(万人天) Foreigners	360.02	322.78
港澳台同胞(万人天) Compatriots from Hongkong, Macao and Taiwan	91.10	98.38
旅游总收入(亿元) Total Tourism Earnings (100 Million Yuan)	1690	1396
其中：国际旅游(外汇)收入(万美元) International Tourism Foreign Exchange Earnings	91431.03	85208.89
国内旅游收入(亿元) Domestic Tourism Earnings	1633.40	1342.17
年末星级以上宾馆数(个) Number of Star-ranking and above Hotels	97	97
其中：五 星 级(个) Five-Star	14	13
四 星 级(个) Four-Star	31	31
三 星 级(个) Three-Star	40	41
旅游星级饭店客房合计(间) Number of Guest Rooms	16560	15694
旅游星级饭店床位合计(张) Number of Beds	28324	26808
旅游星级饭店客房实际出租间天数(间/天) Actual Number of Days Hired for Guest Rooms	3010489	3344802
旅游星级饭店客房核定出租间天数(间/天) Checking Number of Days HIred for Guest Rooms	5156835	5135579
国际、国内旅行社个数(个) Number of International Travel Agencies and Domestic Travel Agencies	315	294
年末旅游景区数(个) Number of Traveling	39	35
其中：4A 级及以上(个) Four A-class	18	17

主要统计指标解释

社会消费品零售总额 指企业(单位、个体户)通过交易直接售给个人、社会集团非生产、非经营用的实物商品金额,以及提供餐饮服务所取得的收入金额。个人包括城乡居民和入境人员,社会集团包括机关、社会团体、部队、学校、企事业单位、居委会或村委会等。

商品购进额 指从本企业以外的单位和个人购进(包括从国外直接进口)作为转卖或加工后转卖的商品金额(含增值税)。本指标反映批发和零售业从国内外市场上购进商品的总价。

商品购进包括:(1)从工农业生产者、批发和零售业企业、住宿和餐饮业企业、出版社或报社的出版发行部门和其他服务业企业购进的商品;(2)从机关团体、事业单位购进的商品;(3)从海关、市场管理部门购进的缉私和没收的商品;(4)从居民收购的废旧商品等。

不包括:(1)企业为本单位自身经营用,不是作为转卖而购进的商品,如材料物资、包装物、低值易耗品、办公用品等;(2)未通过买卖行为而收入的商品,如接受其他部门移交的商品、借入的商品、收入代其他单位保管的商品、其他单位赠送的样品、加工回收的成品等;(3)经本单位介绍,由买卖双方直接结算,本单位只收取手续费的业务;(4)销售退回和买方拒付货款的商品;(5)商品溢余。

商品销售额 指对本单位以外的单位和个人出售的商品金额(包括售给本单位消费用的商品,含增值税),本指标反映批发和零售业在国内市场上销售商品以及出口商品的总量。

商品销售包括:(1)售给城乡居民和社会集团消费用的商品;(2)售给农业、工业、建筑业、服务业等国民经济各行业用于生产、经营用的商品,包括售予批发和零售业作为转卖或加工后转卖的商品;(3)对国(境)外直接出口的商品。

商品销售不包括:(1)未通过买卖行为付出的商品,如随机构变动移交给其他企业单位的商品、借出的商品、归还受其他单位委托代保管的商品、付出的加工原料和赠送给其他单位的样品等;(2)经本单位介绍,由买卖双方直接结算,本单位只收取手续费的业务;(3)购货退回的商品;(4)商品损耗和损失;(5)出售本单位自用的废旧物资。

营业额 指住宿和餐饮业单位在经营活动中因提供服务或销售商品等取得的全部收入,包括:客房收入、餐费收入、商品销售额(含增值税)和其他收入。不包括法人单位附营的其他行业产业活动单位的餐费收入、商品销售收入等各项收入。

连锁总店(总部) 负责连锁企业资源(商号、商誉、经营模式、服务标准、管理模式等等)的开发、配置、控制或使用等功能的企业核心管理机构。连锁经营是指经营同类商品或服务,使用统一商号的若干店铺,在同一总店(总部)的管理下,采取统一采购或特许经营等方式,实现规模效益的组织形式,包括直营连锁、特许连锁和自愿连锁三种形式。

商品交易市场 是指经有关部门和组织批准设立,有固定场所、设施,有经营管理部门和监管人员,若干市场经营者入内,常年或实际开业三个月以上,集中、公开、独立地进行生活消费品、生产资料等现货商品交易以及提供相关服务的交易场所,包括各类消费品市场、生产资料市场等。

进出口总额、海关进出口总额 指实际进出我国国境的货物总金额。包括对外贸易实际进出口货物,来料加工装配进出口货物,国家间、联合国及国际组织无偿援助物资和赠送品,华侨、港澳台同胞和外籍华人捐赠品,租赁期满归承租人所有的租赁货物,进料加工进出口货物,边境地方贸易及边境地区小额贸易进出口货物(边民互市贸易除外),中外合资企业、中外合作经营企业、外商独资经营企业进出口货物和公用物品,到、离岸价格在规定限额以上的进出口货样和广告品(无商业价值、无使用价值和免费提供出口的除外),从保税仓库提取在中国境内销售的进口货物,以及其他进出口货物。进出口总额用以观察一个国家在对外贸易方面的总规模。我国规定出口货物按离岸价格统计,进口货物按到岸价格统计。

利用外资 指我国各级政府、部门、企业和其他经济组织通过对外借款、吸收外商直接投资以及用其他方式筹措的境外现汇、设备、技术等。

外商直接投资 指外国企业和经济组织或个人(包括华侨、港澳台胞以及我国在境外注册的企业)按我国有关政策、法规,用现汇、实物、技术等在我国境内开办外商独资企业、与我国境内的企业或经济组织共同举办中外合资经营企业、合作经营企业或合作开发资源的投资(包括外商投资收益的再投资),以及经政府有关部门批准的项目投资总额内企业从境外借入的资金。

旅游者人数 包括入境国际旅游者人数、出境居民人数和国内旅游者人数。

⑴入境国际旅游者人数:指来中国参观、访问、旅行、探亲、访友、休养、考察、参加会议和从事经济、科技、文化、教育、宗教等活动的外国人、华侨、港澳同胞和台湾同胞的人数。不包括外国在我国的常驻机构,如使领馆、通讯社、企业办事处的工作人员;来我国常住的外国专家、留学生以及在岸逗留不过夜人员。

⑵出境居民人数:指大陆居民因公务活动或私人事务短期出境的人数。公务活动出境居民人数包括在国际交通工具上的中国服务员工,因私出境居民人数不包括在国际交通工具上的中国服务员工。

⑶国内旅游者人数:指我国大陆居民和在我国常住1年以上的外国人、华侨、港澳台同胞离开常住地在境内其他地方的旅游设施内至少停留一夜,最长不超过6个月的人数。**国际旅游(外汇)收入** 指入境旅游的外国人、华侨、港澳同胞和台湾同胞在中国大陆旅游过程中发生的一切旅游支出,对于国家来说就是国际旅游(外汇)收入。

Explanatory Notes on Main Statistical Indicators

Total Retail Sales of Consumer Goods refer to the amount obtained by enterprises (units, self - employed individuals) through direct sales of non - production and non - business physical commodity to individuals, social institutions, and revenue from providing catering services. Individuals include rural and urban households, population from abroad, social institutions include government agencies, social organizations, military units, schools, institutions, neighbourhood (village) committees.

Total Sales of Commodities refer to value of commodities sold by the establishments to other establishments and individuals (including goods sold for self consumption, including the value - added tax). The commodities include: (1) commodities sold to urban and rural residents and social groups for their consumption; (2) commodities sold to establishments in all industries for their production and operation, including agriculture, industry, construction, transportation, post and telecommunications, catering services, and public utility including commodities sold to wholesale and retail establishments for re - selling, with or without further processing; and (3) commodities for direct export to abroad. Excluded are (1) extended commodities without trading, such as goods handed over to other enterprises and institutions because of the change of organizations, lent goods, returned goods preserved for others, extended processing materials and samples donated to others, (2) goods of direct settlement between buyer and seller with handling fees introduced by others, 3. goods returned after purchase, (4) damaged and spoiled goods, (5) waste and used goods of self use,

Business Revenue refers to revenue of hotels and catering services received from providing services or selling commodities through business activities, including income from hotels, from catering services, from selling of commodities and from other services. Income from hotels refers to income of hotels and catering services by providing lodging services through business activities.

Chain Head Stores (headquarter) refer to the core leading stores responsible for development, allocation, administration and utilization of resources (name of stores, brand of stores, operation model, service standard, management way, etc.) of chain stores. Chain stores refers to the stores engaged in providing homogeneous commodities or services, with the central leadership of head store (headquarters) and guided by common policies, conduct centralized purchase and distributed selling of commodities, in order to gain better efficiency through standardized operation. The chain stores include regular chain stores, franchise chain stores and voluntary chain stores.

Regular Chain store refers to chain stores that are invested or controlled by the headquarters. They operate under direct and unified management from the headquarters.

Franchise chain store refers to the chain stores (franchisees) which are franchised with operation resources such as trade marks, names, patent and operation know - how by the franchisors in form of contract and pay the operation fees to the franchisors.

Voluntary chain store refers to the stores operate jointly on the voluntary bases while maintaining their status of independent legal entities with full ownership of their assets. They sell goods of same brand from same channel of resource to the consumers.

Total Import and Export of Goods refer to the real value of commodities imported and exported across the border of China. They include the actual imports and exports through foreign trade, imported and exported goods under the processing and assembling trades and materials, supplies and gifts as aid given gratis between governments and by the United Nations and other international organizations, and contributions donated by overseas Chinese, compatriots in Hong Kong and Macao and Chinese with foreign citizenship, leasing commodities owned by tenant at the expiration of leasing period, the imported and exported commodities processed with imported materials, commodities trading in border areas (excluding mutual exchange goods), the imported and exported commodities and articles for public use of the Sino - foreign joint ventures, cooperative enterprises and ventures with sole foreign investment. Also included is import or export of samples and advertising goods for which CIF or FOB value are beyond the permitted ceiling (excluding goods of no trading or use value and free commodities for export), imported goods sold in China from bonded warehouses and other imported or exported goods. The indicator of the total imports and exports at customs can be used to observe the total size of external trade in a country. In accordance with the stipulation of the Chinese government, imports are calculated at CIF, while exports are calculated at FOB.

Foreign Direct Investment refers to foreign investment in China through the establishment of foreign invested enterprises, cooperative exploration and development of petroleum resources with domestic investors and the establishment of branch organizations of foreign enterprises. Foreign investment can be made in forms of cash, physical investment, technical know - how and reinvestment of the foreign enterprises with the profits gained from the investment.

Number of Tourists

(1) Visitor arrivals refer to the number of tourists of foreigners, Chinese compatriots from Hong Kong, Macao and Taiwan who come to China (mainland) within the reference period for sight - seeing, vacation, visiting relatives, medical treatment, shopping, attending conference, or to engage in economic, cultural, sports and religious activities.

(2) Number of Chinese residents going abroad refer to the number of Chinese (mainland) residents going to other countries, Hong Kong Special Administrative region, Macao Special Administrative region and Taiwan for on official or private purposes, for sight - see-

ing, vacation, visiting relatives, medical treatment, shopping, attending conference, or to engage in economic, cultural, sports and religious activities. In compiling statistics, each time of leaving is counted as one person – time.

(3) Number of domestic tourists refers to the number of Chinese (mainland) residents who travel within China (mainland) for sight – seeing, vacation, visiting relatives, medical treatment, shopping, attending conference, or to engage in economic, cultural, sports and religious activities. In compiling statistics, each time of travelling is counted as one person – time.

九、财政、金融和保险

FINANCE, BANKING AND INSURANCE

资料整理人员:陈全意　胡开锋　秦永荣　杨　丹　刘　洁

STAFF FOR DATA PROCESSING:

Chen Quanyi　Hu Kaifeng　Qin Yongrong　Yang Dan　Liu Jie

简要说明

本篇反映我市财政收支、金融、证券和保险业发展情况。财政收支资料来源于市财政局；反映金融经营情况的“金融机构资金来源与运用”、“银行资金来源与运用”、“金融机构年末储蓄存款余额”等资料，为中国人民银行武汉分行营业管理部全市金融机构基层单位全面填报报表进行汇总、整理提供；反映证券经营情况表的“证券市场交易情况”，由中国证券监督管理委员会湖北监管局提供；反映保险经营情况表的“历年保险业务经营情况”、“保险业务经营情况”，由中国保险监督管理委员会湖北监管局提供。

Brief Introduction

This chapter shows the government revenue and expenditure, banking ,security and insurance in Wuhan. The data on government revenue and expenditure come from wuhan city bureau of finance. Data on banks source and banks uses、cash income and expenditures financial institutions reflected financial business are collected and prepared on the basis of information from the table of the whole city basic unit of financial department attached to wuhan branch of china bank of people. Data on transactions of securities reflected security business are provided by China Insurance Regulatory commission. Data on economic indicators of insurances business in various years reflected insurance business are provided by Hubei Regulatory Bureau of China Insurance Regulatary commission.

9-1 财 政 收 入 与 支 出
BUDGETARY GOVERNMENT REVENUES AND EXPENDITURES OF THE WHOLE CITY

单位：万元 (10 000 yuan)

项目 Item	2013	2012
公共财政总收入 Government Revenue	17306543	15303310
其中:地方财政收入 Local	9785185	8285846
税收收入 Industrial and Commercial Tax	7934857	6667359
#增 值 税 Value Added Tax	1096317	720920
营 业 税 Business Tax	2634636	2496110
城市维护建设税 Tax on City Maintenance and Construction	586832	491285
企业所得税 Enterprises´Income Tax	1244859	1133403
公共财政总支出 Goverment Expenditures	11228838	8855477
#一般公共服务 General public services	1179981	981435
国　　防 National Defence	14175	11897
公共安全 Pulbic Security	662814	553385
教　　育 Education	1373138	1333027
科学技术 Science and Technology	315967	205490
文化体育与传媒 Culture, Sports and Media	204258	137838
社会保障和就业 Social Security and Employment	1492467	1177730
医疗卫生 Medical Health	700957	569847
环境保护 Enliromental Protection	196052	158895
城乡社区事务 Community in City and Rural	1905361	1015292
农林水事务 Farming, Forestly and Water	619595	494751
交通运输 Traffic and Transport	474007	351507
商业服务业等事务 Expenditure for Commerce and Business	219426	257246
金融监管等事务支出 Expenditure for Financial Supervision	103217	47940
地震灾后恢复重建支出 Post - earthquake recovery and Reconstruction Spending		

9-2 税收完成情况
GOVERNMENT TAXES REVENUES

单位：万元 (10 000 yuan)

项目	Item	2013	2012
市国家税务局总计	Subtotal of State Taxation Bureau of Wuhan	9818635	9014059
按税种分:	Categories of Taxes		
#增值税(国内)	Value added Tax(Domestic)	3585291	2913798
消费税(国内)	Consumption Tax	2568886	2552277
市地方税务局总计	Subtotal of Local Taxation Bureau	10642390	9257495
#税收收入	Industrial and Commercial Tax	6853017	5876767
营业税	Business Tax	2634675	2496179
企业所得税	Business Income Tax	755348	640318
个人所得税	Personal Income Tax	792083	669813
城建税	Tax on City Maintenance and Construction	615531	513576
车船使用和牌照税	Tax on Use of Vehicles and Ships	53412	43775
房产税	Tax on Real Estates	185515	158786
资源税	Tax on Resources	692	551
土地使用税	Tax on Use of Land	135201	111846
印花税	Stamp Tax	136453	108242
教育费附加	Extra-charges for Education	279496	210731

注：市国家税务局总计中含海关代征。
Note: The customs generation is included in subtotal of State Taxation Bureau of Wuhan.

9-3 金融机构资金来源与运用
CREDIT FUNDS BALANCE SHEET OF BANKS-SOURCES AND BANKS-USES OF FINANCIAL INSTITUTIONS

单位：万元　　　　(10 000 yuan)

项　　目 Item	2008	2009	2010	2011	2012	2013
资金来源本外币合计 **All Sources from Local and Foreign Currency**	**58609194**	**76895932**	**95547581**	**116457383**	**129445760**	**148961878**
#本　币 Local Currency	67990713	86844982	105795393	112075989	125684780	142745081
金融机构本外币存款 Deposits in Financial Institutions	66801504	87616226	109307663	115195824	131315868	149156913
#本　币 Local Currency	65700939	86153543	107565210	113564743	129292557	147011822
#单位存款 Unit of Account	29280609	39464149	4593631	67541989	75846703	86288923
财政性存款 Treasury Deposits	768903	1092030	1663076	2261618	2516476	2842934
储蓄存款 Savings Deposits	23854677	29636626	35498012	39352446	45806975	50708942
#活期储蓄存款 Demand Savings Depostis	9253421	12160493	15415544			
定期储蓄存款 Fixed Savings Deposits	14601256	17476132	20082469			
农业存款 Agricultural Savings Deposits	1709037	2217489	3193424			
资金运用本外币合计 **All Uses for Local and Foreing Currency**	**58609194**	**76895932**	**95547580**	**116457333**	**129445760**	**148961878**
#本　币 Local Currency	67990713	86844982	105795391	112075989	125684780	142745081
金融机构本外币贷款 Loans from Financial Institutions Containing Local and Foreign Currency	56323718	75353208	90937079	101575255	115758449	128038738
#本　币 Local Currency	53660905	71670931	86530376	94686147	106276019	117972550
#短期贷款 Short-term Loans	16206771	19044352	20398847	24199290	29020343	33936850
(1)个人贷款及透支 Personal Loans			1522175	2351850	3385458	4834692
(2)单位贷款及透支 Unit Loans			17526982	1940210	22180867	24839663
(3)普通并购贷款 M&A Loans						0
(4)银团贷款 Syndicateal Loans			116750	52700	43080	0
(5)贸易融资 Trade Financing			1232940	2304530	3410938	4262496
(6)境外筹资转贷款 On-lending of Overseas Borrowing						0
中长期贷款 Medium & Loug-term Loans	33475478	47127092	60669019	67727787	73602842	80328171
(1)个人贷款 Personal Loans			12939806	14650209	16368063	19124973
(2)单位普通贷款 Unit Loans			42932915	47406194	50365580	53182765
(3)普通并购贷款 M&A Loans			147878	190382	227789	252613
(4)银团贷款 Syndicateal Loans			3779120	4470943	5541547	6739792
(5)贸易融资 Trade Financing			869300	1000500	1083650	1010752
(6)境外筹资转贷款 On-lending of Overseas Borrowing				9559	15213	17277

注:2011年口径有调整。
Note: Statistical classification are adjusted in 2011.

9－4 银行资金来源与运用(2013 年)

CREDIT FUNDS BALANCE SHEET OF BANKS-SOURCES AND BANKS USES IN BANKING SYSTEM(2012)

单位：万元 (10 000 yuan)

项目 Item	合计 Total	武汉地区政策性银行 Policy Banks in Wuhan	中资全国性四家银行 Commercial Banks of State	股份制商业银行 Shareholding System Commercial Banks	城市商业银行 Urban Commercial Banks	外资银行 Foreign Capital Banks
资金来源合计 All Sources	158544666	32350969	45650468	57061767	21349225	2132237
#各项存款 Deposits	127335485	3088020	55698997	55943301	11766112	839055
单位存款 Unit of Account	76689719	2588020	24936408	40494738	7980661	689892
#活期存款 Demand Deposits	33784154	1881320	13149539	13894162	4658981	200152
定期存款 Fixed Depostis	14837873	299459	5278715	7892063	1054358	313277
储蓄存款 Savings Depostis	43093310	0	28201756	11270063	3550405	71086
其他存款 Other Depostis	7552456	500000	2560833	4178500	235046	78077
资金运用合计 All uses	158544666	32350969	45650468	57061767	21349225	2132237
#各项贷款 Loans	113032580	31970856	37638882	35943969	6408713	1070159
短期贷款 Short-term Loans	31772450	1915630	9904328	16150387	3176990	625115
中长期贷款 Medium-term and Long-term Loans	75921795	25860722	27600780	18995485	3149925	314884
其他贷款 Other Loans	4223272	4194505	8313	13349	0	7106
票据融资 Notes Financing	1015754	0	99680	750564	44451	121060
各项垫款 The Advances	99308	0	25781	34184	37348	1995

注：本表为含外资本外币口径。
Note：Data in this table contains local and foreign currency of foreign investment.

9－5 金融机构年末储蓄存款余额
OUTSTANDING AMOUNT OF SAVINGS DEPOSITS IN FINANCIAL INSTITUTIONS AT THE YEAR-END

年份 Year	年末储蓄存款余额（万元） Outsanding Amount of Savings Deposits (year-end) (10 000 yuan)	#定期（万元） Fixed Deposits (10000 yuan)	全市人均储蓄存款（元） Per Capita Savings Deposits of the Whole City (yuan)
1978	26403		49
1992	1077539	777769	1574
1994	1696763	1073982	2438
1995	2277695	1411611	3231
1996	3395860	2301233	4763
1997	4033628	2711181	5603
1998	4954751	3224911	6807
1999	5748055	3705916	7810
2000	6594360	4017068	8855
2001	8818770	5591934	11700
2002	10799569	6757488	14151
2003	12855341	8203121	16595
2004	14534551	9148254	18550
2005	16731705	10536751	21083
2006	18877333	11628669	23302
2007	19490667	11213593	23667
2008	24280229	14902130	27068
2009	30101111	17808219	33078
2010	35905589	20365843	38025
2011	39733236	—	40124
2012	46229630		45908
2013	51174342		50319

注：本表2001年开始为本外币合并数；2005年开始为含外资本外币合并数。
Note: The data in this table was joined foreign currency data since 2001, and was joined foreign institustions data since 2005.

9-6 证券市场交易情况
STATISTICS ON TRANSCACTIONS OF SECURITIES

单位:万元　　(10 000 yuan)

项　　目 Item	2008	2009	2010	2011	2012	2013
一、交易量合计 Total Transcation Value of Securties	121950242	195065343	201484400	171701000	175185900	277648400
(一)股票交易量 Subtotal of Value of Stock Transcation	100364287	177902187	193786462.6	146691100	108674500	155772700
(二)基金 Value of Transcaction of Funds	1425182	1345688	1683151	1577100	3020500	5508700
(三)债券 Value of Government Bonds Transcations	402147	334343	372234	1034800	2277600	3445700
(四)权证 Value of Warmaut Transcation	19741866	15107272	4305265	730200	0	0
(五)债券融资回购交易 Bond Repurchase Trading			569755	2072300	3285500	10940200
(六)债券融券回购交易 Bond Repurchase Trading of Securities			22999	19589900	56717000	101522300
(七)其他证券 Others	16760	375853	744534	5600	1210800	458800
二、营业收入 Business Income	405823	382750	372118	197343.98	487954	341876
三、营业支出 Business Expenditures	185096	173567	188533	146596.16	272054	194982
#营业税金及附加 Business Tax & Extra-charges	22601	19551	20943	10667	25254	17874
四、营业利润 Profits from Business Operation	235843	208079	182832	50747.82	215899	146895
五、期末固定资产原值 Year-end Origninal Value of Fixed Assets	55093	74051	80295	79901	198854	96431
六、期末从业人数(人) Number of Employees (person)	2931	3405	6581	6470	6112	5090
七、网点数(个) Number of Newwork (unit)	67	76	80	89	92	100

9－7 历年保险业务经营情况
ECONOMIC INDICATORS OF INSURANCE BUSINESS IN VARIOUS YEARS

单位：万元　　　　　　　　　　　　　　　　　　　　　　　　　　　　(10 000 yuan)

年份 Year	保费收入 Premium	储金收入 Savings Revenue	赔款和给付支出 Claim and Benefits	#满期给付 Benefits at Expiration	退保 Withdrawal Insurance	赔付率(%) Rate of Claim to Premium (%)
1993	63081	13513	26240	25085	1152	41.6
1994	67398	13234	45657	16193	1989	67.7
1995	86419	10884	53277	19909	29496	61.6
1996	119571	10946	36245	30629	3510	30.3
1997	161036	9376	36314	35966	5294	22.6
1998	187055	6227	65972	44345	8516	35.3
1999	228178	3496	48509	16665	10911	21.3
2000	224530	2100	43602	25170	11885	19.4
2001	264023	39	67625	10665	22818	25.6
2002	398889	—	98151	33569	34169	25.2
2003	438849	81	107588	28528	20186	24.5
2004	456315	1314	130028	24602	63378	28.5
2005	542889	228	142602	18153	66474	26.3
2006	554398	7511	162084	12577	93273	29.2
2007	660387	—	254532	91475	—	38.5
2008	1020521		331739			32.5
2009	1229012		277528			22.6
2010	1662284		303019			18.2
2011	1872413		407510			21.8
2012	1752754		461543			26.3
2013	2022253		604818			29.9

9-8 保险业务经营情况(2013年)
ECONOMIC INDICATORS OF INSURANCE BUSINESS(2013)

单位：万元　　(10 000 yuan)

项　目 Item	保费收入 Premium	赔款和给付支出 Claim and Benefits	赔付率(%) Rate of Claim to Premium(%)
国内外业务合计 **Total**	2022253	604818	29.9
一、财产保险 **Property Insurance**	740888	325017	43.9
企业财产保险 Enterprises Property Insurance	64258	23960	37.3
家庭财产保险 Family Property Insurance	1469	498	33.9
机动车辆保险 Insurance of Motor Vehicles & Responsibility	521382	271155	52.0
货物运输险 Freight Transport Insurance	10985	5180	47.2
船舶保险 Shipping Insurance	7776	3559	45.8
责任保险 Responsibility Insurance	16518	8346	50.5
农业保险 Agriculture Insurance	5395	3460	64.1
其它险 Other Insurance	113105	8859	7.8
二、人身保险 **Life Insurance**	1281365	279801	21.8
养老金保险 Pension Insurance			
寿　险 Common Life Insurance	1076917	196449	18.2
意外伤害险 Savings Life Insurance	57999	14775	25.5
健康保险 Health Insurance	146449	68578	46.8

主 要 统 计 指 标 解 释

财政收入 国家财政参与社会产品分配所取得的收入，是实现国家职能的财力保证。财政收入所包括的内容几经变化，目前主要包括：(1)各项税收；(2)专项收入；(3)其他收入等。

财政支出 国家财政将筹集起来的资金进行分配使用，以满足经济建设和各项事业的需要，主要包括：(1)一般公共服务支出；(2)国防支出；(3)公共安全支出；(4)教育支出；(5)科学技术支出；(6)文化体育与传媒支出；(7)社会保障和就业支出；(8)医疗卫生支出；(9)环境保护支出；(10)城乡社区事务支出；(11)农村水事务支出；(12)交通运输支出等。

信贷资金 国家银行用于发放贷款的资金叫信贷资金。中国人民银行信贷资金的来源有各项存款、对国际金融机构负债、流通中货币、银行自有资金及当年结益等。信贷资金的运用有各项贷款、黄金占款、外汇占款、财政借款及在国际金融机构中的资产等。

存款 企业、机关、团体或居民根据资金必须收回的原则，把货币资金存入银行或其他信用机构保管并取得一定利息的一种信用活动形式。根据存款对象的不同可划分为单位存款、代理财政性存款、个人存款等科目。它是银行信贷资金的主要来源。

贷款 银行或其他信用机构根据资金必须归还的原则，按一定利率，为企业、个人等提供资金的一种信用活动形式。我国银行贷款分为个人消费贷款、经营贷款、固定资产贷款等科目。

保费 又叫保险费。是保险人根据保险合同的有关规定，为被保险人取得因约定危险事故发生所造成的经济损失补偿(或给付)权利，付给保险人的代价。包括财产险和人身险储金收入。

赔款 保险事故发生后，经查证确属保险责任范围以内的保险标的损失，保险人根据保险合同的规定履行赔偿义务，给予被保险人的款项叫做赔款。赔款可分为已决赔款和未决赔款两种。

Explanatory Notes on Main Statistical Indicators

Government Revenue refers to the revenue of the government finance by means of participating in the distribution of the social products, which is the financial resources for ensuring the government to function. The contents of government revenue have been changed several times. Now it includes the following main items:

(1) Various tax revenues, (2) Special revenues, (3) Other revenues, (4) Planned subsidies for the losses of the state - owned enterprises.

Government Expenditure refers to the distribution and use of the funds the government finance has raised, so as to meet the needs of economic construction and various causes. It includes the following main items: (1) Expenditure for capital construction, (2) Innovation funds of the enterprises, (3) Expenditures of public security, (4) Expenditures for science and technology promotion, (5) Exoebduutyre for supporting rural production, (6) Operating expenses of the departments of farming, forestry, water conservancy and meteorology etd, (7) Operating expenses of the departments of industry, transport and commerce, (8) Opeating expenses of the departments of culture, education, science and public health, (9) Pension for the disabled or for the families of the bereaved and reilef funds for social walfare, (10) Expenditures for national defence, (11) Administrative expenses, (12) Expenditure for price subsidies.

Credit Funds refer to the funds issued as loans by state banks. The sources of credit funds of the People's Bank of China included deposits, liabilities to international financial institutions, currency in circulation, self - owned fund and current retained profits, etc. The credit funds can be used in forms of loans, gold, foreign exchange, government debt and assets in the international financial institutions.

Deposits is a form of credit by which enterprises, institutions, organizations or households can put money into banks and other credit institutions for safekeeping and interest earning under the principle of free withdrawal. According to different depositors, deposits are divided into enterprise deposits, treasury deposits, deposits of government agencies and organizations, capital construction deposits, urban savings deposits, rural deposits and other deposits. Deposits are major sources of the credit funds of banks.

Loan is a form of credit by which banks and other credit institutions provide funds at certain interest rate to enterprises and individuals in the light of the principle of unconditional repayment. Loans from Chinese banks include circulating capital loans, fixed assets loans, loans to urban and rural individuals engaged in industrial and commercial business and agricultural loans.

Premium is the fee paid by the insurance based on a proportion of the benefit he or she may get from the insurance plus the insurance value. It includes the income from the deposit of property insurance and personal insurance.

Settled Claim is the compensation paid by the insurer to the insurance in accordance with the insurance contract for the loss which has been checked and found to be in the range of liability of the insurance after an accident has happened to the insured property or to a person who has insured his life. It is further divided into settled and unsettled claim.

十、物价指数和人民生活

PRICE INDICES AND PEOPLES LIVELIHOOD

资料整理人员: 祝友胜　李世荣　胡红九　郭淑华　瞿　芳　林　洪　刚　玮

STAFF FOR DATA PROCESSING:

Zhu Yousheng　Li Shirong　Hu Hongjiu　Guo Shuhua　Qu Fang　Lin Hong　Gang Wei

简要说明

本篇资料反映我市生产、流通与消费等环节的价格变动趋势和幅度以及我市城乡居民生活状况。价格变动趋势和幅度的数据主要包括居民消费价格指数、商品零售价格指数、工业生产者出厂价格指数和工业生产者购进价格指数;城乡居民生活状况主要内容包括家庭人口及其构成、家庭现金收支、主要商品购买数量及支出金额、劳动就业状况、居住状况和耐用消费品的拥有量等。

居民消费、商品零售价格指数根据国家统计局统一组织的分层抽样调查方法,经过对调查点的选定、代表规格品的选择,派人直接到调查点登记调查,同时聘请辅助调查员协助登记调查取得资料后,按住户调查的居民家庭消费支出构成和社会消费品零售额统计确定的权数分别进行计算得到。工业生产者出厂价格是工业品第一次出售时的出厂产品价格,该项调查按照国家统计局工业品价格调查方案要求,采用重点调查和典型调查相结合的调查方法,由选定的企业按确定的代表产品采用报表形式上报资料,再以工业品销售额确定权数计算。重点调查对象为年主营业务收入2000万元以上的工业企业,采用主观选样的方法选择调查企业;典型调查对象为年主营业务收入2000万元以下的工业企业作为抽样样本,采用随机抽样的调查方法选择企业。

城乡居民生活状况数据来源于武汉市城市经济社会调查队的住户调查,是对城乡居民家庭抽样调查汇总的结果。城市住户调查是由国家统计局城市社会经济调查总队组织实施,调查对象在2001年以前为全国非农业住户,2002年以后改为全国城市市区和县城关镇区住户,采用固定样本户进行连续记帐的调查方式,每一调查期为3年,每年轮换三分之一。调查户是按"二阶段"、"划类选点"、"等距抽样"随机抽选的。我市以7个中心城区为单位进行分层抽选一相样本和二相样本。农村居民住户调查是以全区为总体,直接抽选调查村,在抽中村中抽选调查户。城市调查采取综合运用多阶段、多重、分层系统随机抽样等多种方法,农村居民住户调查采取对称等距抽样,确定住户调查网点。按上述方法在7个中心城区共抽取28个社区、常年调查户500户,开展城市居民生活调查;在7个主要农业区抽取农村居民调查户700户,开展农村居民生活调查。调查员采用入户访问形式搜集调查居民家庭情况和家庭成员基本情况资料。调查资料汇总后,形成我市城市居民可支配收入、支出和农村居民收入、支出等指标。

Brief Introduction

Data in this chapter show the changing trend and the change rates in prices of production, circulation and consumption in Wuhan, including mainly consumer price indices of residents, retail price indices, industrial producers´ price indices of purchasing prices indices. In addition, it also shows the conditions of life of urban residents and of rural residents, including mainly the population in the household and its composition, the cash income and expenditure of the household, the quantity of, and the expenditure on major commodities purchased, the employment of the household members, the housing condition and the possession of the durable consumer goods.

Data for calculation of the consumer prices indices of residents and the retail prices indices are collected with stratified sampling method by the NBS. Following are major steps in the process of the price indices: (1) the selection of the areas and places for survey. (2) the selection of the representative specifications or varieties. (3) Enumerators are sent to the survey places to take the records of the prices. Assistant enumerators are invited to assist the survey work. (4) the weights for calculation of the retail price indices are determined according to the total retail sales of commodities. the weights for calculation of the consumer price indices are determined according to the composition of the consumption expenditures of urban and rural households industrial. Producers´ prices of refer to the first sale price of industrial products. The survey ways include the key units survey and typical units survey. The enterprises selected send the information of table according to the representative production. The weights for calculation of the producers´ price indices of industrial products are determined according to the total sales value of industrial products. The key units refer to the enterprises with annual prime operating sale revenue above 20 million yuans. The principle in selecting the survey enterprises is subjective sampling. The typical units refer to the enterprises with annual prime operating revenue below 20 million yuans. The principle in selecting the survey enterprises is random sampling.

Data on the livelihood of the urban residents and the rural residents come from the data collected through the sample survey on the urban households and the rural households, which are organized by the Rural Socio-economic survey and the urban Socio-economic survey organization of Wuhan bureau of statistics. Until 2001, the survey covered only non-agricultural households. Starting from 2002, it covers all households in urban areas and county towns. The survey on the urban households is conducted in such a way that households selected by sampling method keep accounts for successive three years and be interviewed by the enumerators. By a rotation sampling scheme, one third of the old sample households should be replaced by the new sample households every year. The respondent households are selected by the two stage stratified systematic random sampling scheme. The first phase sample and the second phase sample are selected in seven central city area . The sample survey on the rural households is conducted by selecting sample villages first and then selecting households in the selected villages in the whole distrct, with all rural households in the distrct as the population. A combination of various sampling approaches are used. According to the same way, we survey the life of urban residents of 500 households selected from 28 community through seven central city area. We survey the life of rural residents of 700 households selected from 7 main agricultural community. The basic situation of residents households and members of households are investigated by investigators who visit households. after all information are collected, the index on disposable income and expenditure in urban households and rural households are shaped.

10-1 历年居民消费价格指数
CONSUMER PRICE INDEX IN VARIOUS YEARS

年份 Year	上年=100 preceding year=100		1952年=100 1952's=100		1978年=100 1978's=100	
	居民消费价格指数 General Consumer Price Index	商品零售价格指数 General Retail Price Index	居民消费价格指数 General Consumer Price Index	商品零售价格指数 General Retail Price Index	居民消费价格指数 General Consumer Price Index	商品零售价格指数 General Retail Price Index
1950	198.3	198.3				
1951	112.6	115.0				
1952	105.7	106.7	100.0	100.0		
1953	101.9	101.6	101.9	101.6		
1954	100.7	100.9	102.6	102.5		
1955	100.2	100.4	102.8	102.9		
1956	100.2	100.2	103.0	103.1		
1957	104.1	103.9	107.2	107.1		
1958	99.2	99.1	106.3	106.1		
1959	101.2	101.4	107.6	107.6		
1960	103.1	103.0	110.9	110.8		
1961	123.5	126.0	137.0	139.6		
1962	99.0	98.8	135.6	137.9		
1963	98.7	98.6	133.8	136.0		
1964	97.3	97.2	130.2	132.2		
1965	94.3	93.9	122.8	124.1		
1966	98.9	99.8	121.4	123.9		
1967	100.2	100.6	121.6	124.6		
1968	100.2	100.3	121.8	125.0		
1969	100.6	100.0	122.5	125.0		
1970	99.6	99.5	122.0	124.4		
1971	99.7	99.6	121.6	123.9		
1972	100.1	100.1	121.7	124.0		
1973	100.3	100.3	122.1	124.4		
1974	99.9	100.3	122.0	124.8		
1975	99.9	99.9	121.9	124.7		
1976	100.1	100.1	122.0	124.8		
1977	100.1	100.1	122.1	124.9		
1978	100.8	100.7	123.1	125.8	100.0	100.0
1979	102.5	102.8	126.2	129.3	102.5	102.8
1980	106.6	107.2	134.5	138.6	109.3	110.2
1981	106.6	107.2	134.5	138.6	109.3	110.2

续 表 Continued

年份 Year	上年=100 preceding year = 100		1952年=100 1952's = 100		1978年=100 1978's = 100	
	居民消费价格指数 General Consumer Price Index	商品零售价格指数 General Retail Price Index	居民消费价格指数 General Consumer Price Index	商品零售价格指数 General Retail Price Index	居民消费价格指数 General Consumer Price Index	商品零售价格指数 General Retail Price Index
1982	101.2	101.1	137.7	141.9	111.9	112.8
1983	101.1	101.1	139.2	143.5	113.1	114.0
1984	104.1	104.0	144.9	149.2	117.7	118.6
1985	111.1	111.6	161.0	166.5	130.8	132.4
1986	106.2	105.8	171.0	176.2	138.9	140.1
1987	108.2	108.2	185.0	190.6	150.3	151.6
1988	120.5	121.8	222.9	232.2	181.1	184.6
1989	113.4	113.9	252.8	264.5	205.4	210.3
1990	103.0	102.5	260.4	271.1	211.6	215.6
1991	107.3	106.7	279.4	289.3	227.0	230.0
1992	111.4	110.0	311.3	318.2	252.9	253.0
1993	119.8	118.8	372.9	378.0	303.0	300.6
1994	126.3	124.1	471.0	469.1	382.7	373.0
1995	118.4	114.0	557.7	534.8	453.1	425.2
1996	112.2	106.0	625.7	566.9	508.4	450.7
1997	103.1	100.7	645.1	570.9	524.2	453.9
1998	97.4	96.2	628.3	549.2	510.6	436.7
1999	96.1	93.7	603.8	514.6	490.7	409.2
2000	100.6	97.4	607.4	501.2	493.6	398.6
2001	99.5	96.0	604.4	481.2	491.1	382.7
2002	98.6	97.7	595.9	470.1	484.2	373.9
2003	102.3	100.4	609.4	472.0	495.3	375.4
2004	103.3	101.0	629.5	476.7	511.6	379.2
2005	102.7	100.9	646.5	481.0	525.4	382.6
2006	101.4	100.7	655.6	484.4	532.8	385.3
2007	104.1	103.0	682.5	498.9	554.6	396.9
2008	105.7	105.1	721.4	524.3	586.2	417.1
2009	99.4	98.4	717.1	515.9	582.7	410.4
2010	103.0	103.1	738.6	531.9	600.2	423.1
2011	105.2	104.7	777.0	556.9	631.4	443.0
2012	102.8	102.3	798.8	569.7	649.1	453.2
2013	102.4	100.9	818	574.8	664.7	457.3

10－2 居民消费价格分类指数
CONSUMER PRICE INDEX BY CATEGORY

（上年＝100） (Last year = 100)

项目	Item	2013	2012
居民消费价格总指数	**General Consumer Price Index**	**102.4**	**102.8**
非食品价格指数	Non-Food Consumer Price Index	102.1	102
服务项目价格指数	Serving Item Price Index	102.8	102.2
扣除鲜菜鲜果总指数	Not-Including Fresh Vegetables and Fruits Price Index	102.5	102.6
消费品价格指数	**Consumer Goods Price Index**	**102.2**	**103.1**
一、食　　品	**Food**	**102.9**	**104.7**
1.粮　　食	Grain	103.5	105.8
2.淀粉及制品	Starches and Tubers	103.4	112.2
3.干豆类及豆制品	Bean and Its Products	102.0	102.5
4.油　脂	Oil or Fat	100.1	106.6
5.肉禽及其制品	Meat, Poultry and Their Products	102.0	99
6.蛋	Eggs	105.2	100
7.水 产 品	Aquatic Products	102.2	106.3
8.菜	Vegetables	100.2	113.4
9.调 味 品	Flavouring	103.5	109.7
10.糖	Carbohydrate	99.6	102.7
11.茶及饮料	Tee and Beverage	102.4	108.8
12.干鲜瓜果	Dried and Fresh Melons & Fruits	101.9	98.2
13.糕点饼干面包	Cake	101.4	104.5
14.液体乳及乳制品	Milk and It's Products	110.1	101.6
15.在外用膳食品	Outward Dinner	105.9	108.7
16.其它食品	Others and Food Processing	93.7	103.2
二、烟　　酒	**Tobacco, Beverages and others**	**100.9**	**104.3**
1.烟　　草	Tobacco	99.9	100.1
2.酒	Beverages	102.6	111.7

续 表 Continued

(上年 = 100) (last year = 100)

项目 Item		2013	2012
三、衣 着	**Clothing**	**103.3**	**103.2**
1. 服 装	Garments	104.5	103.6
2. 衣着材料	Clothing Materials	106.3	101.9
3. 鞋袜帽	Footwear, Hats and Other Clothing	98.9	101.1
4. 衣着加工服务费	Clothing Processing Services	109.1	120.5
四、家庭设备用品及维修服务	**Household Facilities and Articles**	**102.6**	**103.2**
1. 耐用消费品	Durable Consumer Goods	98.7	100.6
2. 室内装饰品	Interior Decorations	100.6	102.9
3. 床上用品	Bed Articles	106.2	100.9
4. 家庭日用杂品	Daily Use Sundry Goods	104.6	105.4
5. 家庭服务及加工维修服务	Family Services and Processing and Amending	113.4	112.5
五、医疗保健和个人用品	**Medicine and Medical Articles and Personal Articles**	**102.1**	**102.8**
1. 医疗保健	Medicine and Medical Articles	102.6	102.6
2. 个人用品及服务费	Personal Articles and services	100.7	103.3
六、交通和通信	**Means of Transport and Communication**	**98.9**	**99.3**
1. 交 通	Means of Transportation	99.5	99.5
2. 通 信	Means of Communication	98.2	99.1
七、娱乐教育文化用品及服务	**Recreation, Education, Culture Articles**	100.3	100.1
1. 文娱用耐用消费品及服务	Durable Consumer Goods for Recreational Use	**88.0**	**91.7**
2. 教 育	Education	101.9	101.4
3. 文化娱乐类	Articles for Cultural, Recreational Use	99.6	100.6
4. 旅 游	Travelling	102.8	100.7
八、居 住	**Residence**	**104.4**	**102.8**
1. 建房及装修材料	Building and Decorating Materials	103.4	100.1
2. 住房租金	Rent	104.6	103.8
3. 自有住房	Housing Individual-Owned	105.2	104.4
4. 水、电、燃料	Water, Electricity and Fuel	103.6	101.6

10－3 商品零售价格分类指数
RETAIL PRICE INDICES BY CATEGORY OF COMMODITIES

（上年＝100） (last year＝100)

项目	Item	2013	2012
商品零售价格总指数	**General Retail Price Index**	**100.9**	**102.3**
一、食　品	**Food**	**103.1**	**104.8**
1. 粮　食	Grain	103.7	105.8
2. 淀粉及制品	Starches and Tubers	103.4	112.2
3. 干豆类及豆制品	Bean and Its Products	102.0	102.5
4. 油　脂	Oil or Fat	100.1	106.6
5. 肉禽及其制品	Meal, Polltry and their Products	102.0	99
6. 蛋	Eggs	105.2	100
7. 水产品	Aquatic Products	102.2	106.3
8. 菜	Vegetables	100.2	113.4
9. 调味品	Flavoring	103.5	109.7
10. 糖	Carbohyaratre	99.4	103.4
11. 干鲜瓜果	Dried and Fresh Melons and Fruits	101.9	98.2
12. 糕点饼干面包	Cake, Biscuit and Bread	101.4	104.5
13. 液体乳及乳制品	Milk and Its Products	110.1	101.6
14. 在外用膳食品	Outward Dinner	105.9	108.7
15. 其它食品	Other Foods	93.7	103.2
二、饮料、烟酒	**Beverage, Tobacco & Liquor**	**101.0**	**104.5**
1. 茶及饮料	Tea and Beverage	102.4	103.5
2. 烟　草	Tabacco	99.9	100.1
3. 酒	Liquor	102.5	111.7
三、服装、鞋帽	**Garments, Shoes and Hats**	**102.9**	**102.9**
1. 服　装	Garments	104.5	103.6
2. 鞋袜帽	Shoes and Hats	98.9	101.1
3. 其　它	Others	90.6	99.7
四、纺织品	**Textiles**	**106.5**	**101.2**
1. 衣着材料	Clothing Material	106.3	101.9
2. 床上用品	Bed Articles	106.5	101.1
五、家用电器及音像器材	**Household Appliances and Audio Equipment**	**93.0**	**95.7**
1. 家庭设备	Household Facilities	95.9	98.7
2. 文娱用耐用消费品	Purable Consumer goods of Culture and Receation	87.5	90.8
3. 专业用音像器材	Audio-Visual Appliances	99.2	97

续 表 Continued

（上年＝100） (last year＝100)

项目	Item	2013	2012
六、文化办公用品	**Culture Articles**	**95.1**	**97.2**
七、日 用 品	**Articles for Daily Use**	**101.3**	**103.1**
1. 日用百货	Daily Use Articles	99.8	101.7
2. 日用杂品	Daily Use Houseehold Articles	107.5	103.3
3. 洗涤用品	Washing Articles	102.3	107.8
4. 其他日用品	Other Daily Use Articles	98.4	100.4
八、体育娱乐用品	**Sports and Recreational Articles**	101.3	101.3
1. 体育用品	Sports Goods	103.1	103.7
2. 娱乐用品	Recreational Articles	99.8	99.4
九、交通、通信用品	**Articles of Transportation and Telecommunication**	**90.3**	**97.3**
1. 交通运输机械	Traffic Transportation Machinery	94.4	100.6
2. 通信器材	Telecommunication Appliances	85.3	93.6
十、家　　具	**Furniture**	103.9	104.4
十一、化 妆 品	**Cosmetic**	103.0	102
十二、金银珠宝	**Jewelry**	89.1	100.9
十三、中西药品及医疗保健用品	**Chinese and Medicine and Heltah Care**	**103.4**	**103.5**
1. 医疗器具及用品	Medical Instrument and Articles	97.8	101.9
2. 中药材及中成药	Trraditinal Chinese Medicine	100.9	103.9
3. 西　　药	Western Medicine	105.1	103
4. 保健器具及用品	Sundries for Daily Use	102.4	105.4
十四、书报杂志及电子出版物	**Newpapers and Magazine**	**99.4**	**102.2**
1. 教材及参考书	Teaching Materials and Reference Books	99.8	104.2
2. 书报杂志	Newpapers and Magazine	100.0	102.6
3. 电子音像制品	Electionic Audio-Visual Product	97.5	96.9
十五、燃　　料	**Fuel**	**100.8**	**102.8**
1. 煤炭及制品	Coal and Its Products	102.5	99.8
2. 石油及制品	Petroleum and Its Products	100.5	103.3
十六、建筑材料及五金电料	**Building materials and Hardware**	**103.7**	**99.7**
1. 建筑装璜材料	Building Decoration Materials	103.3	98.9
2. 五金电料	Hardware and Electrical Applicaces	104.5	101.5

10－4 工业生产者出厂价格指数
EX-FACTORY PRICE INDICES OF INDUSTRIAL PRODUCERS

（上年＝100） (last year＝100)

年份 Year	总指数 General Index	按轻重工业分 Grouped By Light And Heavy Industry		按两大部类分 Grouped By Type of Products	
		轻工业 Light Industry	重工业 Heavy Industry	生产资料 Producer Goods	生活资料 Consumer Goods
1995	107.9	117.9	101.4	103.9	114.0
1996	104.6	104.9	104.5	105.1	103.3
1997	98.6	98.1	98.9	98.8	98.2
1998	93.5	95.6	92.5	92.5	96.1
1999	96.1	96.8	95.8	95.7	97.4
2000	103.9	99.4	105.8	105.5	99.1
2001	98.4	97.5	98.8	98.7	97.6
2002	96.3	98.1	95.6	95.7	97.6
2003	105.5	98.9	109.6	109.1	98.2
2004	104.6	100.0	107.0	107.9	97.6
2005	102.7	99.7	104.3	106.0	96.0
2006	100.3	101.6	99.6	100.4	99.9
2007	102.5	101.4	103.1	103.7	99.8
2008	105.1	101.2	107.1	107.8	99.1
2009	94.0	97.1	92.4	92.0	93.3
2010	104.8	100.9	106.9	105.6	99.9
2011	106.0	105.2	106.1	107.3	102.1
2012	101.1	101.7	100.9	100.8	101.9
2013	102.4	103.3	102.2	102.3	102.6

10－5 工业生产者购进价格指数
PURCHASING PRICE INDEX OF INDUSTRIAL PRODUCERS

（上年＝100） (last year＝100)

年份 Year	总指数 General Index	燃料、动力 Fuels, Motive Power	黑色金属材料 Ferrous Metals	有色金属材料 Non-Ferrous Metals	化工原料 Raw Chemical Materials	木材及纸浆 Timber and Pulp	建筑材料 Building Materials	非金属矿 Non-metal Minerals	农副产品 Farm and Sideline Products	纺织原料 Raw Textile Materials	其他工业原料及半成品 Other Raw Industrial Products and Semifinished Products
1995	118.6	114.7	97.9	132.0	124.4	—	104.8	113.0	167.0	96.0	—
1996	109.2	111.0	97.8	91.1	101.6	—	104.5	117.9	134.5	—	—
1997	101.8	110.0	98.0	100.4	95.5	—	106.9	—	91.0	98.0	95.9
1998	97.3	98.5	98.1	90.9	92.3	—	97.4	—	98.5	97.9	90.3
1999	95.3	94.6	94.2	101.5	96.2	101.6	99.8	—	91.1	100.4	92.2
2000	103.6	115.0	102.7	104.3	105.2	107.3	98.0	—	90.4	100.5	101.2
2001	100.8	101.8	100.9	96.3	100.5	95.9	99.3	—	100.5	100.6	102.0
2002	98.4	103.7	97.0	96.1	97.4	98.5	97.9	—	94.0	97.5	98.0
2003	106.5	108.5	114.1	103.1	104.2	100.3	100.1		119.3	106.6	100.3
2004	114.5	114.8	125.8	125.1	112.3	102.5	108.4		111.7	106.5	106.7
2005	110.6	121.8	113.2	115.5	110.6	100.6	105.5		98.3	97.3	103.2
2006	105.2	110.4	96.6	121.9	99.9	102.9	103.0		104.4	102.9	104.1
2007	104.2	102.6	104.3	110.5	102.3	109.7	102.6		99.1	100.0	105.2
2008	111.9	124.5	119.2	98.0	114.9	107.7	100.6		102.8	101.0	103.1
2009	92.2	88.4	83.0	86.2	88.2	93.5	100.2		105.0	100.3	99.9
2010	107.8	113.2	102.9	118.0	113.4	109.1	102.6		104.1	116.5	103.2
2011	109.2	110.7	106.9	111.3	109.3	105.5	111.9		107.2	115.7	109.4
2012	100.0	103.6	97.4	97.4	98.9	100.7	102.2		101.6	98.5	98.7
2013	98.4	98.0	97.2	92.3	98.8	100.2	101.9		96.4	110.9	101.8

10－6 城镇居民家庭基本情况
BASIC CONDITIONS OF URBAN HOUSEHOLDS

项目 Item	2008	2009	2010	2011	2012	2013
调查户数(户) Number of Households Surveyed (household)	500	500	500	500	500	562
调查户人口合计(人) Total Number (person)	1460	1460	1450	1445	1440	1521
平均每户(人) Average Number per Household(person)	2.92	2.92	2.90	2.89	2.88	2.71
调查户就业人数合计(人) Number of Employees (person)	710	700	695	705	720	777
平均每户(人) Average Household Size (person)	1.42	1.40	1.39	1.41	1.44	1.38
调查户离退休人数合计(人) Number of Retirees(person)	375	380	390	410	425	457
平均每户(人) Average Number of Retirees Per Household (person)	0.75	0.76	0.78	0.82	0.85	0.81
平均每一就业者负担人数(人) Number of Persons Supported by Each Employee Including the Employee Himself or Herself(person)	2.06	2.09	2.09	2.05	2.00	1.96
平均每一有收入者负担人数(人) Number of Persons Supported by Each Person Who has Income(person)	1.35	1.35	1.34	1.30	1.26	1.37
可支配收入合计(元) Disposable Income (yuan)	24400162	26842129	30065132	34301540	38967840	45368433
平均每人每月(元) Per Capita Monthly Disposable Income (yuan)	1372.70	1532.09	1727.88	1978.17	2255.08	2485.10
消费性支出合计(元) Living Expenditure (yuan)	16692136	18557023	20938151	24768687	27090922	30666280
平均每人每月(元) Per Capita Monthly Living Expenditures (yuan)	952.75	1059.19	1203.34	1428.41	1567.76	1679.78

注：(1)平均每一有收入者负担人数＝家庭人数/(就业人数＋离退休人数)
(2)可支配收入算法＝家庭总收入-交纳所得税-个人交纳的社会保障支出-记帐补贴

Note:(1)Number of Persons Supported by Each Person Who Has Income＝Family Size / (Number of Employees + Number of Retired)
(2)Disposable Income＝Total Income-Income tax-Expenditure to Sosial Security Programs - Subsidies for survering.

10-7 城镇居民家庭平均每人每月现金收支
PER CAPITA MONTHLY CASH INCOME AND EXPENDITURES IN URBAN HOUSEHOLDS

单位：元　　　　(yuan)

项目	Item	2008	2009	2010	2011	2012	2013
一、期初手存现金	Cash in Hand at year-begining	359.86	755.27	1636.84	1115.08	1397.55	—
二、家庭总收入	Tatal Income	1523.81	1711.46	1930.72	2228.13	2542.32	2820.59
其中：可支配收入	Disposable Income	1392.70	1532.09	1733.86	1978.17	2255.08	2485.10
(一)工薪收入	Wages and Salaries	946.37	1065.03	1187.46	1344.86	1530.34	1712.10
(二)经营净收入	Net Income from Business	114.44	132.82	148.62	191.91	205.76	211.54
(三)财产性收入	Income from Property	20.82	21.46	40.92	38.41	51.38	64.87
(四)转移性收入	Transfer Income	442.18	492.14	553.72	652.95	754.83	832.07
三、出售财物收入	Income from Selling Properties	0.29	0.06	0.01	0.18	0.04	0.00
四、借贷收入	Income from Debit and Credit	242.92	244.61	336.30	365.03	369.36	193.58
1.提取储蓄存款	Taking from Saving Account	217.01	204.94	297.86	313.99	304.37	187.28
2.借入款	Getting Money by Borrowing	23.41	13.61	11.36	7.39	16.95	2.66
3.收回借出款	Taking Back Loan	1.94	1.07	0.22	0.27	0.00	1.52
4.收回储蓄性保险本	Taking Back Insurance Capital in the Kind of Savings	0.00	0.02	0.00	0.00	0.17	0.00
5.兑售有价证券	Income from Securities	0.00	0.83	0.00	0.00	0.00	0.07
6.收回投资本金	Taking Back Capital of Investment	0.00	0.00	0.00	0.00	0.85	0.01
7.住房贷款	Housing Loans	0.08	22.26	26.45	43.29	46.45	0.25
8.汽车贷款	Automobile Loans	0.00	0.00	0.00	0.00	0.00	0.00
9.教育贷款	Education Loans	0.00	0.00	0.00	0.00	0.00	0.00
10.其他贷款	Other Loans	0.48	1.88	0.40	0.09	0.00	1.80
11.其他借贷收入	Other Income from Debit and Credit	0.00	0.00	0.00	0.00	0.06	0.00

续 表 Continued

单位：元 (yuan)

项目	Item	2008	2009	2010	2011	2012	2013
五、家庭总支出	Total Expenditure	1223.45	1407.55	1612.52	1938.20	2157.14	2271.47
(一)消费支出	Living Expenditure	952.75	1059.19	1207.51	1428.41	1567.76	1679.78
(二)购房与建房支出	Expenditure of Purchasing Houses and Building Construction	43.19	61.36	62.39	105.75	3.02	7.09
(三)转移性支出	Transfer Expenditure	109.01	121.74	157.92	171.74	195.88	224.08
(四)财产性支出	Property Expenditure	1.08	2.21	5.90	3.57	123.94	4.00
六、借贷支出	Expenditure from Debit and Credit	494.81	463.43	647.71	592.17	726.76	662.19
1.存入储蓄款	Saving to Saving Acount	426.23	417.23	577.85	540.66	660.76	584.50
2.借 出 款	Lending Money	8.34	3.64	9.90	0.75	7.10	4.02
3.归还借款	Returning Back Borrowing Money	23.28	23.30	11.03	13.94	21.29	4.78
4.储蓄性保险支出	Expenditure of Insurance in the kind of Savings	8.23	5.94	2.60	8.06	12.78	3.11
5.购买有价证券	Purchesing Securities	6.65	0.86	11.50	9.14	5.57	0.69
6.其它投资支出	Other Investment Expenditure	0.01	0.02	0.00	0.19	0.00	15.28
7.归还住房贷款	Returning Back Housing Loans	19.61	12.24	34.84	18.23	17.78	48.36
8.归还汽车贷款	Returning Back Automobile Loans	2.03	0.17	0.00	1.19	1.18	0.28
9.归还教育贷款	Returning Back Education Loans	0.00	0.00	0.00	0.00	0.00	0.00
10.归还其他贷款	Returning Back Other Loans	0.12	0.02	0.00	0.00	0.00	1.12
11.其他借贷支出	Other Expenditure from Debit and Credit	0.30	0.02	0.00	0.03	0.30	0.05
七、期末手存现金	Cash in hand at Year-end	892.01	1758.77	1914.41	1870.83	1761.16	—

10－8 城镇居民家庭平均每人每月消费支出
PER CAPITA MONTHLY EXPENDITURES FOR CONSUMPTION BY CATEGORY IN URBAN HOUSEHOLDS

单位:元 (yuan)

项目 Item	2008	2009	2010	2011	2012	2013
消费支出 LivingExpenditure	952.75	1059.19	1207.51	1428.41	1567.76	1679.78
一、食　　品 Food	406.69	425.81	447.28	565.20	626.87	647.56
(一)粮 油 类 Grain and Oil	73.42	58.53	89.78	88.26	107.23	111.38
1.粮　　食 Grain	42.05	33.30	64.24	59.50	76.33	80.46
2.淀粉及薯类 Starches and Tubers	2.32	2.70	2.84	2.67	3.77	3.92
3.干豆类及豆制品 Beans and Bean Products	7.94	8.06	8.04	8.41	8.65	8.98
4.油 脂 类 Oil and Fats	21.10	14.47	14.66	17.67	18.48	18.02
(二)肉禽蛋水产品类 Meat, Poultry, Eggs and Aquatic Products	124.93	126.23	127.55	151.29	163.56	163.83
(三)蔬 菜 类 Vegetalles	52.11	55.69	62.95	66.35	67.81	73.82
(四)调 味 品 Condiments	6.98	7.24	7.81	9.17	8.09	8.13
(五)糖烟酒饮料类 Sugar, Tobacco, Liquor and Beverages	37.02	48.36	53.25	78.02	88.06	88.72
(六)干鲜瓜果类 Dried and Fresh Melons and Fruits	18.97	22.08	22.59	34.85	38.24	41.77
(七)糕点、奶及奶制品 Cake, Milk and Dairy Products	23.12	22.82	21.83	35.62	40.60	41.01
(八)其他食品 Other Food	3.29	4.16	5.23	8.17	5.89	5.89
(九)饮食服务 Dining Service	66.86	80.70	56.31	93.47	107.39	113.01
1.食品加工服务费 Food Processing Services Fees	0.14	0.11	0.09	0.22	0.35	3.75
2.在外饮食 Dinner Out	66.72	80.59	56.22	93.25	107.04	109.26

续 表 Continued

单位:元 (yuan)

项目 Item	2008	2009	2010	2011	2012	2013
二、衣　　着 Clothing	**103.22**	**118.32**	**144.28**	**182.19**	**179.98**	**194.01**
(一)服　　装 Garments	77.86	85.06	107.18	134.61	137.94	145.25
(二)衣着材料 Clothing Materials	0.91	1.20	0.85	1.86	1.52	1.52
(三)鞋　　类 Foot	21.94	27.95	32.31	40.04	35.54	41.21
(四)其他衣着用品 Other Clothing	2.15	3.60	3.60	5.00	4.27	5.48
(五)衣着加工服务费 Tailoring and Laundering Service Fees	0.37	0.51	0.34	0.68	0.72	0.56
三、居　　住 Residence	**91.77**	**95.85**	**131.76**	**115.53**	**124.82**	**137.41**
(一)住　　房 Housing	19.48	20.69	46.44	30.38	33.36	36.67
(二)水电燃料及其他 Water, Electricity, Fuels and Others	67.03	68.51	70.18	75.21	81.94	88.34
(三)居住服务费 Fees of Residence Senvice	5.27	6.64	15.13	9.94	9.52	12.40
四、家庭设备用品及服务 Household Facilities, Articles and Services	**63.62**	**87.70**	**102.08**	**78.51**	**98.81**	**109.19**
(一)耐用消费品 Durable Consumer Goods	26.37	41.30	43.76	25.84	40.02	50.10
(二)室内装饰品 Room Decorations	1.65	1.60	3.94	1.91	2.70	3.33
(三)床上用品 Bed Articles	3.04	6.17	6.88	6.24	6.08	7.22
(四)家庭日用杂品 Household Articles for Daily Use	26.47	33.27	40.03	39.74	39.83	36.68
(五)家具材料 Furniture Materials	1.76	1.65	3.86	0.63	3.51	3.38
(六)家庭服务 Household Services	4.33	3.72	3.60	4.15	6.68	8.48

续 表 Continued

单位:元 (yuan)

项目 Item	2008	2009	2010	2011	2012	2013
五、医疗保健 Medicine and Medical Services	77.23	74.09	75.30	106.03	114.95	119.77
(一)医疗器具 Medical Utensils	0.60	0.30	2.01	0.66	0.35	0.38
(二)保健器具 Sanitarian Apparatus	1.05	1.25	1.09	1.61	2.16	2.40
(三)药品费 Drag Fees	29.20	32.66	33.85	40.36	36.98	35.63
(四)滋补保健品 Restorative and Sanitarian Products	6.87	7.11	9.31	12.80	11.25	12.16
(五)医疗费 Fees of Medical Services	36.87	30.64	26.59	48.66	62.67	66.95
(六)其他 Others	2.65	2.14	2.45	1.94	1.54	1.26
六、交通和通讯 Transport and Communication Services	95.29	106.95	141.19	171.98	182.18	212.13
(一)交通 Transport	52.29	53.21	87.23	104.02	106.41	126.37
(二)通信 Communication	43.01	53.74	53.96	67.96	75.77	85.77
七、教育文化娱乐服务 Education, Recreation and Cultural Services	91.29	117.24	123.40	174.90	200.18	216.71
(一)文化娱乐用品 Recreational Consumer Goods	17.79	19.69	20.38	27.26	30.92	31.77
(二)文化娱乐服务 Recreational and Cultural Services	21.79	33.15	45.59	71.58	84.93	109.10
(三)教育 Education	51.70	64.40	57.43	75.06	84.33	75.85
八、杂项商品和服务 Misellaneous Commodities and Services	23.63	33.24	42.22	34.08	39.98	43.00
(一)杂项商品 Miscellameous Commodities	12.89	24.22	26.41	23.97	30.94	32.44
(二)服务 Services	10.75	9.02	15.81	10.11	9.04	10.56

10－9 不同生活费收入水平的城镇居民家庭基本情况(2013年)

项	目 Item	合计 Total	低收入户 Low Income Households (Second Decile)
调查户数(户)	Number of Households Surveyed(Household)	561.58	112.83
比　重(%)	Ratio(%)	100	20
家庭人口合计(人)	Total Number(person)	1521.35	368.42
平均每户家庭人口(人)	Average Number per Household(person)	2.71	3.27
平均每一就业者负担人数(人)	Number of Persons Supported by Each Emplolyee(person)	1.96	2.09
平均每一有收入者负担人数(人)	Number of Persons Supported by Each Person Who Has Income(person)	1.37	1.58
平均每人每月可支配收入(元)	Per Capita Monthly Disposable Income(yuan)	2485.10	1335.35
平均每人每月消费性支出(元)	Per Capita Monthly Living Expenditures(yuan)	1679.78	1163.10

注:调查户数原则上按相对收入不等距七组划分,因人均可支配收入相同的户归与同一组,故产生分组户数不一致。

Note:The Surveyed Households grouped by Income to Fin principal,Since the Households which have same disposable Income per Capita are taken to same group,the number of households are not same in different group.

BASIC CONDITIONS OF URBAN HOUSEHOLDS IN DIFFERENT INCOME LEVEL(2013)

中等偏下户 Lower Middle Income Households (Second quintile)	中等收入户 Middle Income Households (third quintile)	中等偏上户 Upper Income Households (fourth quintile)	高收入户 High Income Households (ninth decile)
113.00	111.67	110.58	113.50
20	20	20	20
330.00	284.31	284.17	254.46
2.92	2.55	2.57	2.24
2.08	2.10	1.74	1.77
1.38	1.40	1.25	1.25
1953.26	2346.41	2916.99	4512.04
1625.12	1595.54	1844.03	2409.43

10－10　不同生活费收入水平的城镇居民家庭收支情况(2013 年)

单位:元

项目 Item		合计 Total	低收入户 Low Income Households (Second Decile)
一、期初手存现金	Cash in hand at the begin of the year	—	—
二、家庭总收入	Total Income	33847.09	18455.77
其中:可支配收入	Disposable Income	29821.22	16024.17
(一)工薪收入	Wages and Salaries	20545.18	11377.54
(二)经营净收入	Net Income from Business	2538.53	499.93
(三)财产性收入	Income from Property	778.48	554.81
(四)转移性收入	Transfer Income	9984.89	6023.49
三、出售财物收入	Income from Solling Properties	0.03	
四、借贷收入	Income from Debit and Credit	2322.99	464.23
五、家庭总支出	Total Expenditure	27257.58	18309.22
(一)消费支出	Living Expenditure	20157.32	13957.16
其中:服务性消费支出	Liveing Expenditure in Services	—	—
1.食　　品	Food	7770.69	6329.14
2.衣　　着	Clothing	2328.17	1148.62
3.居　　住	Residence	1648.87	1414.23
4.家庭设备用品及服务	Household Facilities, Articles and Services	1310.23	867.10
5.医疗保健	Medicine and Medical Services	1437.22	732.45
6.交通和通信	Transport and Communication Services	2545.57	1126.23
7.教育文化娱乐服务	Education, Recreation and Cultural Services	2600.55	2114.59
8.杂项商品和服务	Miscevaneous Commodities and Services	516.03	224.80
六、借贷支出	Expenditure from Debit and Credit	5937.72	3007.06
七、期末手存现金	Cash in hand at Year-end	—	—

INCOME AND EXPENDITURES OF URBAN HOUSEHOLDS BY INCOME LEVEL (2013)

(yuan)

中等偏下户 Lower Middle Income Households (Second quintile)	中等收入户 Middle Income Households (third quintile)	中等偏上户 Upper Income Households (fourth quintile)	高收入户 High Income Households (ninth decile)
—	—	—	—
25631.79	30955.09	37480.34	58126.32
23439.18	28156.93	35003.82	54144.45
17034.93	18771.11	23242.45	35853.36
464.63	615.80	1845.24	3110.39
357.55	216.19	892.55	1251.66
7774.68	11351.99	11500.11	12910.92
0.01	0.04		0.10
904.24	1489.09	2015.96	7641.46
24974.72	23151.80	28606.03	35496.51
19501.40	19146.43	22128.37	28913.14
—	—	—	—
8623.50	7286.09	8808.78	8746.33
2264.54	2388.80	2499.93	2792.36
1645.31	1533.23	2490.02	1726.34
1163.66	1378.55	1472.94	3059.23
1289.20	1683.28	1198.01	982.47
1751.34	1615.60	2255.52	4724.32
2298.53	2750.44	2799.53	4517.48
465.32	510.45	603.63	2354.60
5798.83	6411.88	10186.60	16343.37
—	—	—	—

10－11　城镇居民家庭每百户耐用消费品拥有量(2013 年)
NUMBER OF DURABLE CONSUMER GOODS OWNED PER 100 URBAN HOUSEHOLDS(2013)

项　　目	Item	2013	2012
1. 摩 托 车	Motorcycle(unit)	2.97	3.00
2. 助 力 车	Helping Hand Car	19.48	23.90
3. 家用汽车	Automobile	24.50	22.10
4. 洗 衣 机	Washing Machine(unit)	102.00	101.20
5. 电 冰 箱	Refrigerator(unit)	102.40	101.20
6. 彩色电视机	Color Television Set(unit)	143.61	143.20
7. 家用电脑	Computer(unit)	111.03	111.10
8. 组合音响	Hi-Fi Stereo Component System(set)	12.28	37.20
9. 摄 像 机	Pickup Camera(set)	15.45	17.10
10. 照 相 机	Camera(set)	60.05	57.00
11. 钢　　琴	Piano(set)	—	3.80
12. 其它中高档乐器	Other Medium and High Grade Musical Instrument(unit)	3.68	3.00
13. 微 波 炉	Mirowave Oven	97.67	91.80
14. 空 调 器	Air Conditioner(unit)	203.60	203.20
15. 淋浴热水器	Shower(unit)	106.86	104.20
16. 消毒碗柜	Disinfected Cupboard	26.50	26.50
17. 洗 碗 机	Dishwasher	2.05	1.00
18. 健身器材	Healthy Equipment	5.25	7.30
19. 固定电话	Telephone Sets(unit)	50.41	59.40
20. 移动电话	Mobile Telephone(unit)	230.33	229.90

10－12　城镇居民家庭住房构成情况(2013 年)
THE COMPOSITION OF URBAN RESIDENTS FAMILY HOUSING(2013)

单位:%　　　　　　　　　　　　　　　　　　　　　　　　　　　　　　　(%)

项　　　目	Item	2013	2012
一、房屋产权(合计)	Group by Property Right(Total)	100.0	100.0
租赁公房	Leasehold from Public House	7.3	10.0
租赁私房	Leasehold from Private House	4.5	1.3
原有私房	Original Private House	17.7	3.8
房改私房	Private House from Housing Reform	29.6	38.5
商 品 房	Commercial Houses	37.2	43.1
借 用 房	Commercial Houses	0.9	0.2
其　　他	Others	2.8	2.6
二、住宅建筑式样(合计)	Group by Building Construction Type(Total)	100.0	100.0
单栋住宅	Monomer House	17.3	0.6
四 居 室	4 rooms	3.5	5.0
三 居 室	3 rooms	25.7	29.5
二 居 室	2 rooms	33.2	51.9
一 居 室	1 rooms	9.4	9.4
普通楼房	General Storied Building	2.5	3.0
平房及其他	Bungalow and Others	3.5	0.6
三、装修状况(合计)	Status of Decoration (Total)	100.0	100.0
有 装 修	Decorated	——	73.6
未 装 修	Not Decorated	——	26.4
四、饮水情况(合计)	Source of Watering(Total)	100.0	100.0
自 来 水	Water Supply	99.2	99.6
矿 泉 水	Mineral Water	0.0	0.0
纯 净 水	Pure Water	0.0	0.4
井、河水	Well or River Water	0.5	0.0
其　　他	Others	0.3	0.0

续 表 Continued

单位:% (%)

项目	Item	2013	2012
五、用水情况(合计)	Status of Using Water (Total)	100.0	100.0
独用自来水	Public Water Supply	99.3	100.0
公用自来水	Self-Governed Water Supply	0.5	0.0
井、河水	Well or River Water	0.0	0.0
其他	Others	0.2	0.0
六、卫生设备(合计)	Sanitary Facility(Total)	100.0	100.0
无卫生设备	No Sanitary Facility	4.9	0.4
有厕所浴室	Having Washroom and Lavatory	89.0	98.2
有厕所无浴室	Having Washroom and No Lavatory	2.0	1.2
公用	Public Washroom and Lavator	4.1	0.2
七、取暖设备(合计)	Heating Facility(Total)	100.0	100.0
无取暖设备	No Heating Facility	21.3	19.6
空调设备	Air Conditioner	75.2	75.2
暖气	Central Heating	3.5	5.2
其他	Others	0.0	0.0
八、炊用燃料使用情况(合计)	The Using of Fuel for Cooking(Total)	100.0	100.0
煤炭	Coal	2.1	0.2
罐装液化石油气	Canned LPG	35.2	28.8
管道液化石油气	Pipeline LPG	3.8	4.0
管道煤气	Pipe Gas	2.3	7.4
管道天然气	Pipeline Gas	56.6	59.7
柴油	Diesel Oil	0.0	0.0
其他燃料	Others	0.0	0.0

10－13 历年城镇居民年人均可支配收入与消费支出
ANNUAL PER CAPITA DISPOSABLE INCOME OF CONSUMPTION EXPENDITURE OF URBAN HOUSEHOLDS IN VARIOUS YEARS

单位：元 (yuan)

年 份 Year	可支配收入 Dispasable Income	消费支出 Comsumption Expenditure	年 份 Year	可支配收入 Dispasable Income	消费支出 Comsumption Expenditure
1952			1983	554.28	498.84
1953			1984	636.00	546.72
1954			1985	778.44	713.76
1955			1986	964.80	881.76
1956	195.60	174.36	1987	1071.96	955.44
1957	210.12	189.00	1988	1261.08	1220.04
1958	201.60	184.68	1989	1407.12	1285.08
1959	230.64	201.00	1990	1555.80	1406.16
1960			1991	1771.68	1652.04
1961			1992	2116.73	1844.28
1962	300.48	228.12	1993	2872.90	2551.08
1963	297.12	223.56	1994	3769.80	3318.24
1964	248.40	222.36	1995	4453.90	4058.76
1965	240.12	212.76	1996	4915.86	4455.84
1966			1997	5573.04	4719.12
1967			1998	5912.52	5264.40
1968			1999	6262.08	5452.80
1969			2000	6760.68	6074.76
1970			2001	7305.00	5342.24
1971			2002	7820.28	6833.40
1972			2003	8524.56	7251.36
1973			2004	9564.05	7792.63
1974			2005	10849.72	8234.48
1975			2006	12359.98	9182.04
1976			2007	14357.64	10600.00
1977	293.28		2008	16712.44	11432.97
1978	359.04	320.64	2009	18385.02	12710.29
1979	401.64		2010	20805.32	14490.07
1980	537.84	467.04	2011	23738.09	17140.96
1981	508.68	458.28	2012	27061.00	18813.14
1982	540.12	475.56	2013	29821.22	20157.32

10－14 农村居民家庭基本情况

BASIC CONDITIONS OF RURAL HOUSEHOLDS FOR SAMPLING SURVEY

项目 Item	2008	2009	2010	2011	2012	2013
调查户数(户) Number of Households Surveyed (unit)	700	700	700	700	700	329
家庭常住人口(人) Permanent Residents (person)	2672	2661	2651	2540	2560	1121
常住人口中整半劳动力(人) Full-time & Part-time Laborers (person)	2080	2072	2088	2012	2021	816
#外出从业过的劳动力(人) Employment in Other Trades Outside(person)	660	665	698	576	566	—
1. 农业劳动力(人) Agriculture Laborers(person)	1109	1041	1003	772	750	255
2. 非农业劳动力(人) Non-agriculture Laborers(person)	971	1031	1085	1240	1271	561
户均经营耕地面积(亩) Per Family Operating Cultivated Area(Mu)	6.69	6.79	6.81	6.21	6.15	6.63
户均拥有生产性固定资产原值(元) Per Family Productive Fixed Assets (yuan)	8607.21	9723.01	10077.94	11175.19	11336.44	10318.86
人均年末住房面积(平方米) Per Capita Floor Space of Houses at Year-end (sq. m)	45.81	47.68	48.77	51.83	51.40	47.82
#钢混面积比重(%) Ratio of Reinforced Concrete (%)	84.03	83.01	88.24	83.79	86.60	85.30

10－15 农村居民人均收入构成情况
COMPOSITION OF PER CAPITA ANNUAL NET INCOME OF RURAL HOUSEHOLDS

单位：元 (yuan)

项目 Item	2008	2009	2010	2011	2012	2013
总收入 Total	**8995.96**	**10022.29**	**11515.56**	**13628.40**	**15392.47**	**18030.54**
一、工资性收入 Wages Income	2579.84	3038.11	3618.84	4321.09	5001.77	5852.48
1. 在非企业组织中得到的收入 Income from Non-Enterprises	224.15	263.80	317.16	529.77	628.01	—
2. 在本乡地域内劳动得到的收入 Income from Employment in Local Enterprises	931.82	1143.07	1331.35	1793.22	2384.60	—
3. 外出从业得到的收入 Income from Employment in Outside	1423.87	1631.25	1970.34	1998.09	1989.17	—
二、家庭经营收入 Net Income from Household Business	**5962.02**	**6408.98**	**7131.98**	**8195.61**	**9024.14**	**10481.00**
1)第一产业收入 Primary Industry	4572.40	4739.81	5125.24	5884.59	6421.15	7639.00
1. 农业收入 Farming	3176.59	3380.03	3762.95	4313.50	4685.16	5708.48
2. 林业收入 Forestry	28.94	40.99	68.32	63.02	65.94	30.34
3. 牧业收入 Animal Husbandry	622.26	533.03	475.56	478.56	414.56	555.11
4. 渔业收入 Fishery	744.61	785.75	818.42	1029.50	1255.49	1345.07
2)二产业收入 Secondary Industry	438.18	541.23	697.44	709.14	807.95	858.00
1. 工业收入 Industry	337.42	392.98	523.39	270.89	272.61	360.36
2. 建筑业收入 Construction	100.77	148.25	174.05	438.25	535.35	497.64
3)三产业收入 Tertiary Industry	951.43	1127.94	1309.30	1601.89	1795.03	1984.00
1. 交通、运输和邮电业收入 Trasport, Post and Telecommunication Services	483.71	526.94	599.57	776.28	866.22	875.26
2. 批发零售贸易、餐饮业收入 Wholesale and Retail Trade and Catering Services	364.38	480.73	582.23	614.77	686.86	777.24
3. 社会服务业收入 Social Services	36.46	48.18	34.99	65.43	106.02	201.30
4. 文教卫生业收入 Culture, Education and Health Care	18.67	30.91	38.00	54.79	68.45	70.20
5. 其他家庭经营收入 Others	48.20	41.19	54.51	90.61	67.48	60.00
三、其他非生产性收入 Non-productive Income	**454.10**	**575.20**	**764.74**	**1111.71**	**1366.55**	**1697.06**
1. 在外人口寄回和带回 Transfer Income from Family Members	22.43	36.11	28.02	13.81	7.24	—
2. 农村以外亲友赠送收入 Gifts from Relatives and Friends	16.03	8.76	20.01	33.67	33.13	1.00
3. 财产性收入 Property Income	163.69	201.96	246.40	294.50	351.41	281.00
4. 其他收入 Others	251.95	328.36	470.32	769.73	974.77	1415.00

10－16　农村居民家庭收入分组构成情况表(2013 年)
COMPOSITION OF HOUSEHOLDS GROUPED BY PER CAPITA ANNUAL NET INCOME(2013)

项　　目 Item	户　　数 (户) Number of Households (unit)	构　　成 (%) Composition (%)
合　　计	329	100
800 元以下 Under 800 yuan	2	0.6
800-1500 元 yuan	1	0.3
1500-3000 元 yuan	7	2.1
3000-4000 元 yuan	9	2.7
4000-5000 元 yuan	16	4.9
5000-6000 元 yuan	21	6.4
6000-7000 元 yuan	25	7.6
7000-8000 元 yuan	13	4.0
8000-9000 元 yuan	18	5.5
9000-10000 元 yuan	21	6.4
10000-12000 元 yuan	39	11.9
12000-15000 元 yuan	47	14.3
15000 元以上 Over 1500 yuan	110	33.4

10－17　农村居民人均出售主要农产品情况
PER CAPITA MAIN FARM PRODUCT SOLD BY RURAL HOUSEHOLDS

项　　目 Item	2013	2012
粮　　食（公斤） Grain (kg)	276.92	334.17
棉　　花（公斤） Cotton (kg)	90.46	105.14
油　　料（公斤） Oil-bearing Crops (kg)	24.20	27.2
糖　　料（公斤） Sugar Crops (kg)		
蔬　　菜（公斤） Vegetables (kg)	749.17	943.72
水　　果（公斤） Fruit (kg)	14.10	12.9
茶　　叶（公斤） Tea (kg)	7.05	0.04
木　　材（立方米） Timber (cubic meter)		
肉　　猪（头） Fattened Hogs (head)	1.02	0.08
家　　禽（只） Poultry (unit)	11.38	11.63
蛋　　类（公斤） Eggs (kg)	26.33	9.59
水　产　品（公斤） Aquatic Products (kg)	208.70	134.11

10－18　农村居民家庭人均现金收入和支出情况
CASH INCOME AND CASH EXPENDITURES OF RURAL HOUSEHOLDS

单位：元　　　　　　　　　　　　　　　　　　　　　　　　　　　　　　　　(yuan)

项目 Item	2013	2012
一、期内现金收入合计 **Total Cash Income in the Year**	17262.79	14916.54
1、工资性收入 Wages Income	5603.40	4999.87
1)在非企业组织中得到的收入 Income from Non-enterprises	—	626.65
2)在本乡地域内劳动得到的收入 Income from Employment in Local Enterprises	—	2384.05
3)外出从业得到的收入 Income from Emploument in Other Trades Outside	—	1989.17
2、家庭经营现金收入 Cash Income from Household Business	9962.14	8585.77
1)第一产业现金收入 Primary Industry	7120.14	5982.78
1.农业现金收入 Farming	5238.16	4352.76
2.林业现金收入 Forestry	30.34	67.92
3.牧业现金收入 Animal Husbandry	509.64	393.99
4.渔业现金收入 Fishery	1342.00	1168.11
2)二产业现金收入 Secondary Industry	858.00	807.95
1.工业现金收入 Industry	360.36	272.61
2.建筑业现金收入 Construiction	497.64	535.35
3)三产业现金收入 Tertiary Industry	1934.00	1795.03
1.交通、运输和邮电业现金收入 Transport, Post and Telecommnuication Services	875.26	865.22
2.批发零售贸易、餐饮业现金收入 Wholesale and Retail Trade and Catering Services	777.24	685.86
3.社会服务业现金收入 Social Services	201.30	106.02
4.文教卫生业现金收入 Culture, Education and Health Care	70.20	68.45
5.其他家庭经营现金收入 Others	60.00	67.48
3、转移性现金收入 Transfer Income	1416.06	989.88
4、财产性现金收入 Property Income	281.19	341.02
二、非收入所得 **Income from Credit**	4568.23	3710.38
三、期内现金支出合计 **Total Cash Expenditure Cost**	14819.55	12847.33
生产性费用支出现金 Cash Expenditure for Productive Cost	5005.84	3853.65
1、家庭经营费用支出现金 Cash Expenditure for Household Business Operation Cost	4329.84	3694.03
1)第一产业现金支出 Primary Industry	3593.64	2575.91
1.农业生产支出 Farming	2673.50	1720.29
2.林业生产支出 Forestry	25.14	22.04

续 表 Continued

单位：元 (yuan)

项 目 Item	2013	2012
3. 牧业生产支出 Animal Husbandry	310.00	185.84
4. 渔业生产支出 Fishery	685.00	647.75
2)第二产业现金支出 Seconday Industry	325.00	362.46
1. 工业生产支出 Industry	152.00	121.14
2. 建筑业生产支出 Construction	173.00	241.32
3)第三产业现金支出 Tertiary Industry	811.20	755.65
1. 交通、运输和邮电业生产支出 Transport, Post and Telecommunication Services	311.00	324.79
2. 批发零售贸易、餐饮业生产支出 Wholesale and Retail Trade and Catering Services	425.00	387.01
3. 社会服务业生产支出 Social Services	61.00	26.35
4. 文教卫生业生产支出 Culture, Education and Health Care	10.00	11.83
5. 其他家庭经营生产支出 Others	4.20	5.67
2、购买生产性固定资产的现金 Cash Expenditure for Productive Fixed Assets	174.00	159.37
税费支出 Tax and Fee Expenditure	—	16.07
生活消费支出 Living Expenditure	8892.71	7829.25
1. 食 品 Food	3224.71	2921.46
主 食 Staple Food	363.00	243.46
副 食 Subsidiary Food	1455.00	1261.72
2. 衣 着 Clothing	698.00	592.02
3. 居 住 Residence	1427.00	1247.07
4. 家庭设备用品及服务 Household Facilities, Articles Services	712.00	644.92
5. 交通和通讯 Transport and Telecommunications	784.00	707.57
6. 文教娱乐用品及服务 Culture, Education and Recreation Articles and Services	704.00	592.7
7. 医疗保健 Medicines and Medical Services	994.00	822.01
8. 其他商品和服务 Other Commodities and Services	349.00	301.5
转移性支出 Transfer Expenditure	923.00	965.21
财产性支出 Property Expenditure	0.00	183.15
四、非消费性现金支出 Non-Consumption Cash Expenditure	6223.91	2503.16
五、期末手存现金 Cash in Hand at Year-end	—	1414.19
六、期末存款余额 Balance of Savings Deposit at Year-end	—	12817.63

10-19 农村居民人均支出构成情况

COMPOSITION OF PER CAPITA EXPENDITURE OF FARMER

单位：元 (yuan)

项目 Item	2008	2009	2010	2011	2012	2013
全年总支出 Total Expenditures	7424.80	7961.18	9137.56	11631.03	13204.35	15056.13
一、家庭经营费用支出 Expenditure From Houshold Business	2272.81	2505.40	2830.91	3367.47	3713.28	4829.84
1)第一产业支出 Primary Industry	1734.45	1837.07	1969.47	2470.95	2595.17	3693.64
1.农业生产支出 Farming	1134.01	1230.32	1363.52	1701.01	1734.03	2673.50
2.林业生产支出 Forestry	10.09	10.97	16.85	21.36	22.04	25.14
3.牧业生产支出 Animal Husbandry	272.24	272.11	269.78	267.42	190.44	310.00
4.渔业生产支出 Fishery	318.11	323.68	319.33	481.17	648.66	685.00
2)第二产业支出 Secondary Industry	205.05	249.76	365.21	260.00	362.46	325.00
1.工业生产支出 Industry	168.14	195.52	299.87	82.93	121.14	152.00
2.建筑业生产支出 Construction	35.91	54.24	65.34	177.06	241.32	173.00
3)第三产业支出 Tertiary Industry	333.31	418.57	496.24	636.52	755.65	811.20
1.交通、运输和邮电业生产支出 Teansport, Post and Telecommunication Services	160.11	203.12	268.93	331.65	324.79	311.00
2.批发零售贸易、餐饮业生产支出 Wholesale and Retail Trade and Catering Services	158.62	190.85	216.63	265.67	387.01	425.00
3.社会服务业生产支出 Social Services	5.61	20.26	4.87	18.02	26.35	61.00
4.文教卫生业生产支出 Culture, Education and Health Care	3.11	4.09	5.54	9.65	11.83	10.00
5.其他家庭经营生产支出 Others	5.86	0.25	0.26	11.53	5.67	4.20
二、购买生产性固定资产支出 Cash Expenditure for Productive Assets	93.39	220.73	169.46	239.99	159.37	176.29
三、税费支出 Tax and Fee Expenditure	52.50	29.14	32.84	31.31	16.07	—
四、生活消费支出 Living Expenditure	4755.08	4900.75	5630.98	7102.70	8166.74	9127.00
1.食品 Food	2062.85	2067.53	2329.34	3068.38	3244.46	3459.00
主食 Staple Food	265.47	261.98	328.65	402.50	379.88	363.00
副食 Subsidiary food	980.67	897.70	976.78	1353.64	1408.45	1455.00
2.衣着 Clothing	289.82	332.07	353.41	524.41	598.02	698.00
3.居住 Residence	676.66	700.83	842.06	1000.71	1255.56	1427.00
4.家庭设备用品及服务 Household Facilities, Articles Services	325.34	355.32	348.81	496.85	644.92	712.00
5.交通和通讯 Transport and Telecommunications	441.17	444.12	545.41	608.84	707.57	784.00
6.文教娱乐用品及服务 Culture, Education and Recreation Articles and Services	535.36	478.73	494.34	465.05	592.70	704.00
7.医疗保健 Medicines and Medical Services	288.99	320.49	478.19	626.51	822.01	994.00
8.其他商品和服务 Other Commodities and Services	134.90	201.67	239.42	311.96	301.50	349.00
五、其他非生产性支出 Other Non-productive Expenditure	251.01	305.14	473.36	889.56	1148.64	923.00
附：生产性固定资产折旧 Supplement: Depreciation of Productive Fixed Assets	150.33	170.51	177.41	205.30	206.65	151.40

10－20 农村居民人均消费情况
PER CAPITA COMSUMPTION OF FARMER

单位：公斤　　　　　　　　　　　　　　　　　　　　(kilogram)

项目 Item		2008	2009	2010	2011	2012	2013
蔬菜	Vegetable	132.82	133.3	127.09	151.49	110.16	106.33
植物油	Vegetable Oil	9.47	9.01	9.57	11.05	11.48	13.56
动物油	Animal Oil	0.32	0.24	0.19	0.19	0.21	0.27
猪肉	Pork	15.21	15.06	16.17	15.14	15.39	14.23
牛羊肉	Beef & Mutton	1.16	1	0.74	1.54	1.53	1.72
家禽	Poultry	3.77	2.43	2.48	3.62	3.33	2.99
蛋类	Eggs	7.02	6.16	5.53	7.89	6.97	6.41
鱼虾	Fish, Shrimp	16.24	16.89	17.64	18.88	17.05	16.90
食糖	Sugar	0.78	0.67	0.58	0.51	0.61	0.75
酒	Liquor	11.28	11.85	11.16	11.25	11.02	9.95
茶叶	Tea	0.14	0.07	0.09	0.1	0.13	0.11
糖果糕点	Candy & Cake	3.41	3.56	3.68	3.67	4.27	3.52
水果	Fruit	26.01	30.35	25.31	33.31	25.37	33.68

10－21 农村居民家庭平均每人全年购买商品情况
PER CAPITA ANNUAL CONSUMPTION OF COMMODITIES IN RURAL HOUSEHOLDS

单位：元　　　　　　　　　　　　　　　　　　　　(yuan)

项目 Item		2008	2009	2010	2011	2012	2013
蔬菜	Vegetable Oil	111.07	90.46	96.12	135.00	146.83	134.53
动物油	Animal Oil	5.17	3.81	3.06	3.24	3.89	4.58
蔬菜	Vegetable	126.47	122.77	143.68	225.84	219.22	194.85
豆制品	Beans and Related Products	12.44	10.03	10.24	14.14	15.21	13.30
猪肉	Park	257.09	261.11	263.99	340.82	371.49	360.76
牛肉	Beef	20.55	17.71	16.34	32.35	36.85	54.68
羊肉	Mutton	5.59	6.11	5.37	9.10	13.73	22.87
家禽	Poultry	25.08	16.22	19.90	38.30	44.62	36.00
蛋类	Eggs	22.19	22.19	23.97	37.49	44.89	35.50
奶类	Milk	6.10	5.91	5.57	11.27	9.13	7.87
淡水鱼类	Limnetic Fish	101.73	114.35	121.89	148.38	149.24	134.00
海水鱼类	Briny Fish	3.74	1.89	0.84	2.70	1.47	1.50
食糖	Sugar	4.01	3.03	3.14	3.65	4.55	5.00
糕点	Cake	16.83	21.32	21.98	24.08	29.71	20.28
糖果	Candy	7.10	4.95	7.85	7.16	10.06	11.02
卷烟	Cigrettes	165.48	179.27	204.39	327.91	374.48	326.00
酒	Liquor	69.59	79.71	87.17	128.15	153.56	162.00
茶叶	Tea	4.84	3.81	4.38	7.67	9.06	7.00
水果	Fruit	32.59	34.64	38.06	53.27	65.71	76.21
洗涤及卫生用品	Washing and Health Articles	55.32	68.81	82.26	97.28	112.22	93.59
生活用煤	Living Coal	16.32	10.27	11.27	16.33	11.32	4.17
生活用液化气	Living Liquified Gas	49.81	45.35	64.41	94.02	113.14	122.20

10－22 农村居民家庭平均每百人购买商品情况
NUMBER OF DURABLE CONSUMER GOODS PURCHASED ANNUALLY PER 100 RURAL RESIDENTS

项目 Item		2008	2009	2010	2011	2012	2013
洗衣机(台)	Washing Machine(unit)	0.79	0.94	0.83	1.26	1.72	1.25
电风扇(台)	Electric Fan(unit)	3.67	4.81	5.62	4.21	4.34	0.00
电冰箱(台)	Refrigerator(unit)	1.42	1.65	1.36	2.17	1.21	1.69
空调机(台)	Air-Conditioner(unit)	0.52	0.90	1.13	2.13	1.99	2.68
微波炉(台)	Micro-Wave Oven(unit)	0.19	0.19	0.94	0.53	0.16	0.54
热水器(台)	Water Heater(unit)	1.33	5.52	1.55	2.17	1.76	0.98
自行车(辆)	Bicycle(unit)	2.05	1.71	1.92	1.19	3.11	0.89
摩托车(台)	Motocyle(unit)	1.42	1.09	1.02	1.14	1.02	0.98
电话(部)	Telephone(set)	2.25	1.47	1.89	1.14	1.13	0.89
移动电话(部)	Mobile Telephone(set)	5.99	6.09	7.62	8.03	9.45	13.04
彩色电视机(台)	Color TV Set(unit)	3.63	1.73	1.24	1.73	2.11	2.32
影碟机(台)	Video Disc Player(unit)	0.37	0.26	0.38	0.24	0.47	0.18
收录机(台)	Stereo Recorder(unit)	0.07	0.08	0.08	0.20	0.70	0.00
照像机(架)	Camera(unit)	0.11	0.08	0.08	0.08	0.08	0.09
家用计算机(台)	Computer(unit)	0.53	0.80	0.79	1.77	1.55	1.16

10－23 农村居民家庭平均每百户耐用消费品拥有量
NUMBER OF DURABLE CONSUMER GOODS OWNED PER 100 RURAL HOUSEHOLDS

项目 Item		2008	2009	2010	2011	2012	2013
洗衣机(台)	Washing Machine(unit)	67.3	72.3	73.4	80.9	83.1	83.3
电冰箱(台)	Refrigerator(unit)	68.9	80.3	86.1	96.7	95.9	96.1
空调机(台)	Air-Conditioner(unit)	42.9	52.4	64.7	86.4	93.6	88.5
抽油烟机(台)	Smoke Absorber(unit)	29.3	35.0	30.1	43.3	52.6	46.3
吸尘器(台)	Cleaner(unit)	1.7	4.6	3.6	4.3	6.9	7.2
微波炉(台)	Micro-Wave Over(unit)	10.1	13.1	16.4	23.9	26.6	24.1
热水器(台)	Water Heater(unit)	32.2	50.0	59.1	71.1	80.0	83.7
自行车(辆)	Bicycle(unit)	110.9	112.1	99.0	75.7	68.6	－－
摩托车(台)	Motocycle(unit)	42.4	51.7	53.3	53.1	52.1	55.1
电话(部)	Telephone(set)	79.6	73.6	74.7	59.1	54.6	43.1
移动电话(部)	Mobile Telephone(set)	148.4	170.9	195.4	211.1	227.4	228.7
彩色电视机(台)	Color TV Set(unit)	118.3	120.6	134.0	129.4	129.1	125.1
黑白电视机(台)	Monochrome TV Set(unit)	3.4	3.0	1.6	0.6	1.1	－－
摄像机(台)	Pickup Camera(unit)	2.1	1.6	0.9	1.3	1.4	2.2
影碟机(台)	Video Disk Player(unit)	58.1	51.9	59.3	40.4	40.9	30.5
照像机(架)	Camera(unit)	7.0	11.3	15.7	10.1	12.9	12.8
家用计算机(台)	Computer(unit)	9.9	13.6	18.7	26.6	32.1	36.6
中高档乐器(件)	Medium and High Grade Musical Instruments(unit)	0.0	0.0	0.0	0.3	0.1	0.6

主 要 统 计 指 标 解 释

商品零售价格指数 是反映城乡商品零售价格变动趋势的一种经济指数。零售物价的调整变动直接影响到城乡居民的生活费支出和国家的财政收入,影响居民购买力和市场供需平衡,影响消费与积累的比例。因此,计算零售价格指数,可以从一个侧面对上述经济活动进行观察和分析。

居民消费价格指数 是反映一定时期内城乡居民所购买的生活消费品价格和服务项目价格变动趋势和程度的相对数。是综合了城市居民消费价格指数和农民消费价格指数计算取得。利用居民消费价格指数,可以观察和分析消费品的零售价格和服务价格变动对城乡居民实际生活费支出的影响程度。

城市居民消费价格指数 是反映城市居民家庭所购买的生活消费品和服务项目价格变动趋势及其程度的相对数。编制城市居民消费价格指数,可以观察和分析消费品的零售价格和服务项目价格变动对职工货币工资的影响,作为研究职工生活和确定工资政策的依据。

工业生产者出厂价格指数 是反映全部工业产品出厂价格总水平的变动趋势和程度的相对数。其中包括工业企业售给商业,外贸、物资部门的产品外,还包括售给工业和其他部门的生产资料以及直接售给居民的生活消费品。通过工业生产者生产价格指数能观察出厂价格变动对工业总产值的影响。

城镇居民家庭就业人口 指城镇居民从事社会劳动并取得劳动报酬或经营收入的人口,就业人口包括通过国家统筹规划和指导由劳动部门介绍就业,自愿组织起来就业和自谋职业等方式,就业人口数包括在国有制、集体所有制;中外合资;中外合作;外资在华独资的企事业单位和私营企业单位工作或从事个体劳动的有固定性职业或临时性职业的人员,被聘用和留用的离退休人员也计入就业人口。本指标可以反映城镇居民的就业情况、是计算就业面,负担系数的重要资料。

城镇居民家庭总收入 指调查户中生活在一起的所有家庭成员在调查期得到的工薪收入、经营净收入、财产性收入、转移性收入的总和,不包括出售财物和借贷收入。

城镇居民家庭可支配收入 指调查户可用于最终消费支出和其它非义务性支出以及储蓄的总和,即居民家庭可以用来自由支配的收入。它是家庭总收入扣除交纳的所得税、个人交纳的社会保障费以及调查户的记帐补贴后的收入。

城镇居民家庭总支出 指家庭除借贷支出以外的全部实际支出。包括消费性支出、购房建房支出、转移性支出、财产性支出、社会保障支出。

城镇居民家庭消费支出 指调查户用于本家庭日常生活的全部支出,包括食品、衣着、家庭设备用品及服务、医疗保健、交通和通讯、娱乐教育文化服务、居住、杂项商品和服务八大类等。不包括用于赠送的商品和服务。

农村居民家庭纯收入 指农村常住居民家庭总收入中,扣除从事生产性经营费用支出、缴纳税款、专项调查补贴和折旧等以后剩余的,可直接用于进行生产性、非生产性建设投资、生活消费和积蓄的那一部分收入,它是反映农民家庭实际收入水平的综合性的主要指标。农民家庭纯收入,既包括从事生产性经营收入和非生产性的收入,又包括来自在外人口寄回带回和国家财政救济、各种补贴等非经营性收入;既包括货币收入,又包括自产自用的实物收入。但不包括向银行、信用社和向亲友借款等属于借贷性的收入。

农村居民家庭整半劳动力 指农村常住居民家庭成员中有劳动能力并经常参加实际劳动的人员,农村男 18 周岁至 50 周岁、女 18 周岁至 45 周岁为整劳动力;男 16 周岁到 17 周岁、51 周岁到 60 周岁,女 16 周岁到 17 周岁、46 周岁至 55 周岁为半劳动力,农民家庭整半劳动力,既包括在上述规定劳动年龄内和在劳动年龄以外有劳动能力并经常参加实际劳动的男女整半劳动力;也包括农民家庭常住人员中属于职工的劳动力。但不包括在劳动年龄内已丧失劳动能力的人员。

农村居民家庭生活消费支出 指农村常住居民家庭年内用于日常生活的全部开支。它是用来反映和研究农民家庭实际生活消费水平高低的重要指标。农民家庭生活消费支出,包括用于吃、穿、住、烧、用等生活消费品开支和文化、生活服务费用开支两大部分。

Explanatory Notes on Main Statistical Indicators

Retail Price Index reflects the general change in retail prices of commodities. The change and adjustment in retail prices directly affect the living expenditure of urban and rural residents, government revenue, purchasing power of residents and the equilibrium of market supply and demand, and the ratio of consumption to accumulation. Therefore, the calculation of retail price index is useful to analyze the changes of the above economic activities.

Consumer Price Index reflects the relative change in prices of consumer goods and services purchased by urban and rural residents, and is a composite index derived from the urban consumer price index and the rural consumer price index.

Consumer price index can be used to analyze the impact of consumer price changeon actual expenditure for living cost of urban and rural residents.

Urban Consumer Price index reflects the relative change in prices of consumer goods and services purchased by urban and staff and workers and their families and can be used to observe and analyze the impact of price changers in consumer goods and services on money wages of staff and workers, and provide basis for policy making concerning the living cost and wages of staff and workers.

Ex -factory Price Index of industrial Producers reflects the change in general ex - factory prices of all industrial products, including sales of industrial product to commercial enterprises, foreign trade sectors, materials supplying and distributing sectors as well as sales of production means to industry and other sectors and sales of consumer goods to residents. It can be used to analyze the impact of ex - factory prices on gross industrial output value.

Employed Population in Urban Households refers to urban residents engaged in certain work and receiving payment for their labor or income from their business operation, including those who work in state-owned or collective units, joint ventures, foreign-owned units and private units with permanent or temporary jobs. The self - employed individuals and reemployed retirees are also included. This indicator reflects the situation of urban employment and is the basic data for calculating employment rate and dependency ratio.

Total income of Urban Households refers to the total actual cash income of the sample households, including regular or fixed income and occasional income. The income of a circulating nature such as withdrawal from bank deposits, loans borrowed from relatives or friends, repayment of loans received and various temporary collection of money is excluded .

Disposable income refers to the income of the sample households which can be used for daily expenses, i. e. Total income minus income tax, property tax and other current transfers.

Expenditure for Consumption refers to total expenditure of the sample households for consumption in daily life, including expenditure for various commodities and expenses for non-commodity items such as culture and service, etc. but excluding fines and confiscation, loss, tax payments (such as income tax, license tax, real estates tax, etc.) and various expenses by individual laborers for business purposes.

Expenditure for Purchases of Commodities refers to total expenses of the sample households for the purchases of commodities from shops, factories, catering trade, canteens, markets and the peasants. This expenditure is classified into eight categories: food, clothing, household appliances and services, health care and medical services, transport and communications, recreation, education and cultural services, housing, miscellaneous goods and services. No matter whether the commodities are purchased for their own consumption or for gifts to relatives and friends, they are all included.

Net income of Rural Households refers to the total income of the permanent residents of the rural households during a year after the deduction of the expenses for productive and non - productive business operation, the payment for taxes, the payment for collective units for their contracted tasks and the subsidy from sample survey. The net income can be spent for investments in productive and non-productive construction, for consumption in daily life and for savings deposit. It is a comprehensive indicator to show the actual level of the income of the peasants' household. The net income of the rural households includes not only the income from the productive and non-productive business operation, but also the income from the non - business operation, such as the money remitted or brought back by the members of the household who are in other places, the government relief payment and various subsidies. Ii includes not only the money income, but also the income in kind. But the income from borrowing from banks, friends and relatives is excluded.

Able - bodied and Semi - ablebodied Laborers of Rural Households refer to permanent residents of rural households who are able to work and actually engaged in social labor. According to the relevant regulations, male aged 18-50, female aged 18-45 are considered as able - bodied laborers; male aged 16-17 and 51-60, female aged 16-17 and 46-55 are considered as semi - ablebodied laborers. Those who are not in the above age range but able to work and actually engaged in social labor are also considered as able-bodied or semi ablebodied laborers, while those who are within the above age range but unable to work are not counted as able - bodied or semi ablebodied laborers.

Expenditure of Rural Households for Consumption refers to total expenses of rural households on daily life, including expenses on food, clothing, housing, fuel, articles for daily use, and expenses on cultural life and services. This indicator is used to show the actual consumption level of peasants.

十一、科技、教育、文化、卫生及其他

SCIENCE, TECHNOLOGY, EDUCATION, CULTURE, HEALTH AND OTHERS

资料整理人员:胡　增　罗厚淳　帅国豪　谷润芳　肖诗军　史　瑾　徐志黎

STAFF FOR DATA PROCESSING:

Hu Zeng　Shuai Guohao　Luo Houchun　Gu Runfang　Xiao Shijun　Shi Jing　Xu Zhili

简要说明

本篇资料反映科技、教育、文化、卫生、体育、民政、公检法、环境保护各项社会事业发展情况。

科技统计资料包括高新技术产业发展情况和规模以上工业企业科技活动情况,资料提供单位为武汉市科技局;教育统计资料内容包括高等教育、普通中等教育、初等教育、幼儿教育、特殊教育、职工教育,资料提供单位为武汉市教育局、武汉市人力资源和社会保障局和湖北省人力资源和社会保障厅;文化统计资料内容包括各类文化事业机构、人员、经费和主要业务活动情况,资料提供单位为武汉市文新广局、湖北省文化厅、湖北新闻广播局;体育统计资料内容包括体委系统职工情况、运动员教练员情况、运动会举办情况等,资料提供单位为武汉市体育局、湖北省体育局;民政统计资料内容包括优抚和救济情况、福利企事业机构、床位、业务情况、婚姻登记情况,资料提供单位为武汉市民政局;公检法统计资料内容包括刑事案件情况、交通和火灾事故情况、检察机关办案情况、以及律师、公证、调解情况,资料提供单位为武汉市公安局、武汉市检察院、武汉市司法局;环境统计资料内容包括三废排放情况、污染治理投资、项目情况,资料提供单位为武汉市环境保护局;卫生统计资料包括医疗机构人员、疾病、对居民保证程度等情况,由市卫计委提供。

Brief Introduction

Data in this chapter mainly show the development of Science and technology、education、culture、public health、sports、Civil administration、Public security organs、Environmental protection. The content of education statistics includes advanced education、regular secondary education、elementary education、kindergarten education、special education、education for staff and worker. These data are provided by Wuhan city bureau of education、Wuhan city bureau of works and social security、Hubei province bureau of works and social security. The content of culture statistics includes number of institutions、personnel and cost and other main activity. These data are provided by Wuhan City Press and Broadcasting Bureau, Hubei Provincial Department of culture, The news bureau of Hubei Province. The content of sports statistics includes staff and worker of and Sports Commissions、Sportsman and coach and run of sports meeting. These data are provided by wuhan city bureau of sport 、hubei province bureau of sport. Data of Civil administration statistics include persons enjoying favoured treatment and receiving special pensions、number of social welfare enterprise、number of beds、statistics on marriages. These data are provided wuhan city bureau of Civil administration. Data of public security statistics include criminal and offense cases、traffic accidents and fires、cases handled、lawyer、Notarial documents and Civil disputes mediated. These data are provided wuhan city bureau of public security administration、Wuhan city office of procuratorate 、wuhan city bureau of justice. Data of environmental statistics include discharge and treatment of waste water、waste gas and solid wastes、investment of treatment of pollution、number of projects. These data are provided by wuhan city bureau of environmental protection. Health statistics include medical institutions, personnel, disease, to the residents of security degree. Provided by the city health and family planning committee.

11－1 高新技术产业发展情况

STATISTICS ON NEW AND HIGH TECHNIC INDUSTRY DEVELOPMENT IN WUHAN

单位：万元 (10 000 yuan)

指标 Item	2002	2003	2004	2005	2006	2007
总产值 Total Output Value	4973469	5722338	6410188	8370207	11004382	13801172
增加值 Value Added	1734188	2006750	2261669	2920023	3796512	4747603
1、电子信息 Electronic Information	406812	472472	625653	766666	1021137	1197520
2、先进制造 Advanced Manufacturing	509171	526780	614299	658425	955727	1241271
3、新材料 New Materials	293105	379776	533170	689903	754696	1046049
4、生物医药和医疗器械 Bio－technology and New Medicine	206833	268210	218141	313169	358323	405962
产品出口交货值 Value of Delivery for Export	180078	184983	310049	523212	951432	920808
产品销售收入 Sales Revenue of Products	4571837	5360773	6040485	7952966	10124031	12559066
利税总额 Total Value of Profits and Taxes	712124	735628	741531	945981	1103981	1553558

指标 Item	2008	2009	2010	2011	2012	2013
总产值 Total Output Value	17341131	20549913	26380353	34489139	45560041	56044728
增加值 Value Added	6017362	7110270	8830955	10741142	13534010	17001874
1、电子信息 Electronic Information	1657625	2176018	2711109	3462841	3742258	4464821
2、先进制造 Advanced Manufacturing	1387088	2056036	2849183	3891344	5013158	6113839
3、新材料 New Materials	1521088	1237953	1551093	1602444	1430334	1662238
4、生物医药和医疗器械 Bio－technology and New Medicine	348295	406313	319263	344720	496650	613295
产品出口交货值 Value of Delivery for Export	1189337	1284882	1947344	3767699	5546199	4529562
产品销售收入 Sales Revenue of Products	15953841	19383916	25753287	38172227	45103564	49589496
利税总额 Total Value of Profits and Taxes	1570285	2222988	2944291	3297328	3516910	3949666

11-2 规模以上工业企业科技活动情况

项目 Item	有R&D活动企业（个）Number of Enterprises with R&D Activities (unit)		R&D人员合计（人）R&D Personels (person)	
	2013	2012	2013	2012
总计 Total	389	362	49982	46170
一、按登记注册类型分组 Grouped by Type of Registration				
内资企业 Domestic Enterprises	341	316	45412	42484
国有企业 State-owned Enterprises	17	33	13180	14203
集体企业 Collective-owned Enterprises	1	1	14	10
股份合作企业 Cooperative Enterprises	1	2		72
联营企业 Joint-owned Enterprises		1		255
有限责任公司 Companies of Limited Liabilities	184	159	19105	16091
股份有限公司 Share Co.,Ltd	64	54	10547	9466
私营企业 Private-owned Enterprises	74	65	2566	2375
其他企业 Other Domestic-funded Enterprises		1		12
港、澳、台商投资企业 Hongkong, Maco and Taiwan-invested Enterprises	8	9	582	776
外商投资企业 Foreign-invested Enterprises	40	37	3988	2910
二、按国民经济行业分组 Grouped by Sector				
其他采矿业 Other Minerals Mining and Processing	1	1	27	64
农副食品加工业 Food Processing	15	11	364	259
食品制造业 Food production	3	1	135	25
酒、饮料和精制茶制造业 Wine, Drinks and Refined Tea Processing	1	2	23	94
烟草制品业 Tobacco Processing	1	1	520	504
纺织业 Textile Industry	2	1	41	34
纺织服装、鞋、帽制造业 Textile, Garments, Shoes and Hats Products	2	1	308	238
木材加工及木、竹、藤、棕、草制品业 Timber Processing, Wood, Bamboo, Cane, Palm and Straw Products		1		5
家具制造业 Furniture Manufacturing	1	1	75	66

SCIENCE AND TECHNONOGY ACTIVITIES OF INDUSTRIAL ENTERPRIESE ABOVE DISIGNATED SIZE

R&D 经费支出 (万元) Funding for R&D Expenditure (10000 yuan)		新产品开发经费支出 (万元) Funding for New Product Development Expenditures (10000 yuan)		新产品销售收入 (万元) Revenue of New Product Sales (10000 yuan)		专利申请数 (件) Amount of Applications Examined (unit)	
2013	2012	2013	2012	2013	2012	2013	2012
1503407	**1269103**	**1616071**	**1461464**	**17508626**	**12840524**	**7542**	**5711**
1275515	1170325	1261868	1204025	9521627	7542101	6926	5153
647479	667117	556675	667162	3713499	3777945	2333	1795
341	313	341	313				1
10	699	825	525	960	1838	14	28
	6809		9284		236979		6
310693	247663	355963	269457	3107264	1883829	2668	1911
277938	212327	300449	218454	2056944	1175958	1396	1100
39054	34114	47616	37544	642960	450884	515	308
	1284		1284		14669		4
27197	25735	33845	29192	618605	625264	200	227
200695	73043	320357	228248	7368394	4673159	416	331
188	444	280	381			4	2
8709	4442	8639	4709	59316	40940	38	22
1594	91	2181	978	40896	15306	23	4
488	1865	488	1865		516	113	107
19677	22291	20647	19024	59524	96465	446	356
289	206	289	266	2392	3170		
5931	8061	5710	8062	43340	42338	24	35
	16	889	976	1211			3
1236	803	1236	1067	32071	22374	3	8

续 表

项 目 Item	有R&D活动企业（个） Number of Enterprises with R&D Activities (unit)		R&D人员合计（人） R&D Personels (person)	
	2013	2012	2013	2012
造纸及纸制品业 Papermaking and Paper Products	2	2	21	358
印刷业和记录媒介的复制 Printing and Record Processing	4	4	178	309
文教、工美、体育和娱乐用品制造业 Stationery, Education and Sports Goods	1	1	77	89
石油加工、炼焦及核燃料加工业 Petroleum Processing, Coking Products and Nuclear Fuel Processing	2	2	56	80
化学原料及化学制品制造业 Raw Chemical Material and Chemical Products	28	29	1296	915
医药制造业 Medical and Pharmaceutical Products	41	37	3736	4054
橡胶和塑料制品业 Rubber and Plastic Products	4	6	93	121
非金属矿物制品业 Nonmetal Material Products	10	11	464	239
黑色金属冶炼及压延加工业 Smelting and Pressing of Ferrous Metals	5	5	4225	5339
金属制品业 Metal Products	18	13	3401	2054
通用设备制造业 Ordinary Machinery Manufacturing	25	25	1663	2059
专用设备制造业 Special Purpose Equipment Manufacturing	42	32	2975	2775
汽车制造业 Automobile IndustryAutomobile Industry	28	36	3535	8402
铁路、船舶、航空航天和其他运输设备制造业 Railway, Ship, Aerospace and Other transportation Equipment	7		6706	
电气机械及器材制造业 Eletric Machinery and Equipment	60	53	4979	3690
通信设备、计算机及其他电子设备制造业 Telecommunication Equipment, Computer and Other Electronic Equipment Manufacturing	63	58	12965	12350
仪器仪表制造业 Instruments, Meters, Cultural and Official Machinery	20	24	1038	1081
其他制造业 Other Manufacturing	1	1	43	45
金属制品、机械和设备修理业 Mineral Products, Machinery and Repair of Equipment	1	1	223	34
电力、热力的生产和供应业 Electric Power, Steam and Hot Water Production and Supply	1	2	815	887
水的生产和供应业 Tap Water Production and Supply				

Continued

R&D 经费支出（万元）Funding for R&D Expenditure (10000 yuan)		新产品开发经费支出（万元）Funding for New Product Development Expenditures (10000 yuan)		新产品销售收入（万元）Revenue of New Product Sales (10000 yuan)		专利申请数（件）Amount of Applications Examined (unit)	
2013	2012	2013	2012	2013	2012	2013	2012
887	3546		7226		4347		1
4859	6752	4482	9337	22394	34919	141	85
1405	2809	1779	2809	1054	45860	53	
260	197	28	17			12	8
19816	22238	20119	23620	452527	416870	177	127
75809	65944	72981	62364	465784	405937	437	335
1572	3187	6428	2973	302328	230610	213	225
5730	5252	8372	3872	55208	33131	41	37
435426	434909	346130	416777	2463389	2579357	1223	986
40510	31962	42141	40881	354663	239965	200	143
44138	47334	53276	35830	616634	553288	347	419
65599	50519	88499	57857	588968	332467	532	454
174855	118938	298109	279190	6544646	5303092	320	576
69750		71808		908707		385	
80582	58757	89706	62890	1851481	562001	669	410
417500	363633	448400	398008	2580103	1837221	1672	1212
11908	11757	14941	14252	60340	40017	126	146
1781	690	1781	690		333		1
4689	889	4789	4664			3	7
8218	1570	1941	880			340	
				1648			1

11－3　专利申请、授权与有效量情况
EXAMINED AND GRANTED PATENT APPLICATIONS

单位：件　　　　　　　　　　　　　　　　　　　　　　　　　　　　　　（unit）

指　　标 Item	2008	2009	2010	2011	2012	2013
专利申请 Applied Patent						
专利申请量 Amount of Applications Examined	11270	14600	15045	21879	24105	25680
#发　明 Creations and Inventions	2905	3927	4660	6362	8071	9735
实用新型 Utility Models	4743	5767	6785	10100	13547	14048
外观设计 Designs	3622	4906	3600	5147	2487	1897
专利授权 Granted Patents						
专利授权量 Amount of Applications Granted	5329	6853	10165	11588	13689	15901
#发　明 Creations and Inventions	986	1262	1731	2585	3233	3171
实用新型 Utility Models	3468	3749	6161	6631	9100	11015
外观设计 Designs	875	1842	2273	2372	1356	1715
专利有效 Valid Patent						
专利有效量 Amount of Valid Patent	12605	16129	24969	31819	39205	48748
#发　明 Creations and Inventions	2852	3704	5353	7426	9879	12233
实用新型 Utility Models	7621	9190	14424	18324	24367	31189
外观设计 Designs	2132	3235	5192	6069	4959	5326

11－4　各级各类教育分年度基本情况
BASIC STATISTICS ON INSTITUTIONS OF HIGHER EDUCATION

单位：人　　　　(person)

指标 Item	2008	2009	2010	2011	2012	2013
学校数(所) Number of Innstitutions(unit)	1329	1260	1203	1254	1211	1222
普通高等院校 Institutions of Higher Eucation	55	78	78	79	79	80
普通中学 Rgular Secondary Schools	426	408	395	380	374	369
技工学校 Technical Schools	51	51	49	49	40	39
中等职业学校 Specialized Secondary Schools	36	33	33	114	111	144
小　学 Primary Schools	752	681	639	623	598	590
盲、聋、哑学校 Schools for the Blind and the Deaf－mute	9	9	9	9	9	9
毕业生数 Number of Graduates	523099	499021	483297	543431	509451	498395
普通高等院校 Institutions of Higher Eucation	234896	221708	221228	241101	240720	247327
普通中学 Rgular Secondary Schools	165527	159475	147003	133649	122319	115747
技工学校 Technical Schools	18832	23509	28809	31240	17405	11975
中等职业学校 Specialized Secondary Schools	17324	18517	15123	70401	62121	58095
小　学 Primary Schools	86324	75603	70884	66788	66607	65251
盲、聋、哑学校 Schools for the Blind and the Deaf－mute	196	209	250	252	279	394
招生数 New Student Enrollment	509362	509523	495610	515397	496566	502722
普通高等院校 Institutions of Higher Eucation	251167	259967	263780	278678	273131	271204
普通中学 Rgular Secondary Schools	138041	125823	120551	108293	103574	101567
技工学校 Technical Schools	30907	37138	25123	11951	9678	10351
中等职业学校 Specialized Secondary Schools	20227	17929	12383	40851	35762	42053
小　学 Primary Schools	68820	68440	73499	75320	74145	77547
盲、聋、哑学校 Schools for the Blind and the Deaf－mute	200	226	274	304	276	405

续 表 Continued

指 标 Item	2008	2009	2010	2011	2012	2013
在校学生数 Students Enrollment	1815393	1809252	1784934	1918340	1847472	1854230
普通高等院校 Institutions of Higher Eucation	809716	846315	881433	920373	946991	966438
普通中学 Rgular Secondary Schools	453358	413588	383089	352098	329870	314045
技工学校 Technical Schools	62285	76810	65289	66634	35471	25690
中等职业学校 Specialized Secondary Schools	69754	57850	42057	162612	120545	124287
小 学 Primary Schools	418893	413175	411347	414840	412781	423770
盲、聋、哑学校 Schools for the Blind and the Deaf - mute	1387	1514	1719	1783	1814	1890
教职员工数 Numger of Teachers and Staff	166632	166639	164399	172869	171818	175209
普通高等院校 Institutions of Higher Eucation	86964	87770	87895	90109	90052	91941
普通中学 Rgular Secondary Schools	40087	39629	39219	40596	40288	39485
技工学校 Technical Schools	4748	5154	3648	3941	3972	3532
中等职业学校 Specialized Secondary Schools	2704	2545	2482	9640	9158	12031
小 学 Primary Schools	31850	31257	30844	28272	28040	28220
盲、聋、哑学校 Schools for the Blind and the Deaf - mute	279	284	311	311	308	328
专任教师 Full - time Teachers	115226	116623	116122	122886	123126	126513
普通高等院校 Institutions of Higher Eucation	48658	50275	51306	53999	55016	57038
普通中学 Rgular Secondary Schools	32938	33010	32800	32463	32094	31510
技工学校 Technical Schools	3351	3704	2722	3091	3218	2808
中等职业学校 Specialized Secondary Schools	1938	1832	1796	6081	5908	8490
小 学 Primary Schools	28112	27568	27235	26991	26630	26667
盲、聋、哑学校 Schools for the Blind and the Deaf - mute	229	234	263	261	260	262

注:不包含研究生教育机构、成人教育高校及民办教育机构等等。
Note: Postgraduate Education Institutions, Adult Education Colleges and Non - governmental Education Organizations are not included.

11－5 普通中学、小学专任教师学历情况(2013 年)
BASIC STATISTICS ON ACADEMIC CREDENCIALS OF FULL-TIME TEACHERS IN REGULAR SECONDARY SCHOOLS AND PRIMARY SCHOOLS(2013)

单位：人 (person)

项目	Item	普通中学 Regular Secondary Schools 合计 Subtotal	高中 Senior	初中 Junior	小学 Primary Schools
专任教师总计	**Total Number of Full-time Teachers**	31510	12057	19453	26667
高等学校本科毕业及以上	Graduated from Regular College Course and above	28372	11861	16511	13602
高等学校专科毕业	Graduated from Specialized Subject (three Years)	3099	194	2905	10596
高中毕业及以下	Graduated from Senior Secondary Schools and below	39	2	37	2469
专任教师比重(%)	**Proportion of Full－time Teachers (%)**				
高等学校本科毕业及以上	Graduated from Regular College Course and above	90.04	98.37	84.88	51.01
高等学校专科毕业	Graduated from Specialized Subject (Three Years)	9.83	1.61	14.93	39.73
高中毕业及以下	Graduated from Senior Secondary Schools and below	0.12	0.02	0.19	9.26

11－6 平均每一专任教师负担的学生数情况
THE RATIO OF STUDENTS AND FULL-TIME TEACHERS

单位：人 (person)

项目	Item	2008	2009	2010	2011	2012	2013
高等学校	Institutions of Higher Education	16.64	16.83	17.18	19.68	19.85	21.83
中等专业学校	Specialized Secondary Schools	42.47	42.27	32.45	26.74	20.4	14.64
技工学校	Technical Schools	18.5	20.74	23.9	23.53	23.36	19.24
普通中学	Regular Secondary Schools	13.76	12.53	11.68	10.85	10.28	9.97
#高　中	Senior	14.19	13.55	12.92	12.01	10.99	9.95
初　中	Junior	13.53	11.96	10.96	10.15	9.35	9.98
小　学	Primary Schools	14.9	14.99	15.1	15.37	15.5	15.89

11－7 平均每万人口在校学生数情况
STUDENT ENROLLMENT PER 10 000 POPULATION

单位：人 (person)

项目	Item	2008	2009	2010	2011	2012	2013
高等学校	Institutions of Higher Education	972.05	1012.82	1053.43	1291.33	1341.78	1384.89
中等专业学校	Specialized Secondary Schools	134.97	132.53	105.88	194.34	145.72	151.25
技工学校	Technical Schools	74.77	91.92	78.03	21.04	14.21	11.02
普通中学	Regular Secondary Schools	544.25	494.96	457.84	420.3	398.76	382.18
#高　中	Senior	197.67	191.8	186.07	174.7	160.48	145.96
初　中	Junior	346.58	303.16	271.44	246.1	238.28	235.22
小　学	Primary Schools	502.87	494.47	491.61	495.79	498.99	515.72

11－8 幼儿园基本情况
BASIC STATISTICS ON KINDERGARTENS

单位：人 (person)

项目	Item	2008	2009	2010	2011	2012	2013
幼儿园数(所)	Number of Kindergartens (unit)	638	667	785	785	888	1024
在园幼儿数	Student Enrollment	125351	137248	165729	186921	203448	224274
教职员工数	Number of Staff and Teachers	13438	14472	16905	19227	22204	26029
#园　长	Chiefs of Kindergartens	1073	1116	1286	1320	1514	1738
教　师	Teachers	7261	7874	8968	9582	10906	12832
保健员	Health Workers	1164	1188	1466	4396	5079	6876
平均每一教养员负担幼儿	Ratio of Studtents and Kinder garten Teachers	17.26	115.53	18.48	19.51	18.65	17.48

11－9 普通中小学和职业中学校舍情况
BASIC STATISTICS ON SCHOOLHOUSE OF REGULAR SECONDARY SCHOOLS, PRIMARY SCHOOLS AND VOCATIONAL SCHOOLS

单位：万平方米 (10 000 sq. m)

项目	Item	2008	2009	2010	2011	2012	2013
学校数(所)	Number of Schools (unit)						
普通中学(所)	Regular Secvondary Schools (unit)	426	408	395	380	374	369
小　学(所)	Primary Schools (unit)	752	681	639	623	598	590
学校占地面积	Area of Schools						
普通中学	Regular Secondary Schools	1346.36	1334.6	1319.13	1310.44	1313.82	1301.55
职业中学	Vocational Secondary Schools	489.72	52.94	55.42	334.43	423.18	405.24
小　学	Primary Schools	1080.18	1056.52	1027.79	855.85	837.39	858.41
校舍建筑面积	Floor Space of School Building						
普通中学	Regular Secvondary Schools (unit)	530.93	536.12	546.02	548.29	557.37	571.35
职业中学	Vocational Secondary Schools	223.5	39.19	45.19	210.06	223.27	219.58
小　学	Primary Schools	329.69	333.34	333.76	296.57	308.58	318.16
本年新增面积	Newly Increased Floor Space of Building						
普通中学	Regular Secondary Schools	5.81	7.89	6.77	6.87	2.41	－12.27
小　学	Primary Schools	2.88	5.06	4.02	2.14	4.11	21.02
危险房屋面积	Floor Space of Buildings With Danger of Collapse						
普通中学	Regular Secondary Schools	0.98	2.54	1.99	2.67	1.53	0.7
小　学	Primary Schools	0.68	1.31	0.98	1.59	0.73	0.05

11－10 文化产业机构和人员情况
NUMBER OF INSTITUTIONS AND PERSONNEL IN CULTURE, ARTS AND CULTURAL RELICS

项目 Item	机构数(个) Number of Institutions (unit) 2013	2012	从业人员数(人) Number of Persons Engaged (person) 2013	2012
总计 Total	2594	2695	28853	34485
艺术业 Art Institutions	30	60	2424	3605
图书馆业 Libraries	17	17	660	647
群众文化业 Mass Culture	179	173	744	696
艺术教育业 Art Education	3	3	570	570
娱乐业 Recreation	2224	2281	19388	23699
文艺科研 Art Research	2	2	67	65
文物业 Cultural Relics	47	57	1268	1353
其他文化产业 Other Cultural Units	92	102	3732	3850

11－11 艺术表演机构和人员情况
STATISTICS ON INSTITUTIONS AND PERSONNEL IN ART PERFORMANCE

项目 Item	机构数(个) Number of Institutions (unit) 2013	2012	从业人员数(人) Number of Persons Engaged (person) 2013	2012
总计 Total	31	56	2660	3545
一、艺术表演团体 Art Performance Troupes	17	33	2055	2054
1. 话剧、儿童剧、滑稽剧团 Drama, Children, Plays and Comedy Troupes	2	3	242	191
2. 歌剧、舞剧、歌舞剧团 Opera, Ballet and Dance Troupes	5	1	697	159
3. 歌舞团、轻音乐团 Song and Dance Group、Pops Orchesrta		6		103
4. 乐团 Philharmonic Troupes		2		130
5. 戏曲剧团 Local Opera Troupes	3	19	567	1175
其中：京剧 Local Beijing Opera Troupes	2	2	315	261
6. 曲、杂、木、皮剧团 Recitation and Ballad Troupes, Acrobatics and Circus Troupes, Puppet Show Troupes and Shadow Play Troupes	6	6	537	254
7. 综合艺术表演团体 Comprehensive Art Troupes	1	5	12	104
二、艺术表演场所 Art Centers	14	13	605	1394

11－12 文化部门艺术表演团体基本情况(2013年)

STATISTICS ON INSTITUTIONS AND PERSONNEL OF ART PERFORMANCE IN CULTURAL DEPARTMENT (2013)

项目 Item	剧团数(个) Number of Troupes (unit)	本年新排上演剧目(个) Newly Rehearsal and Performance Plays in the Year (play)	国内演出场次(千场) Number of Domestic Performances (1000 shows)	国内观众(千人次) Number of Domestic Spectators (1000 person-times)	本年收入合计(千元) Total Income (1000 yuan)	本年支出合计(千元) Total Expenditures (1000 yuan)
总计 Total	17	48	4.24	4516.48	334343	347609
话剧、儿童剧、滑稽剧团 Drama, Children, Plays and Comedy Troupes	2	14	0.91	637.85	42250	46934
歌剧、舞剧、歌舞剧团 Opera, Ballet and Dance Troupes	5	19	0.8	734.63	97320	101755
戏曲剧团 Local Opera Troupes	3	1	0.84	1228	84696	87789
#京剧 Local Beijing Opera Troupes	2	1	0.44	434	52007	56458
曲、杂、木、皮剧团 Recitation and Ballad Troupes, Acrobatics and Circus Troupes, Puppet Show Troupes and Shadow Play Troupes	6	10	1.53	1901	106700	108176
综合性艺术表演团体 Comprehensive Art Troupes	1	3	0.16	15	3377	2955

11－13 文化部门艺术表演场所演出情况

BASIC STATISTICS ON PERFORMANCE OF CULTURAL DEPARTMENT

项目 Item	2008	2009	2010	2011	2012	2013
剧场(个) Theaters (unit)	13	14	14	14	13	14
剧场座席(万个) Seating-room of Theaters (10 000 seats)	1.2	1.2	1.4	1.41	1.39	1.54
演出场次(万场) Number of Performances (10 000 shows)	1.6	1.7	1.4	1.76	0.172	0.136
#艺术场次 Number of Art Performances	0.2	0.2	0.1	0.071	0.073	0.09
观众人次(万人次) Number of Spectators (10 000 person-times)	146.9	153.4	478.6	236.98	124.98	104.02
#艺术观众(万人次) Number of Spectators for Art	93.4	59.9	36.1	34.04	60.055	71.497
总收入(万元) Total Income (10 000 yuan)	2475	2693	2187	7077	44528	9975.2
#艺术演出收入 Income From Art Performances	741	1381	440	696.6	1481	3936.6
总支出(万元) Total Expenditures (10 000 yuan)	2420	2747	2277	7633	4579	9878.8

11－14 群众艺术馆、文化馆
STATISTICS ON MASS ART CENTERS AND CULTURAL CENTERS

项 目 Item	2008	2009	2010	2011	2012	2013
机 构 数(个) Number of Institutions (unit)	15	15	15	15	15	15
举办展览个数(个) Number of Exhibitions(unit)	113	109	609	74	80	106
组织文艺活动次数(次) Art Performances and Story-telling Sessions (times)	729	652	4155	749	635	1015
举办培训班(个) Training Courses (times)	229	189	1709	255	391	728
结业人次数(千人次) Number of Persons Completing Courses (1000 person-times)	25	9.6	80	255.1	0.26	0.55

11－15 公共图书馆基本情况
BASIC STATISTICS ON PUBLIC LIBRARIES

项 目 Item	2008	2009	2010	2011	2012	2013
机 构 数(个) Number of Institutions(unit)	17	17	17	17	17	17
藏 书(万册) Collections (10 000 volumes)	961.1	997.9	1031.69	1145.78	1182.87	1223.7
发放借书证数(万个) Number of Library Cards Distributed (10 000 units)	29.3	29.4	33.06	34.29	36.04	28.03
图书流通人次(万人次) Total Number of Circulation (10 000 person-times)	546.2	506.2	476.1	474.5	504.81	583.11
为读者举办各种活动(次) Service Activities Provided for Readers (times)	931	690	671	721	951	1149
参加人次(万人次) Number of Readers Involved (10 000 person-times)	70.6	25	29.3	29.2	42.25	105.63
本年新购图书(万册) Number of Books Purchased During the Year(10 000 Volumes)	32.5	31.3	28.7	44.7	67.92	73.44
公用房屋建筑面积(万平方米) Floor Space of Public Building (10 000 sq. m)	9.4	9.4	10	7.5	15.72	17.64
阅览室座席数(万个) Seats of Reading Rooms (10 000 seats)	0.71	0.7	0.7	0.59	1.2	1.1193

11－16 广 播 电 视 基 本 情 况
BASIC STATISTICS ON BROADCASTING AND TELEVISION

项　　目 Item	2008	2009	2010	2011	2012	2013
广播电台(座) Broadcasting Stations(seat)	2	2	2	1	1	1
电视台(座) Television Stations(seat)	2	2	2	1	1	1
广播电视台(座) Radio Television Stations(seat)	4	4	4	4	4	4
调频转播发射台(座) Number of Broadcast Transmission Stations(seat)	10	10	8	8	8	8
电视转播发射台(座) Number of Television Transmission Stations(seat)	6	6	6	6	6	6
广播节目套数(套) Number of Broadcasting Programs(seat)	18	18	18	18	18	19
公共广播节目每日播出时间(时、分) Average Public Broadcasting Hours per Day(hour、minute)	328:41	329:07	335:56	324:42	337:41	347:05
电视节目套数(套) Number of Television Programs(seat)	19	19	19		20	20
公共电视节目每日播出时间(时、分) Average Public Television Hours per Day(hour、minute)	350:42	379:30	376:30	386:44	402:59	401:15

11－17 图书、杂志、报纸出版数量
COMPOSTITION OF BOOK、MAGAZINES AND NEWSPAPER PUBLISHED

项目 Item	2008	2009	2010	2011	2012	2013
图书 Books						
出版社图书种数合计(种) Books from Publishing House(unit)	6931	8632	10464	11886	14256	13905
出版新图书(种) New Books Published (unit)	3921	5112	5832	6853	8476	8446
总印数(万册) Impression (10 000 copies)	23169.7	22441	27532	25982	25972	26273.68
总印数(万张) Printed Sheets (10 000 unit)	1627394	1639309	2030603	1943309	2045531	2088162.05
杂志 Magazine						
种数(种) Class (unit)	356	355	358	359	360	363
平均期印数(万册) Number of Average Impression (10 000 copies)	1473.9	1385	1153	1205.93	1255.07	1143.02
总印数(万册) Impression (10 000 copies)	29845	32098.58	28109.15	29736.61	33651.88	30463.73
总印张(千印张) Printed Sheets (1 000 unit)	1196488	1426449.92	1372642.99	1588565.62	1842724.97	1758399.64
报纸 Newspaper						
种数(种) Class	66	65	65	64	64	64
平均期印数(万册) Number of Average Impression (10 000 copies)	576.285	568.48	599.82	813.33	698.65	682.92
总印数(万册) Impression (10 000 copies)	145073.18	136040.17	148619.74	162555.42	164955.31	159425.62
总印张(千印张) Printed Sheets (1 000 unit)	9030258.94	7032611.44	6811340.73	7875050.45	8251147.94	7597363.7

11－18 博 物 馆 基 本 情 况
NUMBER OF HEALTH INSTITUTIONS

项目	Item	2008	2009	2010	2011	2012	2013
机构数(个)	Number of Centers (unit)	23	23	24	24	46	53
人员数(人)	Total Number of Staffs (person)	437	510	572	526	1016	1158
藏品(件)	Cultural Relics of Collection (case)	229905	230131	309108	269785	503869	528038
参观人次(万人次)	Vistors (10 000 person-times)	300	387.9	623.3	420.67	675.63	779.185
总收入(万元)	Total Income (10 000 yuan)	9838	13600	15405	13355.9	21914.4	34212.5
总支出(万元)	Total Expenditures (10 000 yuan)	9429	14006	161325	13723.7	22245.6	34219.2

11－19 卫 生 事 业 机 构 数
NUMBER OF HEALTH INSTITUTIONS

单位：个　　　　(unit)

项目	Item	2008	2009	2010	2011	2012	2013
合计	**Total**	**2643**	**2697**	**2791**	**2848**	**2860**	**2760**
医院	Hospitals	148	147	154	154	159	164
社区卫生服务中心	Community Health Service Centers	108	125	125	125	125	126
卫生院	Health Centers	84	80	78	79	79	78
门诊部	Clinics	79	101	111	113	127	138
急救中心	First-aid Centers	1	1	1	1	1	1
采供血机构	Taking and Supplying Blood Centers	2	2	2	1	1	1
妇幼保健机构	Maternity and Child Care Centers	14	14	14	14	14	14
专科防治机构	Special Prevention and Treatment Centers or Stations	14	15	15	14	14	14
疾病控制机构	Disease Controling Centers	20	20	20	20	20	19
卫生监督机构	Sanitation Intendance Centers	16	16	16	16	16	16
医学培训机构	Physic Training Centers	2	2	2	2	2	2
其他卫生机构	Other Health Care Institutions	2	4	4	4	4	24
诊所	Clinics	1691	1677	1750	1800	1797	1790
卫生所医务室	Clinic Infirmary	99	90	96	102	98	98
社区卫生服务站	Community Health Service Stations	361	403	403	403	403	275

11－20　医疗机构基本情况(2013 年)
STATISTICS ON HOSPITAL AFFAIRS(2013)

项　目	Item	诊疗人次(千次) Total Number of Patients Treated (1000 person-times)	住院人数(千人) Hospital Admissions (1000 patients)	病床周转次数(次) Turnover of Beds (times)	病床使用率(%) Utilization Rate of Beds (%)
合　计	Total	61870	2101	34.1	95.66
一、医　院	Hospitals	34954	1789	34.6	100.45
综合医院	General Hospitals	24681	1330	34.4	101.71
中医医院	Hospitals of Chinese Medicine	3541	156	44.3	102.58
中西医结合医院	Hospitals of Chinese and Westen Medicine	3450	91	37	102.45
专科医院	Specialized Hospitals	4281	212	30.5	92.04
二、疗 养 院	Sanatoriums				
三、社区卫生服务中心	Community Health Service Centers	7438	123	27.1	67.04
四、卫 生 院	Rural Township Hospitals	4026	101	32.5	66.37
街道卫生院	Urban Township Hospitals	476	10	23.5	61.37
乡镇卫生院	Rural Township Hospitals	3550	91	33.9	67.14
五、门 诊 部	Clinics	601	1		
六、妇幼保健机构	Maternity and Child Care Centers	2219	64	45.4	87.54
七、疾病预防控制机构	Disease Prevention & Treatment Centers				
八、专科疾病防治机构	Specialized Disease Prevention & Treatment Centers	208	19	24.2	90.08

11－21　卫　生　事　业　床　位　数
NUMBER OF BEDS IN HEALTH INSTITUTIONS

单位：张　　　　(unit)

项　目	Item	2008	2009	2010	2011	2012	2013
合　计	Total	43435	48061	51199	56540	62178	66563
医　院	Hospitals	35690	39811	42322	46716	51721	55076
卫 生 院	Health Centers	2920	3054	2809	2810	3209	3469
社区卫生服务中心	Community Health Service Centers	3241	3627	4129	5108	5416	5673
门诊部、所	Clinics	125	95	159	133	76	78
专科防治所、站	Special Prevention and Treatment Centers or Stations	662	687	758	760	742	843
妇幼保健所、站	Maternity and Child Care Centers	767	787	1022	1013	1014	1424

11－22　医疗机构所属人员情况(2013 年)

单位：人

项　目 Item	合　计 Total	各类卫生技术人员 All Health Technicians 小　计 Total	执业(助理)医师 Certified Assistant Doctors	执业医师 Certified Doctors
合　计 Total	90542	72164	27767	25595
医　院 Hospitals	61721	50262	17888	17294
社区卫生服务中心 Community Health Service Centers	7896	6575	2631	2326
卫 生 院 Health Centers	5580	4668	1938	1216
门 诊 部 Out－patient Department	1309	1161	649	579
诊所卫生室医务室 Clinics	4867	4684	2600	2437
疾病预防控制中心 Centers for Disease Control and Prevention	1523	1163	562	518
专科疾病防治院(所、站) Specialized Hospitals for Disease Control and Prevention	949	747	316	268
健康教育所(站、中心) Institute for Health Education	25	15	2	2
妇幼保健院(所、站) Maternal and Child Health Care	2132	1835	698	677
急救中心(站) First Aid Center	177	82	51	49
采供血机构 Blood Services	159	101	21	12
卫生监督所(中心) Health Supervision Institution	443	346	0	0
医学科学研究机构 Medical Scientific Reserach Institutes	31	22	9	9
医学在职培训机构 Medical Institions of on－the－job Training	40	21	15	13
临床床检验中心(所、站) Clinical Test Center	10	3	0	0
其他卫生机构 Others	39	20	10	3

THE NUMBER OF PERSOMEL EMPLOYED PERSONNEL IN MEDICAL INSTITUTIONS(2013)

(person)

各类卫生技术人员 All Health Technicians				其他 Others	管理人员 Administrative Staff	工勤技能人员 Ground Skilled Staff
注册护士 Enrolling Nurses	药剂人员 Junior Pharmacists	技师(士) laboratory Technicians	其他技术人员 Other Technicians			
32036	3864	3967	4530	4113	4731	6526
24157	2606	2636	2975	3029	3689	4741
2727	518	346	353	407	380	534
1572	362	248	548	229	249	434
376	57	46	33	0	0	148
1814	165	41	64	0	0	183
126	15	372	88	158	81	121
231	68	86	46	55	68	79
8	0	1	4	7	3	0
907	58	133	39	154	82	61
28	1	0	2	9	23	63
29	11	32	8	13	28	17
0	0	0	346	29	45	23
5	0	4	4	0	5	4
3	0	2	1	6	5	7
3	0	0	0	0	6	1
7	3	0	0	9	4	6

11－23　医疗卫生事业对居民的保证程度
NUMBER OF BEDS AND PERSONS ENGAGED IN MEDICAL AND HEALTH INSTITUTIONS PER 1000 POPULATION

单位：张、人　　　　(unit, person)

项目	Item	2008	2009	2010	2011	2012	2013
每千人口卫生床位数	Number of Beds per 1000 population	5.2	5.8	6.1	6.51	7.07	7.12
#每千人口医院床位数	Number of Hospital Beds per 1000 population	4.2	4.8	5.1	5.6	6.14	6.74
每千人口卫生工作人员数	Nwmber of Medical Personnel per 1000 population	8.6	8.9	9.5	9.86	10.41	11.02
#每千人口卫生技术人员数	Number of Medical Technical Personnel per 1000 population	6.9	7.2	7.41	7.82	8.31	8.78
每千人口医生数	Number of Doctors per 1000 population	2.7	2.9	3	3.08	3.3	3.33
每千人口护师、护士数	Number of Senior and Junior Nurses per 1000 population	2.6	2.9	3	3.2	3.4	3.89

11－24　居民死亡十种主要疾病构成情况(2013年)
THE COMPOSITION OF TEN MAIN DISEASES CAUSING DEATH OF RESIDENTS(2013)

项目 Item	合计 Total		男性 Male		女性 Female	
	死亡率(1/10万) Death Rate (per 100000 Persons)	构成(%) Constitution	死亡率(1/10万) Death Rate (per 100000 Persons)	构成(%) Constitution	死亡率(1/10万) Death Rate (per 100000 Persons)	构成(%) Constitution
十种原因合计 Total	171.93	26.37	179.15	24.48	164.42	28.88
脑血管疾病 Cerebrovascular Disease	184.8	28.34	236.87	32.37	130.66	22.95
恶性肿瘤 Malignant Tumour	121.08	18.57	122.12	16.69	119.99	21.08
心脏病 Heart Trouble	38.53	5.91	45.66	6.24	31.12	5.47
损伤及中毒 Trauma and Toxicosis	51.33	7.87	60.23	8.23	42.07	7.39
呼吸系疾病 Respiratory Disease	19.33	2.96	17.53	2.4	21.2	3.72
内分泌疾病 Internal System Disease	19.03	2.92	22.44	3.07	15.49	2.72
消化系统疾病 Digestive Disease	8.1	1.24	9.37	1.28	6.78	1.19
泌尿、生殖系统疾病 Urinary Disease	7.3	1.12	2.69	0.37	2.88	0.51
精神障碍 Neuropathy	2.76	0.42	7.27	0.99	7.34	1.29
神经系统疾病 Nervous System Disease	624.19	95.72	703.33	96.12	541.95	95.2

11－25 体育事业基本情况
BASIC STATISTICS ON SPORTS AFFAIRS

项目 Item	2013	2012
体育局系统职人员数(人) Number of Staff and Workers in Sports Commissions (person)	3136	2719
#市　属(人) Municipal Units (person)	415	570
优秀运动队人数(人) Number of Personnel of Excellent Sports Teams (person)	298	286
等级裁判员人数(人) Number of Referees in Grades (person)	674	535
等级运动员发展人数(人) Number of Newly Increased Athletes in Grades (person)	673	536
少年儿童业余体校(所) Sparetime Sports Schools for Children (unit)	13	14
在校学生人数(人) Students Enrollment (person)	5030	4936
全市举办运动会次数(次) Number of Games Held in the City (times)	213	313
参加运动会运动员人数(人) Number of Athletes Involved in the Games (person)	134500	138000

注:因今年地法统计省属在汉单位数,故只能提供两年市属数据。

11－26 农村自然灾害情况
STATISTICS ON RURAL NATURAL DISASTER

项目 Item	2008	2009	2010	2011	2012	2013
农作物受灾面积(百亩) Covered Areas of Farm Crops (100 mu)	13227	5817	15923	13812	7289.05	13182
成灾人口(人) Population Affected (person)	539230	283652	531268	596861	1226[illegible]1	459600
因灾缺粮(吨) Insufficient Amount of Grains Because of Disaster (ton)	2625	2000	2230	445	38	6805
缺粮人口(人) Number of Persons Suffering From Shortage of Grains(person)	101454	32801	138880	15996	2499	77200

11－27 优抚和社会福利事业情况
STATISTICS ON SOCIAL WELFARE HOMES

项目 Item	2008	2009	2010	2011	2012	2013
优抚事业 Preferential Treatment Policy						
单 位 数(个) Number of Homes (unit)	5	5	5	5	4	4
床 位 数(张) Number of Beds (unit)	606	623	615	646	855	893
年末收养人员(人) Number of Persons Housed (person)	597	603	591	616	708	762
享受伤残抚恤金人数(人) Number of Pedrsons Enjoying Disability Benfit (person)	5571	5620	5705	5803	5817	5722
定期抚恤金人数(人) Number of Persons Who Have Regular Pension (person)	2124	2247	2131	2061	2088	1293
定期补助人数(人) Number of Persons Who Have Regular Subsides (person)	13212	19251	17580	17907	23744	22630
社会福利 Social Welfare						
社会福利院单位数(个) Number of Social Welfare Home	13	13	14	15	14	16
床位数(张) Number of Beds	4333	4153	4851	5628	4527	5847
在院总人数、天数(人、天) Number of Hospitalizations and Days	707424	970920	1115075	1292104	598302	921315
#市儿童福利院(个) Number of Children's Welfare Institure	1	1	1	1	1	1
年末收养人员(人) Number of Persons Housed (person)	720	710	738	615	607	618
#少年儿童(人) Juvenile (person)	277	388	400	396	300	618

注:2005 年伤残保健金取消,原领取人员现领取伤残抚恤金。

11－28 殡 葬 事 业 情 况
BASIC STATISTICS ON FUNERAL AND INTERMENT AFFAIRS

项目	Item	2008	2009	2010	2011	2012	2013
火 葬 场(个)	Cremateria (unit)	7	7	7	7	7	7
火 化 炉(台)	Cremators (unit)	64	65	71	66	79	79
火化尸体数(具)	Corpses Cremated (bodies)	49513	47982	48349	43536	49399	49291

11－29 婚 姻 登 记 情 况(2013 年)
STATISTICS ON MARRIAGES(2013)

项目	Item	准予登记结婚数(对) Registered Marriages (couples)	准予离婚(对) Ratifications for Divorces (couples)
合计	Total	104760	31271
市属		220	34
江岸区	Jiang'an	7856	3349
江汉区	Jianghan	5537	2511
硚口区	Qiaokou	5945	2470
汉阳区	Hanyang	4583	1990
武昌区	Wuchang	17244	4460
青山区	Qingshan	5123	2207
洪山区	Hongshan	6024	2072
东西湖区	Dongxihu	3592	1331
汉南区	Hannan	1667	482
蔡甸区	Caidian	5925	1490
江夏区	Jiangxia	7300	1982
黄陂区	Huangpi	14023	2693
新洲区	Xinzhou	12369	1966
武汉经济技术开发区	Wuhan Economic Technological Development Zone	1979	502
东湖新技术开发区	Eeast Lake High-Tech Development Zone	5085	1042
东湖生态旅游风景区	East Lake Ecotourism Scenic Zone	284	90

11－30 市属公证、律师机构及人员
NUMBER OF NOTARIAL INSTITUTIONS AND PERSONNEL ENGAGED AT MUNICIPALITY LEVEL AND BELOW

项目	Item	2008	2009	2010	2011	2012	2013
公证机构	Notarial Institutions						
公证机构数(个)	Number of Notarial Institutions (unit)	13	13	13	13	13	13
#市级(个)	Municipality Level (unit)	7	7	7	7	7	7
区级(个)	District Level (unit)	6	6	6	6	6	6
公证人员数(人)	Number of Notarial Personnel(person)	99	103	151	158	168	196
办理各类公证(件)	Number of Notarial Documents Issued (pieces)	61283	80976	100717	100945	104795	141712
律师事务所	Law Offices						
律师事务所(个)	Number of Law Offices (unit)	133	146	157	161	174	191
市级(个)	Municipality Level (unit)	58	60	62	63	63	63
区级(个)	District Level (unit)	75	86	95	98	111	128
律师事务所实有人数(人)	Number of Staff and Workers in Law Offices (person)	1729	1868	2779	2956	3082	3365
#专业律师工作者(人)	Full-time Lawyers (person)	1652	1794	2042	2236	2327	2564
兼职律师工作者(人)	Part-time Lawyers (person)	77	74	77	85	85	111

11－31 市属民事纠纷调解情况
STATISTICS ON CIVIL DISPUTES MEDIATED AT MUNICIPALITY LEVEL AND BELOW

项　　目 Item	2008	2009	2010	2011	2012	2013
一、调解纠纷合计(件) Number of Civil Disputes Mediated (case)	30267	32405	34291	40621	44439	50574
二、调解成功纠纷(件) Number of Cases Successfully Mediated (case)	30053	32151	34091	40560	44392	50541
三、本年突出纠纷 Highlight Disputes in the Year						
#婚姻家庭纠纷(件) Family Disputes (case)	6483	14573	19587	21110	20334	18698
房屋纠纷(件) Housing Disputes (case)	670	1434	606	555	930	667
四、避免非正常死亡(人) Abnormal Deaths Avoided (person)	186	149	182	112	10	56

说明:2009 年婚姻家庭纠纷和邻里纠纷数据并成为婚姻家庭、邻里纠纷。
Note:The data of family disputes and neighbor disputes in 2009 merges into family and neighbor disputes.

11－32 社会治安及安全情况
BASIC STATISTICS ON CRIMINAL AND OFFENSE CASE

项目 Item	2008	2009	2010	2011	2012	2013
刑事治安案件 Criminal Cases Registered						
刑事发案总数(起) Number of Criminal Cases Registered (case)	59577	66455	72020	80204	104091	88572
刑事破案总数(起) Number of Criminal Cases Cracked (case)	21274	25632	26136	15733	32727	39191
治安案件受理(起) Number of Offense Cases Registered(case)	117432	114687	109745	102772	227953	236755
治安案件查处(起) Number of Offense Cases Disposed(case)	96952	96329	95245	89540	216628	229047
交通事故 Traffic Accidents						
次　数(次) Number of Traffic Accidents (case)	2939	2611	3050	3271	2810	2611
死　亡(人) Deaths (person)	383	371	365	357	355	355
伤　人(人) Injuries (person)	3184	2988	3408	3640	3058	2684
损失折款(万元) Losses Converted into Cash (10 000 yuan)	469.89	440.42	387.67	486.3	684.4	433.7
火灾情况 Fires						
次　数(次) Number of Fires (case)	4051	3639	2928	2562	1344	3694
死　亡(人) Deaths (person)	7	10	8	35	4	8
伤　人(人) Injuries (person)	6	2	3	3	1	3
损失折款(万元) Losses Converted into Cash (10 000 yuan)	1101.5	1653.72	1188.37	2724.4	491.3	840.1

11－33 检察机关办理各类案件情况
CASES CHARGED AND APPEALED BY PROCURATORIAL AGENCY

单位：件 （case）

项 目 Item	2008	2009	2010	2011	2012	2013
控告检举违法犯罪案件						
受理数 Cases Accepted	886	937	916	1109	1046	1665
处理数 Cases Settled	884	937	916	1109	1046	1635
申诉案件						
受理数 Cases Accepted	498	559	447	585	625	661
处理数 Cases Settled	488	559	447	585	625	659
经济案件 Economic Cases						
受理线索总数 Total Number of Accepted Clues	301	262	308	271	279	396
立案侦查数 Number of Cases on File for Investigation	248	221	232	223	225	239
侵权渎职案件 Misprision Cases						
受理线索总数 Total Number of Accepted Clues	59	37	49	45	48	67
立案侦查数 Number of Cases on File for Investigation	29	30	35	33	45	53
民事、行政检察案件 Civil and Administrative Inspection Cases						
受案数 Accepted Cases	370	459	480	512	776	1084
审查处理 Investigated Cases	374	537	467	467	809	1256
结案 Settled Cases	153	248	295	236	397	379

11－34 刑事案件批捕与起诉
ARRESTS AND LAWSUITS IN CRIMINAL CASES

项目 Item	2008	2009	2010	2011	2012	2013
受理刑事案件批捕总数(件) Number of Arrests Appealed in Criminal Cases (case)	7109	7378	7172	7014	9066	9662
其中：批捕数(件) Authorizing Arrests (case)	6655	6871	6584	6352	8143	8374
受理刑事案件批捕总数(人) Number of Persons Appealed Arresting in Criminal Cases (person)	9954	10640	10747	10254	13354	13123
其中：批捕数(人) Authorizing Arrests (person)	9225	9793	9729	9248	11864	11089
受理刑事案件起诉免诉总数(件) Number of Cases Appealed Prosecutions and Exempting from Prosecutions (case)	9310	10398	10665	11190	16870	18046
其中：不诉(件) Exempting from Prosecutions (case)	6687	7143	6703	6780	8802	10302
受理刑事案件起诉免诉总数(人) Number of Persons Appealed Prosecutions and Exempting from Prosecutions (person)	91	103	88	109	130	221
其中：起　诉(件) Prosecutions (case)	14326	16941	17409	17957	30655	26375
起　诉(人) Prosecutions (person)	9581	10801	10098	9991	12799	14073
不　诉(人) Exempting from Prosecutions (person)	122	171	111	159	164	247

11－35 环境保护基本情况
BASIC STATISTICS ON ENVIRONMENTAL PROTECTION

项目 Item	2008	2009	2010	2011	2012	2013
一、"三废"排放情况 Discharge and Treatment of Waste Water, Waste Gas and Solid Wastes						
(一)废水排放及处理情况 Discharge and Treatment of Waste Water						
废水排放总量(万吨) Total Volume of Waste Water Discharged (10 000 tons)	78858.8	78435.06	78376.66	76581.9	82242.7	85401.81
工业废水排放量(万吨) Volume of Industrial Waste Water Discharged (10 000 tons)	22483.1	22531.8	22465.15	23304.34	20704	18814.67
(二)废气排放总量(亿标立方米) Total Volume of Waste Gas Emission (100 million cu. m)	4014.7	4299.87	4720.8	6359.95	6027.81	5641.77
废气中：二氧化硫排放量(万吨) Volume of Sulphur Dioxide Emission (10 000 tons)	12.37	12.01	9.28	10.85	10.58	10.19
工业二氧化硫排放量(万吨) Volume of Industrial Sulphur Dioxide Emission (10 000 tons)	11.81	11.46	8.73	10.28	10.01	9.62
工业二氧化硫去除量(万吨) Volume of Industrial Sulphur Dioxide Removed (10 000 tons)	10.02	10.74	15.39	6.12	15.08	20.33
工业二氧化硫去除率(%) Percentage of Industrial Sulphur Dioxide Removed (%)	46.83	48.38	64.16	59.53	60.1	67.88
烟尘排放量(万吨) Volume of Soot Emission (10 000 tons)	3.81	3.19	1.37	2.84	2.65	2.57
工业烟尘排放量(万吨) Volume of Industrial Soot Emission (10 000 tons)	3.71	3.09	1.27	2.26	2.05	1.98
工业烟尘去除量(万吨) Volume of Industrial Soot Removed (10 000 tons)	249.94	216.08	247.33	358.45	320.53	312.31
工业烟尘去除率(%) Percentage of Industrial Soot Removed (%)	98.54	98.59	99.55	99.35	99.36	99.37
(三)工业固体废弃物产生量(万吨) Volume of Industrial Solid Wastes Produced (10 000 tons)	1094.49	1215.05	1324.84	1379.65	1381.21	1381.55
工业固体废弃物综合利用量(万吨) Volume of Industrial Solid Wastes Utilized (10 000 tons)	1007.13	1104.81	1337.27	1373.83	1364.18	1363.41
工业固体废弃物综合利用率(%) Percentage of Industrial Solid Wastes Utilized (%)	89.56	89.6	98.58	97.58	95.05	97.26
二、污染源治理情况 Pollution Treatment						
当年竣工项目(个) Number of Projects Completed in the Year(unit)	33			1052	967	1306
当年竣工项目累计完成投资额(万元) Accumulated Investment in Projects Completed in the Year (10 000 yuan)	25389.3			3829862	4935716	6223530

主 要 统 计 指 标 解 释

R&D(研究与试验发展)活动 指在科学技术领域,为增加知识总量以及运用这些知识去创造新的应用进行的系统的创造性的活动,包括基础研究、应用研究、试验发展三类活动。

基础研究 指为了获得关于现象和可观察事实的基本原理的新知识(揭示客观事物的本质、运动规律、获得新发现、新学说)而进行的实验性或理论性研究,它不以任何专门或特定的应用或使用为目的。其成果以科学论文和科学著作为主要形式。

应用研究 指为获得新知识而进行的创造性研究,主要针对某一特定的目的或目标。应用研究是为了确定基础研究成果可能的用途,或是为达到预定的目标探索应采取的新方法(原理性)或新途径。其成果形式以科学论文、专著、原理性模型或发明专利为主。

试验发展 指利用从基础研究、应用研究和实际经验所获得的现有知识,为产生新的产品、材料和装置,建立新的工艺、系统和服务,以及对已产生和建立的上述各项作实质性的改进而进行的系统性工作。其成果形式主要是专利、专有技术、具有新产品基本特征的产品,原型或具有新装置基本特征的原始样机等。在社会科学领域,试验发展是指把通过基础研究、应用研究获得的知识转变成可以实施的计划(包括为进行检验和评估实施示范项目)的过程。人文科学领域没有对应的试验发展活动。

R&D 人员 指单位内部从事基础研究、应用研究和试验发展三类活动的人员。包括直接参加上述三类项目活动的人员以及这三类项目的管理人员和直接服务人员,为研发活动提供直接服务的人员包括直接为研发活动提供资料文献、材料供应、设备维护等服务的人员。

R&D 经费支出 指调查单位在报告年度内用于内部开展 R&D 活动(基础研究、应用研究和应用发展)的实际支出。包括用于 R&D 项目(课题)活动的直接支出,以及间接用于 R&D 活动的管理费、服务费、与 R&D 有关的基本建设支出以及外协加工费等。不包括生产性活动支出、归还贷款支出以及与外单位合作或委托外单位进行 R&D 活动而转拨给对方的经费支出。

专利有效量 是指在报告期末处于专利权维持状态的发明专利数量,统计范围为武汉市。与申请量和授权量不同,发明专利有效量是存量数据而非流量数据。

普通高等学校 指按照国家规定的设置标准和审批程序批准举办,通过国家统一招生考试,招收高中毕业生为主要培养对象,实施高等教育的全日制大学、独立设置的学院和高等专科学校、短期职业大学。

成人高等学校 指按照国家有关规定审批,招收通过全国成人高教统一招生考试的具有高中毕业或同等学历的在职从业人员利用脱产、半脱产、业余或函授等多种形式对其实施高等学历教育,培养高等教育专科或本科毕业水平的专门人才。修业年限、课程设置和总学时数均按高等学历教育要求付诸实施的学校。包括广播电视大学,职工高等学校、农民高等学校、管理干部学院。教育学院。独立设置的函授学院等。

独立研究与开发机构 指有明确的任务和研究方向,有一定学术水平的业务骨干和一定数量的研究人员,具有研究,开发、开展学术工作的基本条件,主要进行科学研究与技术开发活动,并且在行政上有独立的组织形式,财务上独立核算盈亏,有权与其他单位签订合同,在银行有单独户头的单位。包括国务院各部门、中国科学院、中国社会科学院和各省、自治区、直辖市以及地(市)以上〔含地(市)〕各部门所属的国有独立的科学研究与技术开发机构。

独立研究与开发机构职工 指在科学研究与技术开发机构工作,并由其支付工资的人员。包括长期职工和临时职工,不包括编制以外的离休、退休人员和停薪留职人员,但包括招聘人员。

发明 指专利法及其实施细则所称的发明,指对有关产品、方法或其改进所提出的新的技术方案。

实用新型 指专利法及其实施细则所称的实用新型,指对产品的形状、构造或者其结合所提出的适于实用的新的技术方案。

外观设计 专利法及其实施细则所称的外观设计是指对产品的形状、图案、色彩或者其结合所作出的富有美感并适于工业上应用的新设计。

文化事业机构 指从事专业文化工作和为专业文化工作服务的独立建制的单位。不包括这些单位另外举办独立核算的其他机构和各部门的业余文化组织。

艺术表演团体 指从事戏曲、音乐、舞蹈、杂技等专业艺术表演,有独立帐户的单位。不包括半工半艺、半农半艺和民间职业剧团。

等级运动员人数 指经考核正式批准授予等级运动员称号的人数。运动员等级分为国际级运动健将、运动健将、一级运动员、二级运动员、三级运动员、少年级运动员。

等级裁判员人数 指经考核正式批准授予等级裁判员称号的人数。裁判员等级分为国际裁判、国家级裁判、一级裁判、二级裁判、三级裁判。

医院 指名称为医院,设有固定床位能收容病人住院并能为病人提供医疗、护理服务的医疗机构。包括县及县以上医院、农村乡卫生院、其他医院三部分。按所属性质分为卫生部门、工业及其他部门,集体经济单位三类。其中县及县以上医院按业务性质分为综合医院和专科医院。

卫生技术人员 指卫生事业机构支付工资的全部固定职工和合同制职工中现任职务为卫生技术工作的专业人员。包括中医师,西医师、中西医结合高级医师、护师、中药师、西药师、检验师,其他技师、中医士、西医士、护士、助产士、中药剂士、西药剂士、检验士、其他技士、其他中医、护理员、中药剂员、西药剂员、检验员,其他初级卫生技术人员。

医生 指经卫生部门审查合格,从事医疗工作的专业人员。分为中医医生和西医医生。包括卫生技术人员中的中医师、西医师、中西医结合高级医师、中医士、西医士和其他中医。

社会福利事业单位 指集中收养社会孤老、残、幼的机构。包括由民政部门管理的社会福利院、儿童福利院、精神病人福利院和城镇集体办的福利院,以及农村集体举办的敬老院。

社会福利事业单位收养人数 包括民政部门管理的和城镇及农村集体举办的社会福利事业单位中收养的老人、少年儿童、缺乏生活自理能力的残疾人员和精神病人。

律师 指受聘参加法律顾问处工作,担任法律顾问、刑(民)事代理人、刑事辩护人,办理非诉讼事件、解答法律询问,代写法律事务文书等主要从事律师业务的专职法律工作者和兼职律师。

公证人员 指在国家公证机关依法办理公证事务的司法人员。包括公证员、助理公证员和在公证处工作的其他人员。

办理公证文书 指公证处在一定时期内办结的公证文书件数。公证文书系按司法部规定或批准的格式制作。包括国内公证和涉外公证两部分。其中国内公证分为经济合同公证和民事法律关系公证两大类。

工业废水排放达标量 指各项指标都达到国家或地方排放标准的外排工业废水量,包括未经处理外排达标的和经过处理后外排达标的两部分。国家排放标准见 GB8978 — 88。

工业废气排放量 指企业厂区内燃料燃烧和生产工艺过程中产生的各种排粉空气的含有污染物的气体的总量,以标准状态〔273K, 101325Pa〕计。

工业粉尘排放量 指企业在生产工艺过程中排放的颗粒物重量。如钢铁企业的耐火材料粉尘、焦化企业的筛焦系统粉尘,烧结机的粉尘、石灰窑的粉尘、建材企业的水泥粉尘等。不包括电厂排入大气的烟尘。

工业固体废物产生量 指企业在生产过程中产生的固体状、半固体状和高浓度液体状废弃物的总量,包括危险废物、冶炼废渣、粉煤灰、炉渣、煤矸石、尾矿、放射性废物和其他废物等;不包括矿山开采的剥离废石和掘进废石(煤矸石和呈酸性或碱性的废石除外)。酸性或碱性废石是指采掘的废石其流经水、雨淋水的 pH 值小于 4 或 pH 值大于 10.5 者。

“三废”综合利用产品产值 指利用“三废”(废液、废气、废渣)作为主要原料生产的产品产值(现行价),已经销售或准备销售的,应计算产品产值;但留作生产上自用的,不应计算产品产值。

Explanatory Notes on Main Statistical Indicators

Regular Institutions of Higher Learning refer to educational establishments set up according to the government evaluation and approval procedures, enrolling graduates from senior secondary schools and providing higher education courses and training for senior professionals. They include full-time universities, colleges, high professional schools and short-term professional universities.

Institutions of Higher Learning for Adults refer to educational establishments, set up in line with relevant rules approved by the government, enrolling staff and workers with senior secondary school or equivalent education, and providing higher education courses in many forms of full-time, part-time, spare-time, or correspondence for adults. Professionals thus trained receive a qualification equivalent to graduates studying regular courses at regular universities, colleges and professional colleges. Institutions of higher learning for adults include Radio and TV universities, schools of high education for staff and workers and peasants, colleges for management cadres, pedagogical colleges, and independent correspondence colleges.

Independent Research and Development Institutions refer to the state-owned institutions that have direct mission and research purpose, a certain number of core members with higher research level and a certain number of research personnel, favorable conditions for R & D and engaging in scientific research and technological development. The institutions also have their own independent organization and finance, authority to sign contracts with other units, with their own accounts in banks.

Personnel of independent Research and Development Institutions refers to the persons who work and receive payment in research and development institutions. It includes regular full-time and temporary staff and workers, but excludes retirees and persons who leave their work temporarily without payment but still retain their posts.

Inventions refer to the inventions as specified by the patent law and its detailed rules and regulations for implementation. They refer to the new technical proposals to the products or methods or their modifications.

Utility Models refer to the utility models as specified by hie patent law and its detailed rules and regulations for implementation. They refer to the practical and new technical proposals on the shape and structure of the product or the combination of both.

Designs refer to the designs as specified by the patent law and its detailed rules and regulation for implementation. They refer to the aesthetics and industry applicable new designs for the shape, pattern and color of the product, or their combinations.

Cultural Institutions refer to units that have their own organizational system and independent accounting system and specialize in or serve cultural development. They exclude other establishments run by these cultural institutions and amateur cultural groups established by various departments.

Art Troupe refers to the troupe which is engaged in drama, opera, music, dance, acrobatics or other art performance, opens independent accounts with banks and has self supporting accounting system, excluding the troupes which are engaged partly in industrial or agricultural activities, partly in art performance and the professional troupes organized by the people.

Number of Athletes in Grades refers to the number of athletes who have been given titles through examination. The titles of athletes include international masters of sports, masters of sports, first-grade, second-grade and third-grade sportsmen and young athletes.

Number of Referees in Grades refers to he number of referees who have been given titles after examination. They are classified as international referees, national referees and referees of the first, second and third grades.

Hospitals refer to medical institutions named as "hospital" with permanent hospital beds, which are able to take in-patients and provide them with medical and nursing services Hospitals are classified into three categories: hospitals at or above the county level, hospitals of rural townships, and other hospitals. According to their ownership, hospitals can be classified into three categories: hospitals under the public health departments, hospitals under industrial and other departments and collective - owned hospitals. Hospitals at or above county level are divided into comprehensive and specialized hospitals.

Medical Technical Personnel refers to all permanent medical staff and workers employed by medical institutions, including doctors of Chinese and Western medicine, senior doctors who integrate traditional Chinese therapeutics with Western therapeutics in practice, senior nurses, pharmacists of Chinese and Western medicine, laboratory specialists, other specialists, paramedics of Chinese and Western medicine, nurses, midwives, druggists in Chinese and Western medicine, laboratory technicians, other technicians, other practitioners of Chinese medicine, nursing attendants, pharmacological workers of Chinese and Western medicine, laboratory workers, and other primary medical personnel.

Doctors refer to qualified professional medical workers approved to practice by public health departments. They are classified into doctors of Chinese medicine, doctors of Western medicine, senior doctors who integrate traditional Chinese therapeutics with Western therapeutics in practice, paramedics of Chinese medicine and Western medicine, and other specialists of Chinese medicine.

Social Welfare Institutions refer to institutions taking care of old people without children, handicapped people and orphans. They include social welfare institutions run by civil affairs departments, children´s welfare institutions, social welfare institutions for mental patients, and collective - owned old people´s homes in rural areas.

Number of People Taken in by Social Welfare institutions refers to the number of old people, children, totally dependent handicapped people and mental patients taken in by social welfare institutions run by civil affairs departments and those run by collective units in urban and rural areas.

Lawyers are legal workers who are employed full-time by legal counseling firms to act as legal advisers, agents in criminal or civil lawsuits, or defenders in criminal lawsuits, or to handle non litigious legal affairs, to advise on matters of law or to write legal papers for others. Both full-time and part-time lawyers are included.

Notary Personnel refer to judicial workers of the state notary offices handling notarization work according to law.

They include notaries, assistant notaries, and other people working for notary offices.

Notarized Documents refer to the documents settled by notary offices in a year. The notarized documents are drawn up in accordance with the regulations of the Ministry of Justice, including domestic documents and foreign related documents. Domestic documents are divided into two major categories, documents on economic contracts and documents on civil legal relations.

Volume of Waste Water up to the Standard for Discharge refers to the volume of discharged industrial waste water that, with or without treatment, has come up to the national or local standards for discharge.

Volume of Waste Gas Emission refers to waste gas emitted from burning of fuels and from production process in the area of the factory, and is measured by 10000 standard cubic metres each year under normal condition.

Volume of Industrial Soot Discharged refers to the volume of solid soot, in the smoke discharged in the process of fuel burning in the area of the factory.

Industrial Dust Discharged refers to the total weight of solid dust discharged by industrial enterprises in the production process, such as dust of refractory materials from iron plants, dust from coke screening system or from sintering machines of coking plants, dust from lime kilns, cement dust from building material enterprises, etc., but excluding smoke and dust discharged by power plants.

Volume of industrial Solid Wastes Produced refers to the total volume of solid, semi-solid or highconcentration liquid residue produced by industrial enterprises in their production process, including dangerous wastes, residues from melting, slag, powdered coal ash, gangue, chemical residues, tailings, radioactivc residues; and other residues, but excluding stripped or dug stones in mining (except gangue and acid or alkali stones which arc stones washed or soaked by water with a PH value smaller than 4 or larger than 10. 5.)

Owtput Value or Products Made from Utilization of Waste Gas, Waste Water and industrial Solid Wastes refers to the value of products (calculated at current prices) made by industrial enterprises using recovered waste water, waste gas or solid wastes as main raw materials. Only the value of the products that have been sold or are ready to be sold should be included. The value of the products that will be used in the production of the enterprises should not be included.

十二、分区资料

STATISTICS FOR DISTRICTS

简要说明

本篇资料包括分区人口、生产总值、财政收入、规模以上工业主要经济指标、乡村人口与劳动力、耕地面积、农业投入、农林牧渔业产值、主要农作物产量、乡镇企业基本情况、农民纯收入、固定资产投资、社会消费品零售额等。有关资料来源与计算方法详见本年鉴各相关分篇说明。

Brief Introduction

The data in this chapter include population by district, gross domestic product by district, government revenue by district, main economic indicators of industrial enterprises above designated size by district, rural population and labor forces by district, area under cultivation by district, consumption of agricultural producer goods by district, gross agricultural output value by district, yield of farm crops by district, basic conditions of township enterprises by district, net income of peasants, total investment in fixed assets by district, total retail sales of consumer goods by district etc. Sources and computational method related data see relevant materials in details in this yearbook.

12－1 分区人口情况(2013年户籍统计)
STATISTICS ON POPULATION BY DISTRICT (2013)

单位：万人 (10,000 person)

各区 District	总人口 Total	男 Male	女 Female	总人口中非农业人口 Non－Agricultural Population	出生人口 Bron Population
合计 Total	822.05	420.69	401.36	555.60	9.27
江岸区 Jiang'an	70.02	34.81	35.21	69.86	0.67
江汉区 Jianghan	48.56	24.62	23.94	48.56	0.44
硚口区 Qiaokou	52.87	26.43	26.44	52.34	0.46
汉阳区 Hanyang	56.72	28.91	27.81	56.44	0.61
武昌区 Wuchang	108.64	55.22	53.42	108.58	0.87
青山区 Qingshan	44.24	22.65	21.59	43.55	0.35
洪山区 Hongshan	92.73	48.67	44.06	87.43	1.36
东西湖区 Dongxihu	27.64	13.91	13.73	9.16	0.34
汉南区 Hannan	11.16	5.71	5.45	3.02	0.11
蔡甸区 Caidian	44.91	22.79	22.12	12.96	0.62
江夏区 Jiangxia	58.36	30.01	28.35	21.05	0.89
黄陂区 Huangpi	111.25	57.06	54.19	21.01	1.37
新洲区 Xinzhou	94.95	49.90	45.05	21.64	1.18

注：江汉区含水上分局0.92万人，汉阳区含武汉经济技术开发区14.13万人，洪山区含东湖高新技术开发区31.84万人、东湖生态旅游风景区3.36万人、武汉化学工业区3.26万人。

Note: Population of Jianghan District contains 9.2 thousand people of water Public security Bureau, Population of Hanyang District contains 141.3 thousand people of Wuhan Economic and Technological development zone; Population of Hongsan District contains 318.4 thousand people of East Lake High－Tech Development Zone, 33.6 thousand people of East Lake Ecotourism Scenic Area and 32.600 thousand people of Wuhan Chemical Industry park.

12-2 分区生产总值(2013年)
GROSS DOMESTIC PRUDUCT BY DISTRICT(2013)

单位：亿元 (100 million yuan)

各区	District	2013年 2013 year	比上年增长(%) Increase Rate 2013 over 2012(%)
江岸区	Jiangán	692.61	11.1
江汉区	Jianghan	752.49	9.6
硚口区	Qiaokou	467.17	10.0
汉阳区	Hanyang	695.48	10.2
武昌区	Wuchang	718.18	11.0
青山区	Qingshan	480.05	8.0
洪山区	Hongshan	620.25	11.0
东西湖区	Dongxihu	496.69	14.0
汉南区	Hannan	103.62	13.2
蔡甸区	Caidian	310.89	13.2
江夏区	Jiangxia	559.74	13.0
黄陂区	Huangpi	461.98	13.2
新洲区	Xinzhou	451.94	13.0

注：本表数据为初步核算数
Note: Data in this table is express data.

12－3 分区财政收入(2013年)
GOVERNMENT REVENUE BY DISTRICT(2013)

单位：亿元 (100 million yuan)

各区 District	公共财政预算总收入 Public finance budget revenue	比上年增长(％) Increase Rate 2013 over Rate 20113(％)	地方公共财政预算收入 The local public finance budget revenue	比上年增长(％) Increase Rate 2013 over Rate 2011 (％)
江岸区 Jiang'an	115.71	18.4	50.62	21.6
江汉区 Jianghan	143.28	11.0	53.92	15.4
硚口区 Qiaokou	72.19	12.5	30.70	15.3
汉阳区 Hanyang	82.54	16.9	33.01	25.7
武昌区 Wuchang	133.84	18.5	57.93	19.0
青山区 Qingshan	55.60	16.1	18.00	15.6
洪山区 Hongshan	96.16	21.2	40.27	27.0
东西湖 Dongxihu	119.52	21.4	60.09	26.1
汉南区 Hannan	20.07	27.0	11.42	25.7
蔡甸区 Caidian	38.67	10.1	25.55	18.6
江夏区 Jiangxia	56.35	19.7	38.57	24.1
黄陂区 Huangpi	58.28	24.4	40.71	22.6
新洲区 Xinzhou	37.33	12.0	24.66	7.8

12－4 分区规模以上工业主要经济指标(2013 年)

单位：亿元

各区 District	企业单位数(个) Number of Enterprise (unit)	工业总产值 Gross Idustrial Output Value at Current Prices	流动资产合计 Total current assets
江岸区 Jiang'an	35	44.64	51.82
江汉区 Jianghan	29	61.61	35.63
硚口区 Qiaokou	52	147.86	125.71
汉阳区 Hanyang	63	696.90	422.66
武昌区 Wuchang	26	48.97	43.52
青山区 Qingshan	141	2341.66	879.25
洪山区 Hongshan	104	141.83	185.88
东西湖区 Dongxihu	262	687.13	305.95
汉南区 Hannan	154	205.38	45.01
蔡甸区 Caidian	200	457.07	167.42
江夏区 Jiangxia	201	505.06	166.94
黄陂区 Huangpi	261	534.69	67.56
新洲区 Xinzhou	224	403.91	169.78
东湖新技术开发区 Eeast Lake High-Tech Development Zone	360	1728.80	1466.36
武汉经济技术开发区 Wuhan Economic Technological Development Zone	212	2386.51	936.29
武汉化工新区 Wuhan Chemical Indurstry Park	13	10.77	35.33

GOVERNMENT REVENUE BY DISTRICT(2013)

(100 mil. Yuan)

固定资产合计 Total fixed assets	主营业务收入 The main business income	利税总额 Total Pretax Profit	应交增值税 Value - added Tax Payable	从业人员平均人数（人） The average number of employees (person)
10.51	51.52	4.41	2.00	6810
10.94	60.75	4.78	1.21	10771
80.96	151.51	13.52	4.01	27512
62.32	672.64	415.52	65.07	23326
21.68	49.30	4.87	1.54	9956
1214.44	2769.16	98.97	46.81	143606
28.15	144.32	12.88	4.05	21128
137.11	610.27	48.30	12.67	59578
30.29	192.79	17.94	4.85	16528
59.22	385.91	36.91	10.47	34001
106.24	473.64	30.91	8.91	45284
47.17	505.56	48.89	10.92	34423
208.65	386.82	32.42	9.91	37858
420.87	1556.13	107.46	35.81	171820
401.77	2076.21	351.62	89.25	110902
6.29	55.56	0.21	0.06	2117

12－5 分区乡村户数、人口、从业人员(2013 年)

单位：万人　　　　(10,000 persons)

项目	Item	黄陂区 Huangpi	新洲区 Xinzhou
一、乡村户数(万户)	Rural Households (10 000 Households)	24.89	18.68
乡村人口	Rural Population	79.9	72.3
二、乡村从业人员合计	Total Rural Laborers	45.26	39.45
#女　性	Female Laborers	20.81	18.69
乡村从业人员按部门分组	Rural Laborers Grouped By Sector		
1. 农林牧渔业	Farming, Forestry, Animal Husbandry and Fishery	14.45	10.99
2. 工　业	Industry	7.08	7.93
3. 建筑业	Construction	13.51	10.21
4. 交通运输业	Transportation, Storage, Postal & Communications Services	2.15	1.89
5. 仓储业和邮电业	Storage, Postal and Telecommunications Services	0.27	0.36
6. 信息传输、计算机服务和软件业	Information Transfer, Computer and Software Services	0.19	0.33
7. 批发零售业	Wholesale, Retail	2.97	2.28
8. 住宿和餐饮业	Hotel and Catering Services	2.41	1.52
9. 其他非农行业	Other Non-agriculture Trades	2.23	3.94
三、国营农林牧渔场从业人员	Laborers of State-owned Farms	2.04	0.92
1. 农业从业人员	Agriculturial Laborers	0.43	0.33
2. 非农业从业人员	Non-agriculturial Laborers	1.61	0.59

RURAL HOUSEHOLDS, POPULATION & LABOR FORCES BY DISTRICT (2013)

(10 000 person)

东西湖区 Dongxihu	汉南区 Hannan	蔡甸区 Caidian	江夏区 Jiangxia	洪山区 Hongshan	江岸区 Jiang'an	硚口区 Qiaokou	汉阳区 Hanyang	其他 Other Units
2.35	2.12	8.84	9.99	0.72	1.15	0.19	0.35	7.92
7.55	6.56	31.89	35.36	2.06	2.49	0.53	0.74	25.26
3.5	3.21	17.26	19.52	1.2	1.36	0.37	0.48	13.71
1.6	1.5	8.31	9.13	0.57	0.63	0.18	0.24	5.31
1.23	2.06	6.56	7.09	0.56	0.32			3.68
	0.38	4.8	3.94	0.15	0.19		0.19	2.53
	0.12	2.12	2.39	0.08	0.1		0.05	1.87
	0.08	0.9	1.06	0.09	0.06		0.05	1.17
	0.01	0.11	0.16	0.03	0.01		0.05	0.11
		0.1	0.12	0.01				0.16
	0.14	1.4	0.91	0.07	0.11		0.05	1.02
	0.06	0.91	1.1	0.07	0.04		0.06	0.89
	0.36	0.36	2.74	0.12	0.52	0.37	0.04	2.3
2.51	0.25	0.34	0.79					
1.23	0.11	0.2	0.52					
1.28	0.14	0.14	0.27					

12 -6 分区耕地面积(2013 年)
AREA UNDER CULTIVATION BY DISTRICT(2013)

单位：千公顷 (1000 hectares)

各区 District		年末耕地资源 Cultivated Area (year-end)	水田 Paddy Fields	旱地 Dry Fields	年内减少 Decrease in Cultivated Area in the Year	国家基建占地 State Capital Construction	其他基建占地 Other Construction
合计	Total	199.44	119.44	78.2	4.49	1.99	2.36
江岸区	Jiang'an	0.39	0.02	0.28	0.03		0.03
江汉区	Jianghan						
硚口区	Qiaokou						
汉阳区	Hanyang				0.44	0.44	
洪山区	Hongshan	2.38	0.06	2.32	0.02	0.02	
东西湖区	Dongxihu	10.9	3.78	6.73	1.63	0.17	1.36
汉南区	Hannan	10.46	1.8	8.05			
蔡甸区	Caidian	24.58	13.57	10.96	0.44	0.35	0.08
江夏区	Jiangxia	34.73	22.28	12.35	0.23	0.17	0.05
黄陂区	Huangpi	52.54	42.23	10.31	0.3	0.24	0.06
新洲区	Xinzhou	50.04	29.22	20.82	0.15	0.15	
其他	Other Units	13.42	6.48	6.38	1.25	0.45	0.78

12－7 分区农业投入(2013年)

CONSUMPTION OF AGRICULTURAL PRODUCER GOODS BY DISTRICT(2013)

各区 District	农村用电量(万千瓦时) Consumption of Electricity in Rural Area (10 000 kwh)	化肥施用量(折纯) Consumption of Chemical Fertilizers (100%,ton)	塑料薄膜使用量(吨) Consumption of Plastic Film (ton)	农用柴油(吨) Consumption of Diesel Oil for Agri. Production (ton)	农药使用量(吨) Consumption of Pesticides (ton)
合计 Total	**120729**	**148704**	**6152**	**29948**	**6407**
江岸区 Jiang'an	1506	93	50	249	79
江汉区 Jianghan					
硚口区 Qiaokou					
汉阳区 Hanyang					
洪山区 Hongshan	1308	1711	160	83	64
东西湖区 Dongxihu	4178	9017	1154	1777	406
汉南区 Hannan	4210	7684	398	1911	436
蔡甸区 Caidian	20809	14949	845	2840	791
江夏区 Jiangxia	9206	20315	754	3264	840
黄陂区 Huangpi	51263	42613	975	6406	924
新洲区 Xinzhou	22274	45494	1205	9182	1428
其他 Other Units	5975	6828	611	4236	1439

12－8 分区按当年价格计算的农林牧渔业产值(2013 年)

GROSS AGRICULTURAL OUTPUT VALUE BY DISTRICT(2013)

Data in this table are calculated at current prices.

单位：万元 (10 000 yuan)

各区 District		合计 Total	同比速度(+-) (%)	农业 Farmig	林业 Forestry	牧业 Animal Husbandry	渔业 Fishery
合计	Total	5302657	4.5	3051002	65857	1186703	836617
江岸区	Jiang'an	4572	-18.6	3331			1241
江汉区	Jianghan						
硚口区	Qiaokou						
汉阳区	Hanyang						
洪山区	Hongshan	50676	-10.6	28509	41	2366	19760
东西湖区	Dongxihu	237278	1.5	146151	330	19839	69030
汉南区	Hannan	215220	2.1	103452	1444	44069	65455
蔡甸区	Caidian	575250	4.5	367223	13263	62974	122090
江夏区	Jiangxia	1301779	5.1	771253	12314	301034	189155
黄陂区	Huangpi	1604912	6	863287	26667	472180	192778
新洲区	Xinzhou	1195589	4.5	693098	10818	274219	145427

12-9 分区农村居民人均纯收入

PER CAPITA ANNUAL NET INCOME OF RURAL HOUSEHOLDS BY DISTRICT

单位：元 （yuan）

各区 District		2008	2009	2010	2011	2012	2013
全　市	**Total**	6349	7161	8295	9814	11190	12713
洪 山 区	Hongshan	7925	8955	10119	11618	13135	—
东西湖区	Dongxihu	6587	7457	8637	10151	11568	13211
汉 南 区	Hannan	6441	7265	8374	9898	11289	12802
蔡 甸 区	Caidian	6318	7033	8122	9681	11054	12568
江 夏 区	Jiangxia	6361	7128	8317	9898	11289	12836
黄 陂 区	Huangpi	6026	6753	7950	9511	10897	12444
新 洲 区	Xinzhou	6001	6682	7796	9349	10687	12140

12－10 分区农作物总产量(2013 年)

单位：吨

各区 District		粮食作物 Grains	夏收粮食 Summer Grains	秋收粮食 Autumn Grains
合计	Total	1268700	87476	1181224
江岸区	Jiang'an			
江汉区	Jianghan			
硚口区	Qiaokou			
汉阳区	Hanyang			
洪山区	Hongshan	784	475	309
东西湖区	Dongxihu	23722	4679	19043
汉南区	Hannan	33990	9474	24516
蔡甸区	Caidian	132800	15005	117795
江夏区	Jiangxia	291500	9955	281545
黄陂区	Huangpi	460600	19263	441337
新洲区	Xinzhou	324300	28363	295937
其他	Other Units	1004	262	742

YIELD OF FARM CROPS BY DISTRICT(2013)

(ton)

棉花 Cotton	油料 Oil-bearing Crops	麻类 Fiber Crops	糖料 Sugar Crops	烟叶 Tobacco	蔬菜 Vegetables	瓜类 Melons
33168	186620	2652	47455		6880851	520840
					12034	
490	807				80168	38921
2227	1171		7400		456786	55949
5615	1664				288640	45605
6418	13354				739757	120597
138	41367	2545	165		1459178	78264
3510	63457		32650		2136710	83965
14502	57874		7225		1453010	68371
268		107	15		254568	29168

12－11　分区全社会固定资产投资(2013年)
TOTAL INVESTMENT IN FIXED ASSETS IN THE WHOLE CITY BY DISTRICT(2013)

单位：万元　　(10 000 yuan)

各　区 District		全社会投资额 Investment in Fixed Assets	比上年增长(%) Increase Rate in 2013 over 2012(%)
江岸区	Jiang'an	4339576	24.0
江汉区	Jianghan	3167130	27.8
硚口区	Qiaokou	2814019	24.2
汉阳区	Hanyang	4010903	25.5
武昌区	Wuchang	2624693	-39.9
青山区	Qingshan	1851287	27.3
洪山区	Hongshan	4983991	26.9
东西湖区	Dongxihu	3456100	26.7
汉南区	Hannan	1357038	34.4
蔡甸区	Caidian	3475329	37
江夏区	Jiangxia	4211996	33.8
黄陂区	Huangpi	4867600	34.9
新洲区	Xinzhou	3547027	7.8
东湖新技术开发区	Eeast Lake High-Tech Development Zone	5343296	20.3
武汉经济技术开发区	Wuhan Economic Technological Development Zone	3499681	36.6
武汉化工新区	Wuhan Chemical Indurstry Park	944598	-40.9
东湖生态旅游风景区	East Lake Ecotourism Scenic Zone	256600	29.7

12－12　分区房地产开发投资额和销售面积(2013 年)

THE INVESTMENT OF REAL ESTATE DEVELOPMENT AND AREA BY DISTRICT (2013)

各　　区 District	房地产投资额 (万元) Investment in Real Estate Development (10 000 yuan)	比上年增长 (%) Increase Rate in 2013 over 2012 (%)	商品房销售面积 (万平方米) Area of Commercialized Housing Sold ($10\ 000\ m^2$)	比上年增长 (%) Increase Rate in 2013 over 2012 (%)
合　计 Total	19056000	21	1935.36	26.6
江岸区 Jiang'an	1945175	14.8	135.08	3.3
江汉区 Jianghan	1987390	47.4	123.13	29.4
硚口区 Qiaokou	2032669	43.3	111.15	21.6
汉阳区 Hanyang	2658968	40.7	148.49	68.5
武昌区 Wuchang	1846539	-42.0	160.61	-23.5
青山区 Qingshan	556595	56.2	19.32	1
洪山区 Hongshan	2983950	62.1	275.28	44.9
东西湖区 Dongxihu	639540	49.0	128.93	-6.1
汉南区 Hannan	199149	15.4	30.68	15.6
蔡甸区 Caidian	830833	33.5	117.39	40.4
江夏区 Jiangxia	574526	20.8	146.81	64.8
黄陂区 Huangpi	1314459	22.0	283.65	89.7
新洲区 Xinzhou	325952	8.8	81.69	19.2
东湖新技术开发区 Eeast Lake High-Tech Development Zone	813427	18.8	152.91	27.8
武汉经济技术开发区 Wuhan Economic Technological Development Zone	254488	0.3	30.23	4.3

12－13 各区建筑业总产值(2013年)
TOTAL GROSS OUTPUT VALUE OF CONSTRUCTION BY DISTRICT(2013)

单位：亿元 (100 million)

各区 District	建筑业总产值 Gross Output Value	比上年增长(%) Increase Rate in 2013 over 2012 (%)
江岸区 Jiang'an	366.98	25.2
江汉区 Jianghan	257.22	25.1
硚口区 Qiaokou	433.97	7.1
汉阳区 Hanyang	279.64	11.1
武昌区 Wuchang	652.98	31.4
青山区 Qingshan	213.50	10.1
洪山区 Hongshan	610.53	18.8
东西湖区 Dongxihu	388.91	15.3
汉南区 Hannan	176.65	48.2
蔡甸区 Caidian	70.72	14.2
江夏区 Jiangxia	67.70	33.5
黄陂区 Huangpi	313.57	30.7
新洲区 Xinzhou	825.95	18.5
东湖新技术开发区 Eeast Lake High-Tech Development Zone	161.26	25.1
武汉经济技术开发区 Wuhan Economic Technological Development Zone	59.63	30.9

12-14 各区建筑业增加值(2013年)
ADDED VALUE OF CONSTRUCTION BY DISTRICT(2013)

单位：亿元　　　　(10 000 000 yuan)

各区 District	建筑业增加值 Added Value of Construction	比上年增长 % Increase Rate in 2013 over 2012 (%)
江岸区 Jiang'an	69.35	13.1
江汉区 Jianghan	55.00	5.8
硚口区 Qiaokou	55.00	19.6
汉阳区 Hanyang	50.00	8.7
武昌区 Wuchang	67.00	21.7
青山区 Qingshan	39.00	5.4
洪山区 Hongshan	93.00	8.1
东西湖区 Dongxihu	85.00	63.5
汉南区 Hannan	33.00	17.9
蔡甸区 Caidian	19.50	8.3
江夏区 Jiangxia	24.50	16.0
黄陂区 Huangpi	62.00	12.7
新洲区 Xinzhou	80.00	17.0
东湖新技术开发区 Eeast Lake High-Tech Development Zone	24.50	19.5
武汉经济技术开发区 Wuhan Economic Technological Development Zone	11.00	15.8

12－15 分区社会消费品零售额(2013年)
TOTAL RETAIL SALES OFCONSUMER GOODS BY DISTRICT (2013)

单位：万元 (10 000yuan)

各区 District	社会消费品零售额 Total Retail Sales of Consumer Goods	限上法人企业
江岸区 Jiang'an	4651553.0	2625658.3
江汉区 Jianghan	7900847.7	6723479.7
硚口区 Qiaokou	6407089.2	4537921.6
汉阳区 Hanyang	3070912.0	2646018.6
武昌区 Wuchang	4860644.3	2946454.1
青山区 Qingshan	1005282.0	116132.9
洪山区 Hongshan	3764562.9	2106666.6
东西湖区 Dongxihu	1257129.8	878546.8
汉南区 Hannan	153147.8	63572.7
蔡甸区 Caidian	674484.0	371434.0
江夏区 Jiangxia	1120157.9	487180.5
黄陂区 Huangpi	1664517.0	716000.2
新洲区 Xinzhou	1423822.9	598473.8
东湖新技术开发区 Eeast Lake High-Tech Development Zone	538403.5	531872.7
武汉经济技术开发区 Wuhan Economic Technological Development Zone	288107.4	279212.5
东湖生态旅游风景区 East Lake Ecotourism Scenic Zone	3818.3	3818.3

12 –16　分区城镇居民年人均可支配收入(2013 年)
ANNUAL PER CAPITA DISPOSABLE INCOME OF URBAN RESIDENTS (2013)

单位：元　　　　　　　　　　　　　　　　　　　　　　　　　　　　(yuan)

各区 District		2013	2012
江岸区	Jiang'an	30836.96	27533.00
江汉区	Jianghan	31045.97	27744.39
硚口区	Qiaokou	27962.45	25653.62
汉阳区	Hanyang	30223.41	26985.19
武昌区	Wuchang	30678.36	27391.39
青山区	Qingshan	30237.76	27216.71
洪山区	Hongshan	30242.05	27294.27
东西湖区	Dongxihu	25969.45	23145.68
汉南区	hannan	21285.10	19158.51
蔡甸区	Caidian	20317.39	18271.03
江夏区	Jiangxia	19845.83	17863.03
黄陂区	Huangpi	19303.03	17173.51
新洲区	Xinzhou	19012.80	16915.30

12－17　分区城镇居民年人均消费支出(2013)

ANNUAL PER CAPITA LIVING EXPENDITURES FOR CONSUMPTION OF URBAN RESIDENTS (2013)

单位：元　　　　(yuan)

各　区	District	2013	2012
江岸区	Jiang'an	23166.32	21651.22
江汉区	Jianghan	23422.87	21100.28
硚口区	Qiaokou	17585.78	16897.87
汉阳区	Hanyang	15435.57	14681.80
武昌区	Wuchang	18357.74	16966.49
青山区	Qingshan	21237.38	19155.53
洪山区	Hongshan	23368.00	21637.18
东西湖区	Dongxihu	15799.35	14208.05
汉南区	hannan	13981.89	13248.09
蔡甸区	Caidian	13859.12	13198.21
江夏区	Jiangxia	12295.68	11559.29
黄陂区	Huangpi	11355.19	10566.11
新洲区	Xinzhou	10949.00	10183.15

12－18 分区单位GDP能耗及规模以上工业单位增加值能耗情况(2013年)
ENERGY CONSUMPTION FOR UNIT GDP ENERGY CONSUMPTION UNIT VALUE APPED OF INDUSTRY ABOVE DESIGNATEDSIZE BY DISTRICTS(2013)

各区 District	单位GDP能耗(吨标准煤/万元) Energy Consumption per Unit of GDP	单位GDP能耗上升或下降(±%) Increase Rate (±%)	规模以上工业增加值能耗上升或下降(±%) Increase Rate (±%)
江岸区 Jiang'an	0.58	-3.87	-3.56
江汉区 Jianghan	0.60	-3.71	-13.50
硚口区 Qiaokou	0.85	-3.72	-8.80
汉阳区 Hanyang	0.23	-3.41	-17.61
武昌区 Wuchang	0.59	-3.90	-13.14
青山区 Qingshan	2.69	-4.22	-6.98
洪山区 Hongshan	0.30	-3.82	-8.90
东西湖区 Dongxihu	0.42	-4.02	-16.43
汉南区 Hannan	0.54	-3.22	-22.97
蔡甸区 Caidian	0.28	-3.97	-13.30
江夏区 Jiangxia	0.29	-4.75	-15.11
黄陂区 Huangpi	0.51	-3.97	-29.55
新洲区 Xinzhou	1.28	-4.38	-18.90
东湖新技术开发区 Eeast Lake High-Tech Development Zone			-27.77
武汉经济技术开发区 Wuhan Economic Technological Development Zone			-28.03

中国统计出版社最新图书简目

（仅供参考，以最后出书为准）

统计资料

综合类：中国统计年鉴　中国统计摘要　中国发展报告

国际资料类：国际统计年鉴　金砖国家联合统计手册　世界能源资源年鉴

区域资料类：中国区域经济统计年鉴　中国县域统计年鉴　中国城市统计年鉴　中国农村统计年鉴　中国地区经济监测报告

经贸与投资类：中国贸易外经统计年鉴　中国对外直接投资统计公报　中国商品交易市场统计年鉴　大中型批发零售和住宿餐饮企业统计年鉴　中国零售和餐饮连锁企业统计年鉴

住户与物价类：中国住户调查年鉴　中国价格统计年鉴　中国农产品价格调查年鉴　全国农产品成本收益资料汇编

资源与环境类：中国环境统计年鉴　中国能源统计年鉴

产业类：中国工业统计年鉴　中国建筑业统计年鉴　中国房地产统计年鉴　中国第三产业统计年鉴　中国证券期货统计年鉴

科技类：中国科技统计年鉴　中国高技术产业统计年鉴　工业企业科技活动资料

人口与就业类：中国劳动统计年鉴　中国人口和就业统计年鉴　中国人才资源统计报告

社会与文化类：中国社会统计年鉴　中国文化及相关产业统计年鉴

公共管理类：中国民政统计年鉴　中国民族统计年鉴　中国乡镇街道行政区域简册

省级综合统计年鉴系列

北京 天津 河北 山西 内蒙古 辽宁 吉林 黑龙江 上海 江苏 浙江 安徽 福建 江西 山东 河南 湖北 湖南 广东 广西 海南 重庆 四川 贵州 云南 西藏 陕西 甘肃 青海 宁夏 新疆 新疆生产建设兵团

市（县）级综合统计年鉴系列

天津滨海新区 石家庄 唐山 邯郸 太原 大同 阳泉 长治 晋城 朔州 晋中 运城 忻州 临汾 呼和浩特 鄂尔多斯 包头 沈阳 大连 长春 吉林市 四平 哈尔滨 黑龙江垦区 上海浦东新区 南京 无锡 徐州 常州 苏州 南通 连云港 淮安 盐城 扬州 镇江 泰州 宿迁 江阴 丹阳 杭州 宁波 温州 嘉兴 绍兴 金华 衢州 舟山 台州 丽水 合肥 福州 厦门 宁德 福州经济技术开发区 南昌 济南 青岛 郑州 洛阳 平顶山 三门峡 南阳 武汉 十堰 荆州 宜昌 荆门 咸宁 长沙 广州 深圳 惠州 东莞 南宁 柳州 桂林 来宾 海口 三亚 成都 贵阳 昆明 西安 兰州 庆阳 银川 乌鲁木齐 兵团一师 兵团十师

调查年鉴系列

山西 内蒙古 吉林 辽宁 上海 福建 湖北 广西 重庆 四川 云南 甘肃 宁夏 新疆 南宁 桂林

“十二五”规划教材

统计学（经济管理类专业本科适用，单薇 等）　抽样调查理论与方法（冯士雍 等）

贝叶斯统计（茆诗松 等）　统计学（黄良文 等）　试验设计（茆诗松 等）

统计学：从数据到结论（吴喜之）　医学统计学（于浩）　统计学（经济、管理类专业基础教材，张小斐）

概率论与数理统计三十三讲（魏振军）　概率论与数理统计三十三：学习指导与习题解答（魏振军）

非参数统计（吴喜之 等）　统计学：经济与管理中的数据分析（李慧云 等）

卫生管理统计学（新编医学院校基础课教材，尚磊）医院统计学（新编医学院校基础课教材，徐天和 等）

社会统计学（蒋萍 等）　现代金融投资统计分析（李腊生 等）

国民经济核算初级教程（经济类、统计类、管理类专业适用，蒋萍 等）

重点图书

新中国65年　新编英汉汉英统计大词典　中华医学统计百科全书

挑大学选专业2014—考研择校指南　挑大学选专业2014—高考志愿填报指南